现代品牌传播与管理系列丛书

● 本教材得到华南理工大学2021年度本科精品教材专项建设项目资助

PINPAI
CHUANBO
SHI

# 品牌传播史

韩红星 主编

·广州·

## 图书在版编目（CIP）数据

品牌传播史／韩红星主编. —广州：华南理工大学出版社，2023.12
ISBN 978-7-5623-7373-5

Ⅰ. ①品… Ⅱ. ①韩… Ⅲ. ①品牌－传播－历史－中国 Ⅳ. ①F279.23

中国国家版本馆 CIP 数据核字（2023）第 097829 号

---

**品牌传播史**

韩红星　主编

---

出 版 人：柯　宁
出版发行：华南理工大学出版社
　　　　　（广州五山华南理工大学 17 号楼，邮编 510640）
　　　　　http://hg.cb.scut.edu.cn　E-mail：scutc13@scut.edu.cn
　　　　　营销部电话：020-87113487　87111048（传真）
策划编辑：刘一行　王　磊
责任编辑：刘一行　王　磊
责任校对：李　璟
印 刷 者：广州市人杰彩印厂
开　　本：787mm×960mm　1/16　印张：20.5　字数：471 千
版　　次：2023 年 12 月第 1 版　印次：2023 年 12 月第 1 次印刷
定　　价：69.00 元

版权所有　盗版必究　　印装差错　负责调换

# 前 言

2004年华南理工大学新闻与传播学院成立并着手建设品牌传播系广告学专业，开设了"品牌传播史"课程的前身"中外广告史"课程，所选教材是我的博导——厦门大学陈培爱教授主编的《中外广告史》，并且配合教材开始探索以学生为主的"合作讨论式"教学模式，教学方式从教师主讲转向以教师为主导、学生为主体，教师从知识的讲授者转变为学习资源的建构者，学生从知识的被动接受者成为以兴趣为导向的自主学习者。我带领学生借助广州市图书馆过刊库进行刊历史研究、案例整理，先后对晚清史、民国史、新中国史、当代史等广告史进行了阶段性研究，使用线上电子数据库与在线课程资源等丰富课程内容，完善教学手段，其间也因广告史教材的不断更新，在更换教材参考资料的同时不断更新与完善课程讲义。在教学参考资料方面，将陈培爱教授的《中外广告史新编》、许俊基教授的《中国广告史》、杨海军教授的《中外广告史》、何玉杰教授的《中外广告史》等作为课程内容来源。2019年我根据专业培养方案调整，改革课程内容，将"中外广告史"课程更名为"品牌传播史"，在课程结构与内容体系上都做了一定的调整，重新编撰《品牌传播史》教材，并在2021年获华南理工大学本科精品教材专项建设立项。

本教材的教学目标设定在三个方向上：一是知识目标。需要学生在了解人类社会的历史发展面貌的基础上掌握品牌传播史的专业知识：掌握品牌传播的历史发展脉络、重要历史事项、重要历史人物及重要历史事件；熟悉品牌传播在各历史阶段的技术进步、发展规律、传播特点和运用；掌握中国文明发展史中对世界文明进程有重大影响的传播智慧、成果与品牌的经典案例。二是能力目标。拓展学生的知识视野，从历史中领悟并学习中国品牌传播的智慧与精髓，从而提升专业能力；使学生具备历史视野，洞悉传播规律，掌握以古鉴今、中外比较的方法，从史学的观点观察、比较、剖析当今的品牌传播现象；具备基本的历史研究能力，提升学生的自主历史学习能力和知识应用能力。三是素质目标。引导学生明确历史学习的重要性，能够"以史为镜，以史明志，知史能爱党爱国"，培养广告人应具有的职业素养，具备审美品格、创新思维、团队协作等基本素质；能把知识转化为能力与素养，并应用到现实实践中。

本教材内容的结构遵循了《中国通史》的历史阶段划分，主要分为三个历史阶段：一是以古代史剖析中国古代的品牌传播活动，包括符号、传播手段、传播故事等，解读中国先民的生活智慧与品牌传播轨迹。二是从近代社会发展中民族企业与外资企业的博弈，看民族企业品牌意识的萌生与发展，看新民主主义革命时期中国共产党领导的革命

根据地的传播活动与传播智慧；从现当代史看中国品牌从计划经济到市场经济的发展、从中国产品到达中国品牌的路径与轨迹，总结历史，展望未来。三是站在今天品牌鼎盛发展的时代背景下，以新的视角对品牌发展的历史进行全面回顾，厘清从古代社会到当代社会发展的品牌传播历史脉络，对不同地域、不同时代、不同技术背景下品牌传播的各种事象、活动、经典案例、重要事件进行回顾与梳理，探讨品牌传播活动对人们的日常行为习惯及对社会政治、经济、文化生活的影响。

2021年底到2022年初，我边打磨书稿边录制课程视频，以本教材为蓝本录制的视频课程在2022年终得以在中国大学MOOC平台上线。为此，教材的出版也迫在眉睫了。本教材的教学设计目前已完整形成了系统化的研学闭环。我会在课前引导学生完成MOOC平台的视频学习，收集学生的学习反馈，获取学生认知水平等信息，及时调整面授课的内容；课中通过预设问题研讨、案例赏析、历史链接等，让学生系统学习并深化知识；课后利用MOOC平台发布反馈信息和课后总结微视频等，指导学生进行课后巩固学习和讨论。由本教材编撰衍生出来的"情景式教学"通过扩展线上线下学习平台，构建了历史与现实的逻辑联系。我以广州南汉二陵博物馆作为中国古代品牌文化教育基地，从陶器上的符纹、青铜铭文记录、先民生活遗迹等了解中国古老品牌传播的文化魅力；以广州市图书馆过刊库作为近代史的体验基地，翻阅《申报》《新闻报》《新华日报》等过往刊物，"触摸"波澜诡谲的近代史，学习中国民族企业家实业救国的责任担当，体会仁人志士坚守信仰、勇毅前行的精神；以广东省广告公司作为现当代史教育基地，共同见证中华人民共和国成立以来中国广告事业的发展历程，激励青年学子继往开来、勇于承担新时代的使命与担当。课程核心的基础知识结构在教材中，部分重点、难点的知识和课堂反馈反思的知识在课堂外，知识内化则放在课堂中，学生通过参与讨论、探究和协作来完成课程的完整教学。

在整个课程编撰中，我的研究生团队全程参与其中。吉扬怡、张静彤负责古代史部分，单依依、杨晓彤、吴雅娜负责近代史部分，朱逸航、蔡舒亭、曹思梦负责现当代史部分。书稿几经删改调整，大家在其间也得到了锻炼与学习。由于编写水平有限，本教材在内容上仍有不少疏漏，敬请方家指导，也欢迎广大读者提出宝贵意见。书中引用了各学科的研究成果与学者观点，已尽力标注参考或引用的文献，有些因难于查明文献来源或其出处不确定，会有一定的疏漏，在此一并向这些学者表达感谢与歉意。我们深知，品牌传播史的研究需要站在前人的肩膀上不断前行，也需要后进者的不断探索和创新，只有仰望星空，脚踩大地，讲好中国故事，在新一轮科技革命和产业变革深入发展之际，积极推动品牌传播人才的培养，才能推动中国品牌的高质量发展。

# 目 录

绪 论 品牌传播史的研究范畴与研究意义 ········································· 1

第一章 中国古代社会的品牌传播活动 ············································ 8
 第一节 原始社会时期 ···································································· 8
 第二节 先秦时期 ········································································ 18
 第三节 秦汉时期 ········································································ 34
 第四节 魏晋南北朝与隋唐时期 ······················································ 49
 第五节 宋元时期 ········································································ 59
 第六节 明清时期 ········································································ 70

第二章 中国近代史 ····································································· 82
 第一节 近代史之鸦片战争后 ························································· 82
 第二节 近代史之五四运动后 ························································· 97
 第三节 近代史之抗日战争后 ······················································· 114

第三章 中华人民共和国成立以来（1949—1979）······················· 125
 第一节 国民经济恢复时期（1949—1952）···································· 125
 第二节 社会主义改造及建设时期（1953—1965）··························· 136
 第三节 "文化大革命"时期（1966—1976）··································· 148
 第四节 "过渡时期"（1977—1979）············································ 156

第四章 新时期的我国大陆品牌传播（1979—2000）···················· 165
 第一节 改革初探期（1979—1984）············································· 165
 第二节 改革突破期（1985—1992）············································· 176
 第三节 改革快速发展期（1993—2000）······································· 187

## 第五章 台湾地区的品牌传播活动 ... 202
### 第一节 台湾原住民时期 ... 202
### 第二节 17—20世纪中期 ... 210
### 第三节 1945年以后 ... 217

## 第六章 香港地区的品牌传播活动 ... 229
### 第一节 黎明时期（远古—1840） ... 229
### 第二节 开埠时期（1841—1944） ... 238
### 第三节 战后时期（1945—1996） ... 248
### 第四节 回归后（1997至今） ... 258

## 第七章 21世纪品牌传播趋势 ... 268
### 第一节 品牌全球化发展初期（2000—2010） ... 268
### 第二节 互联网快速发展时期（2010—2020） ... 280
### 第三节 智能时代未来发展趋势 ... 293

## 参考文献 ... 306

# 绪 论

# 品牌传播史的研究范畴与研究意义

## 一、中国品牌传播背景

1993年11月，党的第十四届三中全会审议通过的《中共中央关于建立社会主义市场经济体制若干问题的决定》，明确提出"整体推进，重点突破"的经济发展战略，要求在20世纪末初步建立社会主义市场经济制度。我国社会生产力得到质的提升，组织、产品、服务等如雨后春笋般涌现，供不应求的短缺市场逐渐在琳琅满目的产品、服务中走向相对过剩，卖方市场向买方市场过渡，品牌成为市场竞争的核心战斗力，品牌热如期而至。而当年最热的品牌案例莫过于20世纪90年代的"两乐水淹七军"事件。继可口可乐和百事可乐在20世纪80年代进入中国市场后，两大饮料巨头在中国市场开启了合资浪潮。彼时中国饮料市场有八大民族品牌：北京的北冰洋、上海的正广和、重庆的天府可乐、山东的崂山可乐、广州的亚洲汽水、天津的山海关、武汉的饮料二厂和沈阳的八王寺。除了正广和因股权问题错过与外资企业合作以外，其余七大品牌纷纷与"两乐"合资。由于缺乏品牌经营管理经验，合资后的七大品牌被"两乐"拿到了品牌控制权，本想借外资扩大经营的七大品牌，没想到却都被资本吞噬团灭，七家公司淡出市场，甚至一度停产多年。随着市场竞争日益白热化，面对国外企业对市场的强征掠夺，中国企业逐渐认识到"品牌"被国外企业视为核心竞争力的价值。

随着经济体制改革的深入和对外开放的不断扩大，中国品牌发展提速。邓小平的南方谈话就指出："我们应该有自己的拳头产品，创出我们中国自己的名牌，否则就要受人欺负。"2001年，国务院批准建立以中国名牌战略推进委员会为领导核心的工作机制，颁布了《中国名牌产品管理办法》；2002年11月，党的十六大报告明确提出"要形成一批有实力的跨国企业和知名品牌"。2004年12月，时任浙江省委书记的习近平明确指出："品牌是一个企业技术能力、管理水平和文化层次乃至整体素质的综合体现。"2006年，商务部推出"品牌万里行"工程，倾力打造"品牌建设十大体系"，将如何振兴中华老字号品牌企业列入我国品牌经济建设的重要内容。党的十七大后，我国从"走出去""引进来"的双向开放向纵深发展，支持有条件的企业开展海外并购，深化境外资源互利合作，增加品牌资产成为这一阶段的主要课题。2014年5月，习近平总书记在中铁工程装备集团有限公司考察时提出"推动中国制造向中国创造转变、中国速度向中国质量转变、中国产品向中国品牌转变"。2016年颁发的《国务院办公厅关于发挥品牌引领作用推动供需结构升级的意见》强调"品牌是企业乃至国家竞争力的综合体现",将品牌的战略思考从企业强化为国家竞争力层面,为中国品牌日的确立提供了从实践到政策的准备。2017年中国品牌日的确立,是国家出于中国创造、中国品质、中国品牌引领转型发展的战略举措,旨在促进全社会品牌发展理念的建构、以品牌推动经济社会发展。2018—2020年,时任国务院总理的李克强连续3年在"中国品牌日"做出重要批示,要求提升中国产品和服务的质量与影响力,在全社会增强品牌意识,弘扬专业精神工匠精神,打造更多名优品牌。《人民日报》发表《加快推动中国品牌走向世界》,明确表示要"坚持正确舆论导向,关注自主品牌成长,讲好中国品牌故事,提升中国品牌竞争力,共同促进中国品牌做大做强"。建构"品牌兴则国兴"的共识、讲好中国品牌故事、传播中国形象,使中国形象、中国品牌、中国声音屹立于世界,是品牌传播者的终极目标。

## 二、品牌传播学科建设：从实践到理论

2021年2月,国际品牌价值评估权威机构 Brand Finance 公布了"2021全球最具价值品牌500强排行榜"。榜单显示,美国累计品牌价值高达3.3万亿美元,相当于全球品牌榜总价值的46%。中国内地共计有77个品牌上榜,总品牌价值达1.4万亿美元,占全球品牌价值的20%。中国工商银行、微信、中国建设银行、腾讯、华为、国家电网、中国平安、淘宝、中国农业银行等中国知名企业入围榜单前20。虽然相较于排名第三的日本,总品牌价值高出近1万亿美元,但比起榜单第一的美国而言,我们还有明显的差距。但相较于十年前的中国发展,我们着实有了长足的进步。我国品牌传播研究起源于20世纪80年代,对国外品牌理论的借鉴、转译与品牌实践都推动了中国品牌传播研究的发展。综合近四十余年对于品牌传播研究的发展,我国品牌传播研究阶段可划分为三个时期：萌芽探索期（20世纪80年代至1997年）、磅礴发展期（1998—2017年）、成熟繁荣期（2018年至今）。三个时期的研究面貌可以概括为：

1. 萌芽探索期：20世纪80年代至1999年

品牌传播研究启蒙阶段主要依附于广告学、公共关系学、营销学、管理学,研究品牌传播的学者也多来自广告学、公共关系学等领域,此阶段的品牌传播研究热点具有明显的"侧面学科"的特点,即以"工具视角"研究品牌传播,将其视为广告学、公共关系学研究的一个方面,论证"如何通过品牌形象的塑造实现广告效果最大化"等主体学科的观点。

2. 磅礴发展期：1998—2017年

20世纪90年代末,品牌传播研究日益受到重视,品牌传播课程、品牌传播研究所、品牌传播学位点在高校遍地开花,品牌传播研究也成为学界的关注焦点,关键词为"品牌传播"的文献数量呈现直线递增的趋势,品牌传播研究焦点从以产品、功能为中心向以价值为中心转变。尽管如此,企业对品牌的认知还处于营销效果层面。2007年上海麦迪品牌咨询有限公司针对我国中小企业对品牌认识的调查中发现,仅有44.4%的中小企

业认为"品牌非常重要",更多数的企业则认为"做销量就是做品牌,只要销量提高了,品牌就得到了提升"。随着品牌传播系、品牌传播研究所在高校相继建立,品牌战略、品牌传播研究等课程落地,逐渐实现了量的升华。品牌被视为企业战略性资产,具有显著的价值,是获取竞争优势的关键,品牌传播研究视阈突破传统商业的经济利益至上的局限,沉淀至品牌传播范畴领域。通过差异化的品牌建设、强势的品牌传播能力,塑造独具一格的品牌形象,带来品牌价值,提升品牌资产才是企业可持续竞争力的真正源泉。

3. 成熟繁荣期:2018 年至今

品牌传播研究或以新媒体为背景,探究媒介赋能对品牌传播在主体、渠道、内容、效果层面的时代思考,以谋求国家品牌、企业品牌、城市品牌在新时代的发展策略;或以某个具象化媒介技术为窗口,如短视频、场景、直播、Vlog、微博等,探究"技术+品牌"传播的价值落点,以实现品牌价值在社会发展中的沉淀。在万物共生、彼此共存的共融时代,不论是微观层面的"互联网+企业""互联网+产品",抑或是宏观层面的"互联网+品牌""互联网+"的数字格局,都使得品牌真正实现了"从营销到传播、从单向灌输到互动沟通、从以产品功能为中心到以消费者为中心、从卖'我'的产品到创造'我们'的文化的嬗变"。《2018 中国品牌海外传播报告》指出:随着中国市场流量红利殆尽,中国品牌寻求海外更加广阔的市场机会成为必然,"一带一路"倡议的提出,更是带动了中国企业远征海外的一波新浪潮。2018 年以来,品牌传播研究的关键词多聚焦于城市品牌、区域品牌、文化品牌、农产品品牌、旅游品牌等类别品牌,印证了中国品牌立足本土、走向世界。

## 三、品牌传播:从广告到品牌的嬗变

1. 什么是品牌?

在各国,对"品牌"一词的表达各有不同。如在日文中,"品牌"一词采用日文与外来语并用的方式使用。日文"铭柄"二字代表商标或品牌,"ブランド"则是"Brand"的外来语形式。在中国,明清时期便开始使用"字号""招牌""牌子"等字眼,表达与商标、商号、品牌等的相关之意,但直到 20 世纪 80 年代,才将英文"Brand"译为"品牌"二字。"Brand"最早源于古挪威文字"brandr",意思是"烙印",它的原始含义是指在牲畜身上烙上标记,以起到识别作用。它非常形象地表达了品牌的真谛——如何在消费者心中留下烙印。品牌是一个综合、复杂的概念,它是商标、符号、包装、价格、声誉、广告风格乃至历史、文化、民族等方面留给受众印象的总和。这种标识在古代中国的陶器,古希腊、古罗马的陶罐上,以及在古印度的商品上都早已出现。中国古代的手工匠也有在自己的作品(或商品)上雕刻自己姓名或者其他标记的传统,以标明其正宗、质地和信誉,如明末杭州的张小泉剪刀上的标记,就是为了防止假冒伪劣。美索不达米亚文明和古希腊文明使用标记和名称来标识产品——主要是葡萄酒、药膏、盆或金属。随后,这种标识的使用从陶艺拓展到各行各业中,如许多中国老字号:张小泉剪刀、同仁堂、陈李济、全聚德、六必居、瑞蚨祥等。可以看出,品牌起

源的动机有三个：1. 为了识别区分，实现差异化；2. 为了品牌权益和品牌保护；3. 为了向消费者承诺。1955 年，世界著名广告大师、奥美创始人大卫·奥格威（David Ogilvy）首次提出品牌的定义：品牌是一种错综复杂的象征，它是产品的属性、名称、包装、价格、历史、声誉、广告风格的无形组合。这可以看作是品牌研究的真正开始，故奥格威被视为品牌定义的开山鼻祖。在《一个广告人的自白》中，大卫·奥格威阐述了他对自己提出的"产品的品牌形象"这一新概念的理解："我们坚信每一则广告都必须被看成是对品牌形象这种复杂的象征符号所作的贡献，被看成是对品牌声誉所做的长期投资的一部分。"

从品牌的提出到品牌的实践，品牌的定义林林总总。仔细分析品牌内涵以期对品牌定义有一个更清晰的认识，大概有以下几个分类：一是十二主题说。Unepdra 等（2012）综合三十多种品牌的定义，将品牌定义细分为 12 种，包括品牌作为标识、法律工具、企业、速记、风险降低工具、身份识别系统、消费者脑海中的形象、个性、关系、附加值以及不断发展的实体。二是六分类说。杨姗姗等（2008）基于营销视角下的分类，将品牌定义分为 6 类：品牌符号说、品牌关系说、品牌承诺说、品牌媒介说、品牌综合说和品牌价值说。三是四分类说。胡晓云（2016）将具有代表性的品牌定义分为品牌符号论、品牌关系论、品牌整合论以及品牌价值论，并基于此提出她对品牌定义的新见解：一个独特的利益载体、价值系统和诚信体系。这些分类都有其相似点，都提及品牌的符号标识理论、品牌的产品与消费者关系理论、品牌所承载的信任与价值说、品牌在传播中作为媒介的存在论等，没有脱离品牌的核心内涵。"品牌是一种合同，是一种关系，是一种保证"，"品牌是一种价值，是一种媒介，是一种信誉"等几乎成为品牌学界公认的品牌本质属性。在信息高度发达的现代社会里，诸多具有主体属性的内容、现象均可以符号化，亦即品牌化，"品牌"的指代已不单单限于商业品牌，还包括城市品牌、区域品牌、院校品牌、团体品牌、个人品牌、甚至国家品牌。

2. 品牌传播是广告的迭变

从印刷时代被称为"印在纸上的推销术"以来，广告的内涵随着媒介技术的发展在与时俱进地演变着。1994 年颁布的《中华人民共和国广告法》第二条规定："本法所称广告，是指商品经营者或者服务提供者承担费用，通过一定媒介和形式直接或者间接地介绍自己所推销的商品或者所提供的服务的商业广告。"美国学者阿伦斯认为："广告是由可识别的出资人通过各种媒介进行的有关产品（商品、服务和观点）的、有偿的、有组织的、综合的、劝服的非人员的信息传播活动。""广告"概念的界定中，可以总结为商业广告是被应用于促销商品而存在的信息传播活动，在新媒体环境下，"广告"的生命力受到了极大制约。

张金海提出了"大广告"的概念："所谓现代广告，应该是包括整体广告运动在内的扩大了的广告概念。"美国得克萨斯大学广告学系（1995）提出了"新广告"概念："从商业的角度来讲，广告是买卖双方的信息交流，卖者通过大众媒体、个性化媒体或互动媒体与买者进行的信息交流。"陈刚则提出"后广告"的概念："我们之所以提出后广告的概念，只是为了在受到网络时代各种新的因素不断渗透与影响而不断变化的广告空间里寻找并探索一个新的世界秩序与生存逻辑。网络引发并实现了一次媒体革命，而作为这次革命动因的核心就正是'互动'。"这些概念都是正视广告市场发生的变化与广告行业转型所提出的对于广告的再思考。原《中国广告》杂志社社长张惠辛则更直接提出了从广告到品牌传播发展的"超广告传播"："我们正置身整个中国品牌营销传播发生转型的大背景下。这个转型的一个重要标志，是广告的话语开始挣脱广告行业狭隘的视野，而成为广告公司、广告主与媒体共同的一个话语平台。同时，品牌的营销传播也开始挣脱广告的狭隘的空间，我们以前总是认为做品牌、做传播就一定是在做广告，就是广告的事情，现在看来，品牌传播的概念开始全面突破广告的制约。"由此，他告诫道："广告公司与媒体的观念及运作都必须突破广告的范畴。"业界直接用其实务操作实践了广告到品牌传播的转型，奥美创建了"360度品牌管家理论"，认为品牌是消费者所有相关经历的总和，在360度管理过程中，设计需要传达的信息，加强品牌在人们生活中的融入度，实现品牌与消费者的联结最大化。智威汤逊提出了"全方位品牌传播"，认为"有效的沟通策略不仅要激发短期销售，更要有助于建立长期的品牌价值"。日化巨头宝洁（P&G）公司宣布把市场总监（marketing director）改名为品牌总监（brand director），市场部（marketing）改名为品牌管理部（brand management），目的是让品牌在战略、计划、结果上的职责更加明确。针对学界、业界对于广告的探讨与思考，舒咏平教授提出了"品牌传播：新媒体环境下广告内涵演进的取向"，主张将"品牌传播"理念作为"广告"内涵演进的主要取向，从而成为广义的、新生的"广告"，认为从学理上看广告应归属于品牌传播。所谓"品牌传播"，乃为"一种操作性的实务，即通过广告、公关、新闻报道、人际交往、产品或服务销售等传播手段，极大地提高品牌在目标受众心目中的认知度、美誉度、和谐度"。由此，品牌传播显示出学理上的科学合理性。但基于广告学科发展的历史性、系统性与科学性，学者们也提出了"不能简单地以'品牌传播'取代由来已久、约定俗成的'广告'"概念，提出了"以'广告'之名，行'品牌传播'之实"的主张。从而使得"广告"内涵与时俱进地得以演进，"广告"概念也相应地得以周延使用。

## 四、品牌传播学科的建设与品牌传播史观的建立

1. 品牌传播学科的建设

随着品牌传播在业界的实践与发展，高校、科研机构纷纷成立相应的研究中心、研究院，甚而专业，对于品牌传播人才的培养也迫在眉睫，因而对于品牌传播的探讨需要从实践上升到理论层面，进而从原来的广告学科建设拓展到品牌传播学的探讨。品牌传播学的建构显示出实践上的需求与学理上的探索。余明阳与舒咏平（2008）提出了品牌研究应定位于传播学，并提出"品牌传播"概念与传播学视野中专门化研究主张，同时还延展了品牌传播学的范畴，认为"关于'品牌传播'的内涵应该首先是一种操作性的实务，即通过广告、公共关系、新闻报道、人际交往、产品或服务销售等传播手段，以

最优化地提高品牌在目标受众心目中的认知度、美誉度、和谐度；而对品牌传播的基础、规律、方式方法的探讨总结，则构成品牌传播'学'的内容"。不可否认的是，品牌传播源于广告，广告学科的建构与完善给品牌传播学提供了滋养，传统的广告教育也需要立足于现实对于"品牌传播"的需求去培养人才。目前高校应对此变化与需求的策略或是以品牌类课程的开设作为解决办法，如在张树庭主持的调查中发现，已有14个院校的广告专业开设了"品牌学"，"品牌传播与管理"也成为学生们希望学校开设的广告专业课；或是在原来的课程体系内通过课程的调整，增加一些新的信息与内容，如"市场营销"需正视品牌网络传播、网上商店展示、电子商务一体化的实践，进行相应课程内容的充实，而"广告心理学""消费者行为学"，则需融入消费者的新媒体接触、品牌符号联想、网络互动咨询、网上下单购物等全新的内容。但就目前人才市场对品牌传播人才的需求而言，现有的课程设置难以满足对相应人才需求的培养，可以说，中国的品牌传播学现在正处于重要阶段，品牌传播不再是一个模糊的概念，它有了自己的定义与范畴，并被广泛熟知，品牌所包含的关于传播、广告、营销、管理、文化等概念被糅合进了品牌传播，系统化的品牌传播学的建构已成为亟待破解的问题。2004年9月，国家教育委员会在华南理工大学设置了全国第一个品牌传播本科专业方向，开创了品牌传播学科建设的先河，提出了从传播学的高度认识和研究品牌，以传播学的理论为基础，在传播学的视野中进行专门化的研究。这一全新的视角不仅丰富了品牌传播学的内涵，也为品牌传播学这一学科的建立和发展提供了强有力的学科支撑。当确定了把品牌作为一个系统，把传播作为支点后，在学科架构和课程设置上就形成了传播学与管理学交叉，创意策划与营销实务相融的专业特色，明确了专业培养目标，培养面向社会、面向世界、面向未来的，掌握现代品牌传播的基本理论、熟悉品牌传播的运作流程、熟练现代品牌传播、推广、经营、管理方法的复合型人才。

表3-1 品牌传播学科建设实践

| 年份 | 发展历程 |
| --- | --- |
| 2002年 | 华中科技大学成立中国高校第一个品牌传播研究所 |
| 2004年 | 华南理工大学成立品牌传播系、山东大学成立品牌与传播研究所 |
| 2005年 | 上海交通大学成立品牌研究中心 |
| 2006年 | 《全国教育科学研究"十一五"规划2006年度课题指南》首次把"学校形象设计、品牌建设和文化建设研究"纳入资助范围 |
| 2007年 | 清华大学成立城市品牌研究室 |
| 2009年 | 北京大学成立中国战略研究中心品牌战略研究所、中央财经大学成立金融品牌与企业文化研究所 |
| 2012年 | 浙江大学成立CARD中国农业品牌研究中心 |
| 2015年 | 中国人民大学成立中国商标品牌研究院 |

**2. 品牌传播史观的建立**

黄旦先生基于报刊史研究提出："以报刊为合法性主体的历史，才是真正称得上报刊史。所谓主体，就是以报刊为中心和视野，并以此展开史实、分析报刊与社会关系，以及揭示评价其意义和价值。唯有如此，才能反映报刊历史的真相，从而起到历史为现实服务的作用。当下我国报刊史研究的问题，乃在于忽视了主体性问题，从而报刊的历史成了历史的报刊。"对于品牌史观的建立亦然。舒咏平提出："由品牌观来观照人类历史，则可发现从原始氏族社会以来，主体的人无不是通过信誉的建构来推动自身的实践，都是有意无意地建树品牌来实现自身价值、推动社会发展。品牌传播研究则较好地体现了主体性传播理论建构的本质。品牌传播史研究是对于人类传播智慧的传承，由于传播主体或主体性传播从来没有在传播研究中占据应有的位次，因此既有的传播史很少考虑传播活动实施的主体——'人'，而是自然性地臣服于大众媒介的力量，将更多传播史探索眼光投向媒介发展史……传播作为人的主体性实践方式，即使从传播学诞生以来就具有的五要素来审视，都决定了传播史的梳理不能局限于媒介史。由于传播学研究中的主体缺位，致使主体性传播一直未得到清晰梳理，使得'传播'这种人类最普遍的实践活动，尚未能进行史的追踪、史的梳理与总结，并在史中获得启迪。"指出品牌作为主体性传播的历史尚未有历史的梳理与总结，品牌史观的建立与品牌传播史的梳理于品牌传播新兴学科的建设而言是具有非常重要的理论意义与现实意义的。

自 20 世纪 50 年代奥格威提出了品牌的定义，西方的品牌研究已有 60 余年，中国的品牌发展自改革开放后亦有 40 余年，在品牌传播的研究上也积累了相当丰富的硕果，品牌传播的系统性建构在业界已有相当的积累与实践，学界与业界的理论与实务的齐头并进为品牌传播学科的建构提供了充足的准备。但品牌传播史的专业研究仍是空白，少有的相近研究著作也多在近年出现，如卢泰宏的《品牌思想简史》，以思想变迁和核心人物为中心，在史实的基础上抒发思想精髓和洞见；孔淑红的《奢侈品品牌历史》着重介绍奢侈品品牌成长的历史，呈现了路易·威登、香奈儿等奢侈品牌背后的历史故事。与品牌传播史相关的研究成果，常见于品牌传播理论著作、广告史的研究成果中。截至 2021 年 6 月，笔者经中国知网、百度等搜索和查询图书馆、资料室等，均未发现有以"品牌传播史"为题的专著、论文，这凸显了这一领域研究的紧迫性，也为我们提供了研究契机和努力方向。

在人类历史长河中，与品牌相关的各类活动很早就出现了，伴随着人类社会发展中的信息传播、文化传播留下了深厚的历史积淀和宝贵的经验，随着传播技术的发展，其表现形式与表现形态多元而丰富。作为人类传播活动中的一类，虽然基于品牌自身的历史观照有其阶段性的特征与面貌，但其传播活动总体方向循着人类社会历史的发展轨迹、人类文明进步的车轮走着相同的路径。我们遵循传统广告史的分期标准，按照社会发展史的逻辑将品牌传播史分为古代、近现代和当代三个发展阶段去阐述。在不同的阶段，随着人类主体性角色的提升、传播技术的发展、传播领域的拓展，在品牌传播领域中，传播主体、传播活动、传播效果等呈现出不同的阶段性面貌。

# 第一章

# 中国古代社会的品牌传播活动

## 学习目标

本章主要学习中国古代社会的品牌传播活动,其中分为原始社会时期、先秦时期、魏晋南北朝与隋唐时期、宋元时期、明清时期,共5个时期。通过本章学习,可以了解本阶段不同时期的时代背景,理解古代社会商品经济发展过程和商业作为"工商食官"的角色与地位、商业文明兴起后的传播需求与传播活动,以及商品经济繁荣所带来的品牌传播印迹。学习各时期独特的传播符号、传播手段和传播策略,重点学习古代传播技术的发展历程,以及其所带来的传播变迁,掌握中国古代社会品牌传播符号的启蒙,掌握中国古代流传下来的传播典故。了解古代"丝绸之路"起源与发展,知晓中外交往过程中所带来的文化交融和相关传播活动。

## 第一节 原始社会时期

昔太古尝无君矣,其民聚生群处,知母不知父,无亲戚、兄弟、夫妻、男女之别,无上下长幼之道,无进退揖让之礼。

——《吕氏春秋·恃君览》

### 一、历史背景

1. 背景概述

考古发现,中国境内西北、华北、东北、西南都已发现旧石器、中石器及其逐渐进化的遗迹。可以肯定的是,在中国境内的四五十万年以来,人类居住并在各个地区创造着自己的文化。考古工作者在北京周口店遗址猿人洞穴的山顶洞穴里,发掘出约五万年前的人骨化石、石器、骨器和装饰品,石器中有火石制、石英石核制的刮削器、尖端刮器;骨器中有兽骨磨成的骨针,似乎已有简单的缝纫;装饰品中有穿孔的兽齿、鱼骨、介壳和海蚶壳,还有用赤铁矿染红的石珠,似乎已有爱美的观念;人骨化石旁散布着赤铁矿粉粒,似乎已有"饰终"的仪式。可以说,"山顶洞文化"已经到了现代人的阶段,石器已进入到旧石器时代晚期。在漫长的旧石器时代，人们慢慢地学会制造磨光的、比较精致的石头工具，先后进入新石器时代。距今约一万年前，陶器制造的开始、农业的出现、居民村落的普及、氏族制度的形成等，是这个时代区别于旧石器时代的主要标志。我国至今所发现的新石器时代文化遗址有七千多处，正式发掘的有一百多处，主要在黄河流域、长江流域、东南地区、西南地区、北方地区等几个大的区域，形成了绚丽多姿、各具特色的区域文化。新石器时代，畜牧业及最原始的农业逐渐代替了狩猎经济，由于后来农业的发展，游牧生活又逐渐转向定居生活。在畜牧业和农业中，男性劳动与女性劳动的比重起了变化，男性的经济地位逐步提高，以女性为中心的母系氏族社会因而转化为以男性为中心的父系氏族社会。农业、畜牧业已经是重要的生产部门。陶器、武器和一般工具种类颇多，说明手工业也在发展。氏族内部开始有某种程度的分工，私有制度萌芽了。在新石器时代，社会经济中制陶业的发展相当突出。仰韶文化的彩陶、龙山文化的黑陶，无论器物造型、彩绘纹饰，或是慢轮制作与快轮制作，以及掌握烧制火候等，都有相当水平。新石器时代延续了五六千年之久，到距今四千年左右结束。

2. 氏族部落

我国古文献中，记载了不少有关原始社会时人类的生产、生活状况。如《吕氏春秋·恃君览》曰："昔太古尝无君矣，其民聚生群处，知母不知父，无亲戚、兄弟、夫妻、男女之别，无上下长幼之道，无进退揖让之礼。"在《韩非子·五蠹篇》中有"构木为巢，以避群害"的"有巢氏"时代，"钻燧取火，以化腥臊"的"燧人氏"时代。《易·系辞传》有"作结绳而为网、以佃以渔"的"伏羲氏"时代，"斲木为耜，揉木为耒""日中为市"的"神农氏"时代。还有一些关于婚姻的记载，《列子·汤问篇》载有两性之间混杂交往的"男女杂游，不媒不聘"，《白虎通·号篇》载有母系氏族的"但知其母，不知其父"。有巢氏、燧人氏、伏羲氏的传说，反映了我国原始部落时期人类进化的情况。氏族公社是继原始部落之后出现的以血缘为纽带的人类共同体，是原始社会的高级阶段。作为社会基础的氏族，在进入文明时代后，也还长期存在，有些氏族还发展成为国家。这种情况在夏代特别明显。史载："禹为姒姓，其后分封，用国为姓，故有夏后氏、有扈氏、有男氏、斟寻氏、彤城氏、褒氏、费氏、杞氏、缯氏、辛氏、冥氏、斟（氏）戈氏。"（《史记·夏本纪》）

新石器时代后期，在基本平等的情况下，氏族首领凭借其权力往往拥有较多的物质财富，并扩大私有财产的范围，成为氏族的权贵。这种贫富分化的现象可以从大汶口文化中晚期的墓葬发掘中看出，墓葬和葬具的规模，随葬品的多寡与质量已经有了较为明显的差别。不少墓葬墓穴狭小，仅能容尸，随葬品很少，甚至有空无一物者。而富有的大墓，不但随葬品多，而且很精致，并用数量较多的象征富多寡的猪下颌骨和猪头随葬，甚至用整猪、整狗随葬。说明私有制的产生和发展，必然导致氏族内部的贫富两极分化，在氏族内已经出现了富有者和贫穷者。

3. 城市文明

城市对于社会结构的变迁具有重要意义。作为一种人为的便于人们生活居住的环境，

城市实际上是一个地区各种活动的中心。它不仅为国家的出现创造出了条件，而且使人们的视线从本氏族投向更大的范围。城市雏形在新石器时代已经出现：近年在湖南省澧县车溪乡发现有属于屈家岭文化中期的城址，这座城址大体呈圆形，面积约7.65万平方米，由夯土城墙、护城河以及东、南、北三座城门和城西南部的夯土台基等部分组成，城墙现存最高处达3米以上。属于河南龙山文化的王城岗城址由东西并列的两座略呈方形的小城组成，面积约2万平方米；呈正方形的平粮台城址，面积约5万平方米；后冈城址，面积约10万平方米。属于山东龙山文化的城子崖城址，略呈方形，面积约18万平方米；略呈方形的边线王城址，面积约4.4万平方米。这些城市的出现，一方面说明人们生活的地方已有了合理的布局，以适应集体生活的需要；二是城墙的修建具有很强的防御工事功能，既为了防备猛兽的突然袭击，也为了防备其他部落的突然进攻，开始挖环绕村落的壕沟，作为防御设施，产生了最原始的城堡；三是说明当时这里生产比较发达、地域平坦而便于交易、物质财富和知识文化比较集中，具备了城市形成的条件。这既是城市的萌芽，也是早期都城的起源。《史记·五帝本纪》曰："舜，冀州之人也。舜耕历山，渔雷泽，陶河滨，作什器于寿丘，就时于负夏。……舜耕历山，历山之人皆让畔；渔雷泽，雷泽上人皆让居；陶河滨，河滨器皆不苦窳。一年而所居成聚，二年成邑，三年成都。"虞舜是冀州人。舜在历山耕田，在雷泽捕鱼，在河滨制陶，在寿丘生产什器，在负夏当坐商。舜在历山耕作之时，历山的百姓谦让田地地界；在雷泽捕鱼时，雷泽的百姓谦让居所；在河滨制陶之时，河滨的陶器质量都不粗劣。一年后舜所居住的地方成为村落，二年后成为小城，三年后成为都城。

## 二、商业环境

1. 商业文明萌芽

距今10000年至4000年前，中国黄河流域开始人工栽培粟，长江流域开始种植水稻，并驯养了猪、狗、鸡等家畜。手工业也开始出现。同一村落是否有行业分工很难说清，但同一时间不同地区的交流肯定存在。随着生产力的提高，有了剩余的生产物，氏族部落、氏族内部之间开始了剩余生产物的交换。古书说"伏羲制俪皮嫁娶之礼"，"俪皮"，已不是打猎获取的兽皮，而是经过制作的皮革产品，作为婚嫁之礼使用。到神农时代，《周易·系辞下》记载："包牺氏没，神农氏作，斫木为耜，揉木为耒，耒耨之利，以教天下，盖取诸益。"神农氏教民从事耕作农业，也教民制造陶器。随着农业、手工业的发展，剩余产品也开始了商品交换。古书记载："疱牺氏没，神农氏作……，日中为市，致天下之民，聚天下之货，交易而退，各得其所。"又如《吕氏春秋·勿躬》及《世本》皆有"祝融作市"之语。三国谯周《古史考》中有"神农作市，高阳氏衰，市官不修，祝融修市"的记载。以上材料都反映了商品交换场所——"市场"在原始社会末期的运作过程：以中午为集市的时间，招致天下民众，聚集天下货物，相互交易后回家，各自获得所需要的物品。炎帝神农氏，始作集市，首创贸易。这是有史料记载以来，中国最早的市场贸易活动，从固定的交易时间和较大的交易范围等来看，已经摆脱了原始性和偶然性。《淮南子·修务训》记载"尧之治天下也","得以所有，易其所无，以其所工，易其所拙"。尧、舜时期，就"北用禹氏之玉，南贵江汉之珠"，战败了被征服的部落，就"散其邑粟与其财物，以市虎豹之皮"。《尚书·大传》还记录了"舜贩于顿丘"。《尸子》记载更加详细："顿丘买贵，于是贩于顿丘；传虚卖贱，于是债于传虚。"舜听说了顿丘（河南濮阳）一带的物价较贵，而传虚（山西解虞今山西运城市安邑镇）有大量岩盐，价格很低，因而亲自带队去传虚购得，然后去顿丘贩卖，再加上其他的珍异物品，以及负夏的坐肆售货，部落获得了巨大利润。《史记·五帝本纪》中讲舜生于翼，"耕历山，渔雷泽，陶河滨，作什器于寿丘，就时于负夏。"这些文献的记载都反映了这一时期商品交换的基本概况。舜可以说是我国最早的商人，在顿丘贩卖是行商（也含运输商），在负夏是坐商，比商朝王亥要早好几百年。又《周易·系辞下》中的记录："刳木为舟，刻木为楫，舟楫之利以济不通，致远以利天下，盖取诸《涣》。服牛乘马，引重致远，以利天下，盖取诸《随》。"可见，舟楫、牛马已作为交通工具，普遍运用于商业贸易中，在"市"的形成过程中亦起到了重要作用。

图 1-1　日中为市

图片来源：山西高平.【神农炎帝与高平文化遗存】你知道吗，中国最早的货币是"羊"！[EB/OL].[2020-05-26][2022-3-8], http://www.sxgp.gov.cn/ztzl/zl_646/.wzydxggp_1531/msfc_1536/202005/t20200526_1054999.html.

2. 商业萌芽之产品

1930 年，考古工作者发现北京周口店山顶洞人遗址有作为装饰品的带孔海蚌壳和撒在尸骨上的赤铁矿粉末。这两种东西都不是当地所产，海蚌壳产于渤海湾，当时距周口店约两百公里，而离周口店最近的赤铁矿产地也有一百多公里，这两种东西是不是与别处人类"以物易物"交易而来的呢？同样考古发现，在甘肃各遗址的墓葬中，发现磨制的玉片、玉瑗和海贝。据推测，玉可能是从新疆来的，贝是从沿海地区来的，想见当时的甘肃居民和沿海地区已经有了交换关系。

炎帝神农氏时代正为城背溪文化、城头山文化、河姆渡文化时期，当时的手工业，如纺织、编织、玉器、骨器、制陶、造船、建筑等，都有一定发展，也生产出了技术性产品，所以产生了与其他需求者进行以物易物的交易，畜牧、蔬菜、瓜果、草药等饲养、栽培，也可能产生了剩余产品，便形成了集市贸易。随着大禹治水成功，"九州攸同，四海会同，六府甚修，众土交正，致慎财赋，三壤成赋"，不仅解决了赋税问题，而且各地之间的商品交换也发展了起来，如海岱青州一带的丝、枲、铅、松、怪石，"浮于汶，通于济"；淮海扬州一带的瑶、琨、竹箭、齿、革、羽、旄、卉服、篚织，"均江海，通淮、泗"等，说明当时各地区间的产品丰富，区域间的商品交换也兴盛起来。

列宁说："遗产制度以私有制为前提，而私有制则是随着交换的出现而产生的。已经处在萌芽状态的社会劳动的专业化和产品在市场上的出卖是私有制的基础。"一方面，这种设市的氏族聚落作为人们交易活动中心地位逐步确立，其必然在人口的增加、规模的扩大以及居民成分的复杂化等方面与其他各氏族聚落显现出差别。另一方面，这种市的出现和人民交易活动的经常化，也必然反过来进一步促进社会分工和由此引起的阶级分化。通过以上几个方面的分析，我们可以看到，在我国上古文明初期发展阶段，远古先民已经在相当长的历史时期里创造了灿烂的远古文化和早期的商业文明，在社会结构和社会文化观念方面，原始时代的创造对于文明时代国家的出现都具有直接的意义。

## 三、传播符号

1. 品牌标记的发生：符号标识

根据有关标识的史料记载，我国古代品牌标记的发展历史最早可以追溯到两千多年前，也就是商标的最初形式：在出土的一些青铜器上，就铸有各种标志、符号、图案、花纹和文字等。这些青铜器当时可能并不是完全用于商业交换，上面的各种标志、符号、图案、花纹和文字是物品的代号，标明所有权，是所属权、权力、财富、地位的象征，而最后演变成现在意义上的商标含义。当时这些标志、符号或文字为以后人们自己生产的产品区别于他人的产品，并为用于交换，打下了一定基础，对现代商标和品牌的形成和发展，起到了一定作用。

2. 氏族符号：图腾

人类运用图形符号来传达信息远比用文字传达信息早，它的起源要追溯到原始社会中部族的图腾标志。我国原始社会经历了一个漫长的时期，人们认为自然界中的一切事物，如日、月、水、土、雨、树木、花草、动物等，都存在着灵魂，这就是通常说的"万物生灵论"，是人类最早的认识观。因此，原始部落将某一物体视作为自己的崇拜的对象，这种受原始部落崇拜的对象，后人称之为图腾。图腾一词源自北美印第安人奥基华斯部落，表示氏族的徽号或标志。《中国百科大辞典》对图腾的解释是："北美印第安语'totem'的音译,意为亲属或标记,为原始宗教形态之一。原始人相信各氏族与某种动植物或某种无生物具有特殊的亲缘关系。故将该自然物视为本氏族的保护者或以之为本氏族的标志和名称即为图腾。"《世界文化词典》的解释是:"图腾源于北美印第安人方言,意为'他的标记''他的亲属'。图腾由动植物、非生物及自然现象等表现,其中以动植物为主。人们相信与其崇拜的图腾有亲缘关系,或某种神秘关系,会使用特殊的名称和徽号。多以之为亲人或守护者,相信其具有超人的能力,对之尊敬、崇拜乃至畏惧。"原始人的文身记载了人们对图腾的信仰。杨国芳等(2018)提出文身满足的三条准则:氏族、胞族、部落、民族、家族或个人以某种动植物或自然物作为保护神,相信人们与它有着特殊的关系;氏族、胞族、部落、民族、家族或姓氏等以某种生物或非生物命名,并以它作为识别的标志;古代有关于某种动植物、非生物是本群体的亲属、祖先或保护神的传说,现在又有与之有关的各种禁忌、仪式、神话和艺术等。

从半坡遗址和其他遗址出土的陶器上出现了鱼、蛙、人面、鹿及各种动植物、文字符号,其中以人面鱼纹最精彩,它被描绘成鱼与人面相结合的图像,这些图形和符号并非是一种纯装饰的纹样,而是充满了部落信仰和传统观念,反映着社会历史的内容和各种含义。同时,为了区分种族,人类在早期除了以图腾辨别各自的族群外,很自然地要给自己起一个姓氏,所以很多姓氏是源自于某个图腾的。《史记》记载"天命玄鸟,降而生商",玄鸟便成为商族的图腾。中国境内一向居住着文化系统不同、所奉祖先不同的各族,居住在东方的人统被称为"夷族",太皞是其中一族的著名酋长。传说他人头蛇身(一说龙身),可能是以蛇(或龙)为图腾的一族;居住在北方、西方的人统被称为"狄族""戎族",其中"犬戎族"自称祖先为二白犬,当时以犬为图腾;居住在南方的人统被称为"蛮族"。其中九黎族最早进入中部地区,蚩尤是九黎族的首领,神话传说里九黎族兽身人言,吃沙石,铜头铁额,耳上生毛硬如剑戟,头有角能触人,这大概是以猛兽为图腾,勇悍善斗的强大部落。

图1-2 天命玄鸟

图片来源:两河评论. 商朝兴衰简录[EB/OL]. (2021-4-21)[2022-3-8], https://baijiahao.baidu.com/s?id=1697642745772183393&wfr=spider&for=pc.

图1-3 蚩尤

图片来源:维基百科. 蚩尤[EB/OL]. (2022-2-7)[2022-3-8], https://zh.wikipedia.org/zh-hans/%E8%9A%A9%E5%B0%A4.

人类通过装饰身体、雕塑、图画、舞蹈、音乐等艺术形式来表达自己的图腾观念，这些标志符号起着代表、象征、区分的作用，特别是那些制作者的符号，它们虽然不是商品交流中的商标，但它们的功能和特点与当今的商标极为相似，可以说是最早的标志。这些图案文字在现代的商标、美术装潢设计中，仍然可以寻到其原形或变形体，如中国商标中最常采用的龙虎形象原来就是汉族的图腾，其中龙是黄河流域一带部族的标志，而虎更多地出现在长江流域的部落标志里。到了青铜器时期，奴隶社会出现并走向繁荣，商品交换也由原始部落的物物交换走向一个更高级的阶段，在青铜器等物件上刻上部落的图腾标志、家族徽志或个人所有的标志以表明产权，这就是雏形的商标。

3. 记事符号：结绳

古代人们在生产劳动和社会生活中，为方便联系、标示意义、区别事物的种类特征和归属，不断创造和广泛使用各种类型的标记、符号，如路标、村标、碑碣、印信纹章等。广义上说，这些都是标志或符号。

结绳记事可追溯到远古时代。原始人为了记录数量的多少和生活中的一些事情，常常采用各种实物来传递信息和帮助记忆，从而出现了结绳、刻树等记号标志。"结绳"是一种记事方法。《易·系辞下》说："上古结绳而治，后世圣人易之以书契。"郑康成注："事大，大结其绳，事小，小结其绳。"《老子》说"小国寡民""使民复结绳而用之"。《庄子·胠箧篇》："昔者，容成氏、大庭氏、伯皇氏、中央氏、栗陆氏、骊畜氏、轩辕氏、赫胥氏、尊卢氏、祝融氏、伏羲氏、神农氏，当是时也，民结绳而用之。"《春秋左传集解》云："古者无文字，其有约誓之事，事大大其绳，事小小其绳，结之多少，随扬众寡，各执以相考，亦足以相治也。"作为一种有效的记录和交流信息的方式，远古时代的人类就是通过在绳索或类似物件上打结的方法记录数字，表达某种意思，用以传达信息，处理事件。这种记录形式也曾经广泛存在于世界上许多民族的史前阶段，是当时人类社会所共有的一种历史文化现象。"结绳"记事方法从民族学材料也可以得到验证，如中美洲的印加、琉球群岛、冲绳岛、夏威夷群岛等地的原始部落都曾流行过结绳记事。结绳可以记录战争、财产、贡赋等，绳结的多少、形态和色彩的差异等可以表达不同的含义。马克思在其《摩尔根〈古代社会〉一书摘要》中，曾说明了印第安人的结绳记事，他们的记事之绳是一种用各色贝珠穿成的绳带。他记载道："由紫色和白色贝珠的珠绳组成的珠带上的条条，或由各种色彩的贝珠组成的带子上的条条（德文是'绳子一般的'；'束、楼'），其意义在于一定的珠串与一定的事实相联系，从而把各种事件排成系列，并使人准确记忆。这些贝珠条和贝珠带是易洛魁人唯一的文件，但是需要有经过训练的解释者，这些人能够从贝珠带上的珠串和图形中把记在带子上各种记录解释出来。"

我国独龙族远行日记、傈僳族记账、哈尼族土地买卖记录，也都曾使用结绳。独龙族在早期没有文字，他们常用结绳来记事和传递信息。出远门时，走一天就打一个绳结，用来记日期，亲友间互相邀请，则用两根细绳，打上相等的结，各保存一根，过一天或走了一天，就解一个结，等全部绳结解完，双方便会准时在相约的地点相会。普米族除了用绳结表示天数及联系点外，还常在结绳上拴两块小木板，中间夹着鸡毛、木炭与骨头，要求人们行动像飞鸟一样迅速，团结如骨头一样坚实，心情像木炭那样炽热。此外，秘鲁印第安人的结绳记事也很有意思，他们用数条不同颜色的绳子，并列地系在一条主要的绳子上，依据所打结或环在绳上的位置和结、环的数目，来记录不同性别、不同年龄的人口数。据说他们还能用结绳记一些历史传说。可见，在文字发明之前结绳所具有的记事功能，具有文字发生学的意义。这种借助于实物进行传播交流和记载信息的方式是生产力和生产关系发展的结果，它的出现，比之前的口语传播有着更强的稳定性和对时空的超越性，有助于人类积累、传播和交流新经验、新技术，从而促进了社会的发展。

4. 书写符号：刻契

刻契是表示某种约定关系的刻画记号。《释名·释书契》："契，刻也，刻识其数也。"许慎《说文解字》："契，大约也。从大从㓞。易曰：后代圣人易之以书契。""契"的本义是灼刻龟甲、兽骨的刀具。"㓞"左边是一竖三横，表示用刀在一块小木条上刻下的三个记号，表示制作契符时用刀所刻的记号，由此形象地反映出上古时代一种主要的记事方法——契刻记事，所以《释名·释书契》曰："契，刻也，刻识其数也。"《周易·系辞下》："上古结绳而治，后世圣人易之以书契，百官以治，万品以察。""书契"的"契"指的就是"契刻"，这里的"书契"实际上已经相当于文字了，由此可以看出古代对书契产生的背景和功用的认识。

契刻等约定性符号，是文字出现前人类广泛使用的记事方法，历史非常久远，一些旧石器遗址中就出现过。原始社会的契刻，主要包括：①氏族、部落、图腾符号；②所有权记号（标记、戳印）；③工匠制成品标记；④巫术、祭祀符号；⑤其他约定性符号，如记数、指方向、交通等符号。这些不同类别的契刻符号都具有传达信息和记事的功能。在我国一些少数民族的材料中也有许多符号记事的实例，如西盟佤族、独龙族、红河哈尼族的契约木刻和苗族的"刻道"歌词等。契刻是用来帮助记忆的，虽然不是"文字"，但契刻作为一种约定性符号已有了原始文字的某些功能，我国古代将"书契"并称，体现了对契刻符号与文字起源关系的初步认识。文字具有与契刻同样的信度和更强的功能，早期的原始文字也大多刻于竹木陶石之器上。由于"书"既可以契刻在木札上，又可以用来书信符，所以"书契"并称。《周礼·天官·酒正》："凡有秩酒者，以书契授之。"疏："谓酒正授使者酒，书之多少，以为契要而与之。"《司会》："掌国之官府郊野县都之百物财用，凡在书契版图者之二。"二，指副本；书契版图，指的是文字记录的簿籍和各类图册。《周礼·夏官·大司马》："群吏撰车徒，读书契，辨号名之用。"从"契"到"书契"是记事方法的进步，刻契太过简约，只有发展到"书契"（文字）方可表达更为复杂的内容。

5. 文字符号：作图

古代通过创作图画来传情记事。《吕氏春秋·勿躬篇》说"史皇作图"，《世本·作篇》也说"史皇作图，仓颉作书"。说明"作图"与文字形成的关系最为密切。

图画记事起源于原始艺术，是原始艺术的一种发展。原始图画不仅用来认识世界，满足艺术的、宗教的（巫术、祭祀）目的，还用来（虽然是部分的）传达某些信息、实现交际和记事的目的，如内蒙古阴山地区、云南地区的岩画以及我国西南地区佤族"大房子"上的记事壁画、景颇族的"鬼桩"等，就有图画记事性质。当原始艺术中的图画主要用来表达信息而不是为了审美，并且图画符号与语言发生直接或间接的联系时，就产生了具有记事性质的文字画或图画文字。考古学和民族学有关材料证明了这一说法。早期的原始文字，如古埃及圣书字、苏美尔人的铭刻文字（多为图画形式）、北美印第安人的图画文字和我国纳西族的东巴经文，都留下了从图画到文字画到图画文字的发展轨迹。中外这些不同类型的材料，都表明"作图"与原始文字的形成有着密切联系。因此，"文字源于图画说"是影响最大的一种文字起源学说，我国宋代郑樵就提出了"书画同出"的观点，提出"书画同出，画取形，书取象，画取多，书取少。凡象形者，皆可画也，不可画则无其书矣"，都是描摹天地万物的产物。

关于汉字起源的各种传说，在《说文解字·序》中有集中的回应，提出了庖牺氏"始作八卦"，到神农氏"结绳为治"，再由于"庶业其繁，饰伪萌生"，黄帝的史官仓颉就开始创制书契（文字）。文字出现后，"百工以乂（治），万品以察""宣教明化"，社会进入到文明的状态。《说文解字》试图对汉字起源不尽一致的传说做出合理性的解释，寻找不同传说间的内在联系，进而揭示汉字起源的真相。总结《说文解字》关于汉字起源传说的思想，提出了如下观点：①各种记事方法的出现是文字产生的前奏；②文字的产生是一个渐进的过程；③文字（书契）是适应社会需要而产生的，其功能是"宣教明化"，是"治百工，察万品"的重要工具。

### 6. 权力符号：玉器

原始公社末期，生产资料私有制逐渐形成起来，氏族首领凭借其权力往往拥有较多的物质财富，并扩大私有财产的范围，成为氏族的权贵。这种贫富分化的现象在新石器时代中期就已显露端倪。大汶口文化中晚期的墓地上，墓葬和葬具的规模，随葬品的多寡与质量已经有了较为明显的差别。不少墓葬墓穴狭小，仅能容尸，随葬品很少，甚至有空无一物者；而富有者、阶层上位者的墓葬随葬品极其丰富，其中尤其引人注目的是随葬了大量的玉器。其种类主要有饰以兽纹的玉琮、用作武器的玉钺、用于驱邪的玉璧等。

玉琮是一种呈方筒形、内侧为圆柱形空洞的玉器。玉琮用于祭祀，其中空部分被认为是连通天神与地神的通道。玉琮表面精雕细刻，刻有一种名为神人兽面纹的精细纹样。而且这种兽面纹也见于分数段雕刻成长方柱形的玉器上。另外，因为玉琮上可见曾被切割的痕迹，也有学者认为，玉琮作为一种威信物，在区域首领间缔结政治同盟时曾被切割分配给各方。玉璧呈圆盘形，中有圆孔，形状精致而奇特。与体现着当时人们的宇宙观的玉琮一样，玉璧也是祭祀用的礼器。而玉钺则是按照原为武器的钺的形态制成的玉器，所以玉钺应当是一种显示军事权的瑞器。良渚文化在瑶山及反山土墩墓，墓葬呈列状分布，各列之间的随葬玉器在内容上均存在差异。瑶山土墩墓有南北两列墓群，南列的随葬品有玉琮、玉钺和三叉形冠饰，北列则随葬有玉璜、纺车。这种关系显示，空间分布的差异很可能依据的是男女性别的差异。也就是说，因为玉璜及纺车这类随葬品对应着女性墓的附葬品，可知在这个阶段，男女性别差异是决定墓葬差异的重大因素。如果说有着玉琮、玉钺、三叉形冠饰等随葬品的南列是男性墓，那就说明男性掌握着祭祀权、军事权等首领权力。可以说，良渚文化的阶层正向着以父系为中心、以血缘关系为单位的阶层社会进行进化，并说明掌管祭祀和军事的首领权掌握在父系手中，地域首领拥有着玉琮等玉器，通过向位居下层的区域首领分配玉器，形成了依靠祭祀统治系统维持的同盟关系。获得玉器分配的区域首领们很可能又在区域内部继续进行赠予活动，将玉琮进一步分割。

玉器何以成为权力的符号呢？石器时代的初民能够从普通的石质材料中分辨出玉质的特殊材料，并以此来打造佩戴在自己身体上的饰物，这都是作为符号动物的人类所独有的意义生产行为。华夏先民将天宇想象为玉质的，将青绿色的玉石联想为天神恩赐人间的圣物，使得玉石打造的玉器饰物具有通神、通灵及辟邪护身、保佑等象征意义。新石器时期出土的玉器大部分是祭祀用玉，用来祭祀神灵、辟邪驱魔，如玉龙、玉凤、玉琮、玉璧等。如红山文化典型玉器中的玉猪龙（图1-4），整体弯曲呈"C"形，背部对穿双孔，与传说中龙的造型相似，头部像野猪，鼻端齐平，故称为玉猪龙，表现原始先民对神灵的崇拜，以求神力庇佑。随着私有制产生，贫富差距的出现形成了社会的等级观念，也反映在玉器的使用上，尤其是产量不多、品种稀缺、做工精美的玉器，已成为等级制度的表征。在新石器时代中晚期的墓葬中出土的一些形制特别的玉器，将等级特权体现得更为明显，甚至发展成为国家权力的象征，可以与秦以前的"九鼎"等同。比如代表王权的玉玺的使用，在秦始皇时期就开始了，秦始皇将和氏璧改制成一个

图1-4　玉猪龙

图片来源：辽宁博物馆. 玉猪龙［EB/OL］. （2014-11-6）［2022-3-8］, http://www.lnmuseum.com.cn/index/index/ndetail/id/1529.html.

传国玺，这个传国玺也成为历代君王争夺的至宝。后来各朝以玉制玺成为惯例，乾隆时期有御制"二十五宝"，大都用名贵宝玉制作，成为宫廷中的重器。

## 传播案例

# 龙图腾

中华民族不分地域和族群，历来都以"龙的传人"自称，龙作为中华民族的图腾，在中国人的信仰世界里占据着重要的位置，时至今日，我们仍能感受到"龙"在我们日常生活中所展现出的象征意义。但在中华民族的传统文化中，"龙到底是什么"这个问题一直是一个众说纷纭的谜。

在《山海经》中，有提及龙这样的生物存在，它们有不同的种类，其形态与功能不

一。《左传》也有提及龙，甚至还有养龙的故事。《易经》一书的六十四卦内容也时常用到龙的字眼，如"潜龙勿用""见龙在田""飞龙在天""亢龙有悔"等明确描述了龙的各种运动状态；"终日乾乾""或跃在渊"暗示着龙的动作。上述古籍虽然记载了龙的存在，但由于历史久远，无法考证内容的真伪。闻一多曾说："龙究竟是个什么东西呢？我们的答案是：它是一种图腾，并且是只存在于图腾中而不存在于生物界中的一种虚拟的生物，因为它是由许多不同的图腾糅合成的一种综合体。""大概图腾未合并以前，所谓龙者只是一种大蛇。这种蛇的名字便叫作'龙'。后来有一个以这种大蛇为图腾的团族兼并了，大蛇这才接受了兽类的四脚，马的头、鬣和尾，鹿的角，狗的爪，鱼的鳞和须……于是便成为我们现在所知道的龙了。""这综合式的龙图腾团族所包括的单位，大概就是古代所谓'诸夏'和至少与他们同姓的若干夷狄。"这段阐述基本说清了龙图腾是一种化合的、拼合的图腾。远古中国，不同部落有不同图腾。《史记·五帝本纪》记载："轩辕乃修德振兵，治五气，艺五种，抚万民，度四方，教熊罴貔貅䝙虎，以与炎帝战于阪泉之野。"其中的"熊罴貔貅䝙虎"可理解为部落图腾，黄帝率领不同的图腾部落作战，他们不仅战胜了对手，而且与对手部落联合起来，将各部落图腾做了整合，这就成就了龙的形象，表明这是一个民族逐步统一融合的过程。龙图腾就是不同图腾部落的综合和整合，就是中央部落的权威地位的确立。没有中央部落的权威地位，难以形成延续至今的中华民族。

摩尔根在其著作《古代社会》中表明，图腾是氏族社会的"徽志"，它就好比是一个商标或品牌，通过它来分晓自身族群与他者，使族群内部达成互相认同的状态。法国社会学家涂尔干更深层地指出，图腾所被赋予的神性和主宰力量，即是源于对氏族社会本身的维系。可见，图腾对于民族国家的构建具有非凡的凝聚力。中华民族使用蛇、鹿、兔、牛、鹰、虎等九种动物的多元部分，拼凑汇合一体，形成独一无二的龙的形象，其多元一体的深刻意蕴，是上古先人留给我们打造民族认同、构建民族国家不可多得的契机。

## 第二节　先秦时期

今大道既隐，天下为家。各亲其亲，各子其子，货力为己。大人世及以为礼，城郭沟池以为固。礼义以为纪，以正君臣，以笃父子，以睦兄弟，以和夫妇，以设制度，以立田里，以贤勇知，以功为己。故谋用是作，而兵由此起。禹、汤、文、武、成王、周公，由此其选也。

——《礼记·礼运》

### 一、历史背景

先秦指的是秦朝建立以前的夏、商、西周及春秋、战国时代。我国的奴隶社会共经历了两个朝代，开始于夏朝建立，结束于商朝灭亡，前后共有一千余年。舜举禹为他的继承人，禹即位，国号夏，都于阳城（今河南登封），其疆域包括今河南中部、北部和山西南部，是我国历史上第一个王朝。禹死后，禹之子启夺得王位，从此，中国历史上的"禅让时代"结束，王位"世袭"制开始。商族长期居住在黄河下游地区。《诗·商颂·玄鸟》曰："天命玄鸟，降而生商。"传说有娀（sōng）氏之女名简狄，吞玄鸟（燕子）卵而生契。契是商族的始祖，商族大约以玄鸟为图腾，契曾协助禹治洪水有功，被舜任为司徒，封于商（今河南商丘）。契传十四世至汤，势力强大，建立了早期的国家，以亳（今商丘）为国都。汤伐夏后，夏亡，商朝建立，以今河南北部和山东西部为中心，其势力所及，西到陕西西部，北到河北北部，南到湖北和湖南北部，东到海滨。《诗·商颂·殷武》："昔有成汤，自彼氐羌，莫敢不来享，莫敢不来王。"西方的氐族、羌族亦臣服于商。后周武王灭商，我国古代史上的奴隶制时代基本结束，封建社会的初期阶段即封建领主制（亦称农奴制）阶段开始，这一社会阶段经历了西周、春秋和战国三个时期，至秦始皇消灭六国，统一中国，时长约八百年。此后，中国的历史进入封建地主制阶段。

先秦时期，是我国古代文化大发展的时期，夏商时期的甲骨文、商周的青铜器都是人类文明发展的历史标志。春秋战国出现了思想领域里的"百家争鸣"，"诸子百家"有儒、道、墨、法、名、阴阳、兵、纵横、农、杂等家。文化学术由殷商西周时代的"学在官府"的文化垄断，发展到春秋战国时期的"学术下移"，文化学术向民间传播扩散。位于齐国国都临淄的稷下学宫是当时的学术交流中心、传播中心、教育中心。《史记·田敬仲完世家》云："宣王喜文学游说之士，自如邹衍、淳于髡、田骈、接舆、慎到、环渊之徒七十六人，皆赐列第，为上大夫，不治而议论。"稷下学宫作为战国时期的文化中心，对中国传统文化的形成和发展产生了深远影响。

## 二、商业环境

1. 城市与商业

城市是政治、文化和军事的中心，同时也是经济中心。《管子》有云："夏人之王，……民乃知城郭、门闾、室屋之筑。"夏代文化二里头遗址就发现了宫殿。《竹书纪年》记载："自盘庚徙殷至纣之灭，二百七十三年，更不迁都。纣时稍大其邑，南距朝歌，北据邯郸及沙丘，皆为离宫别馆。"现在殷墟发掘出来的商代都城遗址（河南安阳小屯村一带）已有一定规模。殷彝《乙酉父丁彝》已有"市"字。《诗经》说："商邑翼翼，四方之极，赫赫厥声，濯濯厥灵。"西周初期的城市经过考古发掘和勘测显示出的有周原和丰镐等。《诗经·大雅·文王有声》载："筑城伊淢，作丰伊匹。"姚际恒在《诗经通论》卷十三解释说："《书·洛诰》：'周匹休'，谓营洛与周为匹，此谓营镐与丰为匹也。"考古发掘出，丰、镐两地虽有一水之隔，但西周时期文化层已完全连成一片。周都丰镐的规模是相当可观的。此外，据《逸周书·作雒》载："作大邑成周于土中，城方千六百二十丈。"孔晁注："方九里。"成周的营建从一开始就具有相当的规模，且经过周密的筹划。同时，随着周王的不断分封，大批新的城市开始兴建。如武王封周公旦于少昊之虚曲阜，封师尚父于齐营丘，封召公于北燕，以及宣王时封郑桓公于郑等。经过一段时间的发展，它们都成为很大的城市。大的城市一般是"方九里，旁三门"。如齐都临淄城内大城中部南北干道长达近4400米，路宽20米，九车并驶宽绰有余，可见此时城市，不仅是政治文化中心，还是经济商业中心。《史记·张仪苏秦列传》记载："临淄甚富而实，其民无不吹竽鼓瑟击筑弹琴斗鸡走犬六博踏鞠者，临淄之途，车毂击，人肩摩，连衽成帷，举袂成幕，挥汗成雨，家殷而富，志高而扬。"临淄人口已达几十万之多，商业发达，城里有各种手工业作坊。临淄以冶铁、纺织业著称，赵邯郸和楚宛城以铁器铸造著称，咸阳也集中了来自诸侯各国的冶金、建筑、纺织、制陶等手工业匠人。它们都明显有其各自城市的特色。有些都城如曲阜已基本上形成了"左祖右社，面朝后市"的格局。这些都对秦汉以后的城市发展产生了深远的影响。

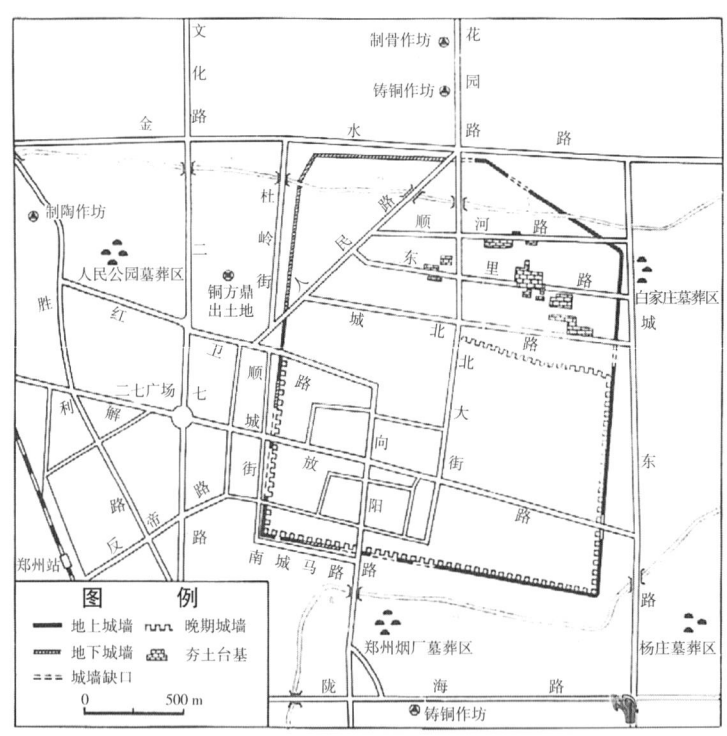

**图1-5 郑州商代遗址平面图**

图片来源：考古中国.《青铜时代·郑州商代遗址》[EB/OL].(2019-8-1)[2022-3-8].http://kgzg.cn/a/8.html.

《周礼·考工记》说："匠人营国，方九里，旁三门，国中九经九纬，经涂九轨，左祖右社，面朝后市。"这里指周朝都城丰镐在城里设有中央王宫，市场设在王宫的后面，有市司主管。王都周围五百里路的范围内也有固定的市。《周礼·地官·遗人》云："凡国野之道；十里有庐，庐有饮食；三十里有宿，宿有路室，路室有委；五十里有市，市有候馆，候馆有积。"市场交易时间也有规定。按《周礼·地官·司市》记载："大市，日昃而市，百族为主；朝市，朝时而市，商贾为主；夕市，夕时而市，贩夫贩妇为主。"说明不同的阶层在市场上交易的时间也不同，贵族在日中，商贾在清晨，小生产者和商贩在傍晚。市场上交换奴隶、牛马、兵器、珍玩、布帛、锦文珠玉、衣服、粮食、木材、果实、禽兽鱼鳖等。西周初期对商业只查问但不征商税，商业是国家役使奴隶经营，利润完全为官府收入，但已有规范的市场管理。按西周的制度，市场由司市进行管理。司市手下有质人、廛人、胥师、贾师、司暴、司稽、胥、肆长、泉府等人协助其管理市场。司市"掌市之治教、政刑、量度、禁令。以次叙分地而经市；以陈肆辨物而平市；以政令禁物靡而均市；以商贾阜货而行布；以量度成贾而征；以质刘结侯而止讼；以贾民禁伪而除诈；以刑罚禁暴而去盗；以泉府同货而敛赊"。其意就是司市掌管市场的治理、教化、政务、刑法、量度和禁令。按照市官和其下属办事处所的方信分划土地为市场的经界；按照货物的不同分门别类，以便货比货；平抑物价；用政令禁止昂贵而无用的细巧物品在市场上出售；招徕商贾以充实市场的货物，加快货币流通；依靠度量衡确定物的价格来吸引顾客；用契约的形式定下双方应遵守的信用以防止争讼；依靠胥师、贾师一类的官吏查禁伪冒商吕，杜绝欺诈行为；用刑罚来禁止争斗凶暴行为，除掉盗贼；用泉府的货币根据市场的供销情况收购或赊销货物对市场进行调节。可见，先秦对市场的管理是严格而有规范的。对上市的商品也有严格规定。《礼记·王制》："有圭璧、金璋不粥于市，命服、命车不粥于市。宗庙之器不粥于市，牺牲不粥于市，戎器不粥于市。用器不中度，不粥于市；兵车不中度，不粥于市；布帛精粗不中数，幅广狭不中量，不粥于市；奸色乱正色，不粥于市；锦文珠玉成器，不粥于市；服饮食不粥于市；五谷不时，果实未孰（熟），不粥于市；木不中伐，不粥于市；禽兽鱼龟不中杀，不粥于市。""圭璧金璋""命服命车"等统治阶级官用物品，"宗庙之器牺牲"等祭祀物品和兵器等，一律不准出售；尺寸不合标准的车辆，用器、精粗、幅度和颜色不合规定的布帛不准出售；"五谷不时，果实未熟""木不中伐""禽兽鱼鳖不中杀"的也禁止出售。商人出入国界，必有玺节，以资证明。通商互市，必有条例。凡本国的货物要输出的，则必须刻竹为节，加玺于上由司市付给，沿途司门、司关验证，然后运至国外。外货输入，先由司关按其玺节通之国门，司门查验后，通知司市，然后才能在市场上出售。《周书》上说："农不出则乏其食，工不出则乏其事，商不出则三宝绝，虞不出则财匮少。"足以证明商业在经济生活中起了重要的作用。

公元前770年，周平王东迁洛邑，开始了中国历史上的春秋战国时代。诸侯国林立，纷纷兴筑都城。这些都市位居津要，自然成为商品集散的最佳地段，因而渐渐发展成大大小小的商业城市，各国之间商业贸易频繁，城市不断扩大，新的城市不断出现。著名城市如齐国的临淄（今属淄博市），韩国的荥阳（今郑州市）、新郑（今属郑州市），魏国的大梁（今开封市），赵国的邯郸（今邯郸市），燕国的涿（今涿州市）、蓟（今北京市），楚国的宛（今南阳市）、陈（今淮阳县），东周的洛阳（今洛阳市），宋国的定陶（今属菏泽市）等都是当时著名的商业城市。城市内往往设有不止一个市，作为商品交换的固定场所，市的四周有"市门"，设"市吏"管理。市内列肆成行，商品分类出售。战国时期，市上的商品种类更加丰富，吃的有米粮和各种牲口，用的有绸布、皮货、衣

履、刀剑,还有各式奢侈品如珠宝、玉器、象牙床、千里马、狐裘之类,无不具备,而且出现了为买卖双方评价说合的牙人。

各诸侯国为了确保政治稳定与军事实力而竭力发展经济,施行"废山泽之禁,弛关市之税"的政策,各地大量开发木材、矿产、水产、鸟兽等特产资源,带动了地区间的物质交流,各国之间的贩运贸易相当活跃。《墨子·贵义》:"商人之四方,市贾倍蓰,虽有关梁之难,盗贼之危,必为之。"春秋战国时期官营工商业有所扩大,例如齐国管仲施行的"官山海"政策,实行盐铁专卖,使国家控制了两大利源,为中国后世几千年延续不断的国营工商业开了先河。官营工商业的原材料和产品购销无论是调拨还是投放市场,有一部分都不必通过商店来进行,而是产销直接见面。例如国君赏赐给大臣的绢帛、财宝等,国君和宗室所需的器用服饰都是直接从国营工商业得来的。春秋战国时期农村中小农已占主要成分,他们生产的农产品和家庭生产的手工业产品如布帛等,这些"男耕女织"的农副产品除满足自己的消费之外,剩余的部分必然要到"百工居肆"的"肆"上与个体手工业者生产的车、皮、陶、金、木等农业生产和农村生活的必需品进行交换,而"百工"则需从农民那里获得粮食维持生活,这种商业交换已很密切。无论是官营工商业或是城镇自由小手工业和广大的农村家庭手工业的农业,其产品都要进入市场进行交换,对于当时商品经济的发展起了推动作用。

2. 手工业发展

先秦时期手工业已有相当发展,玉器文化、铁器文化、漆器文化等开始萌芽发展,《史记·殷本纪》说"中丁迁都于隞"。据考古学者考证,当是隞都或隞都附近的居地,遗址中有制陶场、制骨场、炼铜场。出土器物有青铜制的礼器和工具(镞、刀、钻、鱼钩等)、陶器及釉陶、骨器、蚌器、玉器、象牙梳、编织物、陶埙(xūn)等。墓葬中殉葬品有金饰、青铜器、玉石、玛瑙、贝壳等。又有殉葬的人和狗、猪。手工业种类很多,而且分工颇细。殷墟发现的石工、玉工、骨工、铜工场所中,铜工主要制造兵器和礼器;骨工制造骨镞和其他骨器,大量卜骨都极光滑,当是经骨工磨制;石工、玉工主要制造艺术品,玉器是贵族赏玩的珍宝,石器多数也是当作艺术品来赏玩。此外,如皮革、酿酒、舟车、土木营造、饲蚕、织帛、制裘、缝纫等,均见于甲骨文,商手工业的颇为发达可见一斑。

先秦时期最有代表性的是青铜手工业。青铜是铜、锡合金。在制作青铜器时,先用细泥制成器范,再以木炭为燃料,用陶制的坩埚冶炼铜、锡矿石,再将铜、锡溶液注入器范中,铸成青铜器。古文献对夏代炼铜业的记载很多。在二里头文化中发现的属于这一时期的青铜器有爵、铃、刀、镞、锛、凿、锥等。商代的青铜冶炼和铸造技术的水平非常高。殷墟出土的青铜器上千件,造型美观精致,不仅有各种武器,如刀、斧、戈、钺、矛、镞等,还有各种礼器、食器、酒器、水器、乐器和车马装饰品等。用青铜铸造的生产工具和军事武器大大提高了社会生产力,而铸造的大量的鼎彝礼器,用来象征王权的尊贵和等级秩序,使得高度发达的青铜文化不仅仅停留在精美的青铜器本身之上,更使青铜器成为研究古代文化最好的材料和佐证。近百年来发现的大量西周王室贵族铸造的青铜器上铸刻的长篇铭文记载了西周时期许多重大事件，成为西周历史研究重要文献。数量巨大的青铜器对当时的历史、文化、艺术和科技研究都具有重大的价值。

西周实行"工商食官"制度，就是工匠和商贾都是官家（贵族）的奴仆，主要为封建领主贵族的政治或生活需要而从事工商活动。西周的官府有"百工"。百工就是具有各种技艺的工匠。从事的手工业有青铜铸造、制陶、制骨、玉器、制革，还有木工、竹工、漆工、丝织等。西周青铜铸造业继承了商代而有所发展，器形和数量都比商代增多。考古发现有西周青铜器出土的省份很多，如陕西、河南、山东、山西、河北、辽宁、江苏、安徽、湖北、湖南等省，不少铜器铸有铭文。西周前期的大盂鼎高约1米，重153.5千克，有铭文291字，记载了公元前994年周康王策命其臣盂并赏赐给他奴隶和其他财物的情况。西周后期，青铜器的数量大增，周宣王时的毛公鼎有铭文497字，记载了宣王告诫和赏赐其臣毛公的情况。有些铜器的铭文，记载着封建贵族赏赐、赠送、交换、赔偿土地、奴隶或其他财物的情况，也有记载战争的。这些铭文从不同角度反映了当时的政治和社会的一些重要情况。制陶业、纺织业、丝织业也有发展，大约在西周后期，出现了锦，锦是一种用复杂技术织成的比较名贵的丝织物，有些织物被染成各种颜色。商业是为贵族服务的商业，以交换奴隶、牛马、兵器和珍宝异物为主。奴隶的价格很低，五名奴隶才

图1-6　大盂鼎全形拓及铭文　周庆云藏本

图片来源：自仲威．《从大盂鼎和大克鼎传世善本看潘祖荫的吉金收藏》［EB/OL］．（2020-05-05）［2022-3-8］，https://www.thepaper.cn/newsDetail_forward_7215129．

换得"匹马束丝"，就是换得一匹马十把丝。民间也存在着商品交换关系。如《诗经·卫风·氓》曰："氓之蚩蚩，抱布贸丝。"就是描写一个农奴以货币买丝的情况。

3．从"工商食官"到自由商人

先秦的商业在春秋以前主要被王室和各封国控制。《国语·晋语四》云："公食贡，大夫食邑，士食田，庶人食力，工商食官，皂隶食职。"韦昭注，西周"府藏皆有贾人，以知物价。食官，官廪禀之"。可见"工商食官"商业由王室和各封国直接驱使，奴役

商业奴隶从事商品贩运买卖，收入归王室和各封国所得。与此同时还有一些奴隶主贵族直接从事商业，他们也驱使商业奴隶从事商品贩运、买卖，收入归奴隶主贵族所得。他们做生产常常"如贾三倍"（来源：《诗经·大雅·瞻卬》）。这种工商业奴隶主贵族俗称"大贾"（来源：《管子·国蓄》）。此外，下层自由民和农民也从事"抱布贸丝"《诗经·卫风·氓》的民间贸易，以"贩夫贩妇为主"（来源：《周礼·地官·地市》）。春秋后，"工商食官"的格局逐渐被打破，自由商人崛起。如齐国管仲实行了自由贸易政策"使关市讥而不征"（来源：《国语·齐语》），"天下之商贾归齐若流水"（来源：《管子·轻重乙》），又如"昔我先君桓公与商人皆出自周"。《左传·昭公十六年》的郑国解除了商伯奴隶身份，并与商人订立"尔无我叛，我无强贾，毋或匄夺。尔有利市宝贿，我勿与知"的盟约。再如鲁国"废山泽之禁，弛关市之税，以惠百姓"（来源：《孔子家语·五仪解》）。于是腰缠"千金""巨万"的自由商人迅速崛起，这时"国君无不分庭与之抗礼"（来源：《史记·货殖列传》）。司马迁在《史记·货殖列传》中记录了22位大商人和9位小商人的名字、商业发展以及其富裕程度。当时的商人的财富"大者倾郡，中者倾县，倾乡里者不可胜数"。司马迁认为富者与王者可比，"千金之家比一都之君，巨万者乃与王者同乐"。郑国的弦高、越国的范蠡、卫国的子贡、鲁国的猗顿、赵国的郭纵、秦国的吕不韦等都是春秋战国时期自由商人的代表人物。

4. 商祖王亥

据范文澜、郭沫若等人研究考证，商部落活动的中心在南亳。商部落开始是夏王朝的一个重要组成部分，商祖王亥，是商契的第六世孙，甲骨卜辞中称为"高祖亥"或"高祖王亥"。在商代王室世系中，最重要的有契、王亥、成汤等，王亥是《卜辞》中所称的三位高祖之一。在商朝的发展史上，契是商部落最早的首领，成汤是商王朝的建立者，而王亥则是先商时期商族强大过程中的关键人物。王亥不仅帮助父亲冥在治水中立了大功，而且还开始驯牛，发明了牛车，促使农牧业迅速发展，使部落得以强大。王亥服牛驯马发展生产，用牛车拉着货物，到外部落去做交易，开创了华夏商业贸易的先河。到王亥的七世子孙成汤宣威中国的时候，便建立起了一个强大的王朝——商（建都南亳），使得华夏文明更加璀璨。

5. 商圣白圭

白圭，东周洛阳人，曾经做过魏惠王时期魏国的国相，解除了魏都城大梁的黄河水患，后因魏政治腐败弃政从商。《汉书》中说他是经营贸易发展生产的理论鼻祖，"天下言治生者祖"。白圭提出了商人素质的四个要求"智、勇、仁、强"。他说："吾治生产，犹伊尹、吕尚之谋，孙吴用兵，商鞅行法是也。是故其智不足与权变，勇不足以决断，仁不能以取予，疆不能有所守，虽欲学吾术，终不告之矣。"如果"智"不能权变，"勇"不能决断，"仁"不能决定取与"强"不能守业，那就无法与他讲经商的本领。白圭有着一套极为独特的经商理念与策略。战国时的商人大多喜欢获利丰富的珠宝生意，而他另辟蹊径，从事农产品买卖。他看到的是当时社会的农业发展，以及谷物是普天下老百姓都离不开的东西，虽然利润不大，但需求极大。白圭从自己的经商实践中总结出一套经商之术与为商之道。比如"人取我予，人弃我取""贱取如珠玉，贵弃如粪土""乐观时变"等，每当粮食收获季节或粮食丰收的时候，农民都会把粮食拿出来出售，而且价格会较为低廉，这时候他就大量买进；而如果粮食歉收，农民没有太多的粮食出售，而大家又需要粮食，这个时候他就把收进的粮食以较高的价钱卖出，从中赚取差价。又比如他主张商人在商业活动中，要节约开支，勤苦耐劳，并能与他的雇工同甘共苦，"能薄饮食，忍嗜欲，节衣服，与用事僮仆共苦乐。趋时若猛兽挚鸟之发"。白圭的这些经商理论，为后世商人效法和借鉴，中国商人奉其为祖师爷，宋景德四年（1007），宋真宗封其为"商圣"。

6. 商神范蠡

范蠡，字少伯，春秋末期楚国宛（今河南南阳）人，是历史上早期著名的政治家、军事家和经济学家、商人，被誉为"治国良臣，兵家奇才，商人始祖"。他帮助越王勾践消灭吴国并称霸诸侯，而后功成身退，去齐国经商成了当地首富。齐王请他入朝为相，三年后他归还相印且散尽自己的家财前往陶地隐居，又以经商为业，再次成为大富翁，后人称之为"陶朱公"，民间称之为"文财神"。范蠡经济思想流传广泛，如"劝农桑，务积谷""农末兼营""务完物、无息币""平粜各物，关市不乏，治国之道也""夏则资皮、冬则资絺、旱则资舟、水则资车，以待乏也"等，其中最有影响的经商思想是《三谋》。《人谋》提出：用人要正，忠奸定兴废；大事要慎，妄托受大害；待人忌躁，暴躁交易少；处事宜静，浮躁误事多；言行宜和，和气能生财；做事宜勤，懒惰百事废。《事谋》提出：用度宜俭，奢华财源败；做工宜精，粗糙出劣品；货期要准，马虎失信用；进货要严，滥入货价减；出纳要谨，潦草差错多。《物谋》提出：伪劣要清，混淆耗损大；存物要整，散漫难查点；价格要明，含糊多争执；赊欠要审，滥出亏血本；账目要清，糊涂弊端生；查账要勤，懈怠滞本金。范蠡强调，为人要大度，遇事不惊，要做到独自一人时，能超然物外；与人相处时，能和蔼可掬；无所事事时，能语默澄净；处理事务时，能雷厉风行；得意时，能淡然坦荡；失意时，能泰之若素；遇事不惊，必凌驾于事情之上；达观权变，当安守于糊涂之中，泰然处之。后人根据他的经商思想，整理出《陶朱公经商十八则》，对后世商人产生重大影响。

7. 儒商子贡

子贡，复姓端木，春秋末年卫国黎（今河南鹤壁市浚县）人。孔子的得意门生，孔门十哲之一。孔子曾称其为"瑚琏之器"。他利口巧辞，善于雄辩，且有干济才，办事通达，曾任鲁、卫两国之相；善于经商之道，曾经商于曹、鲁两国之间，富致千金，有"君子爱财，取之有道"之风。《论语·雍也》曾记载季康子问孔子，子路、子贡、冉求是否可以从政，孔子回答说三人皆可从政，但孔子却分别道出三人之优点各不相同——"由（子路）也果""赐（子贡）也达""求（冉求）也艺"。子贡通达事理，又有杰出的"言语"才能，所以被鲁、卫等国聘为相辅，在出使齐、吴、越、晋四国的外交活动中得心应手。《史记·仲尼弟子列传》亦载："子贡好废举，与时转货资……家累千金。"子贡依据市场行情的变化，贱买贵卖从中获利，以成巨富。《史记·货殖列传》写道：

"七十子之徒赐（子贡）最为饶益，原宪不厌糟糠，匿于穷巷，子贡结驷连骑束帛之币以聘诸侯，所至，国君无不分庭与之抗礼。夫使孔子名布于天下者，子贡先后之也。此所谓得执而益彰乎？"司马迁认为孔子的名声之所以能布满天下，儒学之所以能成为当时的显学，在很大程度上是因为子贡的推动。

## 三、传播符号：凭证、象征、信誉

1. 出入玺节

按先秦的规定，货物出入门、关，须以玺节为凭。《周礼·地官·掌节》云："门关用符节，货贿用玺节，道路用旌节。"凡在市上买了货物要运出境外，由司市给予玺节作为凭证，汉代郑康成注释，"掌节职为主通货贿之官，谓司市也"。又说"玺节者，即今之印章也"。刘熙在《释名》中也说："玺者，徙也，封物使可转玺而不可发也。"此即《周礼·地官·司市》亦云："凡通货贿，以玺节出入。"有的商人从民间购得货物要运出境外，按俗规必须把货物运到关上，向关上缴纳税金，然后"以节传出之"（《周礼·地官·司关》），即由司关发给玺节放其通行，按俗规，凡是货物不经过关卡以逃税的，没收其货物上交国库，并对偷运者施以杖击的处罚。此所谓"凡货不出于关者，举其货，罚其人"（《周礼·地官·司关》）。可见，玺节类似于今天的商业执照，是货物交易与通关的凭证。如今各地博物馆中存有的汉代实物"封泥"，就是将货物捆扎牢固，在固定处打好绳结穿上木块，再用泥固封后捺上印章，正如现代火漆印一样。长沙马王堆一号汉墓出土的封泥，上面刻有"侯家丞"字样。

2. 问鼎中原

青铜是一种红铜与锡、铅、镍、磷等化学元素的合金，由于它具有熔点低、硬度高、化学性能稳定等优点，可以铸造出用于生产和生活的各种器物。中国青铜器形成期大约在新石器时代晚期的龙山文化，相当于传说中的尧舜时代，距今4000至5000年。1975年在甘肃省东乡林家村遗址出土的一种铜刀，年代在公元前3000年左右，这是中国迄今发现最早的青铜制品，是中国境内的先民开始使用青铜器的见证。进入商周时代，青铜冶铸技术进一步提高，制作工艺更加成熟，青铜制品种类更为繁多。马衡先生在《中国金石学概要》中将青铜器分为六大类：礼乐器、度量衡、钱币、符玺、服御器、古兵。礼乐器中的钟鼎，又被称为彝器，是商周时期贵族用以祭祀、颂德的重要器物，也是帝王权力与荣耀的象征。《左传·宣公三年》记载："昔夏之方有德也，远方图物，贡金九牧，铸鼎象物，百物而为之备，使民知神奸。"记录了大禹立国之前，曾铸造九鼎以象征九州岛，并在上面镌刻魑魅魍魉的图案以警戒世人。鼎由此成为立国与传国的重器，后来的奴隶主贵族用它来"别上下、明贵贱"。史载西周"天子九鼎，诸侯七鼎，卿大夫五鼎，士三鼎或一鼎"。"问鼎""迁鼎"也成为王权更替的象征。战国时期，礼崩乐坏，发生了楚庄王问鼎中原的事件。楚建都于郢（今湖北江陵纪南城），后兼并了附近许多小国，楚庄王（公元前613—公元前591）时整饬内政，兴修水利，国势更加强盛。公元前606年，楚庄王率军至雒邑的郊外，周定王举行慰劳欢迎之礼。庄王"问鼎大小轻重",鼎是王权的象征。楚庄王"问鼎",表明了他有了灭周的野心。由于鼎在古代青铜器中的重要地位,"鼎"在汉语中组成很多成语,如"一言九鼎""一代鼎臣""人声鼎沸"等。

图1-7　天子九鼎

图片来源:章老农.《河北博物院看国宝》[EB/OL].(2019-12-01)[2022-3-12],https://www.meipian.cn/2jy65zfu.

### 3. 物勒工名

春秋战国时代,由于生产技术的发展与水平提高,一些精品的生产者往往会在产品上刻上铭文,以显示其产品品质精湛、技术高超。史书记载黄帝时期铸剑"帝采首山之铜铸剑,以天文古字铭之",以"天文古字"命名并记录,世称"轩辕剑"。春秋时吴王得到越国所献的三枚宝剑也均刻有名字——"吴王得越所献宝剑三枚,一曰鱼肠,二曰磐郢,三曰湛卢"(《吴越春秋·阖闾内传》)。吴国人干将、莫邪夫妇为楚王(或说吴王)所铸之剑则称"干将剑"和"莫邪剑"。这些事迹记了古人在制作的器物上命名的事实。另一些高档产品为帝王将相所有,则铭刻所有者姓名、用途,如"越王勾践,自作用剑"之类。还有一些产品则因其产地不同和特殊用途而刻铭文。马承源等在《中国青铜器》研究中提到,商代的青铜器上文字多为"徽记",字数较少,或记器主的名字,或制作器者的族徽。如郑州白家庄早商青铜罍上的"黾"字、殷墟妇好墓青铜器上的"妇好"、周初大保方鼎上的"大保铸"、大祝禽鼎上的"大祝禽鼎"等。战国时期齐国的铜量、陶量(量米、粟的量具)就铭刻有"阳城""廪""公豆""公区""右里故登"等文字,楚国郢大府铜量铭文则为"郢大府之囗少",底部"少",即五升量。这些铭文可以视作商标或广告的雏形,它们标明了技术等级、产品质量、产地、生产单位、所有者等内容,也就是走向商标的萌芽状态。战国中晚期,青铜器上的铭刻文字,逐渐简化到"物勒工名,以考其诚"的作用。如今看到的出土的战国时代的陶器和传世的汉代铜镜上,都有印章、印记,标明生产者的姓氏、姓名及产地。《吕氏春秋·孟冬纪》记载:"物勒工名,以考其诚,工有不当,必行其罪,以究其情。"在器皿上镂刻工匠的名字,旨在考核制作的工艺和质量。在这一原则指导下的秦法对于产品追溯制度有了更加具体和明确的规定:产品上必须铭刻工匠和工师(丞)的姓名,并且在中央政府专门设置了负责产品质量的官职"大工尹",职责是严格按照秦法质检,并对不合格产品"按名索骥"追究处罚相关责任人。《吕氏春秋·孟冬纪》记载,秦国手工器制作,皆"物勒工名",就是把从最高的管理者"相邦"吕不韦到工匠四个等级的名字,或者是四个管理体系的名称都铭刻到器物上,这种制度后来发展成为铭牌、商标,是商标管理的雏形,一则可以利于追查器物的质量责任,二则可以起到广告宣传的作用。

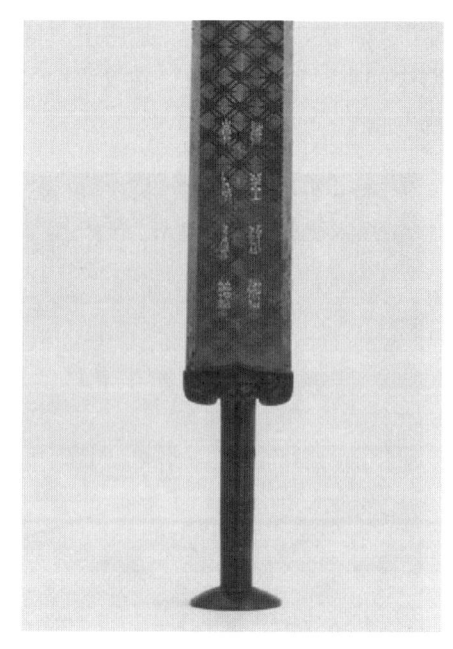

图1-8 越王勾践剑上的铭文

图片来源:湖北博物馆.《越王勾践剑》[EB/OL].(2022-3-12)[2022-3-12],http://www.hbww.org/Views/ArtGoodsDetail.aspx? PNo = Collection&No = GZZQ&Guid = ea6c0a1d - 7d92 - 41da - 9f3b - c5d5df1677c9&Type = Detail.

## 四、传播手段

### 1. 甲骨文

商代已有成体系的文字,主要保存在龟甲和牛肩胛骨上的,今人称之为甲骨文。因多为记录占卜之事,亦称卜辞。商统治者凡遇祭祀、征伐、田猎、疾病、农业的丰歉、天气的阴晴风雨等大事,都要用占卜的方法询问鬼神。每次占卜,要将所问事项、占卜日期、吉凶结果等,刻在龟甲或牛肩胛骨上,成为一篇或长或短的记事文章。这是我国历史上最早的一批文献资料。在殷墟发现的甲骨卜辞有十万多片,所记甲骨文单字总数有四千五百字左右,今已确认者有两千字左右。在甲骨文中已有鸟星、火星等星名。这两个星是测定春分和夏至两季节的重要标志。甲骨文中还有关于日食、月食、风、雨、云、雷等的记录。

### 2. 铭文

据《吕氏春秋·求人》记载,早在夏禹的时候,就已经将帝王功绩"铭于金石,著于盘盂"了,《墨子·兼爱》说古代圣王都这么做,"书于竹帛,镂于金石,琢于盘盂",其目的是"传遗后世子孙"。"铭""镂""琢"等,指的是在金石玉器上刻字,与契刻一脉相承。青铜器铭文也叫"金文""吉金文字""彝器款识"。《礼记·祭统》认为:"夫鼎有铭,铭者自名也,自名以称扬其先祖之美,而明著之后世者也。"这是说在鼎这类重器上铸刻铭文,目的是称扬先祖的美德和功业,好让后世子孙永远铭记住。早期铭文主要是记录名字,多为族氏名、被祭祀的父祖名,或作器者私名,如郑州白家庄早商青铜罍上的"黾"字、殷墟妇好墓青铜器上的"妇好"、周初大保方鼎上的"大保铸"、大祝禽鼎上的"大祝禽鼎"等。到西周开始出现记录各种重要事件的鸿篇巨制,如大盂鼎有291字,史墙盘有284字,散氏盘有375字,毛公鼎则多达497字。西周青铜器铭文的内容主要涉及以下有关方面:一是西周重大历史事件,如利簋记载武王在甲子日灭商、何尊记载成王五年迁都成周等;二是西周礼仪制度,如西周时期的祭祀、册命、宴飨等礼仪;三是西周土地和法律制度,如西周土地交换、地界勘履和法律诉讼等;四是周人思想观念,如天命观、尚德思想、孝敬观念等;五是征伐、盟约、婚嫁等方面的。这些内容对研究西周政治、经济、军事、文化、外交等都是十分珍贵的原始材料。春秋还出现了铸有法律条文的刑鼎。《左传》记载,昭公六年(公元前536)"三月,郑人铸刑书"。杜预注:"铸刑书于鼎,以为国家之常法。"《左传》还记载了昭公二十九年(公元前513)冬,晋国也铸刑鼎,刻上了范宣子所作的刑书。制作刑鼎的目的,当然是为了布告民众,宣示法律的权威性。

图1-9 甲骨文

图片来源:佚名:《安阳殷墟甲骨文》[EB/OL].(2016-6-30)[2022-3-12],http://www.aynews.net.cn/zt2016/15/2016-06/30/cms229280article.shtml.

3. 叫卖广告

叫卖广告也叫"市",往往要与实物广告相配合,在陈列物品的同时通过叫喊来吸引买主,卖什么吆喝什么。《韩非子》:"楚人有鬻盾与矛者,誉之曰:'吾盾之坚,莫能陷也。'又誉其矛曰:'吾矛之利,于物无不陷也。'"描写了楚国人在街市上售卖矛和盾,并巧舌如簧地推销他的商品。《楚辞·天问》中记:"师望在肆,昌何识?鼓刀扬声,后何喜?"传说姜太公在没被周文王启用前,曾在朝歌市肆的肉店里当伙计,有意把刀剁得叮当响,并高声吆喝招揽顾客。"鼓刀扬声"是市井屠夫们招揽顾客的手段,也证明了早期商业在口头叫卖的基础上增加了音响器具来引起人们的注意。据姜亮夫的考证,"商"早先为一种乐器,是商代商人经商时,为招挽顾客而使用的一种"响器"广告工具,后因以为族名、地名,甚而为国名。"商"为古五音之一,宫、商、角、徵、羽也称"五声"。《庄子·徐无鬼》:"鼓宫宫动,鼓角角动,音律同矣。"《文选·战国楚宋玉对楚王问》:"引商刻羽,杂以流。"可见,所谓五音之由来,皆起源于五种乐器,姜氏之考证确有道理。《诗经·周颂·有瞽》一章里就有"箫管备举"的诗句。汉代郑玄注:"箫,编小竹管,如今卖饧者所吹也。"唐代孔颖达疏解亦云："其时卖饧之人，吹箫以自表也。"也就是说，在西周的时候，卖糖食的小贩就已经懂得以吹箫为音响媒介，引起人们注意而招揽生意。

4．实物广告

实物做广告是最简单也是最早出现的广告形式之一，它是靠陈列商品样式来招揽顾客。《史记·平准书》载："古未有市，若朝聚井汲，便将货物于井边，货卖曰市井。"《管子·小匡》中也有"处商必就市井"的记载。随着都市兴起、商业繁荣，实物广告逐渐演化成"悬物广告"。据宋吴自牧《梦粱录》载，当时的杭州酒店有挂草葫芦、银马勺、银大碗的，这些都是盛酒、舀酒的器皿。还有些药店挂个盛药的"悬壶"。《诗经·卫风·氓》中有："氓之蚩蚩，抱布贸丝。"据余冠英《诗经选译》中译为"抱着布来换丝"，"即有一个满脸堆笑的汉子，抱着布来与我交换丝"。这里的"布"是交换媒介，也是一种实物陈列广告。成书于战国时期的《晏子春秋》中记载："君使服之于内，犹悬牛首于门，而卖马肉于内也。"晏子是公元前500年春秋时期齐国的宰相，这句话说的虽是"要使臣民从内心信服，要表里如一"的意思，但在客观上也反映了当时曾将牛头陈列于门首，以招徕顾客。说明实物广告作为一种广告手段广泛存在于民间之中。

5．"告""誓"

夏商周三代的"告""誓"等可以说是中国最早的文字广告，也多是政治军事性质的社会广告。《尚书》总结夏商周三代君王王言是"诰""誓""命"，是三种命令性文书。"诰"本义是"以言告人"，"誓"本义是"誓师之辞"（即战争动员令），"命"本义是"上天旨意"（用以授官和赐姓，帝王赐予有功德在身的人）。所以每逢重大事件发生，尤其是战前总动员，王侯贵族们总要选择使用这种传播方式来鼓励将士斗志，安定民心。如《史记·周本纪》"武王乃作《太誓》告于众庶……"，又"二月甲子昧爽，武王朝至于商郊牧野，乃誓"，又"周公复卜申视，卒营筑，居九鼎焉"，曰"此天下之中，四方入贡道里均。作《诏告》，《洛告》"等。春秋时期，各诸侯和周王室还往往把有关国家政教、法令的图像和条文悬挂在阙下，以告知民众。如《左传·哀公三年》："夏五月辛卯，司铎火……御公立于象魏之外……命藏《象魏》，曰：'旧章不可亡也。'"上古，天子、诸侯宫门外的对称建筑物称为阙或观，因其高大，也称为"魏阙""象魏"。晋代杜预集解："《周礼》，正月县（悬）教令之法于象魏，使万民观之，故谓其书为《象魏》。"后来，逐渐演化为将告示、公文之类文书张贴在城门，以便出城入城的行人观看，俗称"悬诸象魏"。

6．招幌

招幌是招牌与幌子的简称。招幌的出现与早期商业形式有关。郑玄云："行曰商，处曰贾。"《说文解字》亦云，贾，"坐卖售也"。因为行商坐贾的售卖模式不同，因而也产生了不同的售卖手段。行商以走街串巷、贩运叫卖为主，坐贾则是有固定营业场所的售卖，招牌和幌子成为吸引注意、招徕顾客的方式。招牌最初是一种无字的布帘，后来帘上题写了店铺名号。继而又以木牌代替布帘，在木牌上题写文字，多用以指示店铺的名称和字号，可称为店标（店铺的标记）。幌子原为布幔，扩展到多种可吊挂的实物样式，主要表示经营的商品类别或不同的服务项目,可称为行标(行业标记)。幌子是中国古代广告媒介中最成熟、广告形态最丰富的信息传播媒介之一。清代学者徐珂最早将招幌分为以文字为主的招牌和以图形为主的幌子。幌子从构成看,比较讲究的有幌干、幌架、幌挑、幌盖、幌挂、幌体、幌座和幌坠等部分组成;从形体上看,有圆形、方形、三角形、菱形及不规则图形;从表现形式上大致可分为形象幌、标志幌和文字幌三类。《韩非子·外储说右上》记载:"宋人有酤酒者,升概甚平,遇客甚谨,为酒甚美,悬帜甚高。"生动描述了酒家使用高高悬挂的旗帜来招引顾客的注意。楚人甘德、魏人石申所著《甘石星经》记载:"酒旗三星,在柳北,轩辕右角南,酒官之旗也,主要享饮食。"酒官设于周代,挂以酒旗表示对酒星的敬祭。西周时,旗帜作为一种标志、表征得到重视。《周礼·春官·司常》:"司常掌九旗之物名。"《释名·释兵》:"九旗之名……熊虎为旗,军将所建,象(像)其猛如虎。"旗是一种标识。旗可以区别等级。《礼·月令》季夏之月:"以给郊庙祭祀之服,以为旗章,以别贵贱之度。"刘向《说苑·指武》:"异其旗章,勿使昌乱。"《左传·闵公二年》:"佩,衷之旗也。注:"旗,表也,所以表明其中心。"说明旗有广告的功能。旗和鼓,为军中号令之具。《左传·成公二年》:"师之耳目,在吾旗鼓,进退从之。"后来私人酒家也沿袭了悬挂酒旗的习俗,并且推广到其他行业,以之招揽顾客。招幌的出现说明了商人广告意识的增强。

## 五、传播策略

1. 伯乐相马

据《战国策·燕二》记载:"人有卖骏马者,比三旦立市,人莫之知。往见伯乐曰:'臣有骏马,欲卖之。比三旦立于市,人莫于言。愿子还而视之,去而顾之,臣请献一朝之贾。'伯乐乃还而视之,去而顾之,一旦而马价十倍。"同样一匹马,在伯乐未看前,在市场售卖了三天却卖不出去,无人光顾。伯乐"还而视之,去而顾之"之后,不仅把马卖出去了,而且价格上涨了10倍。伯乐是谁?伯乐(约公元前680—前610),原名孙阳,春秋中期郜国(今山东省菏泽市成武县)人。在秦国富国强兵中,作为相马立下汗马功劳,得到秦穆公信赖,被封为"伯乐将军"。伯乐后来将毕生经验总结写成我国历史上第一部相马学著作——《伯乐相马经》。后世人们把善于发现、推荐、培养和使用人才的人都称为伯乐。韩婴《韩诗外传》卷七记载:"使骥不得伯乐,安得千里之足。"韩愈《马说》云:"世有伯乐,然后有千里马。千里马常有,而伯乐不常有。"所以典故里的伯乐是指相马的专家,后引申为善于发现和选用人才的人。从中可以看到,借助名人的声望传播产品的具体功能特征,传达的信息是为了证明前面信息的可靠性、可信性,古已有之。因为专家的证言和推荐,提高了产品的可信度与权威性,能极大地促进产品销售。

2. 千金市骨

《史记·燕召公世家》有云:"燕昭王于破燕之后即位,卑身厚币以招贤者。谓郭隗曰:'齐因孤之国乱而袭破燕,孤极知燕小力少,不足以报。然诚得贤士以共国,以雪先

王之耻，孤之愿也。先生视可者，得身事之！'"郭隗曰："王必欲致士，先从隗始。况贤于隗者，岂远千里哉！于是昭王为隗改筑宫而师事之。乐毅自魏往。邹衍自齐往。剧辛自赵往，士争趋燕。"在战国后期，燕国被齐国所败，国力渐弱，燕昭王继位后，一心想报国仇，却又苦于找不到贤才，于是，他向郭隗先生请教求贤的方法。郭隗说："大王若要求贤，就先从我开始吧。"燕昭王为郭隗修建房舍，拜他为师，并在易山筑了一座"黄金台"，里面堆满了金子，专门用来招纳各方贤才。不久，许多有才能的人便纷纷来到燕国。为了劝说燕昭王礼贤下士、招揽人才，郭隗曾讲了一个千金悬马的故事：古时有位国君，想用1000两黄金买一匹千里马，可3年过去，还是没有买到。有个仆从主动请缨去买马，花了3个月，找到一匹死了的千里马，仆从用500两黄金，买下了这匹死马。国君闻听后大怒："我要的是活马，死马有何用？"仆从说："死马尚且要500两黄金，何况活马呢？"果然，一年内招来了3匹千里马。郭隗用这个故事说服燕昭王礼贤下士，重金求贤，天下贤士一定闻风而至。郭隗这个"千金市骨"的广告手段，果真吸引了大批贤士奔燕而来，并相助燕国由弱变强。

3. 徙木偾表

《史记·商君列传》载："令既具，未布，恐民之不信己，乃立三丈之木于国都市南门，募民有能徙置北门者予十金。民怪之，莫徙。复曰能者予五十金。有一人徙之。予五十金，以明不欺。卒下令。"商鞅变法的条令已准备就绪，还没公布，商鞅担心百姓不相信自己，于是命人在都城市场南门前放置一根高三丈的木头，招募能搬到北门的人，给予十金。百姓看到后对此感到奇怪，没有人敢去搬木头。商鞅又说："能搬木头的人赏五十金。"有一个人搬了木头，就得到了五十金，商鞅以此来表明没有欺骗百姓。最终颁布了法令。商鞅的举措是为了取信于民，通过广告的方式引起众人的关注与取得百姓的信任。南宋洪迈认为商鞅的举措是效仿魏国的吴起。《容斋随笔·容斋四笔》卷六《徙木偾表》："吴起治西河，欲谕其信于民，夜日置表于南门之外，令于邑中曰：'有人能偾表者，仕之长大夫。'民相谓曰：'此必不信。'有一人曰：'试往偾表，不得赏而已，何伤？'往偾表，来谒吴起，起仕之长大夫。自是之后，民信起之赏罚。予谓鞅本魏人，其彼木示信，盖以效起，而起之事不传。"魏国的吴起在担任西河长官时，为了取信于民，在一天夜里派人在都城南门外竖立一根表杆，并在城中公开宣布：谁能将这根表杆推倒，就让他当官。百姓听到后多数不以为然，也有人认为不妨一试，如果得不到赏赐，也没有什么损失，于是就去推倒了表杆，吴起则当即宣布了任命。自此以后，魏国军民对吴起实行的法令也不再有所怀疑了。故事说明吴起、商鞅在治理国家时，为了取信于民，都采取了公示于众并获取民心的方式来推行他们的政策法令。

4. 奇货可居

吕不韦，卫国濮阳（今河南省安阳市滑县）人，战国末年著名商人、政治家、思想家，官至秦国丞相。吕不韦是阳翟的大商人，他往来各地，以低价买进，高价卖出，积累起千金的家产。秦昭王四十年（公元前267），太子去世了。到了昭王四十二年（公元前265），秦王立他的第二个儿子安国君为太子……安国君有个排行居中的儿子名叫子楚，子楚的母亲叫夏姬，不受宠爱。子楚是秦王庶出的孙子，在赵国当人质，他乘的车马和日常的财用都不富足，生活困窘，很不得意。吕不韦到邯郸去做生意，见到子楚后非常喜欢，认为子楚就像一件奇货，可以囤积待价而沽。于是他前去拜访子楚，对子楚游说道："我能光大你的门庭。"子楚笑着说："你姑且先光大自己的门庭吧，竟然还说什么光大我的门庭呢！"吕不韦说："你不懂啊，我的门庭要在你的门庭光大了之后才能光大。"后吕不韦赞助子楚，结交天下诸侯宾客，并相助子楚成为秦国国君继承人。

奇货可居本指收藏奇珍异品，等待高价出售，后比喻利用某种专长或有价值的东西以谋利。吕不韦到邯郸去做生意，见到作为秦国的质子子楚后非常高兴，说子楚就像一件奇货，可以囤积居奇，以待高价售出。后子楚继承皇位为庄襄王，便任吕不韦为相，并封为文信侯。所以后世有人戏称吕不韦为史上第一风险投资人、最牛的"投资商"。

吕不韦为相邦时，主持编纂《吕氏春秋》，有八览、六论、十二纪共20余万言，汇合了先秦各派学说，"兼儒墨，合名法"，故史称"杂家"。书成之日，悬于国门，声称能改动一字者赏千金。此为"一字千金"的典故出处。《吕氏春秋》被列为杂家，以黄老思想为中心，"兼儒墨，合名法"，兼收并蓄，博采众家之长，成为治理国家，恢复经济发展的指导思想。

## 传播案例

## 商业名称的由来

《周礼》道："坐而论道，谓之王公；作而行之，谓之士大夫；审曲面执，以饬五材，以辨民器，谓之百工；通四方之珍异以资之，谓之商旅；饬力以长地财，谓之农夫。"商人阶层对于社会发展之重要早有定论。《周书》曰："农不出则乏其食，工不出则乏其事，商不出则三宝绝，虞不出则财匮少。"可知士、农、工、商对社会发展和百姓生存的作用是同等重要。司马迁说："此四者，民所衣食之源也。原大则饶，原小则鲜。上则富国，下则富家。贫富之道，莫之夺予，而巧者有余，拙者不足。"商人的出现及商业文化的发展，使"通四方之珍异以资之"，没有商业的发展，就会造成"三宝绝"，即食、事、财的断绝和缺少，社会是很难维系的。

关于中国商业的起源，学术界的看法不尽一致。先秦商业俗称为"贾"，《尚书·酒诰篇》云，西周初年朝歌一带的商遗"肇牵车牛远服贾"。《韩非子·五蠹》亦云："长袖善舞，多钱善贾。"从事商业的人俗称"贾人"。《国语·越语上》云："臣闻之，贾人夏则资皮，冬则次，旱则资舟，水则资车，以待乏之。"韦昭注："贾人，买贱卖贵者。"西周后，商遗民在失去土地或土地不足的背景下，多从事"服贾"的商贩贸易，久而久之，人们遂把商族人与从事"服贾"的人混称为"商人"。也有学者认为中国商业的起源地为商丘，其原因有二：一是史学家认为中国的商业开始于商先公王亥，"立皂牢，服马牛，以为民利"，而王亥活动的区域在商丘，商祖王亥服牛驯马发展生产，用牛车拉着货物，到外部落进行交易，开创了华夏商业贸易的先河；二是商丘也是原始社会末期"商"部落的发源地，即"商人"名字的由来，由于商部落人善于商品交换，其他部的人把从事商品交换的人称之为"商人"。郭沫若在《中国史稿》中说"商,在今河南商丘市,商朝就是从这里发展起来的"。傅振伦在《商丘县志·序》中写道:"归德商丘,是古代名都大邑。黄帝曾孙帝喾兴于高辛,代高阳氏。喾子契,佐禹治水有功,封于商丘(在今河南商丘市南部),尧封帝喾子阏伯(即契)于商丘为火正。十三传至汤,灭夏称商朝。契至汤八迁其都。阏伯居商丘相土因之。振迁于殷,报丁(或报丙、报乙)复归商丘。汤始居南亳,从先王居。亳(今河南商丘市东南部)亦商丘地。"概括了商族的起源。农牧业的发展,使商部落很快强大,生产东西过剩,于是商祖王亥便用牛车拉着货物,赶着牛羊,到外部落去交换,外部落的人便称他们为"商人"。他们所买卖的东西统称为"商品"。吴晗在《从商品生产想到中国商人起源》中也认为:"商人"这一名词出自商朝的人。周武王灭商后,商的遗民被周公迁移至商地,由于失去土地无以为生,这些人只好靠小买卖维持生计。久而久之,做买卖成为他们专门的职业,也被称为"商业"。

春秋战国时期,政治主体多元化,各诸侯国处于竞争状态,春秋各国统治者大多重视商业的发展,人们常以农、工、商是否并盛来评判国力的强弱。开明的君主采取"轻关易道,通商宽农"(《国语·晋语四》)的政策,促进了经济生活的活跃。春秋中叶以后,正是土地制度改变、农业生产力向上的时候,封建统治者有可能大量聚敛供自己浪费享受。例如鲁国大夫季孙氏,比西周元勋周公旦还要富裕;齐君有马四千匹,积累财物,任令朽坏;晋君大筑宫室,多养女宠,淫侈无度。当时诸侯卿大夫需要加工精制的器物,因而促成手工业技术上的进步。诸侯卿大夫并不满足于本国产物的享受,因而又促成各国间商业的扩大。例如郑商人到周出卖皮革,到楚收买丝绵,晋自楚输入木材皮革。值得重视的是在当时的商业交换关系中已使用了货币,时称为"贝",主要是海贝。海贝产于南洋,在黄河流域十分难得,因而珍贵,用作货币。贝以十枚为一朋,朋是贝的单位。在殷墟的妇好墓中发现有六千枚海贝,为六百朋。妇好是商王之妻,有用这么多贝随葬的可能。商王和贵族还常将贝赐给臣属。海贝因数量不多,不敷使用,又用玉或骨制成玉贝或骨贝,或铸铜贝。贝在商业交换关系中,已充作媒介、支付、价值尺度和贮藏手段。《左传》记载,春秋时诸侯卿大夫用璧玉帛锦等贵重物或其他器物互相交易,似不用钱。民间小交易当是用粟米布丝等实物,也很少用贝、孚、钱、刀。东周末年,作为货币的钱行用渐广。《墨子·号令篇》说人民守城有功,女子赐钱五千,老小赐钱一千。战国时金(铜)制货币大行,民间仍有实物交易。货币的逐步发展,反映出农业手工业商业的逐步发展,东周则是这个发展的开始。

## 第三节　秦汉时期

今法律贱商人,商人已富贵矣;尊农夫,农夫已贫贱矣。故俗之所贵,主之所贱也;吏之所卑,法之所尊也。上下相反,好恶乖迕,而欲国富法立,不可得也。

——晁错《论贵粟疏》

## 一、历史背景

1. 背景概述

公元前221年秦始皇实现了统一,即后世人所谓的"六王毕,四海一",以锐不可当之势统一六国,问鼎中原,建立了中国历史上第一个中央集权的封建国家,废除了西周创立并实行了八百余年的封建领主制政治体制,创行新的适合于封建地主阶级的专制主义的中央集权制度。这一制度自中央到地方由三个主要环节构成:一是皇帝制,秦王政决定取古代"三皇"之"皇"和"五帝"之"帝",合而为一,称为"皇帝","皇帝"就成为封建国家的最高统治者的尊称;二是三公九卿制,皇帝之下设中央机构,采用"三公九卿制"协助皇帝领导全国,并处理庶政;三是郡县制,地方上废除"封诸侯,建藩卫"制度,在全国范围内初设三十六郡,后增至四十郡,郡下设若干县。这套完整的封建政治制度,是古代政治制度的一个新的发展,对促进社会经济、文化的发展,起过一定的作用,此后两千多年的封建社会中,基本上沿用了这一制度,中国历史进入了一个崭新的发展阶段。但秦帝国的统治并没有维持秦始皇所愿的"二世三世至于万世,传之无穷",公元前209年,陈胜、吴广在大泽乡揭竿而起,到公元前206年,刘邦、项羽的军队先后攻入咸阳,秦王朝就此灭亡。

公元前202年,起于草莽的刘邦消灭了项羽,建立了强盛的汉王朝,史称"西汉"(公元前206—8)。西汉建立之后,实行"休养生息"政策,经过近40年的"文景之治",国家逐步富强起来,随后雄才大略的汉武帝刘彻对内进一步削弱地方割据势力,加强中央集权制度,对外北伐匈奴,派张骞、班超等出使西域,扩大了西汉帝国的疆土和对外联系,使汉朝达到极盛阶段,因而汉土的中原人被称为"汉人",原先的华夏族也逐步改称"汉族",此后的"汉语""汉字""汉文化"都由此而来。西汉末年,贵族、官僚、地主大量侵占土地,大批农民破产和流亡,社会日益动荡不安。大贵族王莽夺取了汉朝政权,自立为皇帝,改国号为"新"(9—24),为了缓和社会危机,假借《周礼》之名,实行所谓的"托古改制",结果天下大乱,引起农民起义。刘秀响应绿林,东征西讨,消灭了其他割据势力,统一了全国,以洛阳为都城重建汉朝,是为光武帝(25—57年在位),历史上称为"东汉"。

东汉之初,刘秀以"中兴"汉家相标榜。在他即位之初,就废除了王莽制定的一切制度和政策,基本上恢复了西汉时期的制度和政策,有些制度、政策也有发展或变化。东汉前两代皇帝尚能励精图治,社会经济也比西汉时期有了更进一步的发展,保持较为强盛的国力。但之后朝中外戚和宦官交替掌权,政治进入腐败黑暗的怪圈,人民陷入水深火热之中,终于在184年爆发了"黄巾军起义",全国陷入大小军阀割据混战的局面。曹操以其杰出的才能扫灭群雄,统一了北方,随后又领兵南下,打算消灭长江下游以南的孙权,以便统一全国。但在赤壁(在今湖北省赤壁市)遭到孙权和刘备的联合抵抗,曹操大败,退回北方,史称"赤壁之战"。曹操死后,其子曹丕废汉自立,建立了魏国,以洛阳为都;孙权据有江东,建立了吴国,以建业(今江苏省南京市)为都;刘备则控制四川，建立了蜀国，以成都为都，中国历史进入了三国政权分立的时期。

秦汉时期的社会结构、政治格局和管理形式，对中国此后两千年来文化传统的形成和历史演进的方向造成了非常深刻的影响。秦汉时期的文明创造和文明积累，在中国历史上具有显赫的地位。中国文明的构成形式和创造内容都有重要的变化，同时推动了中华民族历史文化突出的进步。秦王朝是中国古代历史上第一个统一的、中央集权制的封建王朝，秦汉时期的商业贸易较之春秋战国时期又有了进一步的发展，主要得益于中央集权制度下的一系列经济政策和改革措施。西汉初期商业的发展一方面得益于汉初的"休养生息"政策，为商业经济的恢复和发展奠定了良好的基础；另一方面是西汉和东汉的国力强盛、经济快速发展，使商业经济的发展水平保持在一个较高的增长点上。

2. 统一的经济、文化政策

秦始皇建立中央集权制的基础，是大力实行统一和安定的经济、文化政策。实行土地私有制，下令"使黔首自实田"，要人民向政府据实登记所有田地，按亩纳税，实现了土地私有制的法典化，促进了地主经济的进一步发展。统一货币。下令废除六国旧货币，制定新的统一货币。新币分为二等，黄金为上币，以镒（重量单位，有十六两、二十两、二十四两等说法）为名；铜钱为下币，圆形，中有方孔，面文有两字，曰"半两，重如其文"。旧币的废除，新币的实行和货币的统一，加之度量衡的统一，简化了商品交换的程序，方便了地区性、全国性的商品贸易往来，同时便于携带，促进了商业的发展。这种铸币的形制一直沿用到了清朝末期，成为延续中国古代社会2000多年的主要流通货币形式。统一度量衡，废除六国旧度量衡，以原秦国的度量衡制为基础，向全国颁行新的统一的度量衡制度及标准器，标准器史书称之为"权""量"，并刻上皇帝下令统一度量衡的诏书，晓谕天下。诏书文曰："廿六年，皇帝尽并兼天下诸侯，黔首大安，立号为皇帝，乃诏丞相状、绾，法度量则不壹，歉疑者，皆明壹之。"命地方参照执行。由于统一制定了法定的度量衡，使器具的容量、长度、重量及换算方法都有了统一标准，客观上为商品交换和商业贸易的发展创造了更为便利的条件。统一车轨。在全国范围统一车轨，大车的两轮之间，皆宽六尺，史称"车同轨"，各地的车道也要按统一宽窄修建或改造，这样，车辆的行走及运输就变得畅通无阻，有利于商品货物的运输和大宗商品的集中交易，对发展交通运输业起了促进的作用。统一文字。由于长期分裂割据，诸侯各自为政，独立发展，影响到语言文字的发展，"言语异声，文字异形"，严重妨碍各地区间的经济、文化交流。有鉴于此，秦朝以原秦国的字体为基础，参照六国文字，制定字形固定、笔画简省、书写比较方便的"小篆"作为规范化文字，推行于全国。狱吏程邈又根据民间已使用的新字体造隶书，使笔画更简省，便于书写。到西汉初年，隶书已成为通行的字体。就废除各国文字、统一采用简化的小篆作为标准字体全国通用而言，这项措施客观上为商业契约的签订，商品交易的完成创造了条件。文字的统一对于巩固国家的统一，促进经济、文化的发展，起了巨大的作用。

3. 汉代的"休养生息"与"平准令"

西汉吸取了秦王朝覆灭的教训，前期实施"休养生息"的政策，着力加强中央集权的统治，又注重统治思想和政策的调整，在综合国力不断提升的前提下，社会发展进入一个新的阶段。

西汉建立之初，经历秦末战乱，经济凋敝，物价飞腾，社会动荡不安。为了稳定社会秩序，恢复发展生产，刘邦采纳了士人陆贾的建议，采用黄老"无为而治"的思想指导，政治上基本上沿用秦朝的政治制度，史称"汉承秦制"，经济上采取休养生息的经济政策，为商业经济的恢复和发展奠定了良好的基础。主要包含下列几项内容：释放奴婢为自由人，"民以饥饿自卖为人奴婢者，皆免为庶人"；增加了农业生产人口和自由流动人口，为农业生产的恢复和工商业的发展提供了一个基本的保证；减免田租赋税，减轻农民的负担、促进封建经济的发展；鼓励务农，合理安置逃亡人员，遣散军士回家务农，按军功赐予田宅，增加了农业生产人口；修筑河道沟渠，促使农业生产的恢复。这些措施促进了农业生产的发展和社会的团结稳定。汉武帝时社会稳定，经济富强，物产富足，"时天下侈靡趋末，百姓多离农亩"（《汉书·东方朔传》），致使百姓多弃农经商。"至今上即位数岁，汉兴七十余年之间，国家无事，非遇水旱之灾，民则人给家足。都鄙廪庾皆满，而府库余货财。京师之钱累巨万，贯朽而不可校。太仓之粟陈陈相因，充溢露积于外，至腐败不可食。"（《史记·平准书》）汉武帝接受桑弘羊建议，采取新的经济措施，将财经大权集中于朝廷。改革币制，把铸币权收归中央，铸五铢钱，称"上林钱"或"三官钱"。官营盐、铁，在全国设盐官37处、铁官49处。实行算缗和告缗，向手工业、商人与高利贷者征收财产税。实行均输和平准。中央设均输令，地方设均输官，负责贡物的征收、运输、管理和经营。在京师设平准令，限制富商投机倒把，操纵市场。"平准令"的实行，控制了物价，稳定了市场和社会，打击了富商大贾的囤积居奇。汉武帝这一系列的财政政策措施，加强了中央集权，为打败匈奴的侵扰提供了相当雄厚的经济物质基础。王莽即位后曾进行了一系列的改制，但由于多方面的原因，很快就失败了，造成物价飞涨，经济混乱。刘秀建立东汉王朝后，以"中兴"汉家相标榜，废除了王莽制定的一切制度和政策，基本上恢复了西汉时期的制度和政策。

## 二、商业环境

### 1. 城市：都市与政治经济中心

秦汉时期，随着农业和手工业的发展，商业的发展也很迅速。商业的发展主要表现在城市经济的快速发展。秦朝在渭水北面建立了都城咸阳。《管子·度地》云："圣人之处国者，必于不倾之地。而择地形之肥饶者，乡山左右，经水若泽。"咸阳始建于战国中期秦孝公时，以其优越的地理和经济优势一直是秦的都城，直到秦灭亡，时间长达144年。无论是秦立都的选择还是都城建设本身，都为以后各个封建王朝提供了思路和原型。正如柳宗元在《封建论》中所指出的："秦制之得，亦以明矣。继汉而帝者，虽百代可知也。"秦始皇统一中国后，迁徙天下富豪12万户入咸阳，同时又扩建咸阳，于渭河南岸建造宗庙、宫苑等，咸阳城的规模由秦孝公时的渭北地区发展到了"渭水贯都，以象天汉，横桥南渡，以法牵牛"的规模，充分反映了天下初统的壮美气势。都城咸阳的规划也十分合理，手工业作坊区位于渭河北咸阳的西南；陵墓位于咸阳的西北方；宗庙在渭河南部，有极庙、昭庙等七庙。咸阳"市"的遗址还没有发现，但文献中关于咸阳"市"的记载不止一处。张若治成都时，曾"置盐铁市官，并长丞，修整里闾，市张列肆，与咸阳同制"，由此可以推测出咸阳"市"的情况。根据史书关于李斯、蒙毅、秦王子等人被斩于咸阳市的记载，以及秦实行"金布律""均市律"及"上农抑末"等政策，可以推断咸阳曾有相当繁荣的市场存在。作为全国的大都会，人口约在七八十万以上，除贵族官吏外，四方商旅、技艺工匠也在此云集。人口分布按照"仕者宫，不仕与耕者近门，工贾近市"的原则。成了全国政治、经济、文化、交通中心的咸阳，其壮丽繁华的景象达到了空前的程度，无怪乎来此服役、还是小民的刘邦见到都城的宏伟和秦始皇的威仪后，不禁发出"大丈夫当如此"的感叹。

西汉刘邦于长安建都，城址在秦咸阳城遗址东南部的龙首原上，都城内宫殿鳞次栉比，金碧辉煌。史书记载，长安城有"八街九陌"，八条街道纵横交叉、长度不等，大街的宽度约四十五米，街道宽敞平坦，街两边植槐、杨、柏等树木，纵横街道把城分割成大小不等的住宅区，各住宅区又有许多里巷。据记载，城中有里巷计一百六十处，"室居栉比，门巷修直"。西北部主要是官府手工业作坊。班固对长安城有具体的描述："披三条之广路，立十二之通门。内则街衢洞达，闾阎且千，九市开场，货别隧分，人不得顾，车不得旋，阗城溢郭，旁流百廛，红尘四合，烟云相连。"可见城池雄伟，道路宽阔，人烟稠密，货物丰富，市场繁荣，车水马龙，热闹非凡。

东汉的都城洛阳，在汉光武帝年间修太庙，建社稷、明堂、灵台和辟雍，修南宫殿，建起了雄伟的城墙和城门，之后诸帝又不断修整，使得南北两宫形成的轴线贯通了全城。洛阳城的规模，据西晋皇甫谧的《帝王世纪》记载"城东西六里十一步，南北九里一百步"。相传，当时在四十五里外的偃师县城就能望见京城的朱雀阁，城内有二十四条大街，街的两侧种植栗、漆、梓、桐四种行道树，还有排水渠道设施。城内南北二宫富丽堂皇，加上大量成熟的高层木结构建筑，辉煌绮丽、雄伟壮观。班固《两都赋》描写东都洛阳曰："增周旧，修洛邑。扇巍巍，显翼翼。光汉京于诸夏，总八方而为之极。是以皇城之内，宫室光明，阙庭神丽。奢不可喻，俭不能侈。外则因原野以作苑，填流泉而为沼。发苹藻以潜鱼，半圃草以毓兽。"洛阳的市场也很发达，有市门、市楼，市楼悬一大鼓，每日击鼓开市。设市长、市吏、市橡、市啬夫及武职都尉等官员管理市场。

城市经济的快速发展，大城市的数目增加了。汉代桓宽在《盐铁论·通有》中说："燕之涿蓟，赵之邯郸，魏之温轵（今河南省温县和济远县），韩之荥阳（今属河南省），齐之临淄（今山东省淄博市东北部），楚之宛陈（今河南省南阳市、淮阳区），郑之阳翟（今河南省禹州市），二周之三川，富冠海内，皆为天下名都。"《史记》及《汉书》等记载，当时有20来个大商贸中心，其中长安、洛阳、临淄、邯郸、宛、成都等，尤为有名。10万人以上的城市有五六个。西汉首都长安周长约25千米，比当时西方的罗马城大3倍以上，有8万余户，25万人口。各大城市之间，亦有大道或河渠相通连，是一个地区的交通中心。这里不仅是全国的政治经济文化中心，也同样是商业贸易中心。人口众多，客商云集，商业贸易十分繁荣。司马迁在《史记·货殖列传》中云："汉兴，海内为一，开关梁，弛山泽之禁，是以富商大贾，周流天下，交易之物，莫不通其所欲。"由于西汉都城星罗棋布，大大促进了商品在地区之间的交流。

2. 秦汉商业市场管理

秦王朝比较重视商业，在全国各地的通都大邑建立了规范的市场，并设立了管理市场的机构，负责管理各地的商业活动。据近年来出土的睡虎地秦简和云梦秦简的记载，秦政府已经建立了比较严格的"关市"管理制度。云梦秦简《秦律·金布律》规定："有买及卖也，各婴其价。小物不能名一钱者，勿婴。"按照这个规定，商品价格在一钱以上的，必须要挂出商品的售价，以防止市场价格的混乱无序。这种"婴价"的方式，可以说是价格广告的雏形。

汉代的商业交易主要是在城内所设的封闭性的"市"中进行，史载长安城内有东市、西市、孝里市、高市等九市。《长安志》卷五载："四市、柳市、东市、西市、直市、交门市、孝里市、交道亭市。""各方二百六十六步"，六市在道西，三市在道东；"市楼皆重屋"，市楼又叫旗亭，"有令署以察商贾货财买卖贸易之事"，设市令可"俯察百隧""市有阓门"，市内"周环列肆，商贾居之"。据《东汉集市画像传》可知，市有市棚，市内的交易仍是以物易物。主管市场的官叫市令或市长，下设市吏、市椽、市啬等人员，并有三辅都尉，还派出武职管理市场治安。市官的职责：一是掌管市籍，凡在市内营业的商人都要登记造册，列入市籍商人要缴纳市租；二是检查是否贩运违禁商品；三是定期检查度量衡，并在市内备置标准量衡器；四是评定物价，检验商品等。市场的官员有官印，现在仍有西汉"市印""市府印""市亭印"、东汉"长安市长印"等存世。西安汉城遗址中出土有"市府"的封泥，有四市的封泥，上有"为左冯翊长安四市所用者"字样。可知，长安确有九个正规的市场，四面有市垣和市门，市中心有五层高的市楼，上层悬鼓，每日午时击鼓二百响在楼顶挂旗开市，日落前七刻击鼓三百响毕市。在市楼上面可以把市内各列店肆都看得见。每天击鼓开市，击鼓闭市。闭市后，一切营业活动都要停止，人们不得再在市内逗留。

市内"周环列肆"，市内按所卖的商品区分为列肆。为了便于经营管理，市内店铺，摊贩按经营商品种类分别排列，称为"列""肆""次""列肆""市肆"或"市列"，列肆之间的通道称为"隧"。列肆之后还有存放货物的仓库，称为"店"。同类的商肆户铺在列肆里，鳞次栉比，各成行列，小贩也按次序摆摊进行交易，商品主要是日常生活用品、生产工具及车、船、建筑材料等，也有药材和贵重装饰品。商业行业基本形成十一大类，其中盐、铁、酒、谷、家畜、布帛、丹漆、木料等盈利最多。商业营销在肆中多坐商，摊贩则多行商。经营方式也不乏多种多样。汉代商业中的一个特点是商业和手工业结合，即生产事业兼营商业，盐铁商是当时手工业兼营商业的典型。盐铁商中的富商大贾役使大批奴婢从事劳作、冶铸、鬻盐，从而积累了大量财富，家累万金，著名铁商有西蜀临邛的卓家、程郑，河南宛的孔家、曹邴家。大盐商有齐地的东郭咸阳、成都的罗裒等人。盐铁商也有前店后厂的中、小业主，他们一面开采或购进原料制造商品，一面贩卖，虽然资本不多，但赢利最大，故汉初这种工商兼营者比较多。

班固在《西都赋》中描写了当时长安市场的盛况："街衢洞达，闾阎且千，九市开场，货别隧分，人不得顾，车不得旋，阗城溢郭，旁流百廛，红尘百合，烟云相连。"在官方圈定的东西九市之外，还出现了一些著名的地方小市场和专业市场。如长陵小市、茂陵小市和槐市。槐市，是中国历史上最早的书市，就在长安城外的太学附近。槐市没有墙屋，仅有槐市数百株作为界限和标记。每逢朔望之日，文人学士们都相聚此地，或买卖家乡的土产，或交易经传书籍、笙磬乐器，买卖之余在槐下发表议论。长安"九市"和这些独具特色市场的存在，使长安成为国内贸易的中心，也使其成为联系西北与巴蜀贸易的枢纽，不仅是全国的政治中心、商业中心、文化中心，也是西汉对外开放的政治、经济和文化中心，尤其是汉武帝时期，张骞成功出使西域使得长安成为对外交流的窗口。

3. 交通：民族贸易与海外贸易

秦始皇统一全国后，拆除原六国各自设立的关卡堤防。公元前220年，秦始皇下令修建驰道，以首都咸阳为中心，向东、向南分别修筑了通向燕齐和吴楚旧地的两条驰道，驰道宽广50步，每隔10米，植树一株，平坦坚实。公元前212年，他又命大将蒙恬修建了约700公里的"直道"。该道北起九原郡（今内蒙古包头市），南至京都咸阳军事要地云阳（今陕西淳化县）。不仅如此，在水利专家史禄的主持下，还把湘水引入漓江，凿成全长30多公里的人工运河——灵渠，沟通了珠江水系与长江水系，使水路交通更加便利，进而方便了商旅往来，促进了商业贸易的发展。

汉武帝时，对于边疆的经营，推进了陆路交通的发展。重要陆路约有四条：一条是自蓟（今北京市西南部）出发，东北经渔阳、右北平、辽西、辽东、直到朝鲜半岛；一条是自长安出发，西经河西走廊、今之新疆，远达中亚、南亚、西亚，乃至地中海东岸各国和南欧、北非等地，这就是著名的丝绸之路；一条自巴蜀出发，经西南夷，通于今之缅甸和印度；一条自南海（今广东省佛山市）出发，经苍梧（今广西壮族自治区梧州市）、郁林（今广西壮族自治区桂平市），达于交趾、九真、日南等地。海外交通也很发达，重要的航线有两条：一条向东，自齐（今山东北部）东渡渤（勃）海，可达朝鲜半岛，再绕半岛而东，可达日本，当时日本称"倭"；一条向南，自徐闻（今广东省徐闻县）、合浦（今广西壮族自治区合浦县）沿今印度支那半岛近海南行，可到半岛南部及马来半岛各国，又经今马六甲海峡，西过印度洋，可达黄支国（今印度东南部）。这些国家运至汉地的货物有明珠、璧流离等奇石异物，汉人运往这些国家的货物为黄金器物和各种丝织品。这条海上航线就是最早的海上丝绸之路。

秦汉时期是我国古代对外联系大发展的时期，秦汉时期的中央集权统一局面为对外关系发展提供了有利条件，海外交通和海外贸易的第一次大发展就出现于此时期。中华帝国的盛世形象正是在这样不断开拓进取的追求下广誉天下。这一时期，日本、朝鲜、东南亚和南亚的部分国家开始或者继续同秦汉帝国保持经济和文化上的友好往来。汉武帝时，国家殷富、财力雄厚、土马强盛，依仗雄厚的经济实力，不断开拓疆域，并向西挺进。公元前138年，汉中（今陕西省汉中市）人张骞奉命通使西域，寻找被匈奴所驱逐而西迁的大月氏人。张骞经大宛（今乌兹别克斯坦费尔干纳盆地锡尔河上游东部）、康居（今锡尔河下游及其以北的地区），到达大月氏（今阿姆河中部，主要地区在今阿富汗境内），一条贯穿中亚内地进而联结欧洲及北非的交通干线——丝绸之路畅通了，中西经济文化交流的新时代的序幕拉开了，从此，汉帝国赴中亚各国的使节、商团相望于道。他们携带着精美绝伦的丝绸、漆器、铜器、铁器、金银器及其他手工艺品，由长安出发，西出阳关，输送到今伊朗、土耳其、伊拉克、印度、阿拉伯广大地区。随着中亚政治使节、商贾的东来，西域的货物云集长安。《汉书·西域传赞》上说："明珠、文甲、通犀、翠羽之珍盈于后宫；蒲梢、龙文、鱼目、汗血之马充于黄门；巨象、狮子、猛犬、大雀之群食于外囿。"真是"殊方异物，四面而至"。京师长安随处可见乱发卷须、高鼻深目的异国客人，大宛的葡萄、石榴、胡麻，乌孙的黄瓜，奄蔡的貂皮，大月氏的毛织品，异域的杂技、音乐、绘画艺术、风土人情也跟着他们的足迹注入中土。这次空前的文化艺术大交流，丰富了中西物质文化生活，促进了中西文化交流，这种互通有无的交流促进了帝国的发展繁荣。

东汉时期海外交通进一步发展，和邻海诸国的海上交通和贸易往来更加密切。东汉建武二十年（44），光武帝刘秀封韩人苏马諟为汉廉斯邑君，使属乐浪郡，四时来朝。建武中元二年（57），倭国派使臣来赠送方物，刘秀赐以印绶。1784年，日本人在九州志贺岛（今日本福冈县粕屋郡志贺町）发现了一方汉制金印，文曰"汉委奴国王"，可能就是刘秀所赐的金印。东汉永初元年（107），倭国王帅升派人献奴婢一百六十人，并愿至雒阳朝见。这时汉已通日本以东以南数千里以外的岛屿、地区，有的航程需一年以上。东汉与南洋、印度洋各地的往来更加密切。汉和帝时期，天竺（今印度）几次遣使前来，赠送方物。永建六年（131），叶调国（今爪哇岛或苏门答腊岛）王遣使师会赠送方物，汉封师会为汉归义叶调邑君，又赐国王金印紫绶。延熹九年（166），大秦国（罗马帝国）王安敦又赠象牙、犀角、瑇（玳）瑁等。

4. 传播技术之石刻、造纸

石刻滥觞于先秦，兴起于秦始皇之时，至东汉时代丰碑涌起，历经魏晋南北朝、唐宋时期的演变与创新，成为一种重要的文献形式。石刻种类繁多，有人将其细分为四十几类。其中，最受人关注的是碑碣、摩崖、墓志和石经。现存最早的石刻，是公元前8世纪—前4世纪的秦国石刻。因为外观上细下粗顶微圆，很像一面鼓，所以被称为"石鼓"，又因为石鼓上所刻写的文字内容和渔猎相关，所以也被称为"猎碣"。秦始皇统一中国后，登泰山刻石铭志、求仙士发布告等，是为了威慑天下，加强中央集权统治。秦始皇曾五次出巡，七次刻石以铭记自己的功德。东汉顺帝以后，石刻逐渐进入普通民众的日常生活。汉代石刻中的碑，不仅是颂祖述先的重要载体，也是记录汉代历史文化的重要文献。东汉人在石板上镌刻文辞，写下对地方长官名贤的颂扬，立于街衢，这是功德碑。有些碑刻表达的是对亡故亲友的悼念，竖立在其神道或者墓前，称为神道碑或墓碑。与书籍文化联系最为紧密的碑刻，就是石经。广义的石经，既包括镌刻在石头上的儒家经典，也包括镌刻在石头上的佛教经典和道教经典。汉武帝"罢黜百家，独尊儒术"之后，儒家经典成为士人的必读书，以刻石经作为传播儒家经典的方式，是意义重大的一次文化创新。东汉熹平四年（175），经由著名学者蔡邕倡议并主持，著名的"熹平石经"开始书刻，历经八年才完工并立于东汉都城洛阳的太学之前。作为儒家经典的定本，《后汉书·蔡邕传》记载，石经碑刚立好，到太学前观看以及抄读石经的人"车乘日千余两，填塞街陌"。熹平石经的刻立，不仅为天下士人提供了统一的经学读本，还开创了后世刻立石经的传统。

纸的发明，对文化的传播和世界文明的发展的作用是无法估量的。纸的发明权，过去一直归于东汉的蔡伦。《后汉书·宦者传》内有蔡伦的小传，说他当了负责监制宫廷器物的尚方令，因以往书字都用缣帛和竹简，而缣帛贵，竹简又重，于是蔡伦专门搜集树皮、麻头以及破布、破渔网做成纸，于东汉元兴元年（105）上报汉和帝，从此天下人都称纸为"蔡侯纸"。考古发掘证明西汉时就已有了纸。1957年在陕西西安灞桥的西汉早期墓葬中，曾发现一些用麻类纤维制成的残纸，学界称之为"灞桥纸"。1974年，在甘肃居延遗址的金关故址汉代亭燧故址出土了属西汉晚期的纸，称为"金关纸"。1978年，陕西扶风中颜村西汉中期时的窖藏中出土了纸，称为"中颜村纸"。1979年甘肃敦煌马圈湾遗址的汉代亭燧也出土了属西汉中后期的纸，称作"马圈湾纸"。1986年，甘肃天水放马滩的西汉早期墓中又出土了纸，被称为"放马滩纸"。以上的纸的

**图1-10　秦石鼓**

图片来源：故宫博物院.《秦石鼓》[EB/OL].（2022-3-8）[2022-3-8]，https://www.dpm.org.cn/collection/impres/234438.html.

原料都属麻类纤维，但多质地粗糙，结构松散。放马滩纸稍微好些，纸面也平整光滑，纸上还可见用墨勾画的山川道路图，是目前世上所见最早的一张纸地图。东汉之时，纸的应用遍布各地，在北方的许多东汉墓葬遗址中，常可见写有诗文、信函的纸。试看1974年甘肃武威旱滩坡东汉晚期墓中带字的纸，经显微镜观测与化学测试，此纸仅厚0.07毫米，纤维组织紧而均匀，表面光滑，已是一种质量较好的纸了。自晋代造出洁白平滑又方正的纸，各地又能大量生产后，昂贵的缣帛和笨重的简牍自然就退出了历史舞台。

## 三、传播符号：名字、印章

### 1. 取名

名是个人的代号。人类是群体动物，必须要有一个与其他人互相区别的代号，这就是名。名的历史远比姓氏更悠久，早在原始群早期人皆有名。最初的名字都是根据个人

的外貌体征、性格、特长等得来的，如蚩尤是凶狠的大虫，后羿之"羿"是善射者等，这些带有形象性的名字，便成为人们最初辨别同一群体中不同个体的方法。进入阶级社会以后，名具有了更加丰富的内涵，并且有了一套日渐完备的命名礼仪。夏、商两朝的命名风俗是，孩子生下以后不久就由父亲起名。夏王启的名字就是他的父亲禹起的。夏朝末期和商朝的诸王，都自认为是天在人间的代理者，以天日自居，多以天干为名。夏代的第13代王名胤甲，第14代王名孔甲，末代王（桀）名履癸。商代的开国之王名大乙（汤），之后有太丁、外丙、中壬……帝辛（纣）。周代有了更加完备的命名制度。据《礼记》《左传》等书记载，婴儿出生三个月以后，由父亲为孩子起名。其仪程据《礼记·内则》记载：孩子出生三个月后，选取吉日为孩子剪理胎发后由父亲命名。一般说来命名有五种方法：一是信法，以生名。即以孩子出生时的实际情况取名。如鲁公子友出生时，其手掌纹像个友字，故取名为友。二是义法，以德名。义就是内涵，即以对孩子的期望取名。如周文王出生时有祥瑞，其祖父太王希望他将来能使周国昌盛，故取名为昌。三是象法，以类名。象就是相似，即根据婴儿的某个部位与什么东西相似而取名。如孔子出生时，头顶凹陷，形状如丘，加之他是其父母于尼丘山祈祷时而得，故取名为丘。四是假法，以取于物为名。假就是借，即假借物名为人名。如孔子的儿子出生时，有人送来一条鲤鱼，故取名为鲤。五是类法，取于父为名。类就是以孩子与父亲某些相似的方面取名。如鲁庄公的出生日与其父鲁桓公相同，故取名为同。这些命名的基本方法被后世历代所因袭，成为中华民族命名习俗的源头。名字风俗具有鲜明的时代性，随着时代潮流的变迁而变化。如汉代"罢黜百家，独尊儒术"，追慕圣人成为起名的时尚。如张禹、赵禹、邓禹、陶汤、张汤、赵汤、周昌、王昌、张尧、黄舜等就体现了这一特色。汉武帝追求神仙之道，希望长生长寿。上有所好，下必甚焉，风气所致，如万年、延寿、寿王、千秋、去病、去疾、彭祖、彭生等名一时间又风起云涌。

汉代以后，由于手工业发达，商品种类日益繁多，市场竞争越来越激烈。商人们为保护自己的利益，在竞争中取胜，逐渐开始注重宣传自己的商品不同于其他同类商品的特性，从而在为商品命名上做文章。韦诞曾说："夫工欲善其事，必先利其器，用张芝笔、左伯纸及臣墨。"这里说的是当时东汉市场上流行的比较著名的文具商品如"张芝笔""左伯纸""韦诞墨"等。张芝字伯英，东汉人，善草书，时人称为"草圣"；左伯字子邑，他是蔡伦之后的制纸专家；韦诞字仲将，东汉人，善制墨又善制笔，他所制造的墨深受当时文人学士的喜爱。这些纸、笔、墨都是用能工巧匠的名字作为商品的名称，由此可见，东汉时的商人已经开始拿与自己的商品相关的名人的名字为商品命名。这种命名方法其实蕴涵着现代广告的品牌意识，所以最能够体现出商品与众不同的特性，突出商品的品牌形象，自然容易给人留下深刻印象。

2. 印章和印记

印章与印记在秦汉时期是商品交流中的一种记号，同时又作为所有者特定的标志。秦汉以前的印章和印记，是在商品交流时作为凭信的。《周礼》"掌节"条中的"货贿用玺节"一语，被汉代郑康成注释为"掌节职为主通货贿之官，谓司市也""玺节者，即今之印章也"。刘熙在《释名》中也说："玺者徙也，封物使可转玺而不可发也。"在出土的战国时代的陶器和传世的汉代铜镜上，也有印章、印记，标明生产者的姓氏、姓名及产地，这些印章、印记，即是我国商标的滥觞。现在各博物馆存放的"封检斗"实物，一般称为"封泥"，即货物捆扎好后，在绳结上用以固封的泥，上面盖有印章，正如明清盛行用火漆印固封手续一样。长沙马王堆一号汉墓出土的封泥，上面刻有"侯家丞"字样。一般用文字来标明生产者的姓氏或姓名及产地。随着生产力的逐渐提高，产生了不同生产者制造同一类产品的现象。不同的生产者，在产品上面绘制不同的文符。用以区别于其他同类产品，宣传、推广自己生产或加工的产品。如从汉代古荥冶铁遗址出土的河一铁铲上的"河一"商标，是一种以盈利和区别于其他冶铁作坊为目的的特殊商标标记，也为后来商标的广泛应用奠定了基础。后世的商标、标志等正是在这些名称、书写形式和特别的记号中发展起来的。

图1-11 中国园林博物馆馆藏长信仓封泥

图片来源：中国园林博物馆.《园博馆藏品知识系列之馆藏封泥精品篇——从封泥探秦汉皇家园囿（下）》[EB/OL].（2015-05-08）[2022-3-12]，http://www.gardensmuseum.cn/web/search_content.html?id=ca623ee5778211e896dd00ff01ae0513.

## 四、传播手段：悬壶招幌、建筑

### 1. 悬壶售药

《后汉书·方术传·费长房》记载："费长房者，汝南人也，曾为市掾。市中有老翁卖药，悬一壶于肆头，及市罢，辄跳入壶中。市人莫之见，唯长房于楼上见之。"文献记载，费长房曾当过市掾（市场管理员），曾在市中街头见过如此场景：一个卖药老头在街市上悬挂一壶，休市后跑到壶里面休息。费长房很好奇的，不动声色又观察了几天，发现卖药老头每天都是这样，后来费长房找到他想问个究竟，才知道卖药老头是个神仙，后来卖药老头也教了费长房医术，费长房开始四处行医救人。这仅是一则神话传说，但却为行医者罩上一层"神秘外衣"。民间的郎中也常在药铺门口挂一个药葫芦作为行医的标志。史书记载，后汉历阴（今安徽省和县）人谢元，其医术精湛，习惯将药装在葫芦里，悬挂在门头作为招幌。葫芦便相当于现代的药瓶，挂在门前非常直观。此外，"葫芦"谐音"福禄"，具有良好的祝福意愿，因此悬挂葫芦成了中医独特的广告文化。如今，虽然已很少见到中医大夫"悬壶"，但这一说法被保留了下来，已成为后世卖药的代称。如元代张豆《可闲老人集·拙逸诗》："卖教不二价，悬壶无姓名。"明代汤显祖《牡丹亭还魂记·延师》中有"君子要知医，悬壶旧世家"之语，后人们也习惯用"悬壶济世"来形容医术很高的人。"悬壶"可视为中国最早有记载的医药广告行为。

2. 装饰性建筑

中国的古建筑，除本体雄伟壮丽以外，还要在外围点缀一些装饰性建筑，人们常见的华表、牌坊、碑阙、照壁都是这一类建筑，它们的作用除了装饰，还有其他功能和用途。华表一般立于宫门口、桥头、墓前。它的产生，一说与天文学有关，因为古人常用一根直立的杆子测定冬至和夏至，后来又用于在建筑时测定南北方向；一说源于远古时的"诽谤木"，据说尧舜时代曾在交通大道路口设立木桩，上边用两根横木相交，让人们"书其善否"，这就是"诽谤木"，用来表示君王纳谏的诚意；还有一说源于"木铎"。"木铎"是一种可以敲击的木制音响工具，唐陆德明《经典释文》记载"木铎，金铃木舌，施政教之所振也"，是天子用来宣示政令的工具。从史书记载和出土的画像砖可知，华表在汉代已经比较常见了，"高丈余，有大板，贯柱四出"。东汉开始以石柱作表，立在墓前作为神道的标志。南北朝时开始在柱顶雕刻圆盘，并在盘上雕一个蹲着的小神兽——辟邪，造型已近于我们今天所看到的华表。从《洛阳伽蓝记》的记载看，华表在北魏时又出现在桥头，其高

图 1-12 雅安高颐阙

图片来源：赖德霖.《比梁思成早 20 年，伯施曼何以影响中国近代建筑研究》[EB/OL].（2021-12-30）[2022-3-12]，https://www.thepaper.cn/newsDetail_forward_16059288.

20 丈，上作凤凰，似欲冲天。《清明上河图》上虹桥两端共有四座华表，顶端立白鹤。今天的天安门前后共立四座，柱身雕蟠龙，柱上贯云板，顶端圆盘，上蹲"犼"（是一种传说中的动物，性忠和正直）。后面一对华表向北，俗称"望君出"，是呼吁请皇帝出宫体察民情的意思；前面一对华表向南，俗称"望君归"，是提醒在外巡视、游乐的皇帝早日回宫理事。阙是古代宫室门前的高大建筑，古时又称"观"，也称"象魏"，"魏"

同"巍",是高大的意思。其作用有二:一是张贴布告和法令;二是表示宫室主人的尊卑等级,因此春秋时代有"天子外阙两观,诸侯内阙一观"的区别,后世遂以"宫阙""魏阙""城阙"代指宫城和都城,也代指朝廷。到汉代,阙又用于墓前,以表明墓主人的身份等级,同时也作为装饰性建筑,立于庙门之外。东汉时,曾在嵩山的太室庙、少室庙和启母庙前分别建阙,经过两千年的风吹雨打,如今庙毁阙存,合称"中岳三阙"。我国保存古阙最多的地方是四川省,都是墓阙,著名的有"高颐阙""冯焕阙""樊敏阙"等,均系汉代遗物。这类阙都用石块雕凿而成,一般高四至六米,阙身上有屋顶,下有基座,外形为仿木结构的楼阁式样。可见,古代的建筑除了基本的居住功能外,还承担着表明身份、社会地位,以及公示、布告、警示大众的社会功能。

3. 文君当垆

《史记·司马相如列传》中记载"相如置一酒舍沽酒,而令文君当垆",垆是卖酒标志,在酒店门前垒土为垆,安放酒瓮,卖酒之人坐在垆边称为"当垆"。据晋人葛洪的《西京杂记》记载,西汉大才子司马相如和著名才女卓文君结婚后,由于家境贫寒,就开了一家酒店让文君当垆卖酒。从此,文君当垆遂传为一段佳话。西汉以后,美女当垆逐渐流行起来。汉乐府《羽林郎》中"胡姬年十五,春日正当垆"的名句说明,随着北方胡人的大量内迁,当垆的美女主要是胡人女子。唐代诗人李白的《金陵酒肆留别》中就留下了"风吹柳花满店香,吴姬压酒劝客尝。金陵子弟来相送,欲行不行各尽觞"的名句,说明南北朝之后,汉人女子也开始大量加入了当垆卖酒的行列。

4. "婴价"价签

秦代在市场管理方面订立了一些法规。1975年考古工作人员在湖北省云梦睡虎地秦墓中发现了大量的秦代法律竹简,内容涉及秦代的市场管理法律条例的有《金布律》和《关市律》。《金布律》中规定:"有买及卖也,各婴其价,小物不能各一钱者,勿婴。"这是秦代的明码标价法,意思是在买卖活动中,所有货物都要系上小木签,标明价格,除非小物品每件不足一钱,可以不标价。这样做的目的,就是为了防止欺骗顾客,私抬物价,便于监督,凡不明码标价者,就以法律论处。《关市律》规定:"为作务及官府市,受钱必辄入其鏕中(鏕,音项,又音后,类似古代的'扑满'),系存钱的瓦器,钱投满时,击破再取钱,令市者见其入,不从令者赀一甲。"意思是指凡从事手工业者和官府出售产品,收钱时必须立即把钱投到一种可入不可出的容器中,而且必须让购物的顾客看清楚。违反这一规定,则要罚交一副铠甲,其目的是为了防止售货人员贪污现金。秦代这些市场法规,保障了当时商业交易的进一步发展。

## 五、传播策略:商贾求利、各用智巧

1. 通其有无,与时逐利

秦汉以后,商人们更懂得"生意经"了。《汉书·禹贡传》记载:"商贾求利,东西南北,各用智巧,好衣美食,岁有十二之利。"商人们应用各种经营策略与方法,投顾客之所好，以招徕顾客，并获得丰厚的市场回报。中国是一个土地广大、人口众多的国家，由于自然条件的不同，形成了各地区间差异甚大的经济区，这种差异的存在，为商人的贩运贸易提供了条件。"夫山西饶材、竹、纑、旄、玉石；山东多鱼、盐、漆、丝、声色；江南山齿差、梓、姜、桂、金、锡、连、丹砂、犀、玳瑁、珠玑、齿；龙门、碣石北多马、牛、羊、旃裘、筋角；铜、铁则千里往往山出棋置，此其大较也。"这些区域性特产为商人们的谋利经营提供了前提条件，出现了"商而通之"的情况。如《国语》所言："令夫商群而州处，观凶饥，审国度，察其四时，而监其产之货，以知其市之贾（价），负任担荷，服牛辂马，以周四方，料多少，知贵贱，以其所有，易其所无。"司马迁《史记·货殖列传》中也记述了商人把已有的生产物运到没有的地方，从多的地方运到少的地方，以买贱鬻贵的不等价交换来赚取价格差额，以获得商业利润。随着经济的不断发展，农业、手工业的发展提供了农副产品，商人们贩运的物品不仅仅是各地的土特产品了，一些农副产品作为商品大量生产出来，如粮食、棉花、布匹、木材等，也开始成为商人们贩运的主要物资了。西汉初年，政策宽松，商业获得了自由发展的条件。"富商大贾周流天下，交易之物莫不通，得其所欲。"（《史记·货殖列传》）"商贾大者积贮倍息，小者坐列贩卖，操其奇赢，日游都市，乘上之急，所卖必倍。"（《汉书·食货志上》）远行贩运，商品受到欢迎，更易获利，也产生了不少巨商富贾：《史记·货殖列传》记载，宛孔氏"连车骑，游诸侯，因通商贾之利，有游闲公子之赐与名""家致富数千金，故南阳行贾尽法孔氏之雍容"；曹邴氏"俯有拾，仰有取，贳贷行贾遍郡国"；齐刀间"逐渔盐商贾之利""连车骑，交守相""起富数千万"；周师史"转毂以百数，贾郡国，无所不至""致七千万"。当时，"贩谷粜千钟，薪千车"，富商拥有"船长千丈""轺车百乘，牛车千两"，其经济地位"亦比千乘之家"。于是，不远千里，"商而通之""以所多易所鲜"，成为"求富益货"的重要途径，一时形成所谓"天下熙熙，皆为利来；天下攘攘，皆为利往"的风尚。

2. 口不二价

皇甫谧著《高士传》："韩康字伯休，一名恬休，京兆霸陵人。常采药名山卖于长安市，口不二价三十余年。时有女子从康买药，康守价不移。女子怒曰：'公是韩伯休那，乃不二价乎？'康叹曰：'我本欲避名，今小女子皆知有我，何用药为？'乃遁入霸陵山中。"韩康，字伯休，是汉朝时期京城霸陵人，出身豪门的韩康不愿入仕当官，常游走于名山大川采药，去长安集市上叫卖，因其药材货真价实而不让还价，三十多年不变。一个女子曾向韩康买药，韩康坚持价格不改变。女子发火道："你莫非就是韩伯休？还不让还价！"韩康天长叹一声说："我本来想要逃避现实，（不料）今日连小女子都知道我韩伯休，我何必再卖药！"于是（收拾行囊）逃入霸陵山中隐居去了。这则故事说明韩康卖药言不二价，童叟无欺，以此声名远扬。

3. 蔡伯卖纸

由于经济的蓬勃发展，这个时期的商人们似乎比以前更懂得"生意经"，越来越善于使用智谋。据说，东汉蔡伦改造造纸术后，他的哥哥蔡伯也学会了这个技术。但是当时造纸的技术还不成熟,造出的纸的质量很差,既不能用来书写,又没法拿去包东西,大概相当于现在的马草纸,所以纸的销路非常差,蔡伯的纸店生意根本没法开张。突然有一天,蔡伯竟然因为生意上的打击含恨而死了,他的老婆哭得死去活来,一气之下把纸店的纸一把火烧了个精光。三天之后,奇迹发生了——蔡伯死而复生,从地府还阳了。"复活"后的蔡伯声称,他这次本来是死定了,没想到老婆把纸烧了之后,这些纸到阴间就变成了钱,他拿这些钱去贿赂阎王小鬼,所以才得以重生。这个消息传出后,到他家纸店买纸的人差点把门槛都踏平了,蔡伯一家一夜致富。其实,蔡伯"死而复生"是他们夫妻自导自演的。

## 传播案例

### 边关关市

关市,是边关的交易场所,原意是"关"与"市"的合称。《国语·齐语》记载:"关市几(稽)而不征。"《周礼·天官》九赋中有"关市之赋"。秦律中有《关市律》。但后来关市也指关下所设的市。汉代文献中的关市多指后者,这是一种设在边境关口从事内地与边疆少数民族及外国的贸易的市场。汉代以后,专指由官府管理,设在西部和北部边境,与那里的少数民族进行定期贸易的市场。史籍中有西汉与匈奴进行集市贸易的记录。如《汉书》记载:"景帝复与匈奴和亲,通关市,给遗单于,遣翁主,如故约。"与匈奴通关市,汉代统治者认为这是对匈奴的恩赐。《汉书》载:"武帝即位,明和亲约束,厚遇关市,饶给之。""然匈奴贪,尚乐关市,耆汉财物,汉亦通关市不绝以中之。"汉代关市,位于边关附近,周围有篱垣、堑沟,并设有关市令等市吏管理,派专人把守市门。市场定期开放,市易之日,双方将货物、牲畜集中到市场,先由汉政府官吏与少数民族头领议定物价,然后开始贸易,故又称"会市""交市""互市",因称北方少数民族为"胡""蕃",故又称"胡市""蕃市"。经官府允准,私商领取凭证,亦可参加贸易。关市上商品交易的类型很多,规模很大。《新书》记载:"大每一关,屠沽者、卖饭食者、美耀炙膊者,每物各一二百人,则胡人著于长城下矣。"汉代与匈奴的贸易多以内地的缯絮、金、钱、米、药酒等交换匈奴的牛马、裘革。对南越的贸易系以内地的金银、田器、马牛羊等交换南方的土产和珍宝异物。关市由政府严格控制,商人需持政府颁发的符传之类的许可证按规定的品种数量进行交易。严禁从事违禁品的买卖,也不许输入禁物,违者罪重至死。擅自出边关走私的要判处死罪。关市的开闭与限制往往取决于汉政府对边疆少数民族的政策,常影响到双方关系。汉初吕后曾下令禁止向南越输出金铁田器和母畜,引起南越和汉的战争。汉初直至汉武帝初年,为缓和匈奴的侵扰,亦屡通关市,以满足匈奴的需要,但仍禁止对匈奴输出铁、铁器和兵器。汉代与边疆少数民族及外国的陆路贸易尽管受到种种限制,但仍相当繁荣。

东汉时与边疆少数民族及外国的陆路贸易仍相当发达。东汉元和元年(84),北匈奴的贵族驱牛马万余头,于甘肃武威和汉贾客交易,受到郡县的款待和东汉政府的优厚馈赠。东汉政府还曾长期在上谷宁城(今河北省张家口市万全区)开胡市与鲜卑、乌桓交易。西域方面，也出现"胡商贩客，日款于塞下"的盛况。东汉与匈奴还有定期或不定期的集市贸易，称作"合市"。《后汉书》载："元和元年，武威太守孟云上言北单于复愿与吏人合市，诏书听云遣驿使迎呼慰纳之。北单于乃遣大且渠伊莫訾王等，驱牛马万余头来与汉贾客交易。诸王大人或前至，所在郡县为设官邸，赏赐待遇之。"从史籍记载看，合市的设立需要皇帝的批准，是民族间由官方组织的定期或不定期的商业交换关系。汉商以铁器、丝织品和其他手工业品交换匈奴的牛马。汉和羌、乌桓、鲜卑以及西南各族之间也定期合市。在内蒙古自治区和林格尔县东汉护乌桓校尉墓葬出土的宁城城市图壁画，是宁城与外地贸易的"胡市"，是宁城的商业区。壁画中的市与民居之间以墙垣隔开，是"坊"制的珍贵史料。合市对促进民族间的经济、文化等方面的交流起到了重大的作用。汉族的小商贩还载负货物深入到少数民族地区，以物易物。对距中原较远的西域地区，汉朝多是以使节的名义派遣商队，沿丝绸之路西行，有的销于西域都护区内各国，有的远达于中亚、西亚、南亚、东南欧、北非等地，这些地区的皮毛制品和香料等也运来中国。贵族和高级官僚们凭借权势，从西域买进奢侈品，以供享受。《后汉书·梁冀传》记载外戚梁冀"遣客出塞，交通外国，广求异物"。如外戚窦宪以八十万钱从西域买得杂罽（jì，毡子）十余张，又使人载杂采七百匹、白素三百匹，以换取月氏马、苏合香和氍毹（tù dēng）。历代王朝在边境平安无战事时，都在边关设市，与周边少数民族从事贸易，互通有无。

## 第四节　魏晋南北朝与隋唐时期

全城坊市，星罗棋布，街衢宽直，制度宏伟，自古帝京，曾未之有。

——岑仲勉《隋唐史》

### 一、历史背景

汉朝之后经历了长达三百多年战乱的魏晋南北朝时期，直到隋唐时期才重新实现大一统。在这时期各民族文化得到融合发展，并且诞生了文化昌明、国威远播的大唐盛世。期间发生了几件意义重大的事件：大运河开凿、科举制创立。隋开皇四年（584），隋文帝下令引渭水由长安东至潼关。隋炀帝即位后，继续广征民力，建成以洛阳为中心、南通杭州、北达涿郡（今北京西南部）的大运河。自此，秦汉以来只有东西交通的状况被改变，中原文明自东晋开始出现南移景象，为南北贸易创造了条件。同时这也是个诗歌文化繁荣的时代，诗歌创作空前活跃，出现了家喻户晓的大诗人：诗仙李白、诗圣杜甫、诗鬼李贺。唐诗广为流传，诗歌走向大众化，流传于民间，其中以清代乾隆年间蘅塘退士编选《唐诗三百首》为流传最广的唐诗普及读本。而在工商方面，魏晋南北朝时期工商环境大倒退，直到隋唐实现大一统后，工商环境在休养生息的政策下才逐步恢复。

从魏晋南北朝时期到唐代，中国的社会是一个士族社会，士族即累世为官的家族，是在帝王频繁更迭的时代出现的特殊阶层。这些士族通过官商勾结的方式进行土地割据，大肆敛财，不仅在朝廷做官，还在朝野经商。那时贵为帝王亦学作商贾。南北朝时期宋少帝刘义符曾在御苑华林园中设置店铺并亲身扮演商贾，以此作乐。《宋书·少帝纪》有载："时帝于华林园中为列肆，亲自酤买。"官商合流对市场的正常运作造成破坏，贫富差距越来越大，民不聊生，许多农民无田可耕，只能投靠到士族门下为生，还有的只能弃农从商。梁代沈约曾描述当时商业环境的情况："事有讹变，奸敞代起，昏作役苦，故稼人去而从商，商子事逸，末业流而浸广。泉货所通，非复始造之意。于是竞收罕至之珍，远蓄未名之货，明珠翠羽，丝罽文犀，飞不待翼。天下荡荡，咸以弃本为事。"一直到隋唐科举制的出现，才切断了世族繁衍的制度基础，商业环境回归正常运作。

隋唐时期是我国统一的多民族国家的重要发展阶段，民族关系空前繁盛，特别是唐朝前期，是我国封建社会的繁荣时期，政治制度先进，经济发达，科技文化昌盛，为汉族政权发展民族关系提供了良好的基础，同时也对边疆各族产生强大的吸引力，使其主动和唐朝政府发展关系，如松赞干布向唐朝政府求婚。而唐朝中央政府的民族政策也较为开朗，积极采用如直接管辖、册封和平等多种交往方式主动发展同周边各族的关系。此时期陆海交通发达，政府实行开放的对外政策，这些为对外关系的发展提供了便利条件。唐朝同东亚各国如朝鲜、日本的交往十分密切，对这些国家和地区的影响不仅体现在政治经济制度方面，也包括城市建筑、文字、日常生活习俗等方面，对西亚、南亚各国也有一定的交流与影响。需要指出的是：唐朝文化博大精深，泽被后世，也是建立在不断吸收外来文化精华的基础上的。

## 二、商业环境

### 1. 隋唐时期的轻税简政

经历了长期民不聊生的战乱时代，隋唐两朝的开国国君都采取了休养生息的治国理念，实施轻税简政的政策来活跃市场、减轻百姓负担。政府向民间开放了原本由国家专营的资源型产业。在北魏初期，河东郡的盐池原归官府所有，以收税利，后来被罢止，很快为一些富豪家族所拥有，直到孝文帝时又恢复官府所有。隋文帝立国后，宣布罢禁此令。《隋书·食货志》记载："罢酒坊，通盐池盐井与百姓共之，远近大悦。"唐朝延续隋制，达100多年之久。贸易流通上，政府解除了贸易关卡的限制。《唐会要》卷八十六记载武德九年（626）诏令："通财鬻货，生民常业。关梁之设，襟要斯在。义止惩奸，无取苛暴。近代拘刻，禁御滋章。非所以绥安百姓，怀来万邦者也。其潼关以东，缘河诸关，悉宜停废。"唐高祖李渊颁布诏令，说经商牟利是生民常业，要改革前弊，下令把潼关以东的关卡全部停废，以让货物自由贸易，商品经济得到发展。

这些宽松的商业政策促进了人口流动和个体手工业发展，为商品经济提供了广阔的市场空间，经商之风一度盛行。《新唐书·食货志》记载："道路列肆，具酒食以待行人，店有驿驴，行千里不持尺兵。"唐代诗人姚合曾作《庄居野行》，记录了他在长安城郊所见景象："客行野田间，比屋皆闭户。借问屋中人，尽去作商贾。"此时期是我国封建社会的繁荣阶段，中国处于世界发展前列，是最文明先进、最繁荣发达和最富庶的强大国家。

2. 坊市制度建立

经过魏晋南北朝300多年的大分裂，社会生产力遭到严重破坏，发展农业生产、稳定社会秩序成为唐朝统治者的首要任务。为了恢复并发展生产，唐朝在农村推广均田制，轻徭薄赋，减轻农民负担，稳定并增加农村劳动力。在城市则大力推行坊市制，以杜绝农民离乡背土，保证了农业劳动力的充足，有利于唐朝前期农业乃至整个社会经济的恢复与发展。

"在邑居者为坊，在田野者为村。""坊"是将城市中各类建筑划分成封闭的地理空间，将城市居民分区居住并保持相对独立性的一种封闭式管理模式。作为历代坊市制度发展的顶峰，唐代命令城市居民按坊居住并进行管理，形成了统一的城市格局。诗人白居易曾用诗生动地描述了坊市制下长安城整齐划一的概貌："百千家似围棋局，十二街如种菜畦。"唐代的坊市制根据城市的封建等级来确定不同城市建立坊区数目，例如唐朝都城长安有108坊，东都洛阳有103坊，扬州、苏州约有60坊，沙洲仅有4坊等。市、坊严格分开并将居民区用围墙圈起来，实行坊里邻保制、按时启闭坊门制、宵禁制等有利于加强对城市居民的管理和控制的配套措施。

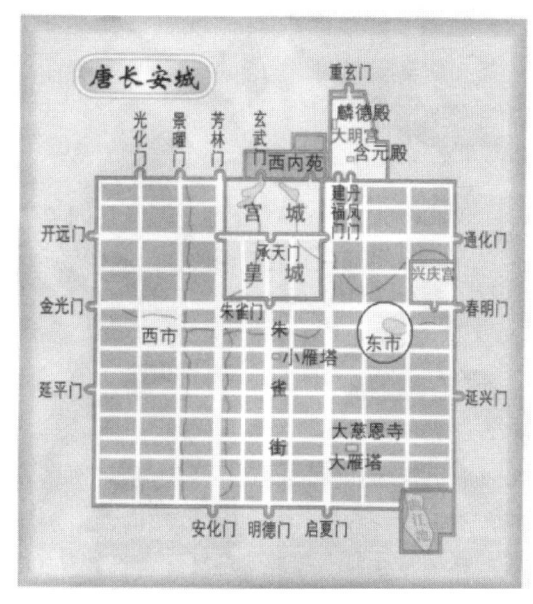

图1-13 长安城示意图

图片来源：西安发布.《你不知道的西安｜这座城门的名字曾被日本仿照》[EB/OL].(2018-04-14)[2022-3-12],https://www.sohu.com/a/228284298_348925

坊市制度是一种"有计划的商品经济"。以长安城为例，其中，东、西两市是长安城的商业交易中心，四面各开两门，构成"井"字形街道，把市场分为9个方块。同行业的店铺，集中在一个区域里，叫作"行"。东市有220行，西市更加繁荣，除了店铺，还有平准局、衣肆、典当行等。在坊市制度下，政府对两市交易进行严格管制，其中包括交易时间、产品规格、尺寸质量、销售价格乃至店铺租。《唐六典》卷二十记载："凡建标立候，陈肆辨物，以二物平市，以三贾均市。""二物平市"即用称、斗评定商品；"三贾"则指的是上、中、下三种等级的商品。商品只有经过评定，分好等级和价格，方可出售。为加强质量管理和禁止非法牟利，《唐律疏议》记载："诸造器用之物及绢布之属，有行滥、短狭而卖者，各杖六十；得利计赃重者，计利准盗窃论。贩卖者，亦如之。"法律条款的严行禁止有利于维护良好的市场环境。在当时的历史条件下，坊市制基本上能够满足城市居民在经济生活上

的需要，对于唐前期城市经济的恢复和发展也具有积极的作用。

3. 牙人中介

唐代的工商贸易中出现了新的人物——"牙人"，他是官方认定的职业经纪人。随着商品交易的繁荣，各类牙人穿梭在买卖方之间，居中说和，中介得利，类似当今的推销员。唐代最出名的牙人，名叫安禄山。《旧唐书·安禄山传》谈道："安禄山及长，解六蕃语，为互市牙郎。"安禄山15岁就在幽州当边境贸易市场的牙人，因为懂得6种民族语言，善于揣度人心，所以在当地非常出名。在唐代，牙人们不仅具有斡旋交易、评定价格的职能，外官府也逐渐介入牙商的商业活动中来，通过牙人进行市场监督，避免偷税漏税，以保证国家的财政收入。如此一来，牙人一方面周旋于买卖双方，促进商品传播和交易，起到促销的作用；另一方面，牙人可以通过对商家管制，推动商品市场正常持久地运作。

4. 陆海丝绸之路

汉武帝时期，为联络大月氏人共同夹击匈奴，使者张骞从长安出发，最终到达大月氏（今乌兹别克斯坦南部阿姆河地区），首次打通丝绸之路，被称为"凿空之旅"。东汉永平十六年（73），班超奉命出使西域，并在西域驻守长达30年，维护了东汉边疆地区的安全。东汉永元九年（97），班超派甘英出使大秦（罗马），又首次将丝绸之路从西亚延伸到了欧洲的罗马帝国。到了唐代，东西方经济文化交流出现了高潮，丝绸之路也变得繁荣无比。

唐贞观十四年（640），唐太宗派军队攻灭西域的高昌国，重新打通了丝绸之路，从此，由长安（今陕西省西安市）向西，可自由横穿整个欧亚大陆，直驱地中海东岸的安都奥克（今土耳其安塔基亚），全长约7100公里。在这条贸易走廊上，东西方文明进行了一次大交流，中国的丝绸、瓷器源源不断地贩卖到欧洲市场，而西方的动植物和新技术也传入中国，比如骆驼、孔雀、胡椒、橄榄、甘蔗制糖技术等。丝绸之路开辟后，中国的印刷术、用于农业生产的坎儿井和井渠技术也被流传至更远的国家。在敦煌、吐鲁番等地，已经发现了用于雕版印刷的木刻板和部分纸制品。当时长安城作为丝绸之路的东方终点，具有"世界性首都"之称。《唐六典》记载，唐王朝与300多个国家和地区发生过交往，每年都有大批外国客人来到长安。唐王朝设有专门机构负责接待外宾。西方的安息（帕提亚王国，今伊朗东北部）、大秦（罗马帝国）、大食（阿拉伯帝国）等大小国家不断派遣使者前来长安。比如很多使者世代留居长安，他们控制了珠宝行业，大多住在西市，长安城里有专门的波斯邸、波斯酒店。可见当时唐代丝绸之路的畅通繁荣。

唐时的海上丝绸之路也令人瞩目。伴随着我国造船、航海技术的发展，我国通往东南亚、马六甲海峡、印度洋、红海，及至非洲大陆的航路的纷纷开通与延伸，海上丝绸之路也成为对外交往的主要通道。根据《新唐书·地理志》记载，唐时，我国东南沿海有一条通往东南亚、印度洋北部诸国、红海沿岸、东北非和波斯湾诸国的海上航路，叫作"广州通海夷道"，通过这条通道往外输出的商品主要有丝绸、瓷器、茶叶和铜铁器四大类；往回输入的主要是香料、花草等一些供宫廷赏玩的奇珍异宝，这种状况一直延续到宋元时期，直到明初郑和下西洋，才把这条海上丝绸之路发展到巅峰状态。

5. 传播技术：雕版印刷诞生

明朝史学家邵经邦所撰《弘简录》记载，唐太宗于贞观十年（636）下令梓行长孙皇后的遗作《女则》，这是文献记载、现知最早的印本书籍。据此可以确认印刷术在唐贞观十年之前已经用于书籍印刷。印章与拓碑两种方法逐渐发展合流，从而出现了雕版印刷术。唐长庆四年（825）十二月十日，诗人元稹为白居易《长庆集》作序，说到当时扬州和越州一带处处有人将白居易和他自己的诗"缮写模勒"，在街上售卖或用来换茶酒。"模勒"就是刊刻。这是现存文献中有关雕版印刷术的最早记载。唐开成元年（836），唐文宗根据东川节度使冯宿的报告，下令禁止各道私置日历版。冯宿在他的报告中提到，每年中央司天台还没奏请颁布新历书的时候，民间私印的历书已飞满天下。可见当时民间从事雕版印刷业的人是很多的。清光绪二十六年（1900）在甘肃敦煌市千佛洞发现的藏书中有一卷雕版印刷的《金刚经》，其末尾题字"咸通九年（868）四月十五日王玠为二亲敬造"，这是目前世界上发现的有确切日期的最早的印刷品。这书的形式是卷子，长约5.3米，由7个印张粘接而成。最前面是一幅扉画，画的是释迦牟尼在祇树给孤独园说法的情景，其余印的是《金刚经》全文。整个卷子的图文都非常精美，雕刻刀法细腻，浑朴凝重，说明当时刊刻印刷的技术都达到了相当纯熟的程度。

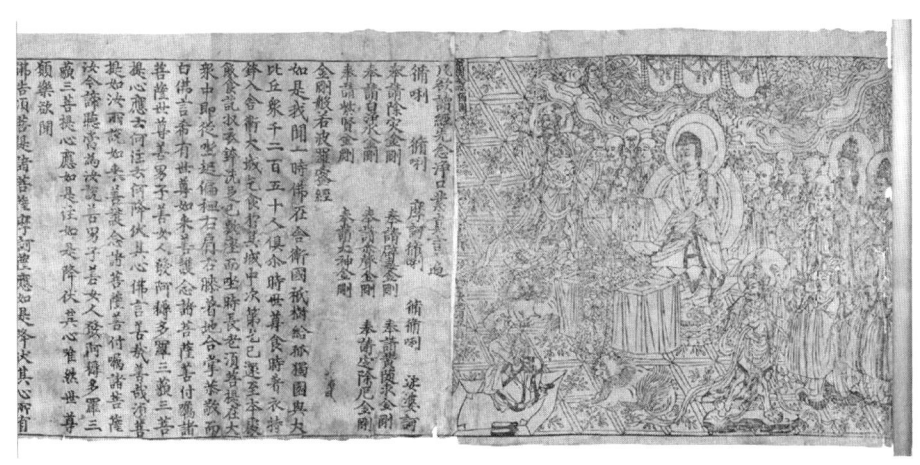

图1-14 《金刚经》

图片来源：张－ｉ元shyun.《金刚经——大英博物馆》[EB/OL].(2010-01-05)[2022-3-12], http://blog.sina.com.cn/s/blog_4f1b52560100gf2j.html.

雕版印刷在唐朝中后期走向成熟，剑南道（今四川省成都市）、长安（今陕西省西安市）、洛阳（今河南省洛阳市）、敦煌（今甘肃省酒泉市）及淮南地区都有印刷业的分布。唐代的印刷品有佛教经书、儒家经典读物、诗文集、儿童启蒙读物、纸牌等。但雕版印刷成本过高，印一页书，就得刻一块板，雕印一部大书，得花好几年时间，人力、物力和时间都很不经济，因此唐代以后出现了活字印刷术，进一步提高印刷效率。印刷术普及推广，使得图书资料批量生产成为可能，传播范围更广泛，传播内容更加多样，在一定程度上丰富了人们的精神文化生活。轻便耐用的纸张和印刷工具作为传播的利器，促进中国古代文化的传播与发展。

### 三、传播符号：品牌标志的萌芽

1. 姓氏商标

这时期已出现了一些以姓氏命名的店铺或产品。一是出于官府管理市场的需要，制定了相关的法规。在唐代，官府对于所需，或者人们购买用来服官役的商品的产品质量和管理较为严格，尤其是兵器。因此，"其造弓、矢、长刀，官为立样，仍题工人姓名，然后听鬻之。诸器亦如之"。二是在市场发展下，所出现的差异化标志。当时唐代长安城内的固定市场先后有三个，即中市、东市和西市。西市较东市繁华，有"金市"之美称。在唐代西市店铺遗址的发掘中，发现了陶器店铺作坊的遗址，所出陶器上都捺有"刑娘"字样的标记。蜀中雷威治琴负盛名，人称"雷公琴"，大行天下十余年，琴刻"春雷"二字篆款为记。还有唐代四季平安铃，间隔有楷书四字铭文"四季平安"，铃身下部饰缠枝花纹，一侧中央有楷书"曹造"二字铭文。这些产品使用了姓氏名称以示标记，带有商标的性质，能够很好地与其他竞争者区别开来，也初步显示了商家早期的品牌意识。

**图 1-15　唐代四季平安铃**

图片来源：故宫博物院.《四季平安铃》[EB/OL].（2022-3-12）[2022-3-12], https://www.dpm.org.cn/collection/bronze/232072.html.

2. "俞大娘"船

唐朝是女性经商最为活跃的朝代之一。在长江流域，最出名的女商人叫俞大娘，她生活在唐代宗大历与唐德宗的贞元年间（766—805），原来是茶商，后从事造船业。俞大娘制造的船以"大"著名，前所未有，因此所制作的船也直接以"俞大娘"来命名。当时所造大船最多能载八九千石，所谓"水不载万"，然而俞大娘造出来的航船却可达万石，是当时体积最大的船只。据说船上可以种花果、蔬菜，驾驶船只的工人就有数百人之多，船员的生死嫁娶都可在船上进行。船只航行在江西和淮南之间，每来往一次，就能获得巨大利益。这时期造船业快速发展，主要集中在长江中下游和东南沿海一带，如宣（今安徽宣城）、润苏常（今江苏镇江、苏州和常州）、湖杭越（今浙江湖州、杭州和绍兴），以及南方的福州、泉州和广州。从发达的造船业和女性经商的事迹可见，唐代交通运输和商业贸易发达。

3. 中国瓷器"china"

中国青瓷是中国瓷的鼻祖，釉色透明而清澈，自唐代以来，通过丝绸之路等广泛地流传到波斯、土耳其、日本、印度、埃及、法国等国家。五代时，日本史籍《仁和寺御室御物实录》中记载了日本宇多天皇精心收藏的中国工艺品，其中就有越州窑的青瓷，而且说"青瓷多盛天子御食"，是"大臣朝夕之器"，是宫廷中日常生活所使用的名贵瓷器。中国瓷器凝结着中国手工艺人的智慧和心血，精良的质地和优美的纹饰无不吸引着人们的目光，为人们所折服。自中国瓷器通过丝绸之路传播到国外以来，异国的皇室贵族多有收藏，如托普卡比王宫博物馆收藏了上万件中国瓷器。有的国家还聘请中国制陶工匠前来，或者派遣人来中国学习制瓷工艺。除此之外，他国在制陶方面常模仿中国瓷器的器形与纹饰，如在埃及福斯塔特遗址中出土了上万片陶瓷，其中龙泉瓷就占了1/5。中国瓷器在古代已成为世界性名牌产品，影响深远，直到现在，中国瓷器仍然远销国外，中国的英文小写 china，就是"瓷器"的意思。

## 四、传播手段：广告、促销

1. 印刷广告

铜版印刷的出现为传播带来新的手段。印刷广告的传播效果更广泛、持久。隋唐，佛教进入了全盛时期。经过隋文帝、唐太宗、武则天等统治者的提倡，出现了举国上下对佛教的狂热信奉。佛教在中国掀起热潮，除了统治者的引导，还离不开印刷广告的应用。一是佛教宣传书籍的印刷。《唐京师纪国寺沙门释慧净传》谈到释慧所撰写的佛书"盛行于世""凡预能流，家藏一本"。二是佛教传单的印刷。唐代末期，冯贽的《云仙散录》记载："玄宗以回锋纸印普贤像，施于四众，每岁五驮无余。"提及了通过印刷并分发佛像，使佛教广为人知的事情。佛教的传播借助印刷广告使其形象深入到人们心中。

2. 诗歌口碑传播

在古代，口碑主要经由人际传播，产生于人与人的交流中。这时期诗歌文化兴盛，才华横溢的诗人词人受到追捧，他们创作的诗词也为众人熟读背诵并广而传之。其中有不少事物在他们的诗歌咏颂下形成口碑。如鼎鼎大名的唐代诗人李白的《望庐山瀑布》："日照香炉生紫烟，遥看瀑布挂前川。飞流直下三千尺，疑是银河落九天。"描绘了庐山瀑布壮丽的景观。杜甫的《望岳》："岱宗夫如何，齐鲁青未了。造化钟神秀，阴阳割昏晓。荡胸生曾云，决眦入归鸟。会当凌绝顶，一览众山小。"泰山因为这首诗的广为流传而声名远播。这些朗朗上口且优雅的诗词作为口碑得到传播，加上一定的"粉丝效应"，让进入诗歌词赋的地点、事物或人物的名声流传至今。

图 1-16　普贤像印

图片来源：中国财富网.《"砚边拾梦——李贺忠诗书画印作品展"亮相深圳美术馆》[EB/OL].(2019-05-31)[2022-3-12],https://baijiahao.baidu.com/s?id=1635007723250617483&wfr=spider&for=pc.

3. 唱卖广告

隋唐五代时，佛教极为盛行，寺院林立。寺院通过各种手段和途径聚敛财物，纳入寺库，寺库中的这些财物，钱、粮、布帛等，除了用来消费外，还被用来放债，盘剥生利，其中一部分要拿出来"分卖"牟利。唐代的寺院中，盛行所谓的"分卖"衣物制度。"分卖"时要唱出所卖物品的名目，同今天的吆喝叫卖大致相同。所卖之物主要是衣着之类，故"分卖"又叫"唱卖""唱衣""估唱"。在敦煌留存的文书中，就有关于"唱衣"的史料。这种边卖边唱的活动，当属叫卖广告。

4. 露布天下

魏晋南北朝时期战争不断，各国之间的政治、军事信息交流活动频繁。因此，"露布"作为一种政治军事广告、社会广告的载体得到广泛应用。在汉代，露布已作为一种公开宣布文书在政治领域得到普遍应用，是朝廷下达命令或臣子上呈奏章的惯用方式。东汉延熹二年（159），权臣当道，朝廷滥加赏赐，加之数次地震，众灾频降。面对此种情形，素来刚直的李云说道："忧国将危，心不能忍，乃露布上书，移副三府。"唐代《封氏见闻记》提到露布的特点："所以名露布者，谓不封检，露而宣布，欲四方速知。"露布公开、快速、广泛传递信息的特性在魏晋南北朝得到了更广泛的应用。一种作为檄文使用的露布，会在出师之前声讨敌对方罪恶，为己方出师正名，一般写在一尺多长的木板上。刘勰的《文心雕龙·檄移》记载："露布不封，播诸视听。"还有作为"捷报"使用的露布，则是将战胜的信息书写在长布之上。宋王说在《唐语林》中提到："露布，捷书之别名也。诸军破贼，则以帛书建诸竿上，兵部谓之露布。"南宋洪迈在《容斋随笔》卷十中业说："用兵获胜，则上功状于朝，谓之露布。"魏晋南北朝时期，国家利用露布，将敌对国的罪恶、国家战争胜利的信息公开、快速告示天下，可以说是一种简单直接的公关手段，能够达到快速传达信息、塑造一国形象、拉拢人心的目的。

## 五、传播策略

1. 古代"进出口交易会"

隋朝统一中国后,同边境各少数民族的贸易开始畅通,周边地区的商人也纷纷到长安进行交易。为了展示都城的繁华富裕,隋炀帝在丰都市场(又称东市)进行商品陈列和展示。《资治通鉴》记载了当时的情景:"诸蕃酋长入朝者,常请于东市交易,炀帝许之,先命整顿店肆,檐宇如一,盛设帷帐,珍货充集,人物华盛,卖菜者亦藉以龙须席。胡客或过酒食店,悉令邀延就座,醉饱而散,不取其直。"在诸蕃酋长或胡客交易前,隋炀帝先命人整顿市容,把珍贵品质好的商品整理并陈列起来,并令菜贩把精美的饭食摆放在龙须席上,外来商人用餐不用交钱。这段文字描述一个规模巨大的国际性商品交易市场,也是隋炀帝展示其国力强盛的一个开放性平台,类似当今的"国际展会"。这种国际性的商业展览作为一个中外商品展示和贸易的平台,能更好地促成商品交易。与此同时,华丽的市场场景、丰富的商品、高级的待遇,种种元素的组合让外国人直观感受到中国这一大国的处世风范和隋炀帝个人尊威,一种国家形象深刻地印在诸蕃酋长的心中。

2. 品牌故事

北魏时期,有精明的商人通过编造一些神异离奇的故事,为所售商品进行宣传。《洛阳伽蓝记》记载:"河东人刘白堕善能酿酒。季夏六月,时署赫晞,以罂贮酒,暴于日中,经一旬,其酒味不动,饮之香美而醉,经月不醒。"这段文字通过讲述刘白酿酒、晒酒、饮酒的事件,证明其酒经半月暴晒,仍不变质,起到很好的宣传效果。后来,由于京师朝贵争相饮用和赠送他人,该酒便有了独特的品牌名称,"京师朝贵,多出郡登藩,远相饷馈。逾于千里",以其远至,号曰"鹤觞",亦名"骑驴酒"。《洛阳伽蓝记》记载:"永熙年中,南青州刺史毛鸿宾赍酒之藩。逢路贼,盗饮之即醉,皆被擒获,因此复名'擒奸酒'。"游侠语曰:"不畏张弓拔刀,唯畏白堕春醪。"暴晒酒、骑驴、以酒擒奸的故事,无疑增加了"白堕春醪"的文化内涵,使其品牌更具象征意义,广告宣传的效果从而也就更加明显。

3. 名人画幌

幌子在这时期得到普遍应用。而这时期出现了用名人画像来进行宣传的画幌。唐代时期酒店门前悬挂印有李白、刘伶、阮籍画像的幌子。以名人的画像作为幌子,不仅使人感到亲切、直观,而且每一幅画像背后,都有一则精彩的故事或传说,供人品味、玩赏。如李白是家喻户晓的"酒仙",以豪饮著称的杜甫在《饮中八仙歌》中为赞美他曾留下诗句:"李白一斗诗百篇,长安市上酒家眠。天子呼来不上船,自称臣是酒中仙。"以名人的画像作为酒幌往往会使人产生美好联想,不仅起到独特的行标作用,而且为店家带来很好的宣传。酒家借用李白的画像,能让酒客对店铺业务快速形成认知,并将李白的人格品质、独特的饮酒文化与店铺联系起来,为店铺带来一定的文化内涵和代言作用。

## 传播案例

### 唐代薛涛与薛涛笺

薛涛是唐代一位出色的造纸经营者。明代宋应星的《天工开物》中记载了薛涛的发明:"四川薛涛笺,亦芙蓉皮为料煮糜,入芙蓉花末汁,或当时薛涛所指,遂留名至今。其美在色,不在质料也。"薛涛笺进入大众视野不仅在于"色",还在于个人品牌打造和薛涛笺的产品定位。

薛涛本人具有多重身份和标签,带有特定的人格魅力。薛涛本是官裔,因父亲去世家道中落,为生活所迫,年纪轻轻应召入幕府,被编入乐籍,成为乐伎养家糊口。她不幸在幕府中得罪了大官韦皋,被罚到边境做营伎。薛涛虽为乐伎,但绝非一般女子,文化素养很高,写得一手好诗和好字,《薛涛诗笺》中收录了薛涛九十多首诗歌,其中不少写于诗友的来往,可以说是当时难得的"交际花"。此后她用了几十年,通过自己的才华和人格魅力重新摆脱这种低等的身份,成为一个受男性尊重的女性文人,在后来,薛涛还被称作"蜀中四大才女"之一。《薛涛小传》道:"涛,侨止百花潭,躬撰深红小笺,裁笺供吟,应酬贤杰,时谓之薛涛笺。""裁笺供吟,应酬贤杰"说明薛涛在与诗友应酬中,会用上自己制作的"薛涛笺"。在薛涛的个人影响力下,薛涛亲自打造的"薛涛笺"也自然从她所处的圈子层层向外传播开来。同时,薛涛一波三折的人生经历,以及她的文化素养形成了特定的文化符号。以薛涛为名的纸品,也为这纸笺的品牌塑造增添更多的文化价值。

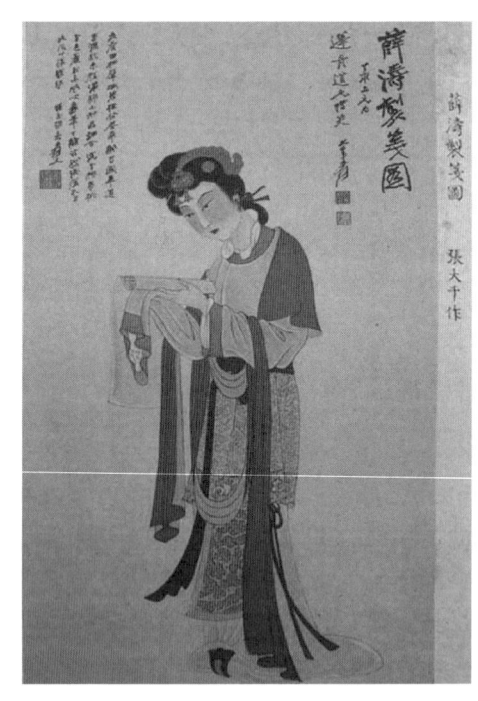

图 1-17 薛涛画像(张大千作品)

图片来源:成都望江楼公园.《薛涛介绍》[EB/OL].(2022-3-12)[2022-3-12],http://www.wangjianglou.com/xuetao.html.

薛涛作为女诗人,在平日纸张使用中,发现纸张要么需要经常裁剪,要么颜色单调不美观,无法满足她的创作需求。与此同时,薛涛在回归自由身后,移居浣花溪,左邻右舍都是造纸户,耳濡目染,便萌生了自己造纸笺的想法。于是她从自己的需求出发,着手改进、制造彩笺,无论其染纸技术、形制设色、图纹及笺纸质量,在旧笺的基础上都有所创新和提高,制作出具备经济、美观、实用三大特点的彩笺,为既要写诗也要美观的文人们提供了新的选择。唐代李匡文《资暇集》载:"松花笺其来旧矣,元和初,薛涛尚斯色,而好制小诗,惜其幅大,不欲长,乃命匠人狭小之。蜀中才子既以为便,后减诸笺亦如是,特名曰薛涛笺。今蜀纸有小样者,皆是也,非独松花一色。"薛涛笺精巧适度,与现代信笺比较,宽度相近,长度约二三寸,恰是写一首诗的篇幅,一改以往裁剪纸张的不便,更加适合赋诗使用。

图 1-18　薛涛小笺

图片来源：封面新闻.《蜀地宝藏（17）丨薛涛笺的风采,居然藏在这个地方!》[EB/OL].（2020-07-31）[2022-3-12].,http://k.sina.com.cn/article_1496814565_v593793e502000tn1l.html.

这种精美的小彩笺受到文人喜爱,还作为贡品送往皇宫。对于"薛涛笺"的歌咏,更是自古以来不断涌现。唐代诗人李商隐赞叹:"浣花笺纸桃花色,好好题诗咏玉钩。"唐代司图空诗咏:"应到去时题不尽,不劳分寄薛涛笺。"宋代诗人沉立将薛涛笺与王维的画相提并论,他谈道:"画思摩诘笔,吟称薛涛笺。"历代文人对薛涛笺的咏颂,形成强大的口碑效应,使薛涛与薛涛笺的事迹跨越时空流传下来。到了现代,伴随着国潮风的流行,薛涛笺不仅是一个产品品牌,也是打造中国传统文化品牌的重要组成部分。

## 第五节　宋元时期

在两宋统治的三百年中,我国经济、文化的发展,居于世界的最前列,是当时最为先进、最为文明的国家。

——著名历史学家漆侠先生

### 一、历史背景

著名史学家陈寅恪说:"华夏民族之文化,历数千载之演进,造极于赵宋之世。"北宋建隆元年（960）宋朝建立时,并没有使用武力的方式进行,而是采用了和平禅让的方式。后周的柴氏王朝,和平地过渡给了赵氏的宋朝。宋太祖吸取了唐朝武将节度使操纵国运的经验教训,实行文官统治,解除了武将参与朝政的机会。与此同时,对外也少使用武力,用钱财和物资捐助北方游牧民族,换得宝贵的百年和平。宋朝的统治阶级采取了一系列稳定社会秩序,鼓励生产的措施,封建经济逐渐从唐末战争的严重破坏中得到恢复,农业、手工业和商业迅速发展,经济再度回升,给社会经济的发展提供了良好的基础。整体而言，在两宋三百多年中，虽然战争亦时有发生，但在水陆交通日益发达和社会经济繁荣的基础上，宋代的商业发展仍取得了显著的进步，城市规模不断扩大，城市商业活动活跃，商品流通的数量日益丰富。

南宋咸淳七年（1271），蒙古族元世祖忽必烈建立元朝，蒙古族在中原地区建立了第一个少数民族王朝，延续了98年。元朝疆域空前广阔，民族文化政策相对松散，商品经济和海外贸易也极为繁荣。对内，元朝的贸易是在前朝工商业发达的基础上建设起来的，具备一定的规模，而南北大统一，农业、畜牧业、手工业生产的恢复和发展及全国的交通运输网的形成都为商品流通的扩大创造了有利条件，原来从事游牧生活的蒙古贵族为了恢复和发展社会经济，也积极推行重商政策，发展商业；对外，元朝时统治阶级与各国外交往来频繁，各国派遣的使节、传教士、商旅等络绎不绝。城市的繁荣又为传播手段、文化传播的发展奠定了物质基础。元代文学中最突出的成就在戏曲方面，后人常把"元曲"和"唐诗""宋词"并称。

## 二、商业环境

### 1."坊市"制度瓦解与自由集市形成

坊市制度对稳定统治秩序、提高经济产能有其积极作用，但随着唐后期城市经济的蓬勃发展，城市经济发展活跃受到旧有政策挤压，商品市场交易被限制，封闭性的坊市制度也受民众诟病，至唐德宗贞元末年（805），以长安为主的城市已经出现夜间酒肆。唐后期，随着中央集权的衰败，城市的"坊市制"已经被完全打破，地方的城市经济得到自由化发展。宋代后，社会各生产阶层加强了与市场的联系，他们的生产的产品超过了他们自身使用的需求，将大部分生产产品用作出售以换取金钱，这一时期中国的商品经济呈现快速发展势头，宋代对市场管制更加开放，商品交易不受场地和时间的限制，商品流通更加自由，自发性的集市出现了。正如《东京梦华录》卷三的《诸色杂卖》中记载："每日如宅舍宫院前，则有就门卖羊肉、头肚、腰子、白肠、鹌兔鱼虾、退毛鸡鸭、蛤蜊、螃蟹、杂燠、香药果子、博卖冠梳领抹、头面衣着、动使铜铁器、衣箱、瓷器之类。"

宽松的商业政策促进了人口流动和个体手工业的发展，更为商品经济提供了广阔的市场空间，经商之风一度盛行，形成了全国性的商品流通市场。《东京梦华录·序》在描写北宋末期的东京时说："太平日久，人物繁阜。垂髫之童，但习鼓舞；斑白之老，不识干戈。时节相次，各有观赏。灯宵月夕，雪际花时，乞巧登高，教池游苑。举目则青楼画阁，绣户珠帘。雕车竞驻于天街，宝马争驰于御路，金翠耀日，罗绮飘香。新声巧笑于柳陌花衢，按管调弦于茶坊酒肆。八荒争凑，万国咸通。集四海之珍奇，皆归市易；会寰区之异味，悉在庖厨。花光满路，何限春游，箫鼓喧空，几家夜宴。技巧则惊人耳目，侈奢则长人精神。"

在全国市场进行流通的商品除了各地传统的资源型特产外，还有手工业原材料和来自海外的奇珍异宝。而这种丰富的物资又激起了人们消费的欲望，进而促使了物资的跨

图 1-19 《清明上河图》局部

图片来源：搜狐新闻.《搜狐独家：网络版清明上河图》[EB/OL].(2022-3-12)[2022-3-12].http://news.sohu.com/s2015/qmsht/index.shtml.

地域调配和流通。这样大规模的资源流通对经商提出了很大的要求，也必然对商人的品牌传播提出了需求。商人们为了显示出自己的差异和特点，纷纷"亮"出自己的招牌来吸引顾客。所以，各具特色的传播手段开始出现。在集市里，人们不仅满足了自身日常生活用品的购买需求，还获得了身心的愉悦和休息。商贩们抓住了这一点，将盈利和娱乐联系起来，带动新的购买品味和购买欲望，商业氛围和传播手段也就夹杂了表演性与娱乐性。

元代商业活动规模较大，但商业主体以政府为主，政府通过专营专卖政策对贵重金属、茶、盐等方面的贸易实施垄断。而海外贸易规模也逐渐扩大，以泉州港为代表的交易港口增多，交易对象从亚洲拓展至欧洲。各国派遣的使节、传教士、商旅等络绎不绝，其中威尼斯商人尼可罗及其子马可波罗得到元朝皇帝赏识，成为元朝担任外交使节的外国人，侧面印证了元朝至欧洲商路的存在。

另一方面，为促进商品流通，元朝废除历代以铜币为主的价值尺度，采用纯纸钞流通体制，为后世开创了以"银"为后备金的纸钞发行制，也就是银本位制，将纸钞作为法定货币，流通大元皇朝，横贯欧亚。贸易发展带来了城市繁荣，在元世祖忽必烈统治时期（1260—1294），元大都有五十多万人口，都城改建和扩张中几次迁移近二十万至三十万规模的人口。因此元大都号称"人烟百万"，已是当时的特大城市。商业活动的兴盛与繁荣，给品牌传播的萌芽提供了土壤。

2. 传播技术：印刷术的改良与应用

孙毓修著《中国雕版源流考》考证到，雕版印刷术"实肇自隋时，行于唐世，扩于五代，精于宋代"。宋代的印刷技术比隋唐有了很大的进步与发展，宋庆历年间（1041—1048），毕昇发明了泥活字印刷，也就是用胶泥刻制成一个个单字，然后把所需要的单字排版印刷，印完以后，再把单字拆开贮存，以备下次排印。这样节省了印刷成本，又提高了书籍印刷的速度，之后又出现了木活字、金属活字，成为印刷发展史上的一个里程碑,也发展出这一时期非常重要且特别的传播技术。图书的印刷渐渐风行起来,出现了新的产业形态——出版业、纸业、出版传播机构等,这也是宋代文化兴盛的重要原因。

而元明清三个朝代是中国传统印刷术集大成的时期。元朝先后发明了锡活字和木活字印刷术,并将蒙古语和汉文用于印刷。其次是铜版印刷技术出现。元至元十三年(1276)年后,朝廷用铜板铸印技术来印刷汉文或蒙文的印刷品和纸币,其中最为代表性的是元朝"至元通行宝钞"。其三,出现了"文字采用黑墨印刷,图采用朱墨印刷"的套印技术,套色印刷术开始运用于刻书。印刷术的进步,为书籍和印刷品的批量印刷提供了技术基础。加上商业繁荣,雕版印刷和活字印刷被广泛地运用在商业活动、文化活动中,话本、小说在民间广泛流行,书籍用来普遍出售,印刷技术的发展拓展了文学创作、文学欣赏、文学评论等各种文学活动。

图 1-20 活字印刷

图片来源:四川日报.《"复活的"活字印刷》[EB/OL].(2018-12-19)[2022-3-12]. http://society.people.com.cn/GB/n1/2018/1219/c1008-30475773.html.

图 1-21 至元通行宝钞

图 1-22 北宋纸币交子

### 三、传播符号:品牌意识

#### 1. 宋代刘家功夫针铺

现存最早的铜牌雕刻作品是宋代刘家功夫针铺的铜板雕印,现由中国国家博物馆收藏,是中国目前现存最早的商标实体。这块铜版长12.4厘米、宽13.2厘米,铜版的上方标明"济南刘家功夫针铺",中间是白兔捣药的图案,于图案左右标注"认门前白兔儿为记",下方则刻有说明商品质地和销售办法的广告文字——"收买上等钢条,造功夫细针,不误宅院使用,转卖兴贩,别有加饶,请记白"。文字皆为反刻,由此推测这块铜版的用途是印刷广告。铜版图文并茂,文字简练,其印刷品既可作为店铺传单、店铺产品的包装纸,也能贴在门前以招贴广告形式告知路人,叮嘱消费者认准其"商标",有效提高刘家功夫针铺的知名度。

除了在命名上采用店家姓氏"刘"姓外,商家还选用了兔子抱着铁柱捣药的形象,而兔子捣药的形象借用了中国古代"白兔捣药"的传说和"铁杵磨针"的历史文化典故。晋代傅玄《拟天问》道:"月中何有?白兔捣药。"宋代祝穆《方舆胜览·眉州·磨针溪》道,世传李白读书象耳山中,学业未成,即弃去,"过是溪,逢老媪方磨铁杵,问之,曰:'欲作针。'太白感其意,还卒业"。用家喻户晓的传说典故,快速建立消费者对商家店铺和产品的认知,使消费者将刘家功夫针与白兔这一活泼美好的形象和铁杵磨针这样坚持不懈的精神联系在一起,既标识了店家的品牌印记,也反映了店家的产品品质与经营理念。根据当时的社会背景,针的使用者以不识字的女性居多,以图案传播的方式比文字传播更方便传达给推广对象。

图 1-23 刘家功夫针铺印刷铜版

图片来源:钱慧. 论宋代演艺市场中的两种"非人员促销"[J]. 人民音乐,2015 (05):69-73.

2. 书籍牌记

造纸术和印刷术的推广与普及突破了政府的专属出版权,在官刻、私刻、坊刻三大出版系统中,凡政府有关机构负责刊印的统称为官刻本。历史最久、也最有名的官刻本是监本,由最高学府国子监(即太学)负责校理刊印,一般作为科举考试的标准用书而颁行到全国上下。上海图书馆现存的元刻本《颜氏家训》7 卷本上盖有戳印,内容为"国子监崇文馆官书,借读者必须爱护,损坏阙失,典掌者不得收受",说明此刻本为元代官书。

而私刻多为出于自身或家族教育需求而进行印刷的书籍，这些并不以营利为目的，多在书卷尾刻有家族姓氏名号等。史载五代后蜀宰相毋昭裔为布衣时，曾向人借《文选》《初学记》，而人多有难色，于是为相之后，首刻此二书，又刻九经、诸史等。宋平后蜀，尽取蜀书入都，赵匡胤看到这些书卷尾皆刻有毋氏的名字，感到不解，臣僚回答"此毋氏家钱自造"。毋昭裔所刻书即是私刻本。

坊刻指的是民间书坊，集编辑、印刷和发行于一身，以盈利为目的，面向平民读者，故多取易刻速售之书。坊刻本多有牌记，牌记主要记录出版者、出版地、出版年代，以及刊刻经过、版本特色等情况，功能似店家招牌，是书坊区别于其他同业的标记，也是书籍质量保障的标记，并成为后代鉴定版本、考证版本源流、研究中国古代出版行业史的重要资料。如宋刊本《东都事略》的牌记文字"眉山程舍人宅刊本，已申上司，不许覆板"，是一则典型的版权声明，

图1-24　宋代刻书牌记例

图片来源：林申清．宋元书刻牌记图录［M］．北京图书馆出版社，1999．

说明当时的书籍印刷出版已有了版权保护意识。同时，还出现了版权保护的标志，宋刻《周贺诗集》，即有"临安府棚北睦亲坊南陈宅书籍铺印"的牌记。《续幽怪录》，亦有"临安府太庙前尹家书籍铺刊行"的牌记。牌记也有文字与图形相结合的图案，形式、构图、装饰样式甚为丰富，这种具有徽标特征的牌记，具有固定性和专有性，所体现出来的商标特征是非常明显的。宋元牌记还承担了广告的功能，力求利用牌记发布书籍相关的信息。如宋刻本《卫生家宝产科备要》卷末有牌记文字三行："长乐朱端章以所藏诸家产科经验方编成八卷，刻版南康郡斋。淳熙甲辰岁十二月初十日。"宋刻《后汉书》目录后的牌记文字："本家今将前、后《汉书》精加校证，并写作大字，浸板刊行，的无差错。收书英杰，伏望炳察。钱塘王叔边谨咨。"介绍了版本来源、版本价值、校勘情况等，以吸引买家的关注。

## 四、传播手段

宋元时期，商业发展更加繁荣发达，中国的商品经济发展到一个全新的高度，市场竞争激烈，商人也愈发意识到自家"品牌"的重要价值。在此背景下，商业传播活动激发出丰富多彩的传播手段。

1. 裹贴纸

随着活字印刷的发明和雕版印刷业的不断发展，开始出现了工商业印刷广告。与以往的叫卖广告不同，印刷广告可以提供详细的商品信息，让消费者从特色、成分、制作方法、购买地址等方面全面地了解商品，有利于消费者和商家实现有效的沟通。

北宋时，商品包装出现了"裹贴纸"（也称作"仿单"），其上印有店铺经营信息，

包括广告宣传或商品说明。不同于一般的印刷广告,这种"裹贴纸"既有包装商品的功能,也有宣传海报的功能。南宋吴自牧《梦粱录·卷十三团行》记载:"……其他工役之人,或名为'作分'者,如碾玉作、钻卷作、篦刀作、腰带作、金银打钑作、裹贴作……"裹贴作即是这种生产、制作"裹贴"的作坊。

二十世纪初英国人斯坦因在新疆得到一张隋开皇十四年(594)的残纸,上面写着:"……自官私……延昌卅四年甲寅,……家有恶狗,行人慎之。"这可能是一张隋初商业裹贴残纸。现藏国家博物馆的北宋"济南刘家功夫针铺"印刷铜版,印刷出来的就是一份裹贴,上面刊载了产品说明、品质保证、商家地址、品牌标记等信息。我国现存最早的裹贴是1985年在湖南源陵城一座夫妇合葬墓中出土的元代裹贴,右边竖印:"潭州升平坊内白塔街大尼寺相对住危家,自烧洗无比鲜红紫艳上等银朱、水花、二朱、雌黄,坚实匙箸。买者请将油漆试验,便见颜色与众不同。四方主顾,请认门首红字高碑为记。"左边竖印:"主顾收买银朱,请认元日祖铺内外图书印号为记。"这是潭州(今湖南省长沙市)一家油漆店的裹贴纸,说明了该店的详细地址,所售商品的种类、质量和特性,是一条较为完整、典型的印刷广告,文中的"请认门首红字高牌为记"还显露出当时商家的品牌意识。

2. 店铺招牌

宋代,店铺打破了"市坊"制度的限制,店铺可以开设在各个地方,商家的经营活动也随时而为,因此,各具经营特色、风格的五花八门的店铺便散落到居民区中的大街小巷。为了招徕顾客和表现独特的经营特色,很多商家都会改变自己的布置方式,采用自己独特的招牌名称。从宋代张择端的《清明上河图》中可以看出当时的店铺使用招牌的景象,如羊肉铺挂"孙羊店",香料店写着"刘家上色沉檀香",药材店写着"神农遗术""赵太丞家""杨家应症"等。

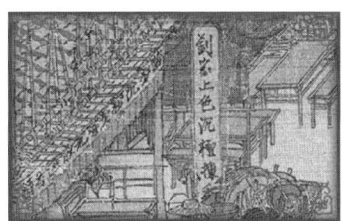

图1-25 《清明上河图》局部

图片来源:搜狐新闻.《搜狐独家:网络版清明上河图》[EB/OL].(2022-3-12)[2022-3-12],http://news.sohu.com/s2015/qmsht/index.shtml.

店铺的招牌也逐渐凸现出独特的文化特点,店招的形式和内容都发生了较为深刻的变化。首先,更加注重对经营者的字号或名号进行宣传,强调商家的信誉或承诺,很多使用招牌的店铺都以姓氏或经营的名牌产品作为招牌。其次是行业的标志性更加明显,如《清明上河图》中"赵太丞家"的招牌就非常醒目,宽阔的大店铺两旁还竖立着"治酒所伤真方集香丸""太阳中医肠胃"等招牌,尽显店家的气派和经营特色。

3. 诗词歌赋

当时的文人风气、文学氛围十分繁荣，诗歌文化蓬勃发展，诗词歌赋成为本时期文化兴盛的代表，才华横溢的诗人词人当然也受到众人追捧，他们创作的诗词也为众人喜爱并广而传之。所以，在宋朝，诗词歌赋已经成为一种传播手段，其地位超出原始的叫卖广告，具备独特的传播内涵。

一方面，很多诗人成了"代言人"，朗朗上口且优雅的诗词，加上一定的"粉丝效应"，让诗歌词赋中所称赞的事物名声广为流传。诗人身兼代言人和"写手"的双重身份，苏轼就是其中的代表。苏轼，世称苏东坡，北宋著名的文学家、书法家，是北宋中期文坛领袖，在诗、词、散文、书、画等方面取得很高成就，可以称作宋代"顶流"代言人，他的功绩和逸闻趣事成为人们口口相传的经典。尽管他一生被贬三次，仕途起伏，生活艰苦，但仍以超然豁达的乐观主义精神对待人生，收获一大批"粉丝"。赵翼曾经这样感叹："东坡才名，震爆一世。故所至倾动，士大夫即在谪藉中，犹皆慕与之交，而不敢相轻……至于林下交游，更有相从患难，至死而不悔者。"这样的形象使苏轼成为一个独特的符号。苏轼为美食"代言"的诗词尤为让人津津乐道，比如《食荔枝》中的"日啖荔枝三百颗，不辞长作岭南人"，《献蚝帖》中的"海蛮献蚝，剖之得数升肉，与浆入水，与酒并煮，食之甚美，未之有也"。"东坡肉"正是以他名字命名。苏轼在黄州时写下了一篇《猪肉颂》："净洗铛，少着水，柴头罨烟焰不起。待他自熟莫催他，火候足时他自美。黄州好猪肉，价贱如泥土。贵人不肯吃，贫人不解煮。早晨起来打两碗，饱得自家君莫管。"他大力推广吃猪肉的好处和做法。除了东坡肉，还有东坡肘子、东坡羹、东坡饼，都是苏东坡以诗词咏叹并传播得名，后来，还形成了知名的"东坡菜系"。

另一方面，诗词歌赋所具备的文化内涵对商家的品牌建构起到了很大的作用。例如两宋时期的茶文化得以依托诗歌词赋的传颂而传承后世，著名诗人欧阳修、苏轼、陆游、范成大、杨万里等都留下了许多关于茶的作品。如产自江西修水的双井茶是宋代名茶，形如凤爪，汤色碧绿，滋味醇和。欧阳修曾经创作《双井茶》一诗盛赞道：

> 西江水清江石老，石上生茶如凤爪。
> 穷腊不寒春气早，双井芽生先百草。
> 白毛囊以红碧纱，十斤茶养一两芽。
> 长安富贵五侯家，一啜犹须三月夸。
> 宝云日注非不精，争新弃旧世人情。
> 岂知君子有常德，至宝不随时变易。
> 君不见建溪龙凤团，不改旧时香味色。

这首诗歌从双井茶的产地、形状、茶汤等方面作了介绍，并且高度赞扬了双井茶香气持久的特质，树立了双井茶历久弥香的品牌形象。进入诗歌词赋的地点也因诗歌的传诵而广为人知。李白的《望庐山瀑布》："日照香炉生紫烟，遥看瀑布挂前川。飞流直下三千尺，疑是银河落九天。"描绘了庐山瀑布壮丽的景观。杜甫的《望岳》："岱宗夫如何，齐鲁青未了。造化钟神秀，阴阳割昏晓。荡胸生曾云，决眦入归鸟。会当凌绝顶，一览众山小。"描述了泰山的俊秀从而声名远播。朗朗上口且优雅的诗词歌赋成为独特的传播手段,让其承载的人物、事物随着文化传承而流芳百世。

4. 灯笼广告

商品经济的发展促使了夜市的兴盛。南宋陆游诗云"近坊灯火如昼明,十里东风吹市声",描述了当时繁荣的夜市,灯笼成了夜晚商家店铺吸引路人注意力的最佳方式。灯笼通常悬挂于酒肆、茶楼、客栈等商业场所,作为一种"招幌"招徕客人。《东京梦华录》描绘北宋东京的夜市"灯山上彩,金碧相射,锦绣交辉……诸香药铺席、茶坊、酒肆、灯烛各出新奇"。

灯笼广告形式多种多样。一是在外形上,不同行业所使用的灯笼形制有较大差别,如药铺则多用葫芦型、酒楼常使用酒瓮型,许多商家还会在灯笼上书写文字,传达一定的商业信息。二是在灯笼使用场景上,除了坐商运用灯笼广告,行商也会使用。《东京梦华录》中记载:"市人卖玉梅、夜蛾、蜂儿、雪柳、菩提叶、科头圆子、拍头焦半。唯焦半以竹架子出青伞上,装缀梅红镂金小灯笼子,架子前后亦设灯笼。"在众多灯笼中,栀子灯是一种常见的灯笼形式,常用于酒楼饭店。据传,因五代时郭高祖游幸东京,酒楼就如此装饰,宋酒楼纷纷仿效,乃至成俗,成为宋代酒楼饭店特有的标志物,如《清明上河图》中的孙羊正店大门外檐下悬挂着四具状如栀子果实的装饰。灯笼一方面具有装饰的作用,另一方面也起到了广告宣传的作用。

## 五、传播策略

商业的迅速发展催生了服务业,茶坊、酒楼、饭馆、客店遍布街头巷尾,生意兴隆,这为宋元时期的商业传播提供了扎实的根基,各类招牌、店堂装饰、传播方式都得到了新的发展,不仅适应了都市商业贸易的需要,更多地强调产品、商家的附加性价值,而且在艺术技巧方面较前有很大的提高。

1. 商号的标记

最初,古人在物件上加刻铭文、年号,只是为了表示其所有权,或是为纪念、装饰之用。随着商品经济的发展,"标记"逐渐被商业化。刚开始,标记的式样很简单,一般是把制造者或各种官工的印记刻在产品上,多是官方手工业作坊里产品标记,所刻也多是官工的名字或标识。而到了宋代,标记又有了新的发展,除了产品标记外,还出现了店铺标记,也就是最初的"商号",也已超越官工印记的范畴,很多都是作为民间小手工业作坊里的小商小贩或手工业者的信誉符号而存在,而民间普通老百姓也特别看重这些带有信誉符号的产品、商号。

如何在同行中独树一帜、获得消费者的关注和青睐,一直是经营者们的难题。同行业的商店都不满足于只采用带有行业性质的招牌形式,开始追求拥有自己特色的视觉形象,以此来向顾客表明商店的字号、性质和行业性质。尤其是私营手工业方面,出现了民间工匠在器物上刻画上属于自己的象征文字图样的行为,不少工匠还直接在产品上铭刻自己的姓名。如宋代制墨者陈相所制墨铭曰"世业陈相,远烟清光",除了姓名外还宣传了其产品特点。这类店名和产品中不仅包含了产品相关信息，还使用了姓氏名称以示标记，带有"商标"的原始性质，能够很好地与其他竞争者区别开来，初步显示了商家早期的品牌意识：在竞争中的自我标榜，通过品牌的传播来做宣传，也体现了对消费者负责的诚信意识。

因此，商家们在对招牌的形式和内容的制作上也非常讲究，很多商家会不惜重金聘请名家来为商号书写招牌，招牌制作装潢更是非常讲究，体现着中华民族传统的艺术气派。而在内容创作方面，招牌的文字内涵多受中国传统和民俗文化影响。与此同时，一些更加富裕的店铺如药材店、金银首饰店、绸缎庄，还在临街的高大门面外墙上雕龙画凤，或塑南极仙翁、送鹤延年、古典人物造型，通过这些民俗吉祥故事来吸引消费者的注意。除此之外，在同行竞争激烈、店铺林立的市场上，商家们为了突出自家的特点和品质，也会十分重视店铺的门面修饰。

2. 元杂剧的传播

在中国文学史上，元代文学最为突出的成就首推元剧，其内容极为广泛，涉及社会生活的方方面面，尤其是下层民众的生活。这时产生了伟大的戏曲家关汉卿，他的杂剧《窦娥冤》《救风尘》《单刀会》等广为流传，其中的主题更是鞭笞了"官吏们无心正法"、贪污受贿、饕餮百姓的元代吏治，反映了人民群众反对黑暗吏治，要求变革现实的时代精神。

元杂剧的传播主要是依靠创作者、表演者、戏班等将表演场地转移，由乡镇到城市、一般城市到中心城市最终完成了传播。最初以普通市民为传播对象，在剧本创作者、表演者、戏班的多方合力之下进行表演。创作者的社会背景多为北方失意士人，其故事来源于现实生活，主题反映了一定社会矛盾冲突等，内容与形式受到了北方底层人民的喜爱。晋南的襄汾、临汾、洪洞、新绛、翼城等地有八处元代戏台，山西洪赵县明应王庙内的元代杂剧演出壁画，帐额上端题作"大行散乐忠都秀在此作场"，该遗址说明最初的元杂剧是街头巷尾百姓们茶余饭后的消遣。后随着传播范围扩大，以戏班为主的传播主体自发、迅速地由流传点向京师集中，直至社会上层、宫廷内部。杨维桢的《宫词》写道："开国遗音乐府传，《白翎》飞上十三弦。大金优谏关卿在，《伊尹扶汤》进剧编。"杂剧由民间向京师的传播，正是民俗文艺的升华。随着元杂剧成为大众流行戏剧，在京师等地已经成名的北方杂剧作家和演员纷纷南下，为杂剧在南方的流传做出了贡献。元政府从教化目的出发借助政治力量自上而下倡导杂剧。朱有炖《元宫词》曾经记载："《尸谏灵公》演传奇，一朝传到九重知。奉旨赍与中书省，诸路都教唱此词。"这种自上而下的倡导，使杂剧艺术称雄南北剧坛，出现中国戏曲史上第一个黄金时代。

元杂剧的繁荣兴盛与元代商业经济发展相合拍，其创作和观演都具有突出的商业经济性质，可以通过声响和吟唱相结合的形式进行商品的宣传、场景描写。如《百花亭》第三折："查梨条卖也，查梨条卖也。生长在京城古汴，从小里拜个名师，学成浪子家风习惯，花台伎俩。专伏侍那些可喜知音的公子，更和那等聪明俊俏的佳人。假若是怨女旷夫，买吃了成双作对。纵然他毒郎狠妓，但尝着助喜添欢。春兰秋菊益生津，金橘木瓜偏爽口，枝头干分利阴阳，嘉庆子调和脏腑。这枣头补虚平胃，止嗽清脾，吃两枚诸灾不犯。这柿饼滋喉润肺，解郁除焦，嚼一个百病都安。这荔枝红蠲烦养血，去秽生香，长安岁岁逢天使。这查梨条消痰化气，醒酒和中，帝城日日会王孙。查梨条卖也，查梨条卖也。"元代杂剧吟唱将商品特点贯穿于中，吟唱之人抒发情怀、叙述生活，用一种非常自然地方式进行商品、商号的宣传，特别是利用独特的吟唱效果对商品的特征进行渲染和宣传，富有艺术化气息。唱词中对所售商品具体功能进行了描述，"益生津""偏爽口""利阴阳""调和脏腑""补虚平胃""止嗽清脾"等，使诉求更具说服力。还值得提到的是，有的元杂剧还注意把商品的买卖和广告之人的美好祝愿结合起来，如"长安岁岁逢天使"就寄托着商家美好的祝福与希望，也使商家、产品更加亲切动人。

 传播案例

## 品牌书坊

在印刷技术比较成熟的情况下，书籍出版成为宋代的一种新兴又繁荣的产业，形成了官刻、私刻、坊刻三大出版系统，以及富有个性化的书院出版、寺院（道观）出版等特色出版系统，奠定了中国古代出版的基本模式。各地官府、书院、家塾纷纷雕版印书，民间的书坊、书肆、书籍铺更是遍布街巷，有的家族将刻书、卖书的行当代代相传，甚至逐渐成了世业。《麻沙刘氏族谱》记载了南宋建阳刘氏三桂堂曾聘有从事校勘加工工作的编辑，经部8人，史部6人，还雇有专事印刷的工人16人等，说明书坊为维持其经营规模与印刷质量，需要常年保持相对稳定的工匠队伍。其中出现了具有相当知名度和品牌效应的书坊，如余仁仲万卷堂。"余仁仲"是著名的"建安余氏"的家族成员。"建安余氏"是中国古代著名的坊肆刻书家族，他们世代居住在福建建安县崇化坊书坊镇，从北宋至明代累世从事雕版印刷事业。在余氏传世的宋刻本中，"余仁仲万卷堂"最为有名。所刊《尚书精义》《春秋公羊传》《春秋谷梁传》等，世称建安余氏九经本，今仅存《礼记注》《春秋公羊经传解诂》《春秋谷梁经传》三种，现为北京、上海等图书馆所珍藏。余氏所刻之书，历代藏书家均视为珍宝，被誉为"字划端谨，楮墨精妙""字画流美，纸墨精良，洵宋刻之上泗"，这个书坊品牌在当时已形成了自身的书业产业规模、经营模式和出版特色。

民间书坊的兴起为人们提供了更多传播渠道，促进了思想文化的繁荣与发展，有的书店还形成了自己独特的品牌价值，如宋代临安府的陈宅书坊，它由陈起这位有科名与文人理想的在野知识分子经营，他怀有惜才之情，与众多江湖文人交往至深，所以他的书铺除了出版唐宋诗文集外，也把当时怀才不遇而落魄江湖的文人的诗文总结在一起进行出版，如《江湖小集》《江湖续集》，书铺刻本都带有"临安府睦亲坊陈宅经籍铺印"的牌记。陈起的出版活动使落魄文人的诗文有了保存和传播的渠道，其人品和文品也塑造了书坊的经营风格和文化价值，赢得顾客的口碑。当时人们称赞道"收价清于卖卜钱""赊书不问金""诗刊欲遍唐""兀坐书林自切磋，阅人应似阅书多"。宋代民营印刷作坊几乎遍及全国，最为集中、印刷量较大的有福建、四川、浙江、江西、安徽等地，

刻书数量巨大，流传后世的书籍也较多。图书的大量面市，也促使了印坊和图书广告的出现。

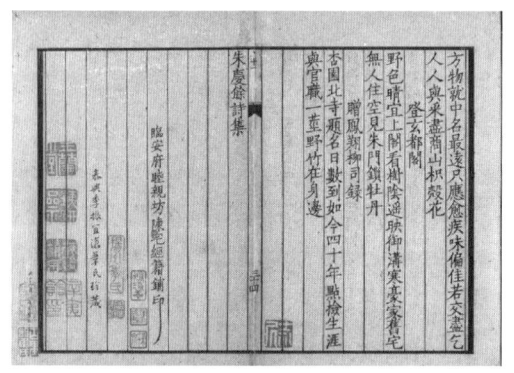

图1-26 陈宅书坊牌记

图片来源：历史研究.《品鉴｜宋临安府陈宅经籍铺刻《朱庆馀诗集》[EB/OL].（2018-08-02）[2022-3-12]，https：//www.sohu.com/a/244669396_523187.

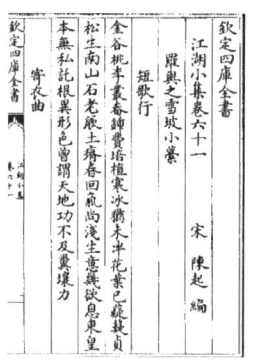

图1-27 《江湖小集》

图片来源：《江湖小集》影印版．[EB/OL]．（2022-3-12）[2022-3-12]，https：//cnkgraph.com/Book/%E9%9B%86%E9%83%A8/%E7%B8%BD%E9%9B%86%E9%A1%9E/%E6%B1%9F%E6%B9%96%E5%B0%8F%E9%9B%86/245.

# 第六节　明清时期

十六世纪晚期，明朝似乎进入了辉煌的顶峰。其文化艺术成就引人注目，城市与商业的繁荣别开生面，中国的印刷技术、制瓷和丝织业发展水平更使同时期的欧洲难以望其项背。

——美国汉学家史景迁（Jonathan D. Spence）《追寻近代中国》

## 一、历史背景

明清时代中国由传统社会向近代社会转型，从总体上来看，转型的主体是传统农业社会向近代工业社会的转型，伴随这一转型是社会政治、思想、文化等诸多方面的新旧更替的过程。

自明洪武元年（1368）朱元璋称帝，建立明朝，改元洪武，明朝统治持续了近300年，是中国历史上最后一个由汉族建立的封建王朝。明代的政治特征是中央集权高度集中。朱元璋称帝后废除了丞相制和行省制，形成了皇权之下中央以"五府""大九卿"为主体，地方以各省"三司"为主体的官制结构。永乐后，又形成辅佐皇帝处理政事的内阁、司礼监体制，其官制体系既大大简化，皇权及统治效能皆空前加强。全国上下官臣百姓严格遵从礼法章程，整个社会处在严格的管控之中，社会风气淳朴简单，社会稳定。为进一步巩固其政权，恢复因战乱所造成的萧条经济，明太祖采取休养生息政策，减免赋税，其间百废俱兴，为中后期的社会发展奠定了基础。成化年间，传统的社会权威、社会秩序开始由森严慢慢松懈。各种违背传统儒家的新思想开始在社会传播，种种社会现象的新变化使得成化时期开始呈现出与明朝前期不同的社会风貌，各种新兴社会力量开始走向历史的舞台。皇帝政治上集权专制统治有所松动，发展弊端日渐暴露，各种不安定因素不断涌现。传统等级制度发生变化，阶级矛盾和社会矛盾同时加剧。

清代是中国历史上最后一个君主专制朝代，是由满族人在远东建立，被普遍认为是中国的最后一个封建王朝。清初政治的恢复经历明清之际改朝换代的历史时期，汉族统治阶级所建立的最后一个封建王朝明朝，在明末封建制度气数将尽的景象中走向衰亡。自后金天命元年（1616）努尔哈赤建立后金，作为第二个少数民族政权，清初，改革弊政，鼓励生产，经济得到一定恢复。康熙亲政后宣布停止圈地，放宽垦荒地的免税年限，还宣布"滋生人丁永不加赋"，引进外来农作物，使得清朝人口大大提升。乾隆时，清朝的文治武功走向极盛。乾隆帝以"宽猛相济"施政，乾隆期间平定准噶尔与回疆大小和卓之乱，使川黔等地改土归流，其间疆域最大，达1300万余平方公里。商品经济活跃，江南与广东等地的丝织与棉织业发达，景德镇的瓷器生产达到历史高峰，银号在山西出现。西方传教士将中国文化介绍给欧洲人，引发18世纪中国风的热潮。但闭关锁国政策使得清朝逐步落后于世界，人口暴增与乡村土地兼并严重，陆续爆发民变，清朝国力日渐衰落，到18世纪末，康雍乾盛世进入尾声。

## 二、商业环境

### 1. 明清经济发展

明代经济仍以自给自足的农业自然经济占统治地位，但相比前代有了巨大发展，明初的人口大迁徙和土地大开发以及赋税征收方式的不断改革，农业经济结构逐步由单一的粮食生产，转向农、工、商并举的多种经营，诱发了明中叶以后以东南地区为先导的农村人口大分化、大流动，大批劳动力从粮食生产中分流出来，或就地迁业，从事商业性农业，或流入市镇从事各种工商业活动，于是削弱动摇了自然经济的统治地位，为新的生产方式的诞生开辟了道路，并由此奠定了近现代中国农业与工商业经济，以东南沿海地区最为发达的基本态势。主要表现是商业性农业获得了空前的发展。随着粮食品种的增多特别是玉米、番薯等高产作物的引进以及植桑、种棉等经济作物的普及推广，农业生产力有了明显提高。在此基础上，商品经济和手工业得到迅速发展，出现了许多具有地方特色的手工业产品和经济原料作物产区，涌现出一大批因工商业而兴起的著名市镇，工商业人口大增，城乡市场网络开始形成；广大农村的集市贸易也空前普及和繁盛，地区间商品流通十分活跃；私人海外贸易发展强劲；以徽商、晋商等为代表的地方商人集团崛起，在经济乃至社会生活领域发挥着日益重要的作用。在此背景下，东南发达地区的若干手工业部门中较多地采用了雇佣关系，也即人们所熟知的资本主义萌芽。毛泽

东同志说:"中国封建社会的商品经济的发展,已经孕育着资本主义的萌芽,如果没有外国资本主义的影响,中国也将缓慢地发展到资本主义。"马克思说:"商品生产和发达的商品流通即贸易,是资本主义产生的历史前提。"

清朝采取开垦荒地、移民边区及推广新作物以提高生产量。《清史稿·食货志一》记载:"顺治初元,令山西新垦田免租税一岁;而河南北荒地九万四千五百余顷……给无主地令种。"除此以外,许多粮食作物和经济作物也在清朝得到了快速的发展,经济作物种植面积也逐渐扩大,促进商品经济的活跃。棉花是重要的经济作物,其产地遍及全国,其中江苏、浙江、河北、河南、湖北、山东等地都是著名的产棉区。烟草原产地是美洲,明中叶以后开始传入中国,最早的种植地区是福建,后以陕南汉中、城固,山东兖州,湖南衡阳等地为主。湖南的衡烟、陕西的蒲城烟、北京的油丝烟、山西的青烟、云南的兰花烟、甘肃酒泉的水烟(又名西尖),均负盛名。蚕桑业以江苏浙江的苏州、湖州、嘉兴、杭州和广东的广州最为发达,成为当地农民的重要生产活动。手工业方面改工匠的徭役制为代税役制,产业以纺织和瓷器业为重,江宁、苏州、杭州、佛山、广州等地的丝织业都很发达,棉织业以松江最为发达,景德镇的瓷器达到了历史高峰,清雍正六年(1782)景德镇瓷窑的御瓷产量达十数万件御器。商品性生产的发展,商品流通范围的扩大,促使一些新的工商业市镇的兴起和发展,如佛山镇和景德镇专司生产如丝绸、瓷器等高价值产品的城镇。当时流行"天下四聚"的说法:"天下有四聚,北则京师(北京),南则佛山,东则苏州,西则汉口。然东海之滨,苏州而外,更有芜湖、扬州、江宁、杭州以分其势,西则惟汉口耳。"清朝还出现了十大商帮,晋商、徽商支配清朝的金融业,闽商、潮商掌握海外贸易,山西商人掌控全国银号,广州行商与扬州盐商都是最阔气的商人。

2. 海外贸易

明清商业活动活跃,打破明初"边禁""海禁""银禁"政策,使商品货币经济在隆庆年间获得了空前发展,直接推动了"三禁"的进一步放开和沿海地区商人的活跃。

明代永乐、宣德年间,郑和七下西洋。首次航行始于明永乐三年(1405),明朝大臣郑和率领由62艘海船和2.7万余人组成的远洋舰队,从泉州港出发,扬帆远航,出使西洋,拉开海上丝绸之路的序幕。末次航行结束于明宣德八年(1433)。在七次航行中,郑和率领船队,远航西太平洋和印度洋,拜访了30多个国家和地区,已知最远到达东非、红海,促进了海上丝绸之路的发展,拓展了中国沿海贸易的范围和渠道。但郑和下西洋虽是中国远洋外交和人类航海史上的空前壮举,其目的仍是宣扬明朝国威、建立南洋及印度洋地区的和平秩序,以吸引更多的国家前来朝贡,后因所费不赀而被迫停止。明朝中后期的隆庆、万历年间,福建沿海各地由于地理条件不适宜大规模进行农业生产,因而从事海外贸易的商人活跃,政府也无力禁止,不得不做事实上的承认,隆庆时"准贩东、西二洋",有限度地允许东南沿海人民出海贸易。

清朝开国以来经济较弱,通过开垦荒地、移民边区及推广新作物以提高农业生产量。但清政府总体观念上仍然遵循工商为末业的观念,对于民间海外贸易厉行海禁政策,对来华贸易，仍沿袭明代的朝贡制度加以控制，对于西方来华商船的限制就更严格。16世纪末，大航海和产业革命推动全球商品流通，清朝出现了一项特殊的外贸体制——十三行以应对沿海对外自由贸易的开启，设置海关和建立了关税制度，准许外商在指定口岸通商后，逐步建立了一套管理外商来华贸易的制度。因此，清朝所继承的明朝虽然百废待兴，但借着内外环境的东风，清朝迎来了康乾盛世，走向了巅峰与辉煌。然而英国人不满在与清朝贸易中的不利地位，发动鸦片战争，清朝被动打开了国门。昔日的清朝辉煌，在列强的坚船利炮下逐渐日薄西山，最终走向落幕，清道光二十二年（1842），被迫同英国侵略者签订了不平等条约《南京条约》，开启了中国近代史。

3. 传播技术：印刷术的改良与运用

明清时代是我国历史上承前启后的关键时期，传播技术、传播媒介都独具一格，其历史发展为现代品牌传播的发展提供了有益的参考和借鉴。

雕版印刷和活字印刷被广泛商业运用，随着话本、小说在民间的流行，书籍印刷出售普遍，印刷厂遍及全国，印刷技术不断改良。活字印刷术有较大的进步，在木活字流行的同时，铜活字的应用使印书速度大为提升，能"每得秘书，不数日而印本出矣"。明朝政府对印刷业的政策也颇为宽松。首先，政府对书坊刊印的书籍，不像宋元那样实行审查制度。其次，政府对印刷业也有各种限制，但是这些禁令大多数颁发于明代前期，到了明代中后期实际上并未严格实行，有些书甚至越禁越盛行。例如李贽是明代著名思想家，但他的著作冒犯了传统观念，结果被捕入狱，他的著作也多次遭到禁毁。明万历三十年（1602）明神宗下诏："李贽敢倡乱道，惑世诬民，便令厂卫五城严拿治罪。其书籍已刊未刊者，令所在官司尽搜烧毁，不许存留。如有徒党曲庇私藏，该科及各有司访参，奏来并治罪。"然而不久之后，李贽的著作又风行起来，甚至有书商伪托李贽之名，编书出售。当时人云："比来盛行温陵李贽书，则有梁溪人叶阳开名画者，刻画摹仿，次第勒成，托于温陵之名以行。……数年前温陵事败，当路命毁其籍，吴中锓《藏书》版并废。近年始复大行，于是有李宏父批点《水浒传》《三国志》《西游记》《红拂》《明珠》《玉合》数种传奇及《皇明英烈传》，并出叶笔，何关于李！"这种宽松的氛围，对印刷业的发展来说是非常重要的。

明代印刷业的繁荣，可以从以收录明代图书为主的《千顷堂书目》略见一斑。该书所收图书达1.5万余种，大大超过以前历朝所有书籍的总和。但是明代的印刷物的实际数量远不止此，依据缪咏禾的研究，不会少于3万种。《剑桥中国明代史》说："有浩如烟海的明代人的著作——诗歌和文艺作品、各种严肃的学术著作、宗教的和哲学的研究、戏剧和故事以及消闲作品、官员们关于政府工作的奏折，以及明代历史学家开始对历史进行整理的著作。学者们只能知道这浩如烟海的著作的一小部分的东西，因为在这些著作中，明代任何时候存在的印刷书籍要多于世界上其他地方的同期印刷书籍的总和。"明代印刷的大量图书，也通过各种渠道流通到日本、朝鲜和越南。明刻本不仅是这些国家读书人的日常用品，而且这些国家自身印刷的汉文书籍，也受到了明代书籍的影响。明代的线装书和宋体字都被他们采用。在日本和韩国，宋体字至今仍被称为"明朝体"，他们印刷的图书,装帧形式也都采用了线装或仿线装。因此,线装书和宋体字成为中国传统书籍装帧和印刷的规范,不仅是中国印刷业的规范,而且长期也是东亚印刷业的规范。明代书籍是汉字文化圈形成以后推动其多元发展的重要工具,使得域外文人与中国士子的阅读世界里,因此有了相同或相通的文本。

图 1-28　明朝体

图片来源:Nano.《「文瀛字坛-日本文字排印超级入门」后记》[EB/OL].(2017-07-20)[2022-3-12],http://u6.gg/ksjye.

明末有了分块制版、逐层上色的饾版水印和凹凸版造成立体图案的拱花技术,版画技艺得到了提高,弘治以后,书中无不冠图,插图本小说的封面上往往写着"纂图""绘像"等字样。如明刊本《西游记》插图本出现,以画本的视觉传播方式为大众喜闻乐见。清后期,铅印术和石印术较之传统的雕版印刷术,速度更快,价格低廉,对明清书籍传播发挥了十分重要的作用。在小说插图上,石印术采用照相转写法,以清晰且可缩放的照相做基础,利用转写纸,直接将图文印在石版面上,使插图绣像渐趋精美,从而代替了传统的插图艺术,进一步推动了小说插图绣像的繁荣。印刷术作为一种新的信息传播技术,促进了文化产业的形成和发展,并且书籍的广泛传播使得知识和技术得到很大的推广,影响着它向深度和广度发展,为资本主义的发展提供了契机。

## 三、传播符号:传统印记

1. 篆刻印章

"印章",古称"玺",是我国书法和雕刻相结合的独有艺术门类。古代典籍中关于印章的最早记载见于《周礼》:"货贿用玺节。"这个"玺节"就是后世所称的印章,起初只是作为商业上交流货物时的凭证,夏商周三代以后,"印者,信也",玺印成为权力的象征与凭信。唐、宋时期书画艺术的发展,不少名家常把印章用于书画,出现了收藏鉴赏印,同时,人们在收藏或鉴定书画真迹时,喜欢签名或钤印其上,以示所有或责任,成为文人写意画和书法作品一个不可分割的组成部分,是印章的实用性与艺术性共存的早期形态,后世民间多用作印于书件上表示鉴定或签署的符号。元明清三朝,更是印章艺术成熟又辉煌的时期，元代赵孟頫，倡导"诗、书、画、印"四位一体的模式，即中国书画"四绝"。"四绝"在明代愈益兴盛，四者相互渗透，相互滋养，印章从实用走向艺术。此后印章艺术发展较快，并形成各具特色的流派。明代苏州文彭，将石制印章广泛引进印坛，一改木质印章不容易保存、金属印章雕刻不易的情况，并自篆自刻，从此吴门印派艳传四方。还有以徽州人何震为代表的"雪渔派"，以歙县人苏宣为代表的"泗水派"，以歙县人汪关为代表的"娄东派"等。清代文人篆刻同样是流派纷呈，林皋与"虞山派"，"西泠八家"与"浙派"，邓石如与"皖派"等，各显千秋。西泠印社、乐石社和龙渊社是清朝著名的印社，晚清还有三大印家——赵之谦、吴昌硕和黄士陵，他们的篆刻风格各具特色，耐人寻味。

图 1-29 印章

图片来源：书法微报. 篆刻印章的边款[EB/OL].（2020-11-10）[2022-3-12], https://new.qq.com/rain/a/20201110a0fy9z00.

2. 西泠印社

在明清的代表性印社中，最著名的有西泠印社。西泠印社创立于清光绪三十年（1904），是我国现存历史最悠久的文人社团，也是海内外成立最早的金石篆刻专业学术团体。由浙派篆刻家丁仁、王禔、吴隐、叶铭等召集同人发起创建。1913年，近代艺坛巨擘吴昌硕出任首任社长，其秉承着"保存金石，研究印学，兼及书画"的理念，带领西泠印社成为海内外研究金石篆刻历史最悠久、成就最高、影响最广国际性的研究印学、书画的民间艺术团体，有"天下第一名社"之誉。清末，金石研究和发展正处于鼎盛时期，篆刻家王福庵、丁辅之、叶为铭、吴隐等人相聚西湖，研讨印学，结社于孤山南麓西泠桥畔，"人以印集、社以地名"，取名"西泠印社"，当时清朝杭州府与钱塘县均以官府批文登记备案。印社开展集会、展览、收藏、出版等一系列活动，逐步确立了海内金石书画重镇的地位。盛名之下，精英云集，李叔同、黄宾虹、马一浮、丰子恺、吴湖帆、商承祚等均为西泠印社社员，杨守敬、盛宣怀、康有为等为赞助社员。日本篆刻家河井仙郎、长尾甲也加入印社，并把源自中华的金石篆刻艺术带回国内，并在日本、韩国创立了全国性的篆刻创作与研究团体，推动了周边汉字文化圈内篆刻创作与研究的产生、发展和繁荣。中华人民共和国成立后，西泠印社被浙江省人民政府认定为浙江省重点文物保护单位。

百年以来，西泠印社凭借"保存金石，研究印学"的精神，吸引了众多精擅篆刻、鉴赏、书法、绘画、考古、古文字及印学研究等方面的专家、学者加入这个行列，成为社员或印友，促进篆刻艺术与书法、绘画、印刷等结合，成为传统技艺发展的典范。同时，集聚英才也是西泠印社的一大法宝。虽然地处杭郡，但它的社团文化理念非常开放、包容，对其他地域的篆刻流派、赏鉴、金石考据等其他学术门类同样博纳兼容，艺术上相互砥砺与借鉴，引来满座高朋。如今，印学研究的对象不再仅限于创社初期的刻印技巧、流派、鉴定、考藏等，而是从中国文化传承的角度来探研印学的艺术价值和社会作用，为中国传统技艺的发展提供想法和思路。

3. 民间道符

符原本是古代朝廷调动军队或发布命令的信物，通常用竹板或金属制成，上面刻着文字，分为左右两半，一半留在朝廷，一半由将帅持有。它是权力的象征，具有绝对服从的意义。是故《老子》第七十九章云："是以圣人执左契而不责于人。"汉代盛行天人感应说，进一步弘扬了古代的君权神授思想，帝王国君的行为举止，都是上天意志的体现，谶纬之说风行，认为天会赐祥瑞予人君，以为受命的凭证，这种凭证被称作符命。符所具有的这些内容和形式特点，在汉代就被巫师、方士和道士借用到鬼神世界，从而创造了道符，又叫神符或天符。他们模拟现实社会符信的绝对权威，认为神仙世界的最高统治者有资格颁布灵符，施之于鬼神社会，可以召劾鬼神，镇压精怪，正像人间帝王调遣将帅，统领万民一样。明代社会出现了庞大的市民阶层，商品经济亦较发达，人们都在为谋取现实的社会利益而孜孜追求。反映到宗教文化观念上，僧人用三界轮回、因果报应等劝善说教化取布施，道士则以占卜推命、疗病禳灾、黄白丹药之类方术谋生，所画之符

**图1-30 请黑煞真形符**

图片来源：林静.《宋代道符制形的变化及其历史转向》，宗教学研究，2020（02）：61-67.

则是通过纸质的符咒给予信徒们的希望或者祝福，通过符箓斋醮、祷福禳灾、画符降魔、谢神保安等方式来做道场法事，道士们画符俨然成为一种道教文化传播的仪式或手段，以广泛地吸引众多信徒，使得道教文化扎根民间并广泛传播。

## 四、传播手段：明清小说

繁荣的商业发展以及宽松的社会环境，使得文化传播渠道拓展并下移，市民阶层成为新的信息接收与传播的主体，传播方式也有了更加世俗化的倾向，其中极具代表性的则是明清小说，其通过底层人民能够接受、易于接受的方式，降低信息传播的门槛，增强了传播的效果。

1. 刊刻出售的明清小说

明清是中国小说史上的繁荣时期。这个时代的小说从思想内涵和题材表现上来说，

最大限度地包容了传统文化的精华,而且经过世俗化的图解后,传统文化可感的形象和动人的故事走进了千家万户。如元明之际,作家施耐庵、罗贯中在广泛流传的水浒、三国故事和有关话本、杂剧的基础上,创作了《水浒传》《三国演义》,书中的内容主要聚焦于"忠义"观的形成,歌颂英雄的"全忠全义",根据生活事实与历史事实而撰写,而获得民间大众的青睐。小说的传播一方面有赖于市民阶层的兴起。由于经济发展和生活水平的提升,普通百姓对精神生活的需求增强。另一方面,小说借助了印刷术的发展,以低成本、低门槛的方式广泛传播。在商业利益的驱使下,一些书坊纷纷组织续刻、翻刻和仿作,盛极一时,印刷品逐渐取代传抄和讲说而成为主要传播方式。据杜信孚《明代版刻综录》和杨绳信《中国版刻综录》考证:明代建阳书林堂号姓名可考者,有四十余家,南京有十多家,苏州有十多家,其他地方如常熟、无锡等地方也较多。同时,也要取决于接受者的购买力。胡应麟在《少室山房笔丛·甲部经籍会通四》中提到北京书市"海内舟车辐辏,筐篚走趋,巨贾所携"的盛况,可见商人不仅是重要的读者群体,而且也是书籍传播的重要群体。清同治十三年(1874)九月,申报馆出版《儒林外史》,这部采用新式铅字排印的小说,"校勘精工,摆刷细致,实为妙品",与传统木刻本迥异其趣,故甚受读者欢迎,初版千部"曾不浃旬而便即销罄",六个月后即重印一千五百部。根据申报馆公布的铅印书籍成本测算:《儒林外史》全书总字数约三十三万,初版一千部,每部印制成本约 0.3 元,第二次印刷一千五百部,每部成本则降为 0.27 元;而据广告所载,第一版及第二版的售价均为 0.5 元,因此,倘若申报馆以实价全部售出的话,那么仅仅出版《儒林外史》小说,报馆就能获得毛利近五百五十元,可谓丰厚至极。《儒林外史》的成功出版,刺激了申报馆铅印明清通俗小说的业务,清同治十三年(1874)至清光绪九年(1883)的十年间,该馆铅印出版的明清通俗小说凡二十二种;也引发了其他书局的效仿,譬如清光绪三年(1877)机器印书局铅印《于少保萃忠传》、清光绪十三年(1887)广百宋斋铅印《精订纲鉴廿四史通俗演义》等。"书坊主时刻关注读者的兴趣爱好及其变化,其择稿标准及变化是流派盛衰的重要原因,他们对趣味低下的作品的泛滥也有不可推卸的责任。为争取更多读者以牟取更大利润,他们想方设法降低书价,形成'市井粗解识字之徒,手挟一册'的传播局面。"小说借助于印刷业的快速发展而兴起,成了文学史上少见的针对底层人民需求的一种文学样式。

2. 戏曲、评话的明清小说

在明清时代,读书取士毕竟还只是少数人的事,因而作为文本形态的流传方式永远都不能达到最全面的传播,而以表演形式出现、诉于视觉感受的戏曲恰好能弥补这个空白。以《三国演义》为例,马二先生在《三国演义之京戏考》中提到:"戏剧与小说有密切之关系,《三国演义》一书,为历史戏资料之渊薮。"并在此文中列举了 60 余种由《三国演义》改编的京剧剧目。徐柯在《清稗类抄》中也指出:"徽戏情节,凡所注重者在历史,而惜非真历史也。其原本全出于《三国演义》……"《三国演义》成书之后,即以其宏大的历史叙事模式,涵盖量极大的历史信息传播,成为其他艺术形式的取材源泉。如戏曲的昌盛对《三国演义》的传播起到了极大的推动作用。徐柯在《清稗类抄》

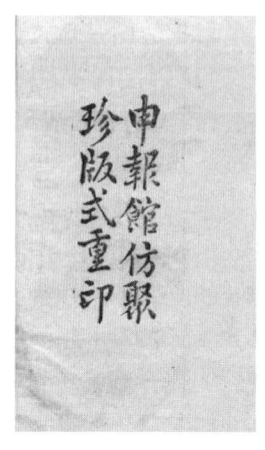

图1-31 申报馆出版《儒林外史》

图片来源：历史研究：潘建国. 清末铅石印刷术与明清通俗小说的近代传播［EB/OL］. （2019-11-12）［2022-3-12］，https：//www. sohu. com/a/353142819_523187.

中提到"于和春日把子，每日亭午必演《三国》《水浒》诸剧……"。《扬州画舫录》（清·李斗）卷五记"尝于城隍庙演戏，神前阁《连环计》，台下观者大声鼓噪"；卷十一记"评话盛于江南……郡中称绝技者：吴天绪《三国志》……"。俞正燮《癸巳存稿》卷九载：（在清代）"京中茶馆唱大鼓书，多讲《演义》，走卒贩夫无人不知《三国》。北人好听戏，尤好（听）武戏，武戏多演三国也，然凡军人，无论南北，则谈吐间皆《演义》也。甚矣，《演义》魔力大也。"可见，清朝时《三国演义》通过戏曲的传播而引起了强烈反响。

评话也是一种重要的传播方式。清凉道人的《听雨轩笔记》中提及："小说所以敷衍正史，而评话又以敷衍小说。"就很好地说明了评话对小说的传承所起的作用。明清时代从事于这种职业的人并不在少数，明委南《洗砚新录》中提到"世之瞽者，或男或女，有学弹琵琶，演说古今小说，以觅衣食，北方最多，京师特盛，南京杭州亦有之"。清《生涯百咏》卷三《说书》中也有这种描写："一声尺木乍登场，滚滚滔滔话短长。前史居然都记着，刚完《三国》又《隋唐》。"这些丰富的艺术表达形式推动了小说作品的大众传播。

## 五、传播策略：穿越历史的酒业品牌

1998年，全兴集团在对成都市锦江畔的曲酒生产车间进行改造时，意外地发现了水井街酒坊遗址。考古发掘证明，水井街酒坊呈"前店后坊"布局，起自元末明初，发展至今，经过历朝历代不断增修重建，前后连续使用600余年，成为迄今为止发现的中国白酒的最早源头，是我国现今发现的古代酿酒作坊和酒肆的唯一实例。水井坊的历史传承佐证了明朝李时珍在《本草纲目》中"烧酒非古法也，自元时始创之"的观点，被认为是"中国浓香型白酒的一部无字史书"，被国家文物局评为"1999年中国十大考古新发现"之一。在水井坊窖池中，科研人员分离出大量的赋予水井坊极品香型的特有菌种，被称为水井坊一号菌,水井坊这一品牌随之应运而生。

史料记载"酒之所兴,肇自上皇。或之仪狄,一曰杜康",仪狄是夏禹时期掌管造酒的官员,被称为是中国最早酿造酒的人。《战国策·魏策》曾载:"昔者,帝女令仪狄作酒而美,进之禹,禹饮而甘之,曰:后世必有以酒亡其国者。"意思是仪狄酿造出甜美的酒献给夏禹,夏禹饮后非常喜欢,但又预知后世会有人因贪图饮酒而招致丧家亡国的灾祸,下令禁止这种酒的推广,史称"绝旨酒"。杜康也是中国古代传说中的"酿酒始祖",是夏朝的第五位国君。因杜康善酿酒,后世将杜康尊为酒神,制酒业则奉杜康为祖师爷。这些记载说明作为世界上最早掌握酿酒术的国家之一,酒在中华民族的发展中刻下了不可磨灭的印迹,酒在中国历史中有着浓墨重彩的一笔。酒对上用于祭祀、宫廷服务、宴饮宾客,对下深入寻常百姓家,成为文人骚客的文中重彩。上有曹操所云:"对酒当歌,人生几何……何以解忧,唯有杜康。"下有《水浒传》中武松所云:"带一分酒,便有一分本事,五分酒,五分本事。我若吃了十分酒,这气力不知从何而来。"

明清两代是酿酒业大发展时期,酿酒经验不断积累,酒的品种、产量、酒质都获得了前所未有的发展。明成祖朱棣迁都到北京之后,特地设立了"御酒坊",监酿"内法酒",即专供明宫内廷享用的酒,比较出名的当属"金茎露"和"太禧白"。明朝官吏顾清在《傍秋亭杂记》中记录,即便有"掌酒醴膳馐之政"之权的光禄寺也不得干预专供宫廷的酒,这些宫廷中的"品酒"也成了身份和地位的象征。光禄寺下设的部门"良酝署"也负责酿造"细煮酒"和"官用细煮酒",据记载,在藩王觐见、外使来朝等场合,都会赏赐大量的美酒。一些太监或者差役们,自行酿酒或拿着酒配方带去宫外售卖,由于他们居住的地方叫"廊下家",故这类酒称为"廊下家酒"。清顺治年间,朝廷在明朝"廊下家"旧址附近设立了"酒醋房",用于酿造专供皇室的酒品。乾隆年间流传甚广的有"玉泉酒",使用了有"天下第一泉"之称的北京西郊玉泉山的泉水。明清宫廷饮酒风气的盛行折射着明清酒业的繁荣,各种类型的白酒的酿造技术逐渐完备和成熟。

## 传播案例

## 海外贸易的十三行

中国在汉朝以前就开启了对外贸易的征程,《史记·赵世家》记载"代马、胡犬不东下,昆山之玉不出,此三宝者非王有已",其中的"胡犬"便来自中亚、西亚;两汉时期陆上丝绸之路和海上丝绸之路萌芽,官方发展对外贸易,西至罗马、东到日本均有直接或间接的商贸往来;经过魏晋南北朝时期的发展,丝绸之路在隋唐时期发展到顶峰,唐代诞生了专管外交外贸的市舶制度,宋代开启了以海上贸易为主的对外贸易,元代对外贸易空前繁荣,"四方之士,远者万里,近者数百里,航川舆陆,自东西南北而至者,莫有为之限隔";明清初期实行海禁政策,对外贸易以朝贡贸易为主,但其中有个特别的存在,便是上文所言的十三行贸易。屈大均在其著作《广东新语》中写道:"洋船争出是官商,十字门开向二洋,五丝八丝广缎好,银钱堆满十三行。"足以可见清朝十三行规模之大、利润之高以及其在中国对外贸易中产生的重要作用。据《白银资本》统计,

1500—1800年，从美洲运到欧洲的9.8万吨白银中，有3.9万吨运往中国。英国经济史专家麦迪森统计，19世纪20年代中国GDP占全球总量的32.9%，近西欧各国GDP总和的1.5倍，位居世界第一。而这一庞大经济体的对外贸易在清乾隆二十二年（1757）以后便集中于广州的十三行，十三行对外贸易额在清道光五年（1825）达到5000万两白银。

广东在藩王统治时代有藩商集团，这是广州十三行的萌芽形态。清康熙十九年（1680）清政府平定广东藩王，广东对外通商开放对澳门的陆路贸易。粤海关设立后，广东将国内外贸易进行了明确划分，一是国内外贸易分开缴税，国内贸易缴纳"住"税，对外贸易缴纳"行"税；二是商人分为金丝行和洋货行，洋货行专营对外贸易，金丝行后改名为"福潮行"专营国内沿海贸易，十三行贸易初具雏形。1757年清政府将通商口岸集于广州一口，清乾隆二十四年（1759）《防范外夷规条》规定"夷人到粤，令寓居行商管束稽查"，正式规定外商在广州期间由行商监管。广州一口通商是清政府制定并实施新的对外贸易管理体制的标志。在这种外贸制度中，行商是清政府为管理对外贸易特许的殷实商家，为外商供给住所、仓库，并代雇仆役，负责货物运输和税收，替政府监管外商的行为。外商来到广州所载货物"各投各商交易"，带回国的货物则需要"令各行商公司照时定价销售"。

十三行时期，广州成了中国唯一开放的对外贸易口岸，全国进出口货物汇集到广州，荷兰、葡萄牙、英国、法国、美国、日本、暹罗、吕宋等国商船往来于此，运来多罗呢、哔叽、纱缎、大小绒、织金毯等纺织品，自鸣钟、玻璃、琥珀、珊瑚等各种工艺品，丁香、胡椒等各种香料以及葡萄酒、海参、燕窝等物品，又从广州运回茶叶、瓷器、生兹、绸缎、漆器、皮毛、药材、砂糖、铁锅以及纸、墨、笔、砚、书籍、绘画等。据统计，中国出口世界各地的商品共计有236种，其中手工业品共有127种，生丝、丝绸品、瓷器、中草药为最大宗。据清宫档案记载，清乾隆十九年（1754），洋船到港27艘，税银仅52万两。清乾隆五十五年（1790），洋船增至83艘，税银达到110万两。到鸦片战争前，洋船多达年200艘，税银突破180万两。十三行行商创办"附属洋行的瓷器彩绘作坊"，雇请一批画工学习西方的绘画艺术，根据外商的要求在素胎瓷器上以欧洲的绘画方法装饰，开炉烘染制成绚丽多彩的"广彩瓷"，远销世界。

广州十三行作为西方人走进大清帝国的"第一门户"，在中西交流中发挥着重要的作用。这一特殊外贸体制形成的十三行是权贯中西的贸易组织，是集经营、管理、外交于一身的管理体系，成为当时代表大清的国家贸易符号。

## 本章小结

本章梳理了从原始社会到封建专制社会的历史商业背景、品牌传播符号、传播手段、传播策略等事例。在原始社会里，虽然没有实质意义上的品牌以及品牌传播活动，但是人们已发明了纹路记号、图腾、结绳、刻契等符号进行信息的传播与交流。到了先秦，早期的国家建立起来，商业也随之发展起来，出现了更加具体的商业传播行为和商业传播事迹。到了秦汉以后，封建专制统治确立起来，国家的繁荣和技术的发展为品牌传播提供了养分，品牌传播有了更加丰富多样的手段。在古代商品经济竞争下，品牌意识也在该时期显露出来。总的来看，品牌传播在中国古代已有所表现。

 思 考 题

1. 请选择一个传播典故，谈谈你得到的启发或思考。
2. 请简述古代印刷术的发展历程并谈谈它对品牌传播起到了什么作用？
3. 你认为中国古代存在品牌传播活动吗？谈谈你的看法。
4. 古代的商业城市发展经历了什么历程？与品牌传播活动有什么关联？
5. 丝绸之路带来的文化交融对传播产生了什么影响？
6. 请简述中国古代的传播符号的发展。

# 第二章

# 中国近代史

## 学习目标

本章主要学习中国近代品牌传播的历史。中国近代史共分两个时期：一是旧民主主义革命阶段（1840—1919）；二是新民主主义革命阶段（1919—1949）。其间经历了鸦片战争、五四运动、民国建立、抗日战争、解放战争等重大历史事件。学习本章，需要重点理解中国近代的特殊背景，理解鸦片战争以后中国社会性质和传统经济结构的转变，以及这种转变对中国品牌传播所造成的一系列影响。反思在西方的船坚炮利下打开中国国门后中西方资本的经济扩张、商品倾销所带来的中国商品经济结构变化，以及对普罗大众生活方式的影响。学习各时期独特的传播符号及其内涵、主流的传播手段和传播策略。重点学习各时期中外企业竞争中品牌管理经验，熟悉中外企业在市场竞争中为塑造企业形象、推销商品所使用的传播手段、传播策略，重点掌握中国近代特殊时代背景下，国货运动的兴起、表现形式与动因，熟悉该时期具有代表性的品牌案例。

## 第一节 近代史之鸦片战争后

通商以来，凡华民需用之物，外洋莫不仿造，穷极精巧，充塞土货。彼所需于中国者，向只丝茶两种，近来外洋皆讲求种茶养之法，出洋丝茶渐减，愈不足以相敌。土货日少，漏溢日多，贫弱之患，何所底止。

——张之洞

### 一、历史背景

中国近代史是指从1840年鸦片战争至1949年中华人民共和国成立前夕这个时期的历史，前后大约110年，这是中国逐渐沦为半殖民地半封建社会的历史，也是中国人民追求国家独立和民族复兴的历史。中国近代史分为前后两个阶段，从1840年鸦片战争到1919年五四运动前夕，是旧民主主义革命阶段；从1919年五四运动到1949年中华人民共和国成立前夕，是新民主主义革命阶段。其间经历了鸦片战争、五四运动、民国建立、抗日战争、解放战争等重大历史事件。

19世纪前期英国率先完成工业革命，成为资本主义头号强国，为扩大海外殖民地，以抢占原料产地和商品市场，英国等迫切要求中国的市场开放，用战争暴力作为达到它们目的主要手段，而此时中国封建社会已经到了衰落期。清政府统治腐败、经济落后、对内极力压制资本主义萌芽的成长，导致阶级矛盾的激化尖锐，最终导致中华民族灾难。清道光十九年（1839），钦差大臣林则徐在虎门将缴获的鸦片全部焚毁，并禁绝英商再度输入鸦片，英帝国遂以坚船利炮发动战争攻打广东、浙江、直隶，清军大败，被迫于清道光二十二年（1842）与英国签订《中英江宁条约十三款》（即《南京条约》），向英国赔偿军费，割让香港，开放广州、福州、厦门、宁波、上海等5个通商口岸，开始了中国近代的屈辱史。清咸丰六年（1856）又爆发了第二次鸦片战争，英法两国联军长驱北上，清政府又被迫与俄、美、英、法四国分别签订了《天津条约》，增开通商口岸，继续赔款。沙俄强逼清政府签订《中俄瑷珲条约》，向俄国割让了黑龙江以北60多万平方公里的土地。清咸丰十年（1860），英法联军第二次攻入大沽口，烧毁圆明园，清政府被迫签订《北京条约》，除了割让九龙半岛给英国以外，又增加赔款，允许外国享有"领事裁判权"和"内河航行权"。随着战争赔款的加深，人民不堪重负，终于爆发以"扶清灭洋"为口号的义和团运动。清光绪二十六年（1900）春，八国联军以镇压义和团之名行瓜分和掠夺中国之实，发动侵华战争，攻陷北京，最终于清光绪二十七年（1901）9月7日，签订《辛丑条约》，中国自此彻底沦为半殖民地半封建社会，给当时的国家和人民带来了空前沉痛的灾难。

虽说在鸦片战争中，中国军民进行了英勇的抵抗，但由于清王朝的腐败落后及战争中的妥协投降政策，战争的结局最终以失败而告终，外来侵略者通过不平等条约，从中国取得了大量的主权，中国的门户被列强用炮舰打开，中国开始沦为半殖民地半封建社会。此时期中国的社会经济、阶级关系、政治舞台及思想领域都发生了重大变化。随着民族危机的加深及中国资本主义发展，民族资产阶级作为新的政治力量登上了政治舞台，资产阶级维新派通过学习西方的政治制度，来实现其救亡图存的目标，而最终以戊戌变法悲剧结束。之后又发起了推翻清朝专制帝制、建立共和政体的全国性革命，结束了君主专制制度。第一次世界大战期间，随着帝国主义暂时放松对华侵略，中国近代资本主义发展起来，产生了无产阶级队伍，为以后中国革命由旧民主主义革命向新民主主义革命转化、中国共产党的建立，提供了阶级基础。

## 二、商业环境：中国传统经济结构变动

1. 自然经济解体

中国以农业立国，自给自足的自然经济中农民从事农业生产，并通过纺织、缝制、酿造等手工业和副业生产创造实物价值，在主流的自然经济社会里，工商业者不被重视，还产生了"抑商""歧商"的观念。鸦片战争前，这种自给自足的自然经济对外国商品具有较强的抵抗作用。清乾隆五十七年（1792），英国派遣马戛尔尼使团访华，意图通过与清王朝谈判，打通东西方贸易通道，开拓中国市场。但是乾隆皇帝给英国国王的信称，

"天朝物产丰盈,无所不有,原不藉外夷货物以通有无"。但西方的工业文明发展迫切需寻找新兴市场倾销商品、掠夺资源,因此在清朝对外贸易中未占优势的英国利用"鸦片"作为突破口,牟取暴利。"鸦烟流毒,为中国三千年未有之祸",鸦片大量输入,造成中国国内财政枯竭、国库空虚。鸦片战争爆发后,清政府财政支绌,军备废弛,签订了一系列丧权辱国的条约,导致中国的领土、领海、司法、关税和贸易等方面的主权遭到严重破坏,沿海沿江通商口岸被迫开放、外资不断涌入。甲午战争后,帝国主义列强对华经济侵略从以商品输入为主转变为以资本输出为主,侵略范围从沿江沿海到深入内地。一方面使中国被迫卷入资本主义世界市场,国内经济作物的种植受国际市场影响,且此时第二次工业革命蓬勃发展,世界市场趋于形成。另一方面中国的自然经济也因此解体,使得越来越多国人的生活方式从自给自足转为出卖劳动力。中国经济社会结构发生根本性变化。

2. 中国民族资本主义的产生

西方资本主义的侵入给中国带来了惨痛的经历,中国自然经济解体,中国被迫卷入资本主义世界市场,促使了中国民族资本主义的产生,中国商业经济发展被带入新的发展态势。清政府逐渐认识到和先进西方国家的差距,李鸿章等部分官员开始提倡采纳西方的军事和技术手段以发起自强运动,也被称作"洋务运动"。洋务运动期间,外商在华投资建厂,洋务派兴办近代工业,吸引了一部分官僚、地主和商人投资近代工业。早在清光绪十一年(1885),民族资产阶级的代表张謇就提出了"中国须兴实业,其责任士大夫先之"的思想。新兴的知识阶层随着甲午战争惨败、国家危机加深而逐渐发展壮大,促进了中国近代民族工业的产生和发展,也刺激了中国民族资本主义的产生。尤其是在清末民初的数十年内,中国近代民族工业呈现了良好的发展态势,这段时期也被学界称为"中国资产阶级的黄金时代"。在这一时期较为有名的企业,有张謇在江苏南通的大生纱厂,荣宗敬、荣德生在江苏无锡的保兴面粉厂,周学熙在河北唐山的启新洋灰公司,刘懋赏、冯济川在山西的保晋矿务公司等。除了洋务派兴办近代工业,在自然经济转型和第二次工业革命的影响下,国人的生活从自给自足转为出卖劳动力,从乡下种田人变为城里"打工人",为市场提供了较为充足的劳动力条件,城市人口也不断增加,推动了城市规模变大,带动了城市商品经济的繁荣,为民族资本主义经济的发展提供了实际购买力。民族资本主义经济从最初的缫丝、面粉、火柴行业逐渐扩张至五金、矿业行业,但还是以轻工业为主,且受制于外国帝国主义与本国封建主义的双重压迫,虽较之前有所发展但仍不充分。外国资本在中国市场的开拓,也促成了近代新式商业的产生,主要属于批发行业,分工颇细,在上海有20余个行业,如棉布业、五金业、百货商业、颜料业、西药商业等,对这些商业组织人们也略有区分,经营进口货的多称"字号",经营出口货的往往称作"行栈"。

3. 外资在华市场的开拓

(1)洋货倾销。

晚清时期国人把国外输入中国的商品称之为洋货,中国自产的手工业品和农副产品称之为土货。鸦片战争前,东南沿海城市里已有洋货出现,鸦片战争后,外国洋货大批输入倾销,逐步排挤并取代土货,成为市场上的主要商品。从一开始的"输入者多玩好类,次之则机械类",逐步发展到"洋溢普遍而入我生活界矣",各种闻所未闻的洋货进入到国人的生活中,甚至逐渐无法离开洋货,延及日常生活中不起眼的一枚小小的缝衣针。传统的土针是需要工匠经过多个烦冗的步骤手工制作的,成品针杆粗、针尖钝、易磨损、产量少、价格偏贵,但机器制作的洋针光滑、坚硬、价格低廉,国人便弃用土针,选择洋针。此外,照明效果好又便宜耐用的煤油灯、简单易用的火柴、美观又实用的洋布等渐入寻常百姓家,西方照相术、铁路等先进技术也步入国人视野。据镇江海关报告:"只要我们在一个中国城市的街道上走走,就可以看见普通中国人近来如何习惯于外国奢侈品了。洋货店的数目正在一年年增加。"洋货在中国社会的影响,如陈旭麓在《近代中国社会的新陈代谢》中写到的:"在这个过程中,正是来自西方的商品改变了中国社会的面貌。它没有大炮那么可怕,但比大炮更有力量,它不像思想那么感染人心,但却比思想更广泛地走到每一个人的生活里去。"

(2)通商口岸。

从清光绪二十二年(1842)的《南京条约》开放广州、上海、福州、厦门、宁波等五口通商,到清宣统三年(1911)清朝灭亡,全国开放的通商口岸共达82个。这些通商口岸从东南沿海逐步伸展到整个沿海沿江乃至内地、边疆,取代了传统京师(北京)、苏州、汉口、佛山四大商业发达城市"天下四聚"的地位。在这些通商口岸,外国资本主义国家利用不平等条约,推销商品、掠夺原料,控制中国的进出口贸易,并利用中国的廉价原料和劳动力发展资本主义经营,与此同时,中国民族资本主义经济也在通商口岸发展起来。这些通商口岸不仅成了外国资本主义侵略中国的据点,也很快发展成为全国或地区的工商业中心。上海、广州、天津、汉口等地成为重要商业城市。尤其是占据独特地理优势的上海,迅速成长为中国最大的对外通商口岸和国内埠际贸易港口,品种繁多而新奇的洋货从上海流通到国内,影响着国人的日常生活。据统计,上海洋货转运国内各口在民国元年(1912)为133241017关平两,在1921年为200258724关平两,1931年为192107124关平两。中国商人同外商的交易越来越多。他们从内地收购中国土产,特别是江浙一带的丝、茶,向洋行销售,或从洋行购买进口商品,然后运销内地城乡。正如《海关十年报告》所说:"中国商人一年甚于一年地倾向于把上海作为中国北方贸易的商业中心。"上海也是中国农副产品输出的巨大平台,在20世纪二三十年代上海出口的农副产品、手工制品就已经有200~300个品种。

4. 企业经营理念的萌发

外国资本侵入,给本土民族企业带来巨大的挑战,市场环境严峻,想要在竞争中赢得市场,除了靠好的产品质量,更需要有效的市场策略。长期以来,中国传统经营单位称散号、铺、行、栈、庄等,本没有"企业"这个名称。但随着中国近代化转型,资本主义经济发展,商业资本家崛起,出现了经营单位"企业",而这还不完全等同于资本主义的商业经济,有其历史复杂性与过渡性。在特殊的历史背景和激烈的竞争环境下,近代化企业经营理念萌发。

5. 早期的职业经理人

近代中国已经出现了一批相当规模的商号,其创业者大多采用的是家族合伙制,随着规模变大,管理问题日益复杂,越来越多的新式企业投资者本身并不参与管理,所有权和管理权逐渐分离,职业经理人应运而生。在经理式的企业中,支薪的职业经理人掌握企业经营管理权和经营决策权,业务范畴包括但不仅限于人事任免、业务经营和财务管理大权等方面,如北京著名的万全堂药店自乾隆年间就设曾理一名、监理两名,全盘负责万全堂事务。除此之外,"长春商界神话的缔造者"孙秀三可谓是当时鼎鼎有名的"职业经理人"之一,1917年还发生了一件震动东北商界的"孙秀三搞革命"事件,说明职业商人对经营成果负责的独立地位得到了社会承认。孙秀三在13岁时就到长春益发合大车店当学徒,被来此办事的益发合经理韩杏林发现并加以赏识,于是带回益发合,作为人才进行培养。10年后被提升到一个分支机构益发钱庄当经理,成绩卓著。"20世纪初,吉长铁路的建造冲击了马车运输业,益发合总经理韩杏林未及时适应社会发展,使益发合大车店亏损,落后的经营方式对商号发展带来制约。1917年秋,韩杏林想从钱庄提取一笔巨款补贴大车店,这一要求被孙秀三等人拒绝,经过多方合议,孙秀三被任命为益发合总经理。"在孙秀三的精心经营之下,益发合逐渐发展成为在国内颇具影响的企业集团。在这个过程中,孙秀三的社会声望也日益提高,1912年他被选为长春总商会副会长,1924年担任会长,还在1936年提倡发动益发合称为合资性质的股份有限公司。职业经理人的出现,成为近代新式企业的特点,见证了传统企业向现代企业的转型。

图 2-1 孙秀三

图片来源:长春晚报.《长春商界神话的缔造者——孙秀三》[EB/OL].(2017-10-29)[2022-3-10],http://www.changchun.gov.cn/zjzc/mlzc/ls/201710/t20171029_432595.html.

6. "顾客至上"的企业经营思想

长期以来,传统商号为招揽各店生意都十分注意改善服务态度、改进服务方式,形成的一套服务守则"和气生财、礼貌待客""买卖不成情义在"等商业信条被传承,强调"以顾客为中心""讲究信誉""服务周到"等理念,涌现出了一批有代表性的企业家,如孟洛川、武百祥、陈万运、沈九成等。孟洛川是中国近代史上名扬四海的"祥"字号商业家族——章丘旧军孟家的主要代表人物,在长期的经商中,形成了系统的企业经营理念:

(1) 货真价实,童叟无欺。为了货品差异化,搜罗名贵稀有的皮货和其他珍奇货品。为了保证货物供应,"祥"字号坚持提前一个季度到产地或外国洋行直接进货,并根据销售情况，推出"定机货"，让厂家根据自己的花色要求进行定制。为保障货品品质，特地选用优良布坯和上好染料自染色布等。

（2）采用差别定价策略。凡珍奇商品、定机货、自染色布等独有货物，定价较高，利润在15%以上，有的皮货利润更是高达100%；而对于一般商品，"祥"字号的定价都等于或略低于其他商品，再加上采用"放尺""加两"等办法招呼顾客，大大提升了自己在同行业中的竞争力。

（3）训练职员的售货态度，保证优质服务。"祥"字号售货主要靠门市，顾客一进店，前柜首先迎上去打招呼，将其领到要买货物的柜台前，售货员需百问不烦，百挑不厌，主动介绍货品特点，帮助顾客挑选、帮助顾客检查一下布面有无残损，确定质量无问题后再量尺寸，对于收款和找回的钱数要一一说明。对于特殊顾客，售货员还提着货，掌柜陪着送出门外。陪顾客谈话要区别对象：接待农民要亲热纯朴，对官绅谈吐要斯文等。

（4）送货上门的业务。除了门市销货，"祥"字号还有专人负责送货上门。民国以后，"祥"字号还开办了邮购业务。商店先寄给顾客印有价格和其他内容的"行单"，顾客来款后即发货。每有新货，商店也主动与顾客联系。孟洛川的经营思想和经营策略造就了近代史上著名的民族企业。

## 三、传播符号：商标的设计与管理

1. 商标设计

民族经济的快速发展，中外企业竞争的激烈，此起彼伏的国货运动，促进了民族企业家经营意识不断增强，商标成为企业自我保护的重要手段，也促进了本时期中民族品牌的商标传播热潮。商标的设计、制定和发布成为企业管理的重要环节。

中国民族企业的商标设计体现出自己鲜明的风格和特点，多采用中国传统节日图案和民间戏剧、神话故事等商标设计，常见的有龙、凤、喜、寿、麒麟、蝙蝠、狮子、老虎、牛郎织女、八仙过海、五子夺魁等，以迎合中国人的文化习惯和消费心理，还往往表现出企业的爱国思想。同时还出现了一批反映时代精神的反帝内容的商标，许多品牌以"雪耻""警钟"为理念设计商标，以民族英雄和爱国故事为形象，鼓励人民反对侵略。著名的"抵羊牌"毛线商标、"钟"牌商标、"大无畏"版商标就是如此。"抵羊"的谐音和寓意，隐含"抵制洋货"和斗争抵抗之意；"钟"牌则用含有出类拔萃之意的"萃众"两字组成钟形，象征着"警钟"常鸣的含义。"大无畏"牌电池商标，不仅在品牌的命名体现出坚强不屈的民族气节，而且在文字设计上也将这种民族气节和爱国精神进行整体符号化设计，企业创始人丁熊照先生以"大无畏"作为商标名称的目的就是让全体职工不仅要树立一种勇往直前、奋发向上的精神，而且在面对洋货洋牌时，更要有一种藐视群雄、毫无畏惧的勇敢。可见，民族工商业者受到"实业救国"思想的影响，在企业商标文字设计中将民族精神和气节融入品牌文化内涵中，通过商品的销售传递爱国情结，提升中华民族的凝聚力，以爱国救国的情感沟通方式，拉近产品与消费者的距离。

图 2-2 "抵羊牌"商标

图片源引：北京日报.《正阳门箭楼曾辟为国货陈列馆》[EB/OL].(2018-03-29)[2022-3-10], http://bj.wenming.cn/wmwx/201803/t20180329_4636335.shtml.

还有一部分商标表达了对这个时期新事物、新生活的向往与热情：如上海群明针织厂的商标以房间内打电话的人物和场景作为主体画面，呈现了"电话"这一新生事物给生活带来的变化，同时也成为大众美好生活的向往与代表。梳妆老品牌"明和厂"的商标则通过具有时代特征的女性梳妆打扮的姿态与形象表达出一种我们今天所称为"小资生活"的状态，反映出同时代的普通民众心目中所追求的新的生活样式。

2. 商标法的颁布与沿革

清咸丰十一年（1861），在外商企业的强烈要求下，清政府设立了南、北洋通商大臣，兼管国家沿海通商事务并代管商标工作，这是我国最早设立的商标管理机构。在西方资本主义对中国进行经济侵略的过程中，一直把在中国建立近代商标注册制度列为重要一环。1902年《中英续订商约》第七款载明中国政府"设立牌号注册局所"，1903年《中美商约》第九款载明"中国政府允示禁冒用"，都是西方列强保护其在华利益的需要。另一方面，甲午战争后民族生存危机空前严峻，迫使清政府于20世纪初期接连颁布了一系列鼓励工商业发展的法令和法规，其中就包括清光绪二十九年（1903）外务部饬总税务司代拟、次年转由商部酌量添改颁行的《商标注册暂拟章程》。该章程共28条，规定了商标注册的主管机构和分支机构，以及商标注册、注销和保护等项目的规定及说明，由商部所设立的注册局办理相关事务，天津、上海两关作为商标挂号分支机构，商家可以就近申请商标注册。同时，另对有关商标注册、注销、保护、惩罚等问题，均作了具体规定。清光绪三十年（1904），中国的商标注册工作正式开始，清政府先后颁布了《商牌挂号章程》《改订商标条例》等，并在同年8月颁布了第一部商标法规《商标注册试办章程》。而后设立了天津、上海商标挂号分局受理中外厂商的商标挂号事务。但是，当时清政府颁布的《商标注册试办章程》不仅由把持海关总税务司职务的英国人赫德代拟，而且是在外国人控制下执行的，目的是保护其在华利益的需要，而这一举动也把商标意识带入了中国。北洋政府时期颁布的《商标法》和《商标法施行细则》已经非常详细完善，其中对商品的分类就有65种之多。

总体来看，近代时期颁布的商标法，对商标进行管理还是有一定的积极意义的：一方面，它既是一种法律层面上规范化、专业化的管理；另一方面，也促使近代民族工商企业形成了初步的商标维护意识。如在租界林立、洋商大行其道的当时，出现过华商根据有关商标制度奋起反击洋商压制正当竞争的事件。清光绪三十三年（1907），德国啤酒在天津的美国代理商永康洋行投诉天津松盛啤酒厂所产啤酒商标与之雷同，并在《大公报》上刊发声明，诋毁松盛啤酒的声誉，松盛啤酒厂从两种商标保护体系的客观事实为自己争取了主动，结果此案以美商败诉而告终，弱小的中国近代民族工业在中国早期商标法规的保护之下化解了一次劫难。

## 四、传播手段：报刊与广告

1. 报纸："布道"手段

西方帝国主义列强用大炮轰开了中国的大门，西方先进的技术、文化也涌入中国，一些新的、现代的广告手段传入了中国，为国人所倚重，比如招贴、报纸广告等。

明清时期基督教会不断派出传教士在中国进行传教。鸦片战争以后，传教势力不断扩张，并借助于报刊进行基督教义的传播，传教士们在中国创办了一批早期的外文报刊，如传教士裨治文创办的《中国丛报》、教士裴米尔创办的《教务杂志》。除此之外，早期的传教士们还创办了第一批中文的宗教月刊，如《察世俗每月统记传》《东西洋考每月统记传》《遐迩贯珍》和《六合丛谈》等。19世纪，外国人在中国创办了近200种中、外文报刊，占当时中国报刊总数的80%以上。其中，清咸丰三年（1853）8月由英国传教士麦都思在香港创办的《遐迩贯珍》中文杂志影响力非常大。这本刊物每月印刷3000份，销行于香港、澳门、广州、上海等通商口岸，除了宣传西方科学文化知识和阐发基督教义之外，该刊还经营广告业务，为中外商人沟通商情。清同治十七年（1868）9月5日，美国传教士林乐知在上海创办了原名为《中国教会报》的《万国公报》，该刊物出版40年，是外国传教士所办的中文报刊中历史最长、发行最广、影响最大的一家期刊。它从第2期就开始刊发通栏广告，多为银行、药房、轮船等行业广告。《万国公报》认为通商是符合上帝意志的，主张并宣传"通商西学何为，即以有易无也，此天下自然之理也"。这些报纸配合外资的掠夺，对外商企业在中国市场的鸣锣开道起到了重要作用。

2. 报刊广告

最早开始使用"广告"一词的中文报刊，是梁启超于清光绪二十四年（1898）在日本创办的《清议报》，该报第十三期发行了一则招揽广告的告白《记事扩张卜广告募集》，此广告募集由日文写成，并有一份广告料（即广告刊费报价单）附赠。虽然是在海外发行并由日文撰写的文稿，但这是中文刊物中第一次使用"广告"一词。国内最早使用广告一词的报纸是于1872年在上海创刊，对后世影响最为深远的《申报》。清光绪二十七年（1901）的《申报》上刊登《商务日报馆广告》，不仅第一次使用"广告"，并连续发布数日。此后，《申报》逐渐频繁使用"广告"，该词也统一了告白、布告等传统称谓并流行起来。报刊广告也成为近代最具特色的广告形式。

清朝末年报刊事业初具规模，在报纸创办伊始就十分重视广告的作用，外资企业借助于报纸刊物争相发布广告，在西方人创办的大批外文报纸上，外资广告成为常客，清道光三十年（1850）8月3日发行的《北华捷报》，在其创刊号的第一版就以外资广告为主，涵盖了如洋商店铺、保险公司和银行等各种行业告白。《上海新报》在1861年的发刊启事道出了商业报纸的办报方针和意义，"类如上海地方，五方杂处，为商贾者或以言语莫辨，或以音信无闻，以致买卖常有阻滞。观此闻报，即可知某行现有某货定于某日出售，届期亲赴看货而面议，可免经手报转宏延，以及架买空盘之误。义开店铺者，每

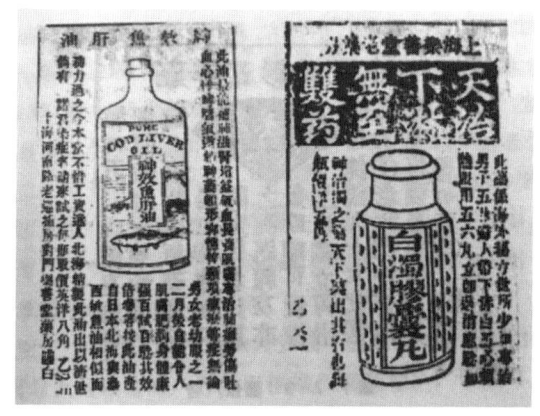

**图2-3　申报广告**

图片来源：王思涵.《从〈申报〉医药广告看清末社会文化》[EB/OL].(2017-10-23)[2022-3-10], https://www.sohu.com/a/199728655_632475.

以货物不销，费用多金刷印招贴，一经风雨吹残，或被闲人扯坏，即属无用。且如宽物、寻人、延师、访友，亦常见有招贴者，似不如叙明大略，印入此报，所费固口无多，传闻更觉周密"，这份启事介绍了报刊广告相较于传统买卖的优势所在。《申报》创刊后也非常重视广告，《招刊告白引》中提及："盖告白一事，西人各国行之历有年，所事无大小，莫不通晓偏谕四达而天下共知。……可以示人各船装货，可晚人出口之期；且也见招祖类，知某处房屋之空，见篇医兼职、某店药材之类，失物难寻、求人指点。……况上海为货物众多之所，往来贸易之场……华人新报之事，果能大畅其所行，则贸易与万事皆能日受其益。……今中华之新闻纸尚广行，故观者咸不知为必需之事，而华人亦鲜先知行此之益。本馆今为洁以流通之，廉其价，博其闻，广其传，傅僻壤遐方，咸知有新闻纸之用，而相观摩焉……。以此告白宣传广舍之于招贴的优势，及在新闻纸上刊登广告的必要性，并辅以西人经验证实。对于通商大埠上海来说，做广告尤为必要，然而当时的华商并不懂得利用广告，本土广告与外资广告视年来广告之发达、刊资之增昂，已有天壤之别矣。"作为商业性报刊的《申报》依赖于广告的经营与投放，在其创刊之年便实现了由纯文字到图文并茂的广告展示，并成为中国近代报刊中办刊时间最长的报纸。

3. 招贴与路牌广告

招贴广告是中国传统的广告表现形式，由年画演变而来。是中国民间喜闻乐见的一种艺术形式和传统的广告方式。随着洋货的倾销与外商对中国市场的掠夺，外商用于本

国市场的竞争手段也随着商品市场的拓展进入中国市场。比如外资商品的张贴广告，一般在海外进行印刷，完工后再运到中国张贴。印有欧美风光、金发人物的洋画片商品广告，进入市场后并没有得到市场的积极反馈。"这就不得不促使厂商们重新考虑适合中国大众欣赏趣味的广告画内容"而对其进行改良，于是利用中国传统年画的表现手法，利用中国百姓易于接受的吉祥图案、戏曲人物等进行再创作，加上广告内容作为赠品供消费者贴、挂使用。如英商企业亚细亚火油公司作为最早一批进入中国市场的外资企业，重视广告创作和广告内容的设计，将中国传统的招贴广告和西方的招贴广告做了很好的改良，清宣统二年（1910）聘请颇有造诣的画家周慕桥为其创作的广告画，巧妙运用中国传统人物形象，结合年画元素，经过改良的招贴画广为传播，迅速流行起来，后来众多厂商纷纷仿效，在招贴画片上增加了年历表。"月份牌"由此而来。

外资企业是路牌广告的推动者与使用者。车站路牌广告是我国最早出现的路牌广告，我国铁路沿线的每一车站周围往往有很多路牌广告，这些路牌广告主都是外资企业，如日本仁丹、英国白礼巧公司等的仁丹、白礼氏洋烛和美孚煤油之类。考证显示："中国人装置路牌广告起源于清宣统三年（1911）。当时上海有'明泰''又新'两家广告社，雇用漆匠在铁皮上替日本三头洋行绘写仁丹的广告，只是加工的性质，技术幼稚。"说明最初的路牌制作比较简单幼稚，到了1918年，美资企业大美烟公司为了宣传旗下"红屋牌"香烟，聘请美国人在上海开办的克劳广告公司为之推广，克劳公司的蒋梦麟便着手学徒的培养，一批专口制作油漆路牌广告的专业广告人员就此诞生。经过近十年的发展，王万荣于1921年在上海创办了"荣昌样广告社"，就是一家专为商家及其他广告社代漆路牌广告的广告公司。

## 五、传播策略：公益传播与本土化策略

### 1. 公益传播

晚清至民初，企业经营中出现了"公益"性质的活动，对企业宣传自身品牌、树立良好形象、招徕顾客方面起到了积极的作用，多盛行于药行、餐饮行业，例如北京城中药行业四大家之一的千芝堂、北京饮食业老字号东来顺等。千芝堂经常在盛夏时在店铺门前搭起高大的遮阳席棚供路人休息，为他们提供消暑汤、祛暑药；东来顺设有可容纳百余人同时就餐的大板凳，饭菜分量足、质量好、价格低，吸引建筑工人、搬运工人、拉洋车的、做小买卖的各行劳动者和学生，穷苦者相互传告，为东来顺做了活广告，招来了更多的顾客。此外，建于清康熙八年（1669）的同仁堂，从雍正元年开始供奉清皇宫御药房用药，秉持着"同修仁德，济世养生"的信条，十分注重公益活动，利用每年挖城沟的机会，在夜里于城沟旁设置印有"同仁堂"三个大红字的白色灯笼供人照明；在各地举子来京应试之际，同仁堂赠送防伤风感冒、帮助消化、祛水土不服的药品给他们；每到冬天要到前门外打磨厂、珠市口、崇文门外瓷器口等地设粥场，施舍棉衣等。在数百年的经营过程中，强调"以义为上，义利共生"的经营思想，成为今天屹立不倒的国药品牌。

### 2. 书画义卖

清末民初，艺术市场的繁荣推动了书画商业化，鬻艺者更把书画广告与公益"助赈"相结合，在明码标价的鬻艺广告中仍不忘托志表节。清光绪三年（1877），一场"丁戊奇荒"席卷北方数省，书画家纷纷以书画义卖、廉润等多种形式加入到善举活动中。有"书画赈灾第一人"之称的金免痴率先发起助赈行动，于同年7月2日在《申报》刊出《捐资画萌助赈》的广告："灾已三年，荒延数省，……今又有金君免痴者夙精书法，绘事尤工，闻今特立愿捐卖画兰一千件，……集收润笔之资，尽作赈饥之用。因欲速成，特从贱售，……昨第一日间已有数十件立刻挥就，随到随画。"金氏称"集收润笔之资，尽作赈饥之用"，卖画的同时可以"兼济天下"。晚清灾荒年景给鬻艺者提供了主动介入市场的契机，同时又释放了他们在商业文化中的道德压力，这本该是"美事一桩"，但也有人质疑，书画助赈会不会成为其中饱私囊的手段和幌子？清光绪十二年（1889）朱筱塘在其润例中直言不讳地指出："同人以江浙两省水灾，多有以书画助赈，藉此沽名取利者。"1890年孙龙泉在书画启事中给晚清书画助赈活动也作了这样的总结："自筹赈务以来，以笔墨资助赈者不乏人，而终归于簋。"可见当时也不乏借公益之名行龌龊之事。有些书画家为了表示助赈的诚意，主动在广告中变更收款方式，即书画家本人不接受润金，而委托专门的公益机构代收，如通过本地赈所、会馆等收款，购求者凭票领取作品，则至少从形式上避免了谋取私利的嫌疑。如晚清时期《申报》曾刊出陈禀初的一则助赈广告："求书者润资连件并送各筹赈公所，以收条为凭，三日取件，减润广招，亦仁诚之一助也。"由中介机构收取润金的方法实现了形式上的公正。

### 3. 外商的本土化策略

在"贸易通商无碍"政策签订之后，洋货纷至沓来，最初在中国出现的外资广告，大都是西方国家为使本国商人了解行业资讯所刊登的英文信息。洋货大举进入中国市场后，外国商人开始创办报纸并刊发广告，更好地倾销自己的商品，外商把在本国出售商品时用到的各种广告手法都搬到了中国，大做广告以抢占中国市场。外国企业、外国商品要在较短时间内打入并渗透进有着异国文化特质和传统思维方式的中国经济市场，让商品为中国人所接受并争相购买，就得通过"本土化"策略做出调整和改变，即要遵从目标市场区域的文化、习俗等方面，使传达的信息更易为目标受众所接受。如外资商品印有欧美风光、金发人物的洋画片广告，进入市场后并没有得到积极的效果，"这就不得不促使厂商们重新考虑适合中国大众欣赏趣味的广告画内容"，利用中国百姓易于接受的吉祥图案、戏曲人物等进行创作。清光绪十八年（1902）进入中国市场后的由英美两国合资组成的大型跨国烟草企业英美烟草公司，在进入中国市场初期，聘请了当时享有盛名的月份牌画家梁鼎铭和胡伯翔等为自己旗下的品牌创作广告画，以中国传统人物、中国山水画、中国仕女等为内容，对于其产品的销售起到了促进作用。英美烟公司生产的 PIRATE 牌香烟是其打入中国卷烟市场的一个品牌，香烟烟标采用全英文印刷，印有 PIRATE CIGARETTE（海盗香烟）文字，烟盒上是一个手持大刀、面容彪悍，威风凛凛站在船板之上的海盗，以掠夺者的姿态来显示自己的威严，因销售不畅，英美烟公司把的

PIRATE 英文改为"老刀牌",将帽子上的海盗图案和嘴上的胡子都予以修饰,从一个具侵犯意味的海盗形象变成了诚实守信的生意人形象,经过形象转换,"老刀牌"香烟销路大开,还重新塑造英美烟公司良好的品牌形象,极大地提升了英美烟公司产品在华的销售份额。

图 2-4 *PIRATE CIGARETTE* 香烟

图片来源:百度百科. 老刀牌香烟[EB/OL]. (2021-12-08)[2022-3-10],https://baike.baidu.com/item/%E8%80%81%E5%88%80%E7%89%8C%E9%A6%99%E7%83%9F/12637949.

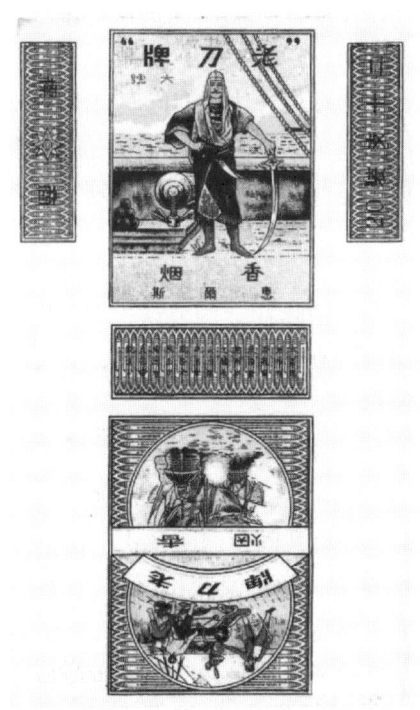

图 2-5 更名为"老刀牌"香烟

图片来源:百度百科. 老刀牌香烟[EB/OL]. (2021-12-08)[2022-3-10],https://baike.baidu.com/item/%E8%80%81%E5%88%80%E7%89%8C%E9%A6%99%E7%83%9F/12637949.

## 六、晚清近代的品牌案例

### 1. 林则徐星

嘉庆年间,鸦片走私已日益猖獗,鸦片的输入迅速扭转了中国贸易长期出超的局面,中国输出的茶叶、瓷器和丝绸,抵不过鸦片的进口。据澳门报纸所载的鸦片商人的统计,输入中国的鸦片,从清光绪十三年(1833)的7598箱,到清道光十八年(1838)的16297箱,数年之内,数量翻了一番还多。而输入别处的鸦片同期不过从1810箱增加到3303箱,鸦片的市场渐成规模。为了满足国内的鸦片需求,中国商人必须用白银来购买鸦片,白银的外流造成了清财政的亏空,清朝鸦片禁令不管用,鸦片吸食者,在中国日见其多,导致整体国民素质急剧下降,其中不乏政府官员和军官,甚至士兵。道光十七年(1837),林则徐升任湖广总督,提出"禁烟六策"开展禁烟,他指出鸦片的危害——"若犹泄泄视之,是使数十年后,中原几无可以御敌之兵,且无可以充饷之银",责令外商出具今后"永不夹带鸦片,如有带来,一经查出,货尽没官,人即正法"的保证书。1839年6月3日,林则徐下令在虎门海滩当众销毁鸦片,历时23天,销毁鸦片19187箱和2119袋,总重量2376254斤。虎门销烟从一定程度上遏制了鸦片在中国的泛滥,打击了外国贩烟势力,提醒中国广大民众对鸦片危害的认识,禁烟英雄林则徐也被中国人尊为民族英雄。为纪念林则徐这一伟大的民族英雄,中国政府于1957年在硝烟池旧址上建立了林则徐纪念馆,竖起了"林则徐纪念碑"。1996年6月7日,中科院北京天文台陈建生院士发现了一颗小行星。按照国际小天体命名委员会的规定,谁发现了小行星,谁就拥有命名权。陈建生院士领导的施密特CCD小行星项目组和国际小天体命名委员会成员、北京天文台朱进博士,提议将新发现的这颗小行星命名为"林则徐星"。林则徐的禁毒和治水业绩,得到了国际社会的公认,因此国际小天体命名委员会批准了中科院的建议。这颗"林则徐星"在火星与木星之间,沿椭圆轨道以4.11年的周期绕太阳运动。

### 2. 报业品牌:申报

19世纪末期,中国全国范围内掀起一次次办报高潮,尤其是上海的报业呈现出一派生机勃勃的景象,官报、民报、外报共同发展,各式小报争相抢夺市场。其中,《申报》是中国近代发行时间最长、影响最大的中文报纸,在当时已拥有自己独特的品牌理念、经营策略和广告策略,进行了企业品牌的多元化经营,创办了月刊、年鉴、流通图书馆、补习学校、新闻函授学校等一系列文化事业。

《申报》原名《申江新报》,1872年4月30日在上海创刊,被认为是中国现代报纸开端,也被称为"研究中国近现代史的'百科全书'",是同治元年(1862)来华经营茶叶和布匹的英国人安纳斯托·美查等合资创办的。《申报》也是第一家由外国人创办,中国人主执笔政的报纸。《申报》创立后,美查采取"中国化"策略,将西方近代报业文明与中国本土文化融会贯通,富有创造性地塑造了《申报》。初办时,《申报》每两天出一刊,从第五号起则每天出版,星期日休刊。《申报》的办报宗旨是"将天下可传之事，通播于天下"，以官绅和知识阶层作为主要传播对象，内容偏重时政、教育、科学等方面，尤其在时政性新闻报道方面占据非常大的优势。因"世势日进，人事日繁"，《申报》进行了几次大的改革，拟定新的办报宗旨和工作方针，力图顺应历史潮流，"以肩荷社会先驱和推进时代的责任，使社会进入合理的常轨，并民族臻于兴盛与繁荣"。1912年，史量才任总经理经营《申报》，他网罗人才，改进业务，设立分馆，扩大消息来源和广告范围，修建五层大厦，购进新式印刷机，使《申报》销量大增，到1926年日出报量达到14万多份，与另一份《新闻报》一起成为全国发行量最大的两家报纸之一，陆续创办了教育、艺术、妇女、汽车等一系列专刊和副刊，以适应不同类型读者的多样化阅读需求。张立勤（2012）认为20世纪20年代是《申报》"日新月异，内容膨胀得很急进"的时期。

在经营策略方面，《申报》在办报实践中不断探索报纸经营之道。早期的经营业务主要包括出版发行、广告和副刊、号外报等。针对发行业务，《申报》逐步在全国各地增设发行分馆，以期起到销售报纸和搜集新闻的双重作用；针对副刊等业务，《申报》广采博收，内容趋于综合性，成为副刊之祖。《申报》非常注重广告业务，创刊之时"本馆条例"上刊登了广告价格："如有招贴告白，货物船只经纪行情等款愿刊入本馆新报者，以五十字为式，买一天者取刊资二百五十文。倘字数多者，每加十字，照加钱五十文。买二天者取钱一百五十文，字数多者，每加十字，照加钱三十文起算。如有原买三天四天者，该价与第二天同。"招揽富商大贾刊登广告，并通过改进广告文字艺术和版面安排等手段吸引读者。从《申报》广告的种类看，大致分为商务广告（指商事、商品、金融、物价、器械、医药、奢侈品等），社会广告（如集会申办、法律、招寻、慈善、游戏、赌博），文化广告（教育、书籍），交通广告（指航期、车班、邮电等）等，娱乐类广告、教育类广告在后期表现出不断增长的趋势，这与《申报》顺应社会需求不断调整自身的内容定位有着直接关系。《申报》重视广告版式的编排，1872年12月14日《申报》刊登了中国第一个图文广告——成衣机器广告，从此，图文并重成为报刊广告的重要表达方式。从此，《申报》的广告业务得到充分的发展，产生了良好的市场收益。《申报》的成功，除却上海是全国经济、金融中心以及抓住第一次世界大战后民族工商业大发展的历史机遇外，更重要的是报业经营管理水平较高的直接体现。

3. 大生纱厂

中国近代民族工业从洋务运动开始，包括洋务派创办的民用企业和民族资产阶级创办的企业。清同治四年（1865），江南造船厂的前身江南机器制造总局创建，揭开了中国近代民族工业的历史。到甲午战争前，实存的商办近代企业260家，大部分是轻工业。辛亥革命后，尤其是第一次世界大战期间以及战后的数年是我国民族资本主义工商业迅速发展的时期，轻工业中的棉纺织业和面粉业、火柴、榨油、造纸、玻璃等都有一定的发展，号称近世商人的"黄金时代"。民族资本主义工业是在中国社会半殖民地化过程中产生和发展的，因而也一直在救亡和图存的民族主题下进行。这批民族企业家探索和积累了许多具有影响力的企业经营方针。爱国实业家张謇创办的大生纱厂就是其中的典范。

张謇于清光绪二十一年（1895）在江苏南通创办大生纱厂，开中国机器纺纱之先河。大生纱厂开车投产后，大生纱厂便以其"光洁调匀，冠于苏沪锡浙鄂十五厂"的优良品质畅销。民国七年（1918），纯用通花纺制的12支"魁星"纱在"巴拿马太平洋万国博览会"上获奖，使大生纱扬名海内外。大生纱厂开办之初，张謇以"魁星"为商标，意喻其产品在同行业中夺魁的雄心壮志。此外，张謇以国际化的工业视野，建造了具有现代气息的厂房，引进了世界一流的设备；并建立了现代化的管理模式，建立了规范的法人治理结构，制定厂约、发行股票、注册商标等，创造了中国近代史上的诸多"第一"，打造了当时全国最大的股份制民营资本集团。"大生"模式主要体现出四个方面的企业经营特点：一是靠股份公司制兴办"大农、大工、大商"，成为中国最早的一批民营股份制企业集团；二是经营权大于所有权、按资与按经营劳动相结合的利润分配的特殊两权关系与制度；三是建立了一套机构精干、章法严明的企业管理机制，如大生纱厂《厂约》和《大生纱厂章程》，可以说是中国纺织企业最早的较完善的规章制度；四是实行"土产土销"、重视市场营销的经营方针，使得大生企业集团在激烈的市场竞争中能采取较为灵活的营销策略，取得了令世人瞩目的成功。

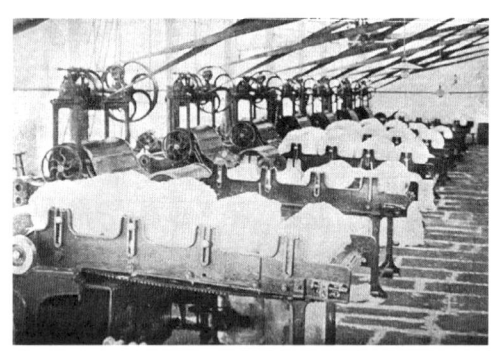

图2-6 大生纱厂车间

图片来源：和海佳.《走进张謇故乡南通 实地探访濠南别业与大生纱厂"前世今生"》[EB/OL].（2018-11-14）[2022-3-10], http://cppcc.china.com.cn/2018-11/14/content_72376549.html.

图2-7 大生纱厂蓝色"魁星"商标

图片来源：张謇纪念馆.《大生纱厂蓝色"魁星"商标》[EB/OL].（2022-3-10）[2022-3-10], http://www.zhangjianchina.com/view_p.asp?keyno=4131.

## 第二节 近代史之五四运动后

商战能打败兵战,牢记"五九"与"五卅",三角牌毛巾将战胜(日本的)大锚牌毛巾。

——上海报纸刊登的三角牌毛巾广告,1925年6月

抱歉,我们不卖洋货。我们只有国货。

——郭凯《制造中国:消费文化与民族国家的创建》

### 一、历史背景

1912年元旦,孙中山在南京宣誓就职中华民国临时大总统,中国历史上第一个资产阶级共和国正式诞生。南京临时政府的成立结束了中国2000多年的封建君主专制,具有划时代的意义。《临时约法》颁布后提倡实业,民族资产阶级受到很大鼓舞,竞相组织各种实业团体,筹办各种实业,开辟了中国资本主义发展的新道路。但袁世凯、张勋复辟,说明辛亥革命没有也不可能完成中国人民反帝反封建的民主革命的伟大任务。辛亥革命后,中国社会经济文化发生了重大的变化。中国民族资本主义得到暂时发展,中国民族资产阶级的队伍有了较大增长,在中国民族工业发展和外资企业的增加过程中,新兴的中国无产阶级也日益壮大。1915年9月5日,陈独秀在上海创办《新青年》,吹响了新文化运动的号角,杂志创刊号上发表的《敬告青年》,竖起了民主和科学的两面大旗。新文化运动启发国民的心智、启发大众的民主主义觉悟,为马克思主义在中国的传播创造了条件。

有人将中国的近代史形容为一部"苦难史",这个时期,中国人民受尽侵略和压迫,尝遍辛酸与苦痛。但也是在这个时期,中国人民英勇站立起来,同封建势力和外来侵略者做斗争,"在苦难中寻和平,在曲折中求发展"是这段历史的真实写照。从1919年到1936年的十余年间,发生了五四爱国运动、日军侵华、东北沦陷、资本主义世界经济危机等重大历史事件,五四运动成为新民主主义革命的开端,并直接促成1921年7月23日中国共产党的成立,新民主主义革命拥有了坚强的领导核心。

### 二、商业环境

新民主主义革命时期,中国的民族工商业发展曲折而艰难。一方面,国际垄断组织在华迅速扩张,外国洋行数量迅速增长,外国资本不但利用不平等条约控制了中国的进出口贸易,而且开始向航运、金融、工矿和地产大举扩张,形成垄断集团。如英美烟草公司在中国设立分公司,并在上海、汉口、沈阳、哈尔滨等地建立卷烟厂,形成了从原料、加工生产到销售的完整体系,控制中国卷烟市场近半个世纪。另一方面,随着西方帝国主义的经济侵略程度越来越深,社会各界人士逐渐觉悟并反击,掀起一次次的抵制

洋货、支持国货的爱国运动和全国性的大规模抵制洋货运动,由1905年反对美国虐待旅美华侨而引起的抵制美货运动开始。此前美国"淘金热"出现后,美国对华人廉价劳动力的需求增加了,此后,在美国的铁路、工厂、罐头厂、渔业和田野上,中国的工人变得不可或缺。1865年,第一批中国人受雇于美国中央太平洋铁路公司,从萨克拉门托往东铺设横贯大陆的铁轨。1869年,美国《阿尔托加州日报》赞扬了中国移民在发展国家经济中所扮演的角色:"中国人民是耕者、洗衣工、矿工、羊毛纺纱工和纺织工、家政用人、雪茄制造者、制鞋商、铁路建设者,为本州做出了巨大的贡献。"而随着美国金矿开采殆尽,劳动力市场竞争愈发激烈,美国颁布《排华法案》和《限制来美华工条约》,在美华工遭受排斥甚至迫害,引发中国国内的民间抗议与抵制美货运动兴起,此后,抵制洋货运动相继不断,成为中国人民表达爱国情怀、抵制外国侵略的重要手段之一。同时,振兴国货成为时代的主旋律,提倡国货之声不绝于耳。我国的民族工商业,尤其是日用品工业得到迅速发展,并涌现出一批批优质名牌产品和企业。

### 三、传播符号:商标管理与商标纠纷

#### 1. 商标管理

民国成立后,商标管理的事宜由工商部接管。1923年5月3日,北洋政府公布施行《商标法》及《商标法施行细则》,这是我国历史上第一部明文发布的《商标法》及《细则》,还颁布了商标组织机构法规——《商标局暂行章程》,正式成立了中国商标史上第一个商标管理机构——北洋政府农商部商标局,编辑出版了我国商标史上最早的《商标公报》,将每月注册之商标公开通告。中国注册商标第一号也在此时出现——当年的8月29日,荣宗敬、荣德生兄弟呈请北洋政府农商部商标局注册"兵船"牌商标,成为中国商标注册史上的第一号注册商标。民国十三年(1924),天津商会档案的记载:"……以《商标法》自上年五月颁布以来,迭经商标局现再通告商家速行依法请求注册,以保证权利。惟据最近商标局所刊布之第九期商标公报,则核准者二百五十四件,审定公告者七百四十三件,合计尚不足千件,而此不足千件之商标,尚系概括洋商在内。"可见当时虽有商标法,但注册商标多为洋商。直至1927年末,由国民政府接收,四年时间内所办商标注册共一万余号,但外商商标仍占大半。《商标法》的颁布与实施,冲破了西方驻华机构及商会的重重阻挠,收回了被英国人把持近20年的海关商标挂号制度的特权。国民政府设商标局后,仍然沿用并修订了北洋政府颁布的《商标法》。1928年12月21日,国民政府把全国注册局中分管商标注册

图2-8 "兵船"牌商标

图片来源:艺术中国.《简述中国标志设计的起源与发展趋势》[EB/OL].(2022-3-12)[2022-3-12],http://art.china.cn/products/2015-12/11/content_8445938.html.

的业务工作划出，成立隶属工商部的商标局。1930 年公布了《商标法》及《商标法实施细则》，并于 1931 年 1 月 1 日起实行。1933 年 11 月我国有史以来第一部商标方面的大型巨著《东亚之部商标汇刊》编辑出版。该书以 1904 年 10 月起受理的中、日厂商呈请商标注册案为起始，1933 年 11 月为时间截止，内容个涵盖清末、北洋和国民政府跨度约 30 年的所有商标图样资料，并附有《旧商标法及实行细则》《现行商标法及施行细则》《部令更改项类表》等珍贵文件，汇编商标 9443 件，其中中国商标达 6487 件。1928 年至 1934 年，注册商标超两万四千号，工商业界的商标保护意识初显。

2. 商标纠纷

同时，这一时期也出现了不少民族企业和外资企业的商标纠纷，一方面是由于初期华商企业在商标设计时缺少知识产权意识，另一方面是外商借机把商标纠纷作为手段来拖垮华商。20 世纪三四十年代，上海大中华橡胶厂与英商邓禄普公司长达十余年、五大诉讼回合的商标纠纷，就是早期中外商标纠纷的典型案例。

上海大中华橡胶厂是民族工业中规模最大的一家橡胶厂，自 1928 年创办以来，一直以生产各类套鞋、球鞋等生活用品为主。20 世纪 30 年代以后，随着生产厂家的增多，市场日益饱和，胶鞋滞销情况日益严重。大中华便开始谋求开拓汽车轮胎生产，这样就与英商邓禄普公司发生了激烈冲突。1935 年，邓禄普公司向民国政府商标局提出诉讼，状告大中华橡胶厂"双钱"牌轮胎的金锭形花纹与其"老人头"牌轮胎花纹相似，要求停止生产和销售这种中国轮胎。大中华厂认为这种说法是无稽之谈："汽车轮胎上的花纹本是用来防滑的，不外乎方、圆、三角、直条等交替使用。本厂之防滑图为三个金锭一组，横线连贯，而邓禄普公司则为三个粒开一组，本不相同。且轮胎上两厂商标及厂名清晰可见，仅仅是花纹，怎么就能构成侵权呢？"但令人费解的是，1935 年 5 月 14 日，商标局判大中华厂侵权，官方解释是"两方商标虽有细微不同之处，但主要部分，同属三块一组，

图 2-9 "双钱"牌轮胎传单

图片来源：陈志炳.《揭秘双钱轮胎的前身》[EB/OL].（2020-7-21）[2022-3-10], http://www.tireworld.com.cn/community/baike/20200721/35442.html.

大小各别成排之图形，意匠构造，亦无显著差别。谛视两造商标整个图样，实为甚相逼肖，于交易上自有混淆之虞"。虽然大中华厂不服，但在商标局的判决下还是败诉了。邓禄普公司取得了诉讼的胜利后，看见"双钱"牌轮胎仍在生产，它仍不肯罢休，穷追不舍，认为商标就等同于轮胎上的花纹，之前既已判定图样相似，就得"将中国当局现已

认为与敌人注册相似的商标模型等件概行销毁",这实际就是要置国产轮胎于死地。于是大中华厂跨过商标局,直接向实业部申诉,撤销了商标局的判定书。但邓禄普公司又向国民政府行政院起诉,孔祥熙主持的行政院于1936年10月17日判决大中华厂败诉,撤销了实业部的判定,此后该商标案又经历了胜诉、败诉、反复翻案。一件中外品牌间的商标侵权案的反反复复、沸沸扬扬折腾了十余年,大中华厂的实业家不堪其扰。明面是一则中外企业的商标案,实则是中外势力的角力。在当时的帝国主义势力压迫下,当局不敢维护和援助处于弱势地位的民族工商业品牌,加上商标法律法规不健全,商标意识缺失,导致外资企业有机可乘,并成为掠夺压榨民族企业生存空间的手段。

### 四、传播手段:报刊广播与月份牌

1. 报刊广告

民国初年,报业发展史出现了发展的短暂春天,报刊发展到1000多家。五四时期,报刊迅速发展,报纸以其廉价却传播效果最好的优势成为当时最受欢迎的广告媒介。据记载,《申报》在1920年发行量即以超过3万份。除此之外,1923年,上海《新闻报》在其创刊30周年之际,以"日销十五万份"为号召,招揽众多广告。在此时,杂志的发行量也表现不俗,同年,邹韬奋主编的《生活周刊》每期发行量达到15万份。在其他杂志上,例如《东方杂志》《妇女杂志》等都刊登有大量广告。报刊广告的作用也逐渐受到工商界人士的重视。有的广告明确指出:"欲吸收外埠主顾,则必以我之营业,广为布告,以昭示于人。凡我之商品如何,商标如何,价值如何,务使外埠顾客,深深印入脑际,使莅临各地者,几有不购不快之感,此种方策,即所谓广告效力。"因此,"广告者,乃攻城略地之工兵也……广告精良,犹战具之犀利也,执有利器,则战无不克"。于是广告在"商业上之价值,既重且巨",而且"广告之方法,亦日新月异"。人们尤其认识到,在发行量较大的报纸上刊登广告,其作用与影响更为突出。"一纸风行,不胫而走。故报纸所到之区,即广告势力所及之地。且茶坊酒肆,每籍报纸为谈料。消息所播,谁不洞知。永印脑筋,未易磨灭。非若他项广告之流行不远,传单之随手散佚也。是故新闻愈发达,广告之作用亦愈宏。"

由于社会舆论的呼吁以及广告实际作用的显示,要求刊登广告的中国商人越来越多,各种报刊登载的广告版面也日益增多。"广告之地位,已较新闻之篇幅为多。"《申报》《新闻报》开始大幅增加广告版面,并且讲究广告的形式和效果。戈公振先生在《中国报学史》中曾对1925年4月10日以后20天左右的各地主要报纸进行抽样分析,由此得出当时的广告种类以从商品广告扩展到社会、文化、交通等其他用途的广告,广告版面在报纸版面中的比重急剧上升,有的甚至达到了一半以上。1925年《申报》的全张面积为5850英寸,广告的版面就占到了2498英寸,新闻的版面为1825英寸,广告的比重占到了整体的42.7%。在该时期,北京的《晨报》全张面积为2880英寸,广告版面1258英寸,新闻只有949英寸,广告达到了52.7%。天津《益世报》全张面积为4864英寸,广告版面占3016英寸,广告占的比重达到了62%。由此可见,在当时各个有影响力的报纸中，广告都占到了大部分的版面。

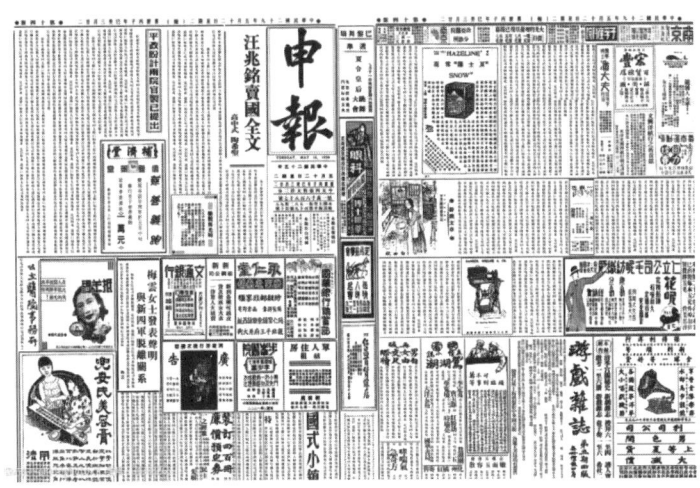

图 2-10　申报上的广告

图片来源：图行天下.《民国报纸》[EB/OL].（2020-3-3）[2022-3-10], https://www.photophoto.cn/tupian/minguobaozhi-36383265.html.

广告的剧增对报纸刊登新闻的版面形成了较大的冲击。"有时会把新闻地位挤成一个小块，或者夹成一个小弄堂，而且花样翻新，广告千奇百怪。有的，在版面中央登一块广告，而四面都补上新闻。"这是当时比较独特的"四面靠水"式的报纸广告，所需费用当然也是最昂贵的。随着报刊越来越被人们所重视和广告的不断发展，报社登载广告所收的版面费也在不断提高。清同治年间，报纸广告一般每字收钱五文，光绪年间改钱码为洋码，视论前、论后、长行、短行等不同广告分别收费，"论前取费倍于其他"。至民国初年，广告收费又增加了二成。戈公振在《中国报学史》中记录，20世纪20年代，上海报纸对广告的收费分类更细，一般划分为以下几等："一等：登于新闻中，高3英寸强，每日每行4角5分。二等：登于封面及专电或评前，高10英寸，每日每行1元4角。三等：登于分类栏或文艺栏，以60字起计算，如超过此数，以15字递加，每日每字1分2厘。四等：登于普通位置，高10英寸，每日每行8角，若为短行，以15字递加，每日每字1分2厘。例外：以方寸计算者，每方寸7角，但以普通位置为限。"不论是外国人还是中国人创办的报刊，广告收入无疑都是报刊社最重要的收入来源。"广告费之消耗，以报纸为巨；而报纸之支出，亦多仰给于广告。"

2. 广播广告

1920年11月2日，美国宾夕法尼亚州匹兹堡市KDKA广播电台开始播音，标志着世界无线广播事业的正式诞生。无线电台的诞生使广告有了新的突破。1922年底，美国商人奥斯邦利用旅日张姓华侨的资本在上海设立了中国境内的第一家广播电台——奥斯邦电台。台址设立在上海广东路的大来洋行屋顶。1923年1月23日开始正式播音，每日播音一小时，节目内容涵盖新闻、音乐、演说及商业消息。当时，上海约有500台收音机。

随后，外国人相继在上海、北京、天津、东北等地开办电台，到抗日战争全面爆发时已有二十多座。1924年5月15日，美商新孚洋行和开洛公司办的开洛电台开播，影响较大，以允许听众点播节目的方式，吸引了更多的听众。1926年10月1日，中国人自办（官办）的第一座广播电台——哈尔滨广播电台开播，由我国著名无线电专家刘瀚主持创建。1927年5月和9月，北洋政府又先后在天津、北京开办广播电台。

1927年新新公司创办了中国第一家民营电台，3月18日正式开播，每天播音6个多小时。同年底，北京也出现了民办的燕声广播电台。由于上海、南京、北京等大城市经济较为发达，这些中心城市的广播电台发展迅速。据统计，20世纪30年代中期，全国有电台不超过100座，上海就有40余座。广告收入是维持私营电台运营的主要来源。广播电台为招徕广告，想尽办法创造自己的节目特色，以吸引更多听众。广告主也逐渐认识到广播在广告方面的影响力，对广播广告投放的力度日益加大。当时上海的一些较大规模的商店大都会自己制定一些戏曲曲目让电台播送，并在这些节目中插播广告。到1934年前后，南京出现了我国最早的专门承揽广播广告业务的专业广告机构——"中国电声广告社"。该广告社在1934年9月12日的《申报》上为自己刊登了一则开业广告《中国电声广告社启事》："本社承办中央广播无线电台管理处个电台播音广告，效力宏大，取费低廉。作提倡国货之喉舌，现已筹备就绪，定于九月二十三日起开业，十月一日开始播放。如各种正当企业及出品，欲广告宣传者，凡蒙委托，无任欢迎。地址：南京中山东路三十三号。"无线广播电台的发展以及收音机的普及，为广告提供了新的传播载体。20世纪30年代以后，无线广播作为新型的广告媒介日益发展起来。

3. 月份牌

月份牌在形式上脱胎于我国宋代就已经出现的、民间传统的木刻年画——"灶王码"。"灶王码"是我国传统的木刻年画的一个特殊品种，上面绘有"灶王图""春牛图"等，旁边印有二十四节气与"百忌日"一类的内容，是最简略的历本，向来为中国老百姓家家户户必备之物，历来发行量极大。19世纪末，外商进入中国就带来了一批批带有西方美女、骑士、风景和宗教画，如《圣母图》《最后的晚餐》《拾麦穗者》等，但是广告效果不尽人意。为了贴近本土，洋商们开始将广告画的内容中国化，聘请中国本土的画家，采用中国百姓能够接受的画法，尤其是选用了中国民间年画的形式，将"灶王码"略作改动，以反映民俗的画面为主体，边款上配以日历表和商品广告，赠送给老百姓，这种年画、日历与广告的结合体便是月份牌，深受中国老百姓欢迎。可见，月份牌的产生，源于外国品牌在中国开拓市场的本土化传播需求，同时更是充分利用了中国本土民间老百姓习以为常的年画表达形式，通过传播内容与形式上的中国化，努力贴近中国人的消费习惯与消费观念，从而获得广阔的中国市场。

月份牌带有商业营销、广告宣传的性质，具备了实用、审美、广告的三大特点：其一，实用性上，月份牌提供了日历、年历的基本功能，一些月份牌不仅有西式年历，还有中西对照年历；其二，鉴赏性上，月份牌吸取了传统年画题材，并融入了时代审美风尚，既蕴含趋利避害、喜庆吉祥的美好愿望，也创作出了或古典或时髦的美女形象，赏心悦目，满足了大众对美的追求；其三，广告上，满足商家对产品、企业宣传的需求，借用民间艺术传达商业信息。因此月份牌成了近代时期重要的传播手段。因其较好的传播效果，备受中外商家青睐。烟草、保险、药品等行业，无不使用月份牌进行形象宣传、产品推广。一些公司甚至自设广告部，聘请专业的月份牌画家制作月份牌。如英美烟草公司的美术室以高薪先后聘梁鼎铭、胡伯翔、周柏生、倪耕野、吴少云等画家绘制"月份牌"，再交由专业技师分色印刷，最后进入市场。

月份牌通常作为赠品随香烟附赠，但绘制方面却是精益求精，丝毫不逊色于其他海报招贴画。甚至有消费者将收藏各式各样的月份牌当作一种时髦的爱好，引得不少公司在这方面投入大量人力物力进行创作。如英美烟草公司曾花费七年时间，出品了一套共计294枚、名为《历代传奇》的巨制月份牌。消费者也因月份牌广告的普及，逐渐产生"附赠月份牌的才是大品牌"的消费理念。

同业的竞争，促使月份牌的绘制水平日益精进，不少画家为后世留下了堪称"艺术品"的名家经典之作。如较早引传统仕女入月份牌广告画的代表人物周慕桥，其人为《点石斋画报》画家吴友如所器重，国画功底好，常为时事新闻配插图，也为商家画一些布牌子之类的小画片，他的画在传统画的基础上揉入了西画造型与透视结构，作品的视觉效果非传统古画可比，加之色彩也比传统仕女画丰富，印成月份牌随商品赠送顾客，很受欢迎，订画者络绎不绝，《关云长读春秋》是他的成名之作，几乎年年再版。如果说周慕桥是古典型美人月份牌的代表人物的话，那么郑曼陀则开创了现代美女月份牌的先河。郑曼陀早年学习过仕女画与擦笔肖像画，后在杭州"二我轩"照相馆设立了画室，专门承接人像写真。他把从老师那儿学来的传统人物画技法与从书本上学来的水彩技法结合起来，渐渐琢磨出一种更能表现女性柔润肌肤的擦笔水彩技法。擦笔水彩绘出的人物不仅立体感强，而且因水彩的特点，可以营造出逼真的皮肤质感。看到画的人都不由得感叹画中美人"呼之欲出"，具有很强的观赏性。可就在"家家曼陀，人人擦笔"的时候，郑曼陀却选择退出月份牌广告画坛。成为下一个掌舵人的，是后来的画坛"劳模"——杭穉英。为适应广告

图2-11 月份牌

图片来源：奉旨抠脚.《美人月份牌里，藏着民国版的〈Playboy〉》[EB/OL].(2019-09-19)[2022-3-10], https://zhuanlan.zhihu.com/p/83144018.

市场求新求异的需要,"穉英画室"突破了郑曼陀开创的清纯女学生形象,创作了一批装扮入时,洋味十足的旗袍女郎。刺激眼球的新鲜画稿迅速受到中外厂商的欢迎,一时间,上海的月份牌画绘制几乎为穉英画室包揽。

20世纪初到二三十年代,"月份牌"成为上海、广州、香港、重庆等地的洋行和商号的行销手段,月份牌的发展介于传统绘画艺术和现代摄影技术之间的产物,是传统与现代融合的创新之作,更是东西方文明交织的结果,它承载了中国现代商业广告的兴起与辉煌,逐渐形成具有鲜明中国特色的绘画风格,对现代商业广告的发展起到了不可或缺的作用。

 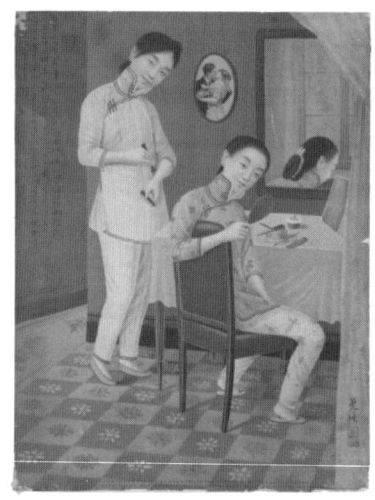 

图2-12 周慕桥,协和贸易公司
图片来源:华美术馆. 何见平,《讲座:从月份牌到宣传画》[EB/OL].(2018-10-16)[2022-3-10],https://ad518.com/article/id-14456.

图2-13 郑曼陀,晚妆画
图片来源:华美术馆. 何见平,《讲座:从月份牌到宣传画》[EB/OL].(2018-10-16)[2022-3-10],https://ad518.com/article/id-14456.

图2-14 杭穉英,华东烟
图片来源:华美术馆. 何见平,《讲座:从月份牌到宣传画》[EB/OL].(2018-10-16)[2022-3-10],https://ad518.com/article/id-14456.

4. 霓虹灯广告

霓虹灯管由德国人盖斯勒在1887年发明,因此又叫"盖斯勒管"。1910年,世界上第一则霓虹灯广告出现在法国巴黎。1923年,霓虹灯广告出现在美国。20世纪20年代,霓虹灯广告传入中国。1926年,一则"皇家牌打字机"的英文霓虹灯广告出现在上海南京路伊文思图书馆公司的橱窗内,这也是中国最早的一则霓虹灯广告。此后,上海又相继出现了霓虹灯招牌和露天霓虹灯广告。

上海地区最有创意的霓虹灯广告是红锡包牌香烟,广告上除了"红锡包"三个大字,还画有一包香烟。霓虹灯通过光效制作使得香烟从烟壳中一支一支跳出。最后一支点燃着的香烟,烟头上有青烟缭绕,生动逼真,引人注目。此外,还有"天厨味精"的广告,竖立在国际饭店的顶层,是当时上海最高的霓虹灯广告。

霓虹灯初出现时，灯光色彩单一，仅仅作为市招、装潢等用途，后来，随着技术的改进，"氖""氨"等气体的先后发现，使霓虹灯管能发出各种各样更加鲜亮的颜色，也使其成为广告灯具中最为重要的媒介形式。霓虹灯颜色丰富、图案多变、光线也能跳动变换，在城市的夜空中十分醒目，深受商家的欢迎。到20世纪30年代，上海南京路上许多商店都用上了霓虹灯，"先施""永安""新新""大新"等公司的霓虹灯都高耸入云，鲜艳夺目。

## 五、传播策略：多元的广告形式与创意

第一次世界大战期间是中国民族企业的黄金时代，但是战后帝国主义势力又卷土重来。尤其是1929年世界经济危机爆发，帝国主义转嫁危机致使中国国内经济发展遭遇恐慌，使城乡生产濒临崩溃的边缘，民族工商业的发展受到新一轮的压迫。中外企业竞争空前激烈，华商拿起广告、促销等商战利器，与外商展开激烈的斗争。

1. 广告创意多元

中外品牌竞争中，国内广告业得到迅速发展，尤其是20世纪30年代，更是成为中国广告业的鼎盛时期。橱窗广告、车身广告、霓虹灯广告、电影院的幻灯广告都有所发展，但最为繁荣的还属报刊广告，不仅广告数量大大增长，广告创意也百花齐放。

悬念广告。1921年，《申报》双婴孩牌香烟连续三天采用悬念广告来吸引读者的注意：第一天广告中间只有"香"字，下方标明"请注意明日此处广告"；第二天，谜底仍未揭开，只用三个"香"字，使消费者的好奇心被紧紧抓住；等到了第三天，谜底才最终揭开，原来是"双婴孩牌香烟独步烟丝，细嫩香味清甜，实为市上香烟之冠"。通过这一悬念，"双婴孩"牌香烟的名称深深地印在了消费者的心里。

互动广告。1919年，《申报》上出现一则整版广告，广告中间为一大大的头像，上边书写有"悬赏广告"四字。广告的内容就是有奖问答，让大家猜测两个问题："这个什么东西的牌子呢""这个牌子的东西用什么的"，下面写有此次悬赏的奖品和"请寄往大学眼药部收"的字样，其用意在于吸引消费者注意，让消费者参与认真了解该产品信息的过程中来，与消费者产生互动，以丰厚的奖品激发消费者的兴致。

恐吓广告。五卅运动爆发，三友实业社第二天就在《申报》上刊登以"哭南京路被害的学生"为醒目标题的巨幅广告。这则广告约占当天《申报》的半版篇幅。报社精心制作了特殊的版面设计，广告以标题第一字"哭"套红的大片"血迹"作底，放大为其他字的两倍。上面印有一个泪流满面的愤怒的人头，造成强烈的视觉刺激。广告文案洋洋洒洒五六百字，慷慨激昂，感人肺腑。这则广告以血红的画面、血腥的味道引起人们的恐惧不安与警醒，从而起到突出的抵制洋货和推销国货的目的。

2. 促销手段创新

促销可以通过优惠，吸引消费者关注并购买产品，在短期内产生良好经济效益。外资商品在中国市场的大量倾销使得促销传播的形式被广泛使用，也成为中外品牌激烈竞争的利器，催生了促销形式的多元化。如英美烟草公司和南洋兄弟烟草公司在争夺中国

市场时，英美烟草公司推出送赠品和抽彩活动，南洋兄弟烟草公司就以空烟盒换香烟、在烟盒内附送彩票等办法来吸引消费者。这个时期主要采用的促销形式包括有奖促销、赠品促销、会员促销、捆绑促销、降价促销等。

3. 赠品促销

赠品促销在近代社会十分风行，"同一的商品，一有赠品送顾客，一则无之，一般人往往甚至不研究物价比较贵贱如何，径到有赠品的店里购货"，上文提及的月份牌其实就是赠品形式之一。除了这些精美时髦的画片，还有其他各式各样新奇有趣的赠品，广受消费者喜爱。上海有一家烟草公司，赠品非常独特，这家公司将吸烟者的名字用烫金字体印在册上，并将日记册赠送给常吸某种香烟牌子的人，收到的人都爱不释手，且会继续吸食该品牌的香烟。现如今也有不少企业、组织、公会将客户名称等印在礼品上，其实和这家烟草公司的思路如出一辙。食品业的老字号"冠生园"也十分擅用赠品促销。1935年中秋节前夕，冠生园在报纸上刊出消息：购买冠生园"银河新月"（莲蓉蛋黄月饼）一盒，即可得赏月券一张，凭券免费搭乘冠生园租用的轮渡到吴淞口赏月。此消息一出，消费者们蜂拥而至，纷纷购买冠生园的莲蓉蛋黄月饼。后经统计这次促销活动中共卖出10万多盒月饼，而车船所用开支不足1000元。冠生园在此次活动中还邀请了不少记者参加，将活动场面描绘得有声有色。促销加公关，可以说冠生园这一套组合拳打得是相当出彩。

4. 捆绑促销

捆绑促销和赠品促销类似，两者的主要不同在于产品和赠品的主副关系。赠品促销将产品放在主要位置，赠品只是附带赠予消费者的，消费者在进行购买决策时可能会因为赠品因素，对附送赠品的产品多加考虑，但这并不会成为最为主要的购买动因。而在捆绑促销中，主副关系则没有那么分明，这种"卖一搭一"的方法对于初入市场的品牌而言，提升销量的效果是最为显著的。20世纪30年代初，双妹牌花露水销路广开，年年大卖，这引起了当时中西大药房总经理周邦俊的注意，他受到启发，研制出了一款采用纯鲜兰花香精的花露水，并命名为"明星花露香水"。虽然名字取得响亮，但是刚开始的销量还是没法和双妹牌相提并论，于是周邦俊便想着另辟蹊径，当时十里洋场花花世界，影剧院是重要的消遣场所，周邦俊向影剧院经理提出，将电影票和明星花露香水捆绑销售，在当时，电影票和香水的消费群体几乎就是同一批人，周邦俊的这个方法实在巧妙，一下子就让一个从前汲汲无名的香水牌子名声大噪。

5. 有奖促销

有奖促销也是当时备受各大品牌喜爱的促销方式。这种促销利用了人们的投机心理，虽然有奖促销并不像赠品促销一样，人人皆可获得礼品，但是丰厚的奖项设置往往会让消费者们带着碰运气的心态为之一试，从而大大提升产品的销量和品牌知名度。"无敌"牌牙粉是由民国时期的传奇商人陈蝶仙创办的知名国货品牌。为提升销量，他曾把奖金放在一玻璃小瓶中注入牙膏内，当牙膏用完时，幸运者会发现里面有一个玻璃管，"打开一看，又是一个巨额奖金"。"无敌"牙膏在《申报》上投放广告，奖金最高为2000元，以下1000元、50元等数额不等,得奖者名单将公布于报纸,以昭信实。此广告大大刺激了"无敌"牙膏的产销,该品牌也随之声名鹊起。当时化妆品届的后起之秀"百雀羚"也经常举行有奖销售活动,在20世纪30年代,百雀羚常设各种奖项、奖额若干,中奖者奉送奖金赠品,中奖者姓名、地址也会在《申报》上登载,《申报》还设分馆负责领取奖品奖金等。

大家所熟知的促销方式,如降价促销和会员促销等更常为商家所用。降价促销的目的是提升销量,在短时间内效果良好,但不适合长期使用,否则就可能会增加消费者的价格敏感度。当然,如果是在节日、品牌成立纪念日等特殊时间短期使用,效果则另当别论。1920年是上海广生行制造厂成立10周年,广生行举行了声势浩大的纪念活动。在这次周年纪念活动中,广生行大减价一星期,八折优惠。这次活动不仅扩大了"双妹"的名气,也使消费者得到实惠。会员促销也是常规但效果卓著的促销方式之一,通过会员制了解消费者喜好、提高品牌的忠诚度,提升顾客的留存率、复购率,当时的很多商家都建立了会员制,如上海九福公司设有百龄机大会、柯达公司设有摄影研究会等,在商家与顾客之间建立了关系桥梁与情感纽带。

## 六、传播理念:国货运动与国货品牌

### 1. 国货兴起

自20世纪初始,由民族资产阶级领导、以抵制洋货为内容的连续不断的反帝爱国运动诱发了一场长达40余年的国货运动。这场运动承继了洋务派和早期资产阶级改良思想家的思想,在"实业救国"的爱国主义标语下,展开了轰轰烈烈的制造国货和销售国货的活动。1911年上海绪纶公所、农业公所等十个生产国货衣帽的团体成立"中华国货维持会",旨在"提倡国货、发展实业、改良工艺、推广贸易"。第一次世界大战期间欧洲各国疲于应付战争,大量减少了向中国输入的货物。中国民族工商业趁此契机,积极开展提倡国货、振兴实业的活动。民族工业出现了"黄金时代",工业生产所必需的原料、劳动力、资金融通以及产品市场都处于最有利的时期,提倡"振兴工业""促进工业发达"的社会团体,如民生国计会、中华民国工业建设会、中华实业联合会等纷纷创立,宣传工商实业、介绍国货产品的杂志、刊物也在上海大量出版,如商务印书馆出版的《中国实业杂志》,吴稚晖、汪文溥主办的《中华实业丛报》,中华书局刊印的《中华实业界》等。这些团体和刊物不断地宣传抵制外货、提倡国货,对民族工业的生产和销售起到了积极推进作用。

第一次世界大战结束后,外商卷土重来,加大了商品输出力度,人们"取火要用他们的火柴,点火要用他们的水火油,盛油点灯用的是他们的玻璃制成的灯"。很多人不知道孙中山是何许人,但却知道"大英牌"香烟。利权外溢,遭到不少爱国人士的强烈抵制。五四运动之后,为了和"洋货"区隔开来,防止国货在混乱中受到牵连,人们还对国货进行了界定,其中又以1928年9月工商部颁布的《中国国货暂定标准》最为清晰。该标准规定了国货的四原则:一是资本,股本必须全属国人,于必要时得利用外资为流

动金,但不得附有妨碍经营主权之条件;二是经营,经济权、营业权、管理权应属国人,但技术各部之管理,于必要时得聘用外人;三是原料,应充分采用国产,于必要时得参用外国原料,唯所用之外国原料,以无相当之本国原料可代用者为限;四是工作,应充分雇用本国工人,于必要时得聘用外国技师,但不得附有妨碍主权之条件。根据以上四原则,把国货分为了六等,足见人们对国货品牌的关注之甚。

2. 国货品牌

国货品牌要崛起,首先要做的事就是提升产品质量。这一时期,涌现出了不少优质国货,如荣氏兄弟的兵船牌面粉、三友实业社的三角牌毛巾、华成的美丽牌烟草、东亚公司的抵羊牌毛线都是一等一的上好国货。

1921年,从美国学成归来的宋棐卿,目睹当时国内毛线市场上洋货当道,国人买的、穿的没有一种是中国人自己生产的毛线,遂萌生了开办一家毛纺厂的念头,几年后,"抵羊"牌毛线应运而生。"抵羊"因谐音"抵洋",又宣传称"国人资本,国人制造",一经上市,就旗开得胜。但宋棐卿并未就此止步,由于抵羊牌毛线开始技术并不成熟,质量上存在着先天不足,宋棐卿就从两个方面下手解决质量问题。一是从设备上,公司草创初期由于资金有限,只从英国购置了两台480锭的粗纺机,投产以后,发现毛线线条不均匀,颜色不鲜亮,市场的前景一度暗淡,宋棐卿急忙购进毛衣编织机,将毛线再织成毛衣,才得以脱手。另外又购进新设备,原料改用澳洲毛条,工序上也加以改进。另一方面就是引进技术人才,专门斥资建立实验室,对国外优质的毛线进行化验分析,找出自己产品的不足,不断地改艺流程,使抵羊牌毛线的质量逐步完善,有些产品丝毫不逊于市场上的洋货。

3. 国货展览会

为了促进国货品牌产品的推广,南京国民政府由工商部策划及举办全国性展览会,设立评选颁赠奖项给优质的参展国货,由国民政府、各地商会和各大商家联合组织,通过陈列展出、将货比货,比较国货品质、包装上的差距,以达到实用与美观并重的目的。同时对外向民众开放展览,以使国货更方便为国人认识与购买。工商部在1927年颁布了国货陈列条例,鼓励各省市筹办国货陈列馆。据粗略统计,1937年之前,共举办了250余次国货展览会。其中,规模最大的一场国货展览会要属1928年11月1日至1929年1月3日在上海举办的中华国货展览会。这次展览共征集到了全国22个省4个特别市的13271件产品,"东自辽沈,西迄川黔,南暨滇粤,北达察绥,均有物产到会陈列"。全会共历时64天,参观人数竟逾130万。透过这些历史数据,国货展览会的影响可见一斑。这些由官方参与的行为是国货运动顺利开展的保障。特殊时期的国会展览会有着深刻的意义。一是厘清了国货标准,使普通民众明白了究竟怎样的产品才算国货。1928年9月,工商部颁布的《中国国货定标准》中以资本、经营、原料、工作四原则将国货划分为六等,展览会上还会给优质国货颁发奖章。二是推动了国货销售。不少国货展览会上都会设置临时售卖机构,如1915年全国国货展览会就设有约卖部,"所有陈列各品,新奇丰富,质美价廉,除非约卖品外,均可当场订购,爱用国货者,幸勿交臂失之"。三是推广、宣传了优良的国货品牌。消费者能直观地感受到国货的进步。当时有消费者形容："各大公司各大商店所出品之货物，均极精良工细，人一见之后，爱国热忱，亦为之油然而生。"可见，国货展览会不仅营销推广了国货品牌，更是宣传、培育爱国情怀的重要方式。

图 2-15 中华国货展览会

图片来源：东海证券.《硝烟下的国货运动》［EB/OL］.（2020-8-11）［2022-3-12］, http://edu.longone.com.cn/app?d=www&c=Longxingdonghai&m=LgpHistory_Details&id=4576.

4. 国货广告

除了提升自身的产品质量，利用展会增加曝光以外，国货品牌还擅用广告宣传，创作各种爱国主题的广告以吸引国人购买产品。如中法大药房生产的"人丹"直指日本"仁丹"，在报纸上大登广告"欲洗奇耻，速用国货，中国人请服中国人丹"。大爱国牌香烟则登出广告语"诸君，吸烟事小，爱国事大，务望一致提倡国货，以免丧失利权"，以国家利权大义的角度劝告国人吸国产烟，突显品牌格局。三友实业社更是在广告中将"支持国货"论作国民的义务："中国人自己有了的，却莫再用外货，造成商战的趋势，护助国货的成长，也是国民的天职。"国货运动中的民族工商业者，积极主动地利用国货运动的势头，以种种振聋发聩的爱国言说，劝诱着国人的良心与责任心，这是一种时代的表达，更是一个时代国货独特销售主张的话语表达，其广告话语中也不乏可圈可点之处，助力不少国货品牌突破了被洋货遏制住的生存瓶颈，获得了新生。

## 七、中外品牌案例

1. 英企纶昌公司

纶昌漂染印花有限公司（China Printing And Finishing Co., Ltd.）由英国人建于1925年3月，是当时沪上纺织印染业规模最大的印染厂之一，有工人2300多人，靠着600万的雄厚资金，通过恶性跌价的方式打压当时的上海印染厂，导致其两度无奈停工，可见当时纶昌势力之庞大。但是随之而来的国货运动却给了英商以沉重的打击。由于国货运动兴起，国货品牌的逐渐建立，洋品牌不再走俏，只能通过一些灵活变通的方式迎合民众的心理，向国货靠拢。为了不丢失中国市场和中国民众，外商不得不遮掩自己洋货的特性，进行中国本土化的生产与销售。

一是采用"中国制造"这个与国货相似的概念进行推广。为了抢占市场份额，纶昌选择强调"完全中国制造"混淆"完全国货"，以拉近国民距离，找到认同感，增加销量。

二是使用"在地化"策略进行商标的设计与推广。在商标的设计思路上使用近似于国货的诸多图案来推销自己的产品。与20世纪20年代初期洋货走俏时期洋商极力在广告显眼位置强调商品产地国与洋行商号完全不同，使用迎合当时中国民众审美与民族情感的内容，通常采用的图案样式来自于极具中国特色的传统文化习俗中的背景题材，如历史人物形象、戏曲演义形象、民间神话传说、动植物花卉、吉祥纹饰、文字标识、民众生活等，符合国人的赏析与识别情趣。当时的外资企业为了融入中国本土，在商标图案上多采用民俗题材，如英商好华洋行的《梅龙镇》、英商泰隆洋行的《崔莺莺》。纶昌纺织公司的商标"七朵玫瑰"融合了中国传统元素，民国时期的结婚证上面就有玫瑰图案，因而以传达吉庆祥和的精神理念为宗旨，迎合人们喜爱喜庆的心理，7朵玫瑰寓意"喜相逢"含义。

三是广告设计着力塑造品牌形象。纶昌的广告设计具有现代广告版式的基本要素，整个版式设计包括公司名称、公司产品、产品特点，以及公司的概况等信息，通过版式中的字体对比、色彩对比、公司实景图片的应用进行广告营销、公司形象输出。还通过印有品牌标识的多种赠品形式推广商品品牌。从设计上可看到公司在商标运用、企业宣传、品牌形象树立、营销推广等系统化的实施和管理上都初具品牌战略意识。如纶昌公司的店招，巧妙使用左右对联式设计，强调产品特色。除了做实用性的广告宣传，也会附带像 CI 系统中应用部分的设计。如在镜子背面加入纶昌公司的商标，将纶昌品牌融入百姓生活中，尤其女性每天都会用镜子，大大宣传了纶昌品牌。此外，出现了宣传三折页，封面设计是纶昌的品牌名称和商标加洗衣单，"自纺""自织""自印""自染"字样随飘带出现，展现产品的特性。此外纶昌公司的信纸便签依然重复印有其宣传品上的广告语、公司名称、商标等信息，可见其设计系统之完整。洗衣图保单上除了一贯宣传的"永不褪色"，还加入了"包退包换"的售后服务信息。可见，纶昌公司在自己的品牌形象上已有了系统而统一的规划。外资企业的品牌管理与广告促销对民族企业的发展产生了促进作用，民族企业在国货运动的背景下，品牌管理也趋于成熟。

2. 荣氏企业

中国近代民族企业的发展有许多先天性不足，外国资本的挤压与封建势力的压迫困扰中国近代民族经济的发展。荣氏企业包括了以荣宗敬、荣德生兄弟为中心的茂新面粉公司、福新面粉公司和申新纺织公司三大企业系统，它们是旧中国最大的民族资本企业，在面粉、棉纺两大行业中居于首位,曾有"面粉大王"和"棉纱大王"之称。在近代中国市场如此恶劣的背景下,荣氏企业是如何发展的?

图2-16 荣宗敬(左)、荣德生兄弟(右)

图片来源:澎湃新闻.《抗战中的企业|"红牡丹"牌面粉:走向世界的民国制造》[EB/OL].(2015-8-20)[2022-3-12],https://www.thepaper.cn/newsDetail_forward_1345067_1.

荣氏两兄弟出身钱业,先后在钱庄当学徒,后在上海与人合股开设了广生钱庄;1896年荣氏兄弟与人创立公鼎昌茧行,钱庄与茧行互相合作,实现了双赢,这是荣家资本原始积累的开始,为以后转向工业投资作了基础准备;1905年荣氏作为发起人,联合怡和洋行买办等在无锡筹办振新纱厂,这是荣氏兄弟经营棉纺织业的开端;1912年,荣氏兄弟在上海创办福新面粉公司;1915年,荣氏兄弟在上海创办申新一厂,此后陆续建至申新九厂;1921年,位于上海江西路的三新总公司成立,固定资产达到1959万元,荣氏企业正式形成。此后,荣氏企业走过了百年历程,至今仍然活跃在世界经济舞台上。总结荣氏企业的经营理念可以概括为以下几个方面。

一是重视产品质量与品牌建设。1915年,荣氏兄弟创办申新纱厂,坚持质量至上的原则,使申新棉纱能够与日商在华纱厂同价竞争。同时,注册"人钟"商标,以此来保护自己的知识产权和提高产品知名度。随着申新纱厂棉纱质量的口碑不断提升,人钟牌棉纱商标在全国范围内逐渐为人知晓,成为市场上极具信任感的品牌。

二是重视人才与管理创新。1919年创办申新三厂时,工厂仍采用中国早期棉纺织企业的落后管理方式,并且因裙带关系拉帮结派,严重阻碍了生产的发展。荣氏兄弟借鉴了欧美及日本纺纱厂的管理经验,对工厂管理制度进行了大刀阔斧的改革。引进具有高素质的专业人才,对效率较低的旧式机器进行修理改造。改革管理制度,集中生产经营权,以技术管理责任制代替工头制,使得生产经营权得以集中,提高技术在管理体制中的作用。改革分配制度,实行生产定员制、劳动定额制、论货工资制及论工赏罚制,极大地提高了工厂职工的工作积极性,增加了经济效益。

三是有社会责任与家国情怀。坚持经济效益与社会效益的统一。荣德生说过:"我是

一个实业家,不是一个资本家,所有的钱都放在了事业上面。"自1906年起,荣德生在家乡创办了4所公益小学和4所女子小学,1919年,又筹建了一所公益工商中学。1916年,荣氏企业创办了我国历史上第一个乡村图书馆,并储藏了各类书籍,吸引了大量学生和地方人士前去借阅。对于社会责任的承担造就了荣氏企业的优质社会形象与品牌口碑。

3. 出版机构品牌:中华书局

在近代工业文明和资本主义的冲击下,中国不仅开启了中华文化由传统向现代、由封闭向开放转型的历史进程,也开启了现代出版业滥觞、发展、壮大的历史进程。在民国短短的数十年间,涌现出了一批以弘扬学术、传播文明为文化责任,以公司制和股份制为运营机制的久负盛名的出版文化企业。商务印书馆、中华书局、世界书局、大东书局、开明书局、正中书局等六家著名的出版文化企业,以其深厚的文化情怀和卓越的经营业绩,成长为引领时代、激荡潮流的"民国六大书局"。其中,中华书局成立于1912年1月1日,1913年改组为股份有限公司,是集编、印、发一体化的企业。它最初以"教科书革命"为口号,大量发行民国新式教科书,随后积极开展新式印刷业务,拓展多元业务,大力发展分支机构,实现扩张。1937年前后,中华书局在海内外开办分局40多个,营业额达到1000万元。民国时期它编印出版了《四部备要》《古今图书集成》《辞海》等一批大型出版文化工程和几十种杂志。回溯历史,中华书局何以能够在学术界独树一帜,并与商务印书馆一道成为民国时期出版界的"双子星座"?当然缘于中华书局逐步制定的科学化、规范化的企业管理制度。

一是它的融资模式比较独特。初创时吸纳官僚资本和社会名流入股,1913年,改组为股份有限公司,成立董事局;1917年,中华书局发行股票;抗战期间,中华书局发行的股票为当时少见的凹版印刷,票面正中是中华书局的标志,票面的两边则印刷着"中华书局"字样,十分精美;还通过"股约"融资用于解决较短时间内的流动资金不足。如在一本书处于策划阶段、没有上市之前,会提前在公开媒体上向读者实行征订并收取一定订金。1919年7月25日,中华书局在当时发行量最大的《申报》上登载"股约"广告:"教育部审定新式小学教科书……凡在阳历七月底以内预定者,照定价四折实收,以促国货之普及。预定各教科书每百本收定银一元。外埠函定及向分局或经理处预定者,照定价加运费二厘,过期仍照六折发售。"1929年中华书局吸进民间资本,创办中华教育用具制造厂,开展多元经营。该厂生产的产品近1万种,主要是各种科学实验仪器、幻灯工具和教学用具,取得了较好收益。

二是中华书局在人员进用、培训、考核以及激励等方面逐步科学化、规范化和制度化,从而保证了其经营目标的顺利达成。中华书局的编辑人员(包括局外编辑),其中不乏知名人士,早期有梁启超、范源廉、徐元诰、马君武、戴懋哉、张相、高野侯等人,以后有舒新城、金兆梓、田汉、张闻天、左舜生、陈启天、潘汉年、王宠惠、李登辉、徐志摩、谢无量、马润卿、张士一、朱文叔、章丹枫、周宪文、钱歌川、钱亦石、张梦麟、周伯棣、郑午昌、葛绥成、桂绍盱、武育干、陈伯吹、李平心等人。他们或是由熟人朋友引荐介绍，或是由书店直接物色聘请，或是经招考择优选拔录用进入中华书局，担任着选题组稿、编辑加工乃至著述编译等重要工作。

三是中华书局在生产管理上的精品化要求。中华书局的精品化管理贯穿于图书的编辑、印刷、发行等各个环节，图书的文字出错率被控制在极低的范围内，在图书版式设计、装帧、用纸等方面也达到了业界的领先水平。为了在图书的印刷质量上取胜，花重金从美、德等国进口了一批先进的印刷设备和白度较高、强度较好的道林纸，使图书在形式上得以取胜。图书内容的精品化从《四部备要》《古今图书集成》《辞海》等大部头图书的编辑出版过程中可以窥见。《四部备要》选用的版本是经过清代学者校勘、考证过的印本，在编印之初就请宿儒悉心校对多至10余次，对原书中的讹误之处进行处理，出版后又多次勘误。到1934年重印时，中华书局在《申报》上刊登了一则广告，称如果能在《四部备要》中发现一个错字就能获得10银圆的酬金，此事成为业界美谈。

四是生产经营的多元化。中华书局的主营业务是图书出版，在主营业务之外兼做其他经营，如发展印刷业务、发行期刊、经营文具仪器、开办教育培训机构等。这些副业不仅为中华书局带来了巨大的经济效益，同时也产生了一定的社会效益。多元化管理基于这样的经营理念：书业为主，印刷为辅，多业为补。书业是书局产品生产经营的重心，1912—1949年的38年中，中华书局共计出版图书5908种，约占民国出版物总数的14%；印刷业是中华书局的经济支柱之一，1936年以前所占的比例在20%～30%；发行期刊、经营文具仪器、开办教育机构等是作为中华书局的补充业务而存在的，这些副业不仅带来了经济利润，更重要的是扩大了中华书局在文化界和教育界的影响力，实现了中华书局的品牌增值。

图2-17　中华书局

图片来源：中华书局有限公司.《中华书局的创立》[EB/OL].(2011-12-22)[2022-3-12], http://juqing.zhbc.com.cn/web/c_0000003200080001/d_10338.html.

五是发行渠道的管理。中华书局广设分支局，在北京、天津、奉天、南昌、汉口、广州、杭州、南京、温州设立了9处分支局，印有两本《办事通则》作为管理分局的规章制度；设置监理人监督分局，制定了《视察分局简章》，明确分局的主要任务就是推销本局出版图书。推销的手段可以归纳为三种：一是依靠当地旧书店代为推销，二是依靠当地中小学校长，三是依靠当地乡绅。此外，在各大中小城市设立了特约经销处，有效填补了分布于大城市的分支局发行网络的遗漏。还以通信贩卖部作为满足顾客对图书、文具、仪器等需求的零售发行机构。体现以顾客为中心的服务意识，对出版企业树立良好的公共形象有积极作用。

## 第三节　近代史之抗日战争后

天下艰难际，时势造英雄。在14年反抗日本军国主义侵略特别是8年全面抗战的艰苦岁月中，全体中华儿女万众一心、众志成城，凝聚起抵御外侮、救亡图存的共同意志，谱写了感天动地、气壮山河的壮丽史诗，涌现出杨靖宇、赵尚志、左权、彭雪枫、佟麟阁、赵登禹、张自忠、戴安澜等一批抗日英烈和八路军"狼牙山五壮士"、新四军"刘老庄连"、东北抗联八位女战士及国民党军"八百壮士"等众多英雄群体。无论是正面战场还是敌后战场，无论是直接参战还是后方支援，所有投身中国人民抗日战争中的人们，都是抗战英雄，都是民族英雄。在座很多人都是抗战的亲历者、见证者，经历了战火洗礼，把青春和热血献给了人类和平事业。

——习近平在颁发"中国人民抗日战争胜利70周年"纪念章仪式上的讲话（2015年9月2日）

### 一、历史背景

1931年"九一八"事变，日军在100天内占领整个中国东北地区，次年3月1日，在中国东北地区建立一新政权，定名为"满洲国"。1937年卢沟桥事变，日军从卢沟桥进攻平津地区，不久华北地区沦陷，日本全面侵华战争爆发，中华民族的全面抗战也开始了。1937年7月8日，中共中央通电全国，号召国共合作和全民族团结，建立民族统一战线，抵抗日本的侵略。在中国共产党的推动下，以国共合作为基础的抗日民族统一战线正式形成。在14年抗战中，中国共产党坚持了抗日民族统一战线中的独立自主原则和依靠广大人民群众的全面抗战路线，实行了持久战的战略方针，开辟了广阔的敌后战场，建立了敌后抗日民主根据地。

抗日战争期间，中国存在着三种政权，分别是南京国民政府，中国共产党的新民主主义政权，以及侵华日军和其扶持的傀儡政权。三个区域分别是国民政府，即国民党一党专政下的统治区域，俗称"国统区"；日伪政权控制区域，俗称"沦陷区"；以及中国共产党领导下的各解放区政权。三种政权代表着三种不同性质的政治、经济、文化制度和政策，决定了它们的不同命运和前途。中国共产党领导的各革命阶级联合专政的解放区新民主主义政权不仅适合中国国情，也适应世界反法西斯战争中的人民民主潮流，是整个新中国的雏形。毛泽东曾说："各根据地的模型推广到全国，那时全国就成了新民主主义的共和国。"

抗日战争把中华民族拖入灾难深渊，也中断了中国民族工业崛起之路。在极为恶劣的环境下，民生凋敝，经济由国民经济过渡到战备状态，举步维艰。但是中国的企业在这样的环境下，改变企业的品牌策略，艰难的存活下来，参与物资撤退转移，在后方发展经济，积极以一己之力支持前线战事，保存了民族的经济血脉。

## 二、商业环境

### 1. 国统区的商业环境

抗日战争时期，国统区后方工业基础薄弱，富饶的资源长期未能得到开发和利用，而战时军需民用骤增，消费能力大大提高，国民党统治区物资匮乏的情况，确实是严重存在的。抗战开始后，对外贸易日趋困难，这固然加剧了物资供应困难的局面。抗战期间，国民党政府除对重要出口农矿产品统购统销，实行贸易管制，还对部分日用必需品、燃料、重要原料和工业器材等实行管制或专卖以及直接从事商业性经营。如1940年8月设立全国粮食管局，负责办理粮食产销储运调节工作，并于各省设置粮食管理局，各县设置粮食管理委员会，作为各地实施管制的分支机构；1941年7月改设粮食部，进一步强化粮食管制；1942年设立经济部物资局，加强对花纱布的管制，采取"以花控纱、以纱控布、以布控价"的政策，对民间及各商号的存纱进行登记，禁止未核准之棉纱外运；1942年底花纱布管制改由财政部负责，设花纱布管制局专司其职；1942年起国民党政府财政部先后对盐、糖、火柴、烟类实施专卖，实施专卖后，完全排挤了盐商，独霸了食盐流通领域。国民党政府实施专卖的基本出发点在于增加财政收入，其主要手段仍然是贱买贵卖，以至桂林《大公报》1943年底发表的《论专卖》的社论中感慨道："桂林食盐价格，五、六月间每市斤七元八角，八月涨为十二元，十月增为十五元，十一月间更增为二十六元。半年之内，增价三倍……遂令人有专卖价格领导一般物价上涨之感。"管理也更为严密，但市场仍然极为混乱。当时的四大家族控制的厂商凭借特权从事投机，造成黑市比管制市场兴盛，成了四大家族及些官员贪污中饱、牟取暴利的保护伞。

### 2. 解放区的商业环境

由中国共产党领导的抗日革命根据地时刻受到日伪的包围、封锁和"扫荡"。一方面要抵御日寇的经济掠夺和破坏，并打破其封锁；另一方面，又要在艰难危险的战争条件下，保持根据地内部的正常商业流通，保障军需民用。在这种情况下，抗日根据地实行了"对外统制，对内自由"的商业政策。在陕甘宁边区，政府规定："边区的商业政策，对内自由贸易，奖励发展私人商业；对外调剂输出入，鼓励土产输出及无代用品的必需品输入，限制迷信品、奢侈品的输入及边区自给不足的必需品的输出。发展商业合作，便利人民交换，抵制商业资本过分剥削。贸易局的成立，即在于配合私人商业作有计划的对外贸易,打破经济封锁、开辟贸易路线,调剂市价,指导商业等。"边区经济尽管受到国民党顽固派的经济封锁,但是由于生产恢复发展,商业还是有所恢复发展,市场也是比较繁荣的。以延安市为例,1936 年共有私商 168 户,其中资金在 5 万上的仅有 2 户,万元以上的有 5 户。到 1940 年,私商户数增至 20 户,其中资金在 5 万元以上的 32 户(内有 7 户资金在 10 万元以上),1 万元以上的 38 户。解放战争时期,随着解放区的不断扩大,为了保障供给、控制市场,解放区政府经营的公营商业也迅速发展起来。在 1947 年 7 月战略反攻以前,由于各解放区尚处于战略防御阶段,拥有的城市很少,公营商业的作用主要表现在对敌易斗争和保障部队供给方面,规模尚不算大。1947 年下半年以后,随着解放区连成一片和城市的不断解放,国营商业不得不承担起调控市场和保障大规模作战的需要,因此迅速发展起来。

3. 抵制日货

抗日时期,抵制日货运动达到了又一高潮。抵制洋货运动在中国历史上曾经出现多次,比如 1919 年因为中国无法收回山东权益而引发的五四运动,中国的学生及知识分子提出了抵制洋货的号召;1927 年日本出兵山东,制造济南惨案,国民政府为此号召全国民众"对日本进行经济绝交"。但是"九一八"事变爆发后的全国性抵制日货运动,在规模上超过了以往历次。

为了彻底抵制日货,各商业组织和日本断绝往来。上海市抗日救国会召开会议拟定抵日策略,"不买,不卖,不用,不运日货"。上海市市民提倡国货会召开会员紧急大会,"对日永久经济绝交,宣誓终生不用日货,开展提倡国货运动"。上海妇女界组织了妇女救国大同盟会,"发表宣言通电,宣誓对日经济绝交"。上海工商界也不甘落后,纷纷开展对日经济绝交运动。上海工商界最重要的联合组织、上海市商会于 1931 年 9 月 29 日成立了实施对日经济绝交委员会,宣布"彻底对日永久经济绝交,如再有对日买卖,由人民严厉制裁"。上海百货业同业公会致函抗日会,表示"为肃清日货,业已决定办法,请派员协助"。随后其便在抗日会的协助下,开始查禁行业内日货。针对租界商人利用租界为掩护,贩卖日货的行为,上海抗日会发出警告,并且制定了处罚办法"先行劝告,劝告不改悟,待店主出租界时进行拘罚"。当时就公开惩罚了数名从业者。因贩卖日货,且屡教不改,上海抗日会对洋布业奸商陈炳章、南货业奸商李嘉甫、水果业奸商欧阳贺、棉布业奸商李仁甫四人,分别处以罚款大洋三千元、五千元、二千元、一万元,而且全部货物扣押充公,并且穿卖国贼衣服,拍照示众。在"九一八"事变之后全民族抵制日货的背景下,对于日本经济的打击立竿见影。根据上海海关数据,仅上海一个口岸进口日货就减少三分之二,在上海经营的日商业务陷入窘境。

## 三、传播符号

1. 民族性商标

随着近代国货运动如火如荼地开展,民族工商业者受到"实业救国"思想的影响,在企业商标设计中将民族精神和气节融入品牌文化内涵中,通过商品的销售传递爱国情结,提升中华民族的凝聚力,以爱国救国的情感沟通方式,拉近产品与消费者的距离。

有的商标通过联想、比喻、暗喻、象征等方式进行图形设计,以具象和抽象的设计手法传递品牌的民族精神。就比如在"抵制洋货,提倡国货"的爱国热潮中,天津东亚毛纺公司的"抵羊"牌绒线商标,以"抵洋"与"抵羊"两词谐音联想,意味深长。商标以两只互不退让,死死相抵的山羊形象为主,采用直观的具象图形展现中华民族面对强权,永不屈服的爱国情感。

**图 2-18 "抵羊"牌商标**

图片来源:天津工业档案文献网络展:《"抵羊"牌商标》,[EB/OL].(2022-3-12)[2022-3-12],https://www.tjdag.gov.cn/zh_tjdag/wangShangZT/ZhuanTiZT/tjdag/wszt/ztzt/gydag/xp/9840823/index.html.

抽象图形的运用也是这一时期用来象征民族情结的常见表现手法。与具象图形直观表达的手法不同,抽象图形容易让人产生联想,产生寓意深刻的视觉效果。如澳门东兴火柴厂注册的"六耳"牌火柴商标,它的商标以中国结的传统盘长纹图案为主,将传统图形元素进行抽象化设计,通过符号的传统寓意表达中国人民团结一心、振兴国货、挽回权利的爱国之情。

说到这种符号特征,当时的国货品牌也不忘使用传统民族符号。龙头牌采用龙的形象推销国货酒精,龙是中华民族的图腾,为产品增添了几分民族感。中国福新烟总公司用站立山顶的雄狮来推销"金字塔"香烟,雄狮象征着即将觉醒的中国不畏强暴、抗战到底。"长城牌"以坚不可摧的长城象征中国军民强大的抵抗力量,体现中国人民众志成城、百折不挠,万众一心,共御外侮的抗战精神。

2."光华券"

在抗日战争期间,中国共产党领导的各抗日根据地时刻受到日伪的包围、封锁和"扫荡",在艰难危险的战争条件下要保障军需民用,边区不仅发展农场经济,也开始发展公营商业、保障军民供给。边区政府决定设立公营商店,并成立了"光华商店",总店设于延安,隶属于边区银行。光华商店是抗战时期边区政府设立的第一个公营商店,之后随着业务的扩展,光华商店先后在各地设立分店,截至1940年10月底一共有7家,到1941年分店增加到了22家,1942年发展为28家。光华商店从国民党统治区批发购入货品,以供应给边区内市场,如纸张、文具、日用品、洋布、棉花、皮毛等。也从民众手里直接购买各种种植作物,促进了边区传统农业和特色产业的发展,保障了边区供给。

因为国民党对边区进行经济封锁,为解决财政困难,边区银行于1940年印发了面额为柒角伍分的光华商店代价券,也就是"光华券"。群众和商人都主动使用光华商店代价券,以至于流通范围越来越广,甚至于扩散到边区之外。光华券虽然不是银行正式发行的货币,但边区银行对光华券负有担保和兑换的责任。有了边区银行的担保,光华券有了可靠的保障,深受边区人民群众的信任。光华券前后共发行有二分、五分、一角、二角、五角、七角五分6种面额7种版别,其中1938年发行面额为二分、五分、一角、二角、五角,共计5种版别,后又增发年份为"1940"年的面额为五角、七角五分的2种版别,其中七角五分的面额在我国货币史上是独一无二的。1938年版的光华券背面均印有光华商店公告三条:"一、为便利市面流通特发行代价券;二、凭此券二张或其他通用小票凑足拾角即兑换法币壹元;三、此券发行十足准备,准备金全部存放边区银行,由边区银行保证并代理兑换。"光华券以光华商店作为资产支撑发行,与当时市场流通货币法币的法定兑换比例为1∶1。为了保障法币的发行量,边区政府严格控制代价券的发行量,到1938年底,光华券的发行量仅为9.9万元。1941年"皖南事变"后,国民党对边区采取军事上包围、经济上封锁的战略,边区市场上的流通法币锐减,为继续抗战,发展边区经济,边区银行发行边币,同时收回光华券,至此,光华券完成其历史使命退出了历史舞台。

**图 2-19　光华券**

图片来源:中国金融思想战线网.《红色金融史(三):抗日战争时期,红色金融扩大发展》[EB/OL]. (2020-07-03)[2022-3-12], http://www.cfthinkingfront.cn/news/8878.html.

## 四、传播手段

1. 广告

随着商业经济与科技的进步,广告行业已初具规模,广告形式有报刊广告、橱窗广告、邮寄广告、广播广告等,而报刊广告以其发行量大、覆盖面广、连续性强以及图文并茂等特征，在近代广告业中雄踞榜首。如《申报》以刊登的广告内容多、篇幅大而闻名。广告收入成为报刊收入的主要来源，"报刊于售报外，其大宗收入，本以广告为首"。

本时期的报刊广告从商品类别上反映了时代发展与人们生活方式的变迁，如出现了新的生活物品有自来火（煤气）、汽车、电话等；新的娱乐方式有电影、高尔夫球、跑马等；新的产业则有银行、保险、邮局、房地产业等。如《申报》有汽车新闻版，介绍汽车的品牌、性能、燃油、配件以及旧车市场的消息，并刊登车类商标指南专栏。每则商标被框在一格小框内，只登商标图案，还特别刊出"此类广告，刊费最省，效力最大"的告示。世界知名汽车品牌，如雪铁龙汽车、道奇汽车、别克汽车、福特汽车等，都做过此类广告。在报纸广告创意上也突出新奇表现，善用广告的语言、图像去影响人们的感觉器官，使商品逐渐印入消费者的脑海，诱发其对商品的好感，刺激消费者的购买欲望。如华成烟草公司刊于《申报》的一则广告："本月六日起，隔日刊载连续故事画《陈圆圆画传》。每次一图，附有文字说明。可作图画看，可作小说读，颇饶兴趣，请读者注意！"在其后的每期连载故事下方，都附有华成烟草公司的美丽牌香烟等广告，让喜欢读连环画的读者都顺带地记下了该公司的品牌。再如著名的大中华橡胶厂有限公司所做的双钱牌汽车广告，展示了国民政府文官处、美商美昌公司、台湾工矿处公路局等单位的购买信函，用政府的采办函说明产品的信誉高，用外商的采办函说明国货胜于舶来品，让消费者觉得双钱牌轮胎"经久耐用，无与伦比"的广告的确是货真价实的。此外，抽奖方式的运用、名人效应的运用、节日营销等比比皆是，让商品借助于报刊的发行而传播到千家万户。

2. 爱国主张

九一八事变以后，面对民族危机，全国上下掀起了空前的爱国热潮。一时间，反对日本对华侵略、抵制日货成为全中国人民的心声。各类爱国标语也借助于不同的传播形态广泛传播。商人们纷纷把表达爱国热情、宣传抗日的爱国内容融入商品广告中。从广告中我们可以看到："救国新声。当此国难严重之时，吾工商界不能赴难杀敌，唯有竭尽智能努力于国货之制造，以冀挽图利权，集中财力亦未始非救国御敌之一道。龙门牌热水瓶即应此需要而发行，故质美价廉，异乎寻常。所望爱国同胞格外予以提倡至深幸。""空谈爱国，不如实际救国；实际救国，最好服用国货——中国国货公司。""救亡图存，匪异人任；果真热心救国，请君勿忘热心牌热水瓶。"各类广告主张既表达了商家的爱国情怀，同时也致力于弘扬国货、抵制日货的消费主张。1931年10月4日，《申报》头版整版登载了"金耳"补品大王广告，"抵抗日货之一道，国产金耳用于酒席，名牌金耳席，超胜日本鱼翅"，开创企业抗日广告之先河。同日，冠生园食品公司以"冠生园在抗日运动中"的广告，右上角有"打倒日本帝国主义，抵制日货贵在力行，尤贵乎有恒心，提倡国产不尚空谈，要做实际工作"的口号，这是抗战时期民族企业第一次在报纸上提出抗日口号。此后此类的抗日爱国广告如雨后春笋，纷纷出现。当时的章华毛纺厂抓住国人爱国心理和痛恨"九一八"事变后，日本侵占我东北三省的民族情感，抓紧生产出章华"九一八"牌薄哔叽，并发布各种广告，大力宣传，号召国人铭记"九一八"

事变,购用国货,抵制日货哗叽的竞销。

国内的药品企业也加入了国货救国运动。国家在这样的危急时刻,更需要有强健身体的有志之士加入,个体若不能血战沙场报效祖国,那么也要有强健的体魄,做国家的后备军,这也是个人力所能及的抗战贡献。这就是当时国内药企的思路,将救国和买药强身画等号。补血润肺止咳的泰和麦精鱼肝油就打出"救国必先强身"的标语:"暴日侵我东北,焚杀掠夺无所不为,虽我国民奋起抵抗但仍然没有改变现状,主要原因是我国贫弱,救国良策莫过于有强健之体魄。""虎标"的感冒药八卦丹提出:"必须人人均致力于救国工作,但致力于救国工作,必须人人有健全体魄不为功,倘若病魔缠绕,身体瘦弱,且自身尚且难保,何能救国?"国货产品在人民空前高涨的爱国热情中得到迅猛的发展。

## 五、传播策略

1. 国货复兴

20世纪初,帝国主义国家忙于一战,暂时放松了对中国的经济侵略,使得处于夹缝中的民族资本主义得到了极大的发展,中国新建厂房超过600家,涌现了一批民资国货的新兴力量。在抵日风潮下,国货品牌也纷纷响应,通过多种策略来宣传国货。首先,在国货救国的感召之下,推出以"抗日"为主题的商品,如抗日毛巾、抗日贺年卡、抗日白金怀炉等。有的商品甚至以"九一八"国耻日冠名,如福昌烟草公司的"九一八"香烟。除此之外,"九一八"纪念表等都是商家用来警示国人、勿忘国耻特别推出的。还有不少商家在品牌命名上寄予国人抗战到底的寓意和决心,如"无敌"蝶霜、"无敌"蜜橘汁、"无敌"蚊香等,这些产品名称除了向消费者保障产品的质量之外,还表达了中国人抗战必胜的决心。

国货品牌为了宣扬爱国精神,偏向选择战斗英雄作为代言人。以战斗英雄作为典型示范原是抗战动员中常用的方式,用来激发国人学习、效仿、赶超模范的心理。国货品牌将这种方式也应用到品牌传播上。1931年就发生过这样一场战役,日军对江桥发起进攻,直逼黑龙江,马占山率领官兵奋起抵抗日本侵略者,这个故事传遍大江南北。中国福昌烟总公司就推出了"马占山"牌香烟,使用江桥抗战英雄马占山的肖像图做广告插图,同时广告中还讲述了马将军孤军奋战、奋力杀敌的故事,希望"全国同胞一致对外,人人都学马将军"。国货品牌通过英雄人物提升产品知名度,无形中拉近了抗战与普通民众的距离,促使更多的人了解英雄事迹,感佩英雄精神,积极投身到抗战洪流中。

这种爱国主义品牌传播策略还体现在以国家标识作为品牌标记上。从政治学的角度上讲,国旗、国徽、国歌、国家地图都是国家存在的标识,是识别民族国家的重要依据。在当时,许多品牌也将这些国家标识运用在品牌传播上。"九一八"事变之后,东北三省沦陷,中国久益公记烟草分公司生产的三省牌香烟,将东三省地图附在其中,以文字严正指出"三省沦丧,邦国殄瘁",警示世人民族危机已经到来,应当支持国货。国破家亡之时,"超等"牙膏以国歌歌词和国旗做插图,充满了爱国主义色彩,唤起人们内心深处的家国情怀。抗战时期的商品使用国家象征符号，对强化国家认同、激起御敌救亡的热情起到一定的促进作用。当时的国货品牌也共同合作，以全国地图做背景，各省板块由各种国货产品组合而成，共同宣传国货品牌。以这样的地图标识，激发消费者的国家情怀。

图 2-20　三省牌香烟

图片来源：军报记者微信公众号.《抗日战争时期印在香烟海报上的抗日宣传》[EB/OL].（2015-07-15）[2022-3-12],https://www.js7tv.cn/news/201507_14870.html.

2. 沦陷区的品牌抗争

抗日战争初期，由于中日双方军力悬殊，致使半壁江山沦陷于日本侵略军之手，人民被奴役，财富被掠夺，文化被摧残，沦陷区商业日趋萧条，沦陷区人民活在水生火热之中并且奋起抵抗，沦陷区的品牌活动也体现了中国人民对外侮的抗争。其中，上海的天厨"佛手牌味精"就是典型的例子。抗战时期，日本生产的味精"味之素"已进入中国市场，美女牌味之素是日本生产的调味品，也从上海、天津、青岛等港口大量涌入我国沿海市场。由于美女牌味之素在调味方面具有独到之处，再加上它的生产经销商日本铃木商社，在我国沿海地区铺开产品广告，并把它的调味功效说得神乎其神，于是很快打开市场。后来，化工实业家吴蕴初先生看到日货"味之素"在我国各地市场上越发热销，促使他做出重大决定：放弃原先从事炼铁和生产火柴原料等工作，将味之素作为自己今后的重点研究对象。吴蕴初先生认为，日货"味之素"这一新产品，中国人也完全能自己生产。经过不懈努力，吴蕴初终于试制成功了和日货味之素完全相同的国产调味品味精，并将注册商标命名"佛手"，突出其产品不同于日本"味之素"，不从鱼类等原料中提取动物蛋白，而是完全取自植物蛋白，素食信佛者皆可放心使用，这扩大了消费者的范围。同时，佛手在当时的南方是供奉佛像的必备物，形状与供奉佛像的手相像，此外"佛手"可直译是"佛家之手"，在传统文化中，佛家之手是万能的巧手。吴蕴初的天厨佛手牌味精刚刚进入市场，为了在激烈的竞争中生存下去，吴蕴初结合时事和爱

国主义情感,充分运用了广告效果进行促销。在强大的广告宣传攻势下,终于把日本的"味之素"从国内市场挤了出去。天厨一直积极支持中国的抗日爱国活动,1933年2月,天厨出资12万元购买了一架战斗机,并为其命名"天厨号"支援抗战,成为当时家喻户晓的"献机爱国"的抗日模范,受到国内外的广泛好评,天厨味精从此一举天下知。1944年12月17日,吴蕴初的天厨重庆厂还捐款10万慰问湘北大捷抗日将士,以作表率,带动其他企业支援前线。

3. 企业家的爱国心

抗日战争全面爆发后的一年间,沿海经济发展重点城市几乎全线陷落,企业危在旦夕。如果中国政府能充分利用这些地区的工业能力,就会增强我方的抗日力量;而如果这些工业设施毁于战火,就可能使我国的民族工业元气大伤,使中国的抗战实力遭到重创;另外,如果这些企业沦入敌手,就等于将中国约80%的民族工业用来加强日本侵华的实力,其后果将不堪设想。企业需要在战火纷飞、枪林弹雨的前线转移机器设备到抗战后方。在这样的时刻,中国出现了一批爱国企业,努力维系中国经济命脉。作为运输大亨,卢作孚亲自指挥了这场后来被称为"东方敦刻尔克"的大撤退。卢作孚是中国近代著名爱国实业家,中国航运业先驱。他1925年创办"民生公司",从一艘小客轮艰难起家,10年间就发展成为长江流域航运的主力军。在这次大撤退中,需要抢运的不止人员,还有数以万计的工业设备,还会面临日军的轰炸,其难度可想而知。卢作孚向公司员工发出号召:"国家对外战争开始了,民生公司的任务也就开始了。"民生公司放弃了当年最后5个月里绝大部分的商业运输机会,将上万吨重的重要机器和物资从长江下游的上海、南京运到武汉,再运往宜昌,而运费,只有平时的一半。整个抗战期间,其航运公司抢运了各类人员150余万人、物资100万余吨,同时也承担承重代价,共有16艘船舶被炸沉炸毁,69艘船舶被炸伤,117名员工英勇牺牲,76名员工伤残。大撤退后,抢运的工业设备,入川后很快开工复产,构成抗战时期中国的工业命脉。卢作孚认为民生公司"不是一个自私自利的组织,绝对是一个帮助社会的事业。民生公司最后的意义绝不是帮助本身,而是帮助社会"。这一思想后来被概括为民生精神,成为民生公司育人用人、开发产业的指导思想。

在大撤退中幸存下来的企业也积极参与后方建厂。被誉为"中国民族化学工业之父"的范旭东是一个很好的例子。1917年由范旭东创立的永利碱厂,在侯德榜等人帮助下,研制出优质纯碱,突破了外国公司的垄断。1937年,永利工厂即将沦陷,范旭东要求员工将厂内留下的部分蓝图和资料集中在制碱炉内烧毁。同时,范旭东将工厂向内地转移,继续在后方创办实业。1938年,范旭东在四川自流井开办久大自流井盐厂,继续生产和研发制碱新工艺。以永利碱厂为代表的一批工厂迁移至西南大后方后,得以继续生存发展,为几乎没有工业基础的西南大后方注入了强劲的发展动力。危急时刻,企业也尽已所能捐献物资。抗战期间,南洋著名华侨企业家、虎标万金油创始人胡文虎全力支持抗日救国。作为医药起家的企业家,通过经营渠道,从美国购买纱布数万筒,以及大量药棉和绒布,运至香港,然后转运给江苏、上海、北平、天津、福建、广东等地的救护团体。同时，在香港召集毕业于由他捐资建校的红十字救护科的学生 500 余人，组织救护队，分批前往抗日战场服务。胡文虎在他所办的报纸上写道："良以国家兴亡，人各有责，际此全面抗战之时，正吾人报国之日，有钱者出钱，有力者出力，毁家纾难，亦份所宜。"可见当时企业家们的拳拳爱国之情。

### 六、品牌案例：解放区的"南泥湾"

抗日战争期间，中国共产党领导的各抗日根据地一方面要抵御日寇的经济掠夺和破坏，另一方面，又要在艰难危险的战争条件下保障军需民用，根据地也展开了经济自救运动。"百团大战"结束后，日军又加强了对敌后抗日根据地的"扫荡"，造成大量人力物力的损失。国民党又加紧对抗日根据地的经济封锁，严格限制与根据地的货物人员往来，企图饿死抗日根据地。1940 年和 1941 年，陕甘宁边区和其他抗日根据地遇到严重的物质困难。在这一时期革命根据地缺少粮食，战士没有鞋袜，工作人员在冬天没有被盖。因此，1939 年 2 月，中共中央在延安召开生产动员大会，毛泽东号召陕甘宁边区军民"自己动手，生产自给"。中央军委响应党中央的号召，于 1940 年 2 月 10 日向全军发出指示，要求各部队依据不同环境积极开展生产运动。按照中央军委的指示，凡条件许可的部队，均开展生产运动。首先拉开大生产运动序幕的是陕甘宁边区的留守部队，留守部队开展生产运动的初衷是改善战士和人民的生活条件，其规模很小，但是其生产的方式和经验很值得推广。很快在陕甘宁以外区域，党政军机关、民众团体和学校中开展起来，也就形成了大生产运动。在大生产运动中，各个部门陆续创办了农场，也就形成了农场经营为主的经济模式。

南泥湾是陕西延安城东南 45 公里处的城市，1940 年森林考察队发现南泥湾地区，同年末，中央财经处计划开发，将管辖由固临县拨给新中国大农场经营。应当如何开荒？部队刚到这里时，几十里没有人烟，仅有的村镇只有几户人家，几间破烂不堪的窑洞。四周只有一座座荒凉的山坡，坡上长满了齐人高的蒿草。359 旅（原八路军的主力部队），主要负责这块区域的开发和经营。359 旅长王震提出"一把镢头一支枪，生产自给保卫党中央"的口号，号召从旅长到每一个战士、勤务员、炊事员，无一例外地参加生产。刚开始，"创业者们"一无所有，没有房子住，战士们就用树枝搭起简易的帐篷，露宿在山林野谷之中。没有粮食，就赶到 50 公里甚至数百公里以外去背粮、运盐。战士们放下枪，用握惯了枪的双手抄起铁锹，一下一下地把土地翻开来。南泥湾的土地就是被这样一点一点开辟出来的。而后，南泥湾逐渐开发了种粮种菜、养猪养羊、纺纱织布、开办作坊、组织运输等业务，3 年开荒 26 万亩，是全军在生产运动中的一面旗帜。1943 年 9 月，359 旅进驻南泥湾已经三年，开荒 26 万亩，通过养羊喂牛，自办工厂，他们把一个荒凉的南泥湾，变成了富饶的地方。经过辛勤劳动，到 1942 年即做到粮食自给率达 80%，经费自给率达 90% 以上。得到毛主席的高度赞扬，是全军在生产运动中的一面旗帜。中央积极宣传南泥湾的事业，鼓励大家加入大生产运动，便也有了那首脍炙人口的《南泥湾》，用来宣传八路军 359 旅在南泥湾展开大生产运动。该首革命歌曲在中国红遍大江南北,歌词中"陕北的好江南"所指即是南泥湾。这首歌曲的传唱也把南泥湾精神、大生产精神传遍全国。南泥湾精神的核心和本质概括起来就是"自力更生、艰苦奋斗"。南泥湾精神的宣传推广,极大地激发了抗日军民的生产热情。

图 2-21 靳之林的油画作品《南泥湾》

图片来源:靳之林. 油画作品《南泥湾》[EB/OL]. (2022-3-12) [2022-3-12] https://www.12371.cn/2021/03/08/VIDE1615217702605161.shtml.

## 本章小结

本章梳理了中国鸦片战争后到中华人民共和国成立之前的近代品牌传播情况。在中国内忧外患,遭受列强侵略,面对清政府腐败不作为的大背景下,爱国商人的呼声日益高涨,整体商业环境由流行洋货转变为国货抗敌,国货品牌在当时期大放光彩。由此,该时期的传播符号、传播手段、传播策略与古代时期相比,具有跨时代的进步,表现在品牌商标体制完善、广告专业机构的出现、广告创意的运用等。该时期我国的品牌意识在中外竞争中也得到加强,品牌不仅是作为商人盈利的利器,更是作为一个国家民族奋起的象征。

## 思 考 题

1. 简述鸦片战争后中国社会经济结构的变化与基本表现。
2. 列举该时期你印象深刻的国货品牌及其传播活动。
3. 简述近代报纸的产生与报纸广告形态特点。
4. 中国近代的商标设计具有什么特点?
5. 简述国货运动的兴起与发展,谈谈为什么该时期会出现国货运动?
6. 简述近代传播策略的主要形式与特点。

# 第三章

# 中华人民共和国成立以来（1949—1979）

## 学习目标

本章主要学习1949年到1979年我国大陆品牌的传播历史，共分为1949—1952年的国民经济恢复时期、1953—1965年的社会主义改造及建设时期、1966—1976年的"文化大革命"时期、1977—1979年的过渡时期四节。通过本章学习，了解本阶段不同时期的时代背景，理解中华人民共和国成立以来商业环境变化与品牌传播之间的紧密关联，以及特殊品牌事项出现的动因。学习各时期独特的传播符号及其内涵、主流的传播手段和传播策略、具有时代代表性的品牌案例。重点掌握中华人民共和国成立以来我国大陆品牌事业走过的艰难历程、品牌意识在中华人民共和国的萌芽和发展、商标在中华人民共和国的曲折发展、品牌传播在中国社会主义建设过程中的矛盾冲突、市场经济体制引入对品牌传播的意义等知识点。

## 第一节　国民经济恢复时期（1949—1952）

一九五一年全国土产交流工作有很大的成绩。各地国有贸易部门和合作社先后召开了土产交流会议，有的地方还举行了规模很大的土产交流大会和展览会议。在这些会议上，共订立了一万多个土产交流的合同和协议，总值人民币十万亿左右，其中已经执行了的约占百分之七十，总值近人民币七万亿。还有许多土产交流大会是在会外进行的，有许多出口物资和工业原料是由国家通过合作社收购或直接在市场上采购的，这些都没有统计在内。去年各地的土产特产大部分都已销售出去，大大增加了农民的收入，提高了他们的购买力。这对于发展我国工农业生产，活跃城乡经济，改善人民生活，起了重要作用。

——《人民日报》社论《开展全国土产交流工作》（1952年5月12日）

### 一、历史背景

1949年10月1日，中华人民共和国成立，党和政府面临着政治动荡、经济失序的困境。旧政权遗留的反革命势力和各地匪患问题威胁到社会安定，自1949年至1950年3

月，共发生253次较大反革命破坏事件，而1950年的前8个月，全国铁路网遭受了401次破坏。1950年2月，台湾的战机4次轰炸上海闹市区，1000多间房屋被炸坏起火，500多名市民被炸死，杨树浦发电厂被炸毁，全市停电。土匪问题在中国历史上由来已久，新中国成立之初的土匪问题更为复杂，1950年1月至10月，全国共发生816起武装暴动，西南地区被匪特攻打的县城达到100座以上；同年6月，朝鲜战争爆发；9月，战火烧到了中朝边境的鸭绿江边，刚成立的中华人民共和国为"保家卫国"组织中国人民志愿军入朝作战，开始了持续了两年零九个月的"抗美援朝"战争。

从国民政府接收的是工农业生产受到严重破坏、通货膨胀、城市水电交通瘫痪等几大烂摊子，中华人民共和国面临着百废待兴的重任。1950年4月，大米和棉纱的批发市场交易量比1月下降了83%和47%，大百货商店的营业额减少一半，中小商号少了90%。1951年12月至1952年10月，中华人民共和国成立后第一次大规模政治运动——"三反""五反"运动爆发："三反"运动是在共产党和国家机关内部开始的反贪污、反浪费、反官僚主义的运动，"五反"则是在资本主义工商业者中开始的反行贿、反偷税漏税、反盗窃国家财产、反偷工减料、反盗窃国家经济情报的运动。在声势浩大的运动中，大量私营工厂歇业、停工，私人工商户停业、半停业，经济活动出现严重的堵塞现象，基本建设项目纷纷推迟，军事订货减少，商品货币流通遇到了障碍。在华北地区，1952年2月的税收比1月减少了一半。天津市歇业的私营工商户有4000家，影响到40万人的生计。西南地区，据时任西南局第一书记的邓小平报告，问题也相当严重：第一季度的税收减少了一半，重庆一个区有2万人失业，占该区总人口的1/3。不少农村地区还出现了因不准私商做买卖、合作社无法包揽城乡之间的物资交流、农产品卖不出去、农民砸合作社牌子等严重问题。尽快地恢复生产成为当务之急。

## 二、商业环境

### 1. 经济所有制结构

中华人民共和国成立以后，形成了国有经济、合作社经济、公私合营经济、私人资本主义经济、个体经济五种经济成分为主体的多种经济成分并存的所有制结构。根据中国人民政治协商会议第一届全体会议通过的《共同纲领》提出的"使各种社会经济成分在国有经济领导之下，分工合作，各得其所，以促进整个社会经济的发展"方针，各种经济成分共同增长，优先发展国有经济和合作社经济。农业方面，虽然1949年10月开始了农业互助合作运动，但重点在于发展互助组，以解决多数农民缺乏生产资料或劳动力的困难，所以仍以个体经济为主。工业方面，国有经济快速成长，成为国民经济的主导力量，另外国家也审慎地发展了公私合营企业，并产生了国家资本主义这个新的经济成分。而手工业合作社在这一时期也得到了一定的发展，1950年底《中华人民共和国合作社法（草案）》公布，依法对合作社进行规范、整顿，手工业合作社的个数也由1950年底的1300个发展到1952年底的2600个，股金则从151万元上升到443万元。商业方面，从企业数量和批零业务来看，私营和个体经济成分为主，但从产品分类和价格控制而言，国有经济拥有绝对优势，国家通过供销、消费合作社控制市场价格和供求关系。虽然国民经济恢复时期形成了以国有经济为主导多种经济成分并存的格局，但私营和个体经济的作用仍十分突出。根据国家统计局社会统计司编著的《中国社会统计资料》统计，1949年和1952年城市就业情况中私营和个体劳动者人数分别占比95.53%、92.27%。

2. 私营工商业管理

中华人民共和国成立初期，受长期战乱与国民政府通货膨胀政策的影响，国民经济发展受到严重阻碍，国内商业市场受到严重破坏。为加强财政管理，实现财政收支平衡，中央政府在1950年3月发布《关于统一全国财政经济工作的决定》，决定统一全国收支、统一全国物资调度、统一现金管理、统一国有贸易。这一决定实行后，虽然物价得到有效控制，但资本主义工商业的生产和经营却遇到了严重困难：市场商品尤其是日用商品成交量大幅下降；产品供应量锐减；工厂、商店、行庄歇业倒闭严重，社会失业人口上涨。基于此，中央政府着力调整工商业：调整公私关系，在国有经济占主导地位的同时，使私人资本主义经济也能有所发展；调整劳资关系；调整产销关系。1950年12月，政务院颁了《私营企业管理条例》，这从法律上起到了安定私营工商业者、提高他们投资和生产经营积极性的作用。据统计，1950年下半年，上海、武汉、北京、天津等10个大城市私营工商业达3.2万家，是该年第二季度开业户的5.5倍；1951年同1950年相比又增加了11.9%以上，生产总值增加39%，零售总额增加36.6%；私营工业发展也较快，1953年同1952年相比，私营工业的职工增加了8%，总产值增加25%，资金增加10%，利润的增加更是惊人，同比增长达到146%。

3. 社会主义商业的建立

中华人民共和国成立后，党和政府的基本经济思想为公有制经济，但建国初期国民经济尚待恢复，故在采取措施支持私营工商业发展的同时也大力发展社会主义商业，主要分为国有商业和供销合作社。1950年3月，中央人民府政务院颁布了《关于统一全国国营贸易实施办法的决定》，规定中央贸易部是全国国营商业、合作社商业和私营商业的统一领导机关。从1950年3月到1951年，中央贸易部相继建立了十五个专业总公司，商业范围从石油、煤建等生产资料到粮食、百货等生活资料，各总公司根据业务发展的需要，在大区、省、专、市、县设立了大区、省、分、支公司。各专业总公司对所属公司系统实施的统一管理、统一经营主要是通过建立贸易金库和商品统一调拨制度来实现。供销合作社是国营商业的得力助手。1949年1月26日，华北合作委员会在石家庄召开会议，对供销合作社的性质、方针和组织等方面提出了设想。从此，华北地区的供销合作事业迅速发展。除了自上而下地建立了供销合作社的各级领导机关外，到同年7月底，全区共建立了基层供销社9585个，有社员220余万人，占华北总人口的3.38%，为在全国建立合作社商业提供了经验。1950年7月，召开了全国合作社工作者第一次代表会议，刘少奇同志作了重要讲话，会议讨论了《中华人民共和国合作社法（草案）》，并通过了《中华全国合作社联合总社章程（草案）》，同时成立了中华全国合作社联合总社，领导

全国的供销、消费、信用和手工业生产合作社。到1952年底，全国基层供销合作社机构由1949年的22817个，增加到35096个。为了促进合作社商业的发展，国家从各方面给予扶助。国营商业对合作社商业在货源上优先照顾，在价格上实行优待；基层供销合作社在此基础上对社员实行定量廉价配售；中国人民银行借给供销合作社的长期和短期贷款，利率较国营商业低10%；新成立的合作社商业在一年内免缴所得税，上下级社之间调拨商品免缴营业税，所有合作社商业的营业税，减征20%，铁路运输费降低一等。

## 三、传播符号

### 1. 产品商标

中华人民共和国成立后，中国工业从模仿国外到自主研发。重工业领域中，1964年原子弹爆炸成功，氢弹和人造卫星也在紧锣密鼓地研制，轻工业领域也在向独立研发转向。企业厂商通过不断研发新产品来拓宽市场。企业商标的管理也逐步步入正轨。首先，设立相关机构专门管理企业商标。1950年底中央私营企业局设商标处，并开始受理商标注册申请，统一管理全国的商标注册，防止商标侵权。其次，健全商标法律法规。1950年7月政务院公布了新中国第一部商标法规《商标注册暂行条例》，同年9月，财政经济委员会制定了《商标注册暂行条例实施细则》。暂行条例规定了依法惩处伪造、仿造已注册商标的行为来保护注册商标。同时加强了商标行政管理工作，要求卷烟必须注册商标，对滥用缝纫机商标进行制止。上海五行织造厂在其"鹅牌"棉毛衫、麻纱汗衫、卫生衫的广告中，用一只天鹅的图像代表"鹅牌"；大隆油脂工业公司的"孔雀牌"五彩油墨，用一只开屏的孔雀图像象征"孔雀牌"。更有许多固有的品牌商标运用一些方法来强化品牌，如1952年7月，山西的广升远国药庄为强调其新商标图案特意刊登声明"本庄出品龟龄集、定坤丹，自本年六月一日起改换新式装潢上用商标重新注册登记远字图为记，特此声明"。并附带"中央工商管理局商标注册证，第一五四六二号"字样，这一声明强调了新商标的图案和注册号，是"注册商标"的示范。中华人民共和国成立初期，国家对中华人民共和国成立前的标志（尤其是商标）进行了大面积的清理、整顿，停止或者禁止使用了一批标志。商品的包装出现抵制西化现象，淡化产品包装的英文信息且改用中文包装为典型。如原有的金鸡牌产品、民生墨水等纷纷废除原有英文字图案，改用中文包装标识。

### 2. 商标设计

在商标的设计上不仅要考虑名称，还要考虑产品的形象、质量以及信誉等。国家颁布了有关商标和标志的法律，所以当时就有一批商标的名称凸显了浓厚的时代特征，如"解放""胜利""新生""工农""兴华""国庆"等，不一而足。中华人民共和国成立初期商标设计强化了意、音、图相结合的民间图案的特点和特色，不仅追求商标设计的功能性，还要追求用装饰的手法以达到视觉上的富足和饱满，以满足不同群体的使用要求和审美需求。这些商标设计在满足中华人民共和国成立初期审美需求的同时还凸显了厚重的民族艺术特色。如上海益民食品一厂的"光明牌"冷饮可谓是上海人心目中历久

图 3-1　上海五行织造厂的"鹅牌"商标

图片来源：新民晚报百家号. 十日谈｜印象深刻的"鹅牌"汗衫[EB/OL].（2019-09-08）[2022-3-12], https://baijiahao.baidu.com/s?id=1644095689388070225&wfr=spider&for=pc.

弥新的记忆。益民食品一厂的前身是海宁洋行，1926 年开始生产"美女牌"冷饮，1949年后，该工厂被解放军上海市军事管制委员会接管，改名为新华蛋品厂，后又更名为国营上海益民食品一厂，其开发生产出来的冰激凌形为火炬形，结合时代精神需求，由此定名为"光明"，象征着对新中国带来的新生活的展望，赋予了"光明"带给人们的深刻印象与含义，从此，"光明"作为上海食品行业的代表而扎根于几代上海人的心中。

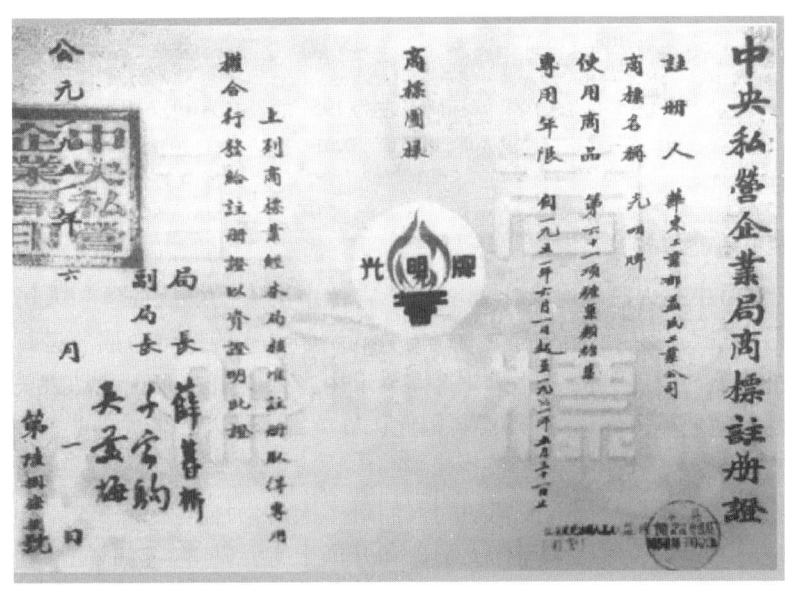

图 3-2　"光明"牌商标注册

图片来源：上观新闻. 中国人耳熟能详的"光明牌"和"大白兔"，数十年前曾经历过"大战"[EB/OL].（2021-06-24）[2022-3-13], https://www.shobserver.com/staticsg/res/html/web/newsDetail.html?id=373044&sid=67.

永久牌自行车是上海自行车厂的主要品牌。其前身是日商小岛和三郎在 1940 年开设的昌和制作所，主要生产铁锚牌 26 英寸平车，日本投降后被国民党接收，生产"扳手牌"自行车，中华人民共和国成立后上海市军管会接管并成立为上海自行车厂，并修改商标，在原"扳手"牌图形的基础上，添加了齿轮、稻穗、五角星，象征刚成立的人民政府，同时与"工"字、齿轮、"华东"二字共同构成的华东工业部部徽相结合。1951年1月1日上海《群众日报》发布启事名为《华东工业部上海制车厂为更换永久牌自行车商标启事》，至此，"永久"作为正式商标成就了国货自行车的记忆。新的时代、新的技术推动了商标设计、制作和印刷水平的提高。在多种社会因素的作用下，在传承民国商标设计的文化基调，在不断地向外国学习并认真进行交流之中，商标设计取得了重要的成绩，这个时期是商标设计承前继后的重要历史阶段，从而奠定了现当代商标设计的基础。

图 3-3  "永久"牌标牌（左为 1951 版，右为 1957 版）

图片来源：搜狐号."永久"标识标牌演变史[EB/OL].（2019-09-01）[2022-3-13], https://www.sohu.com/a/337939262_488277.

3. 海报中的英雄形象

1949 年 11 月中央人民政府文化部明确"宣传中国人民解放战争和人民大革命的伟大胜利，宣传中华人民共和国的成立，宣传共同纲领，宣传把革命战争进行到底，宣传工农业生产的恢复与发展"的方针，并具体要求内容要"着重表现劳动人民新的、愉快的斗争和生活和他们英勇健康的形象"。因此，以英雄、伟人之名进行形象宣传成为这个时代的新特点。

一是英雄崇拜，尤其是抗美援朝期间人们对军人的崇拜。二是伟人崇拜，如海报招贴中多处出现的毛泽东、周恩来等伟人形象和开国十大元勋等。当时的社会背景正值中华人民共和国成立之初，百废待兴。但是，朝鲜战争的爆发，让新中国的安全环境受到威胁。"孰知不向边庭苦，纵死犹闻侠骨香"，援朝志愿军用血性、用生命捍卫中国军人的荣誉，沧海横流，方显英雄本色。在这般社会背景下，英雄的形象与战斗事迹激动人们参与新中国建设的热情，成为本时期政治传播的典型形象。榜样的力量是无穷的，通过描绘英雄模范人物的高大形象和奉献精神，形成榜样的力量，激励人们积极向上、赞美社会主义的优越性。英雄人物形象高大、胸怀宽广，伟人形象高大伟岸、和蔼可亲，除了英雄、伟人外,普通的工农兵、知识分子等人也经过典型化塑造成为正面典型形象的宣传符号:工人的形象通常体格壮实,手中拿有工人常用的工具来凸显身份;农民一般面色红润、神态乐观、手持镰刀;军人通常身着军服手拿枪杆,神色坚毅,目光凛然;知识分子的典型形象也变得是身型高大,胸前别有钢笔。画面中人物形象多源自堆砌身份本身部分特征的强调,使每个形象,每种不同的身份都更加的鲜明。这些形象符号带有鲜明的时代印迹,用富有特色的艺术渲染手法,达到歌颂英雄人物的目的,在思想文化潜移默化地影响下演变成为本期的一种艺术潮流。

## 四、传播手段

### 1. 广告

1949年12月26日,中央人民政府新闻总署党组召开全国报纸经理会议。决议指出:"广告在目前的城市报纸上是必要的。但报社应当审核广告内容。对大城市中的私营广告社应以适当方法加以领导。"1949年12月30日中共中央批准了这一决议,"广告为社会主义政治服务、为工农业生产服务、为工农兵服务"。在这一政策指导下,各类形式的广告在新中国的建设中发挥了作用。

一是广播广告。中华人民共和国成立后,以陕北新华广播电台为中心的广播网迅速扩大,沈阳、长春、哈尔滨、齐齐哈尔、延吉、吉林、安东等40个城市建立了地方人民广播电台,广播成为这一时期除报刊外百姓获取信息的主要渠道。各地广播电台除"人民台"外,还开办了专门的商业广播电台,主营广告节目,兼营文艺节目。此时的广播广告形式较为简单,节目中间或结尾衬上音乐,播音员就开始字正腔圆地念广告稿。

二是报纸广告。国民经济恢复时期各报社刊登了大量的商业广告。以《人民日报》为例,据统计1949年和1951年该报刊登的商业广告分别为599条、459条,广告类型有笔、墨水、酱油、香精等生活用品,也有自行车、油印机、电灯泡等工业机械产品,广告主包括私营企业、国有企业、公私合营企业以及少数个人,占比分别为60%、15%、20%、5%。可见中华人民共和国成立初的广告企业仍以私营工商业为主。这一时期的报纸广告十分直白,主要采用展示实物形象图片,再配上简单的产品说明的方式,如1950年1月6日上海民生工厂在《人民日报》刊登的办公用品广告,就直接将墨水、印台、油印机、胶水的图片一目了然呈现出来。以文字为主的广告则主要采用理性广告语言,只做信息告知,如灯塔牌"三宝漆"简略说明广告"(一)耐久性特强:室外使用经久不失光……(二)硬度大:漆膜硬……"交代了"三宝漆"的性能、用法和适用对象,十分明了。值得注意的是,这一时期的厂商已经具有了品牌意识,对同一产品,各商家会用品牌进行区分,1950年9月22日《人民日报》刊登了系列牙膏广告,便出现了吉士、信谊、黑人、圣尔、白雀、留兰香、美而洁、固本等不同品牌。

三是户外广告。中华人民共和国成立初期,国民经济亟待恢复,在毛泽东的"从我们接管城市的第一天起,我们的眼睛就要向着城市的生产事业的恢复和发展"指令下,城市中的许多工作"都是围绕着生产建设这一个中心工作并为这个中心工作服务的"。

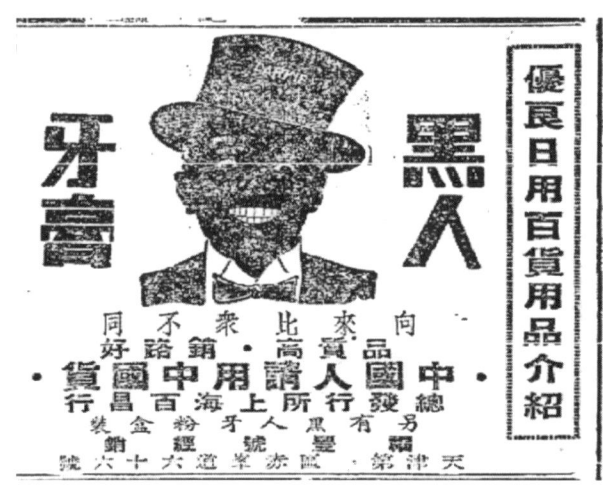

图 3-4 《人民日报》上的黑人牙膏广告（1949年12月8日）

图片来源：朱进.《人民日报》广告与社会变迁（1949—1959），安徽大学，2016：16页.

在这一政治、经济背景下，户外广告新增许多路牌，不仅图文并茂地宣传商业产品，为商品交易会丰富路牌形制、大小，还满足一定的"政治宣传"需求，服务于新生政权，向人民群众进行一系列宣传。

四是橱窗广告。商店将其经营的重要商品通过商店橱窗进行展示，从而刺激消费。中华人民共和国成立之初，橱窗展示形式与设计受政治影响，更多体现政治特点。比如牙刷橱窗广告的标语："党的关怀送千家"，文具橱窗广告的标语"向科技进军"，自行车橱窗广告的标语"历史车轮不容倒退"，政治宣传与商品宣传建立了微妙的联系。

2. 海报

1949年11月中央人民政府文化部发布《关于开展新年画工作的指示》，明确新年画的目的是"宣传中国人民解放战争和人民大革命的伟大胜利，宣传中华人民共和国的成立，宣传共同纲领，宣传把革命战争进行到底，宣传工农业生产的恢复与发展"，并具体要求内容要"着重表现劳动人民新的、愉快的斗争和生活和他们英勇健康的形象"。这一时期的年画主要内容承载了政治宣传的功能，成为具有时代意义的政治招贴画。

1949年中华人民共和国成立，宣传中华人民共和国的建立、建设，党的路线方针政策等成为当时中国政宣海报创作的重要主题之一，描绘开国大典的政宣海报、展现当时人民生产和生活的政宣海报，创作主题迅速转变为倡导和平、促进生产建设、欢庆幸福生活以及讴歌领袖英雄为主，塑造的都是工作生活中积极向上、美好憧憬、欢快热闹的场景等，展现出中华人民共和国成立后全国蓬勃发展、人民幸福安康的势态。为了做好最直观形式的宣传、教育和引领传播媒介，政宣海报承担着前所未有的政治宣传重任，所以出现了一大批以弘扬新政策、歌颂革命领袖等展现新时期新气象为主题的政宣海报，并渗透到人民群众的生产生活中。大批的专业画家开始积极投入到中国政宣海报的创作中，加之受到苏联和波兰的影响，这一时期中国政宣海报在数量和质量上都是大踏步地前行。在表现形式上、创作题材上、创作主体以及风格特征和投放形式上也都有了转型，成为中国政宣海报重要的分水岭。色彩鲜艳丰富、更加细腻真实的画面效果,使政治宣传画的创作与审美发展到了新的阶段,技术上的进步也帮助了优雅细腻审美要求的提升。总的来说中华人民共和国成立初期相对稳定社会环境下的政宣海报技术设备和投放形式也有了新发展,报纸和印刷制品的大量普及也给人民生活带来了新的审美趣味。

## 五、传播策略

### 1. 模范形象塑造

1949 年,中华人民共和国刚刚成立,经历了解放战争之后,各行各业百废待兴,国家为了激励人们的斗志、团结一心、凝聚力量、战胜困难、建设国家,树立了一大批先进模范人物,这些模范类型比较纯粹,人物形象与这个时期新中国经历的解放战争、抗美援朝、社会主义初期建设等重大历史事件密不可分。他们多在媒体上进行宣传,这些先进模范呈现两种类型:"战争英模"和"建设英模"。"战争英模"的代表人物有黄继光、邱少云、南京路上好八连、罗盛教等保家卫国的英模;"建设英模"代表有工业战线的孟泰、王崇伦、郝建秀、王进喜、耿长锁等先进人物,农业上的英模人物李顺达、陈永贵、徐建春、邢燕子等。处在当时中国社会背景中的英模人物报道,所塑造的人物基本上属于自我修养的道德完善型。

媒体把模范人物当作"理想的化身""道德的圣人",借其"推销某种规范或训诫,而这种规范和训诫又深深刻上当时中国的时代特征"。这一时期的先进人物报道对人民进行爱国主义和社会主义教育起到了巨大作用,它配合着当时的各种社会运动和政治运动,发挥了"魔弹般"的威力。

### 2. 节日营销

这一时期有许多以节日营销、爱国情怀为主的借势营销。节日主要指与政治有关的纪念日、节日,如"庆祝中苏友好同盟互助条约订立""庆祝十月革命节三十三周年纪念""纪念无产阶级的革命导师列宁诞辰"等。《人民日报》广告科曾刊登启事"兹因各地要求刊登庆祝广告过多,但本报篇幅有限,为照顾全面,故将庆祝广告缩小。其他广告移至下期刊登。敬希各界鉴谅"。由此可见,利用节日、纪念日进行宣传的商品之多。1949 年 12 月 16 日,海燕书店推出"庆祝斯大林元帅七十寿辰"的图书广告,推出《苏联新地理》《苏联文学史》等书籍,并标明"自十二月十五日起至二十一日止,本版图书特价八折",利用节日热点促销,促进商品销售。另一方面,借助人民对新中国的建设热情这一重大诉求进行推销,首先是商品命名充满了奋斗精神,如"万寿、建军、挺进"钢笔;太原烟草公司的"胜利牌"香烟,命名契合中华民族取得胜利的政治氛围,体现了爱国情怀。其次是将"建设新……"字样置于印刷广告的醒目位置,并用字号、字体、装饰进行加强。以《人民日报》1950 年 7 月 7 日刊登的灯塔牌三宝漆广告为例,标题上方"建设新北京,要用好油漆"的字样十分醒目。

早在 20 世纪三四十年代,民族企业就风风火火地掀起过"国货运动",中华人民共和国成立后商家便利用"爱国"的诉求点竭力宣传国货。如 1952 年 8 月《山西日报》

曾刊登过一则"莱卡墨水"的广告:"用舶来墨水?用国产墨水?虚张声势终遭失败,莱卡墨水讲求实际,它是第一流的国产品,最好是自来水笔用,如若损坏了君的水笔皮管或笔尖,敝厂信用担保甘负赔偿责任,请爱国人士与派克墨水比较,打破过分信赖外货观念,既节省又爱国何乐不为?——天津益隆工厂谨启。""莱卡墨水"在广告文案中直接将使用该品牌产品与爱国进行捆绑,一方面体现了商家爱国抵制外货的决心,另一方面也借势"绑架"了国人,打造了企业"为国为民"的品牌形象。

### 3. 爱国捐赠

抗美援朝战争爆发后,当时中华人民共和国刚成立,百废待兴,国力薄弱,中国人民抗美援朝总会向全国人民发出"推行爱国公约、捐献飞机大炮和优待烈属军属"的号召,提出"为了使我们英勇善战的志愿军,能够以更小的牺牲,消灭更多的敌人,早日取得战争的最后胜利,我们必须迅速以更多的飞机、大炮、坦克、高射炮、反坦克炮等武器供给前线。我们建议全国各界爱国同胞们,不分男女老少,都开展爱国的增加生产、增加收入的运动,用新增加的收入的一部或全部,购置飞机、大炮等武器,捐献给志愿军和解放军,来加强他们的威力,巩固我们的国防。各地捐献的飞机、大炮、坦克等,将冠以捐献单位的名字,作为光荣的纪念"。号召发出后,全国人民热烈响应。一家小商号的经理说:"我夫妻二人是小本经营,先捐献800万元,以后每月按印花税额捐献,直到打垮侵略军为止。"北京地区铁路职工,计划用半年时间捐献"北京铁路工人"号飞机一架;石景山发电厂工人表示,要以生产超额的收入,购买"首都发电厂"号飞机;著名豫剧演员常香玉,带领香玉剧社,在陕西、河南、湖北、湖南、广东、江西等6省巡回义演了178场,用演出收入独立捐献了一架飞机"常香玉"号;著名翻译家杨宪益,变卖了家中珍藏的多幅名贵古画,他的英籍妻子戴乃迭,还变卖了多件首饰,终于凑够了能认捐一架飞机的数目;一些著名企业如启新洋灰公司、开滦矿务局、耀华玻璃厂、东亚毛纺厂都纷纷捐献飞机、大炮、高射炮等武器;仁立公司捐献"仁立号"飞机一架,同时捐出6个月超产部分产品15%的利润;随后永利、久大公司捐献"永利号"飞机一架,寿丰面粉公司捐献飞机一架,成通纱厂捐资购买战斗机两架,五金同业公会捐献飞机两架……捐赠运动激发了百姓的爱国热情,全国人民举全国之力鼎力支援前线,成为爱国同胞争先恐后参与的捐献武器运动,范围广,规模大。由捐献的涓涓细流汇集而成的巨大成就,极大地加强了中国人民志愿军的战斗力,让他们能够更有效地打击侵略者,最终取得抗美援朝战争的胜利。

### 4. 产品陈列会

产品陈列会也叫产品交流大会,其产生来源于中华人民共和国建立之初面临的内外交困局面:外部以美国为首的资本主义国家对新中国实行禁运封锁,内部则是受战争影响,交通运输受到严重破坏,物资交流十分困难。中央政府因此确立了"内销为主,外销为辅"的经营方针,通过召开土产品会议和物资交流大会来加强城乡交流,扩大内销。交流大会主要由各地贸易部门和合作社组织,如1951年10月14日,在广州西堤(今广州市文化公园)隆重举办了"华南土特产展览交流大会",这是中华人民共和国成立后在广州举办的最大规模、最重要的一次经济贸易活动。这次展览交流大会场地总面积为11.7万平方米,分10个展馆,有农业馆、手工业馆、食品馆、工矿馆、日用品工业馆、水果蔬菜馆、林产馆等,共有6.8万件样品参展。展会方在提及开办原因时说:"华南(广东、广西、海南)是亚热带气候,四季如春。自然条件优良,物产丰富,而且有许多是全国其他地区所没有的……祖国的东北区是以重工业著称的,华东区的纺织及一些重工业也是全国著名的,华北的小麦、毛皮,西北的皮、毛、甘草,西南的药材也都是闻名的,但因为气候的限制,全国轻工业的发展重点如产糖、造纸……是要数华南首屈一指呢!通过举行华南土特产展览交流大会,来检阅华南的经济力量,做好土特产的总调查,解决交流问题,宣传及指导我们土特产的生产进行,这些任务完成了,就能顺利地迎接全国大建设的高潮。"交流大会共举办了两个半月,取得了空前成功,参观人数为153万多人,全国各地交易团和参观团3万多人到会进行了商业洽谈,总成交额为1.1万亿元人民币(旧币,1948—1952年全国通行的货币)。据《人民日报》社论记载,1951年全国土产交流大会共订立了一万多个合同和协议,总值10万亿人民币。1950年9月,华东工业部举办戽水机陈列会上,常州柴油机厂厚生厂的30马力柴油机一经展出,10月23日便收到华东工业部9台25马力卧式重型柴油机的订单;1951年初华东工业部向厚生厂预订第二批货物——7台40马力柴油机。

图3-5 1951年华南土特产展览交流大会全场鸟瞰

图片来源:《华南土特产展览交流大会画刊》,香港大公报,1952.

## 六、品牌案例:红星二锅头

"三代经营造酒坊,几度风雨几度霜;不是一番精心酿,哪得燕泉透瓶香?"这是著名评书家刘兰芳在中央人民广播电台《名家书场》播讲的《燕泉香传奇》词句,其中的燕泉香酒说的就是红星二锅头。与新中国共同成长的红星二锅头,从老百姓餐桌上的当家酒,到走出国门成为代表中国北京的一张名片,一直传承着国人对美好生活的期盼。

红星二锅头酒最早的酒坊是清康熙十九年(1680)北京前门外的"源升号",酿酒师赵存仁、赵存义、赵存礼三兄弟为纯净烧酒质量,进行了大胆创新,发明了"掐头去尾取中段"的特色工艺,二锅头酿制技艺由此诞生。红星二锅头酒是我国历史上第一个以工艺命名的白酒,2008年,蒸馏酒传统酿造技艺(北京二锅头传统酿造技艺)入选"国家级非物质文化遗产名录",红星被认定为北京二锅头传统酿造技艺的正宗传承人。

1949年4月,中央税务总局、华北酒业专卖公司召开首届酒业经营管理会议,决定对酒实行专卖管制,停止私营活动,转为国家运营,同年5月中央税务局筹建我国第一家国营酿酒厂,"源升号""龙泉""同泉涌""永和成"等12家京城老字号作坊被全面收编,组建了华北酒业专卖公司实验厂(红星前身),红星就此继承了北京几百年的酿酒工艺。1949年8月,我国第一批二锅头酒生产出来,同年9月正式进入市场,被命名为红星二锅头。当时没有专门的白酒瓶,专卖公司决定用棕色的啤酒瓶子来装,并配以红五星、蓝飘带的"红星"商标。1949年9月,红星将生产出的二锅头酒,用万国载重汽车运送到开国大典筹委会。这就是至今人们仍津津乐道的开国献礼酒。

红星商标诞生于1948年晋察冀军区,是由日本友好人士樱井安藏设计,最初的商标是红五星,蓝飘带,红五星代表中国共产党,蓝飘带代表中国人民载歌载舞衷心拥护人民政权。1951年,红星商标成为新中国首批核准注册的商标之一。红星二锅头因物美价廉,入口更加柔顺,深受老百姓的喜爱。作为中华人民共和国成立后北京市的第一个国营白酒品牌,从1949年以来,红星二锅头见证着中国的发展,已经陪着国人走过70多年。

## 第二节 社会主义改造及建设时期(1953—1965)

广播电台为什么不搞广告?人民是喜欢广告的。生活琐事和人民有切身关系,许多人很注意和自己有关的广告。过去北京有一些电台播广告,你们取消了,是不是怕搞广告?报纸也要登广告的。我看有些城市电台可以播广告。

——1956年5月28日刘少奇讲话

### 一、历史背景

国民经济经过三年的恢复,步入了过渡时期。中共中央在1952年底提出了"一化三改"的总路线:"党在这个过渡时期的总路线和总任务,是要在一个相当长的时期内,逐步实现国家的社会主义工业化,并逐步实现国家对农业、对手工业和对资本主义工商业的社会主义改造。"毛泽东曾把"一化三改"比喻成一只鸟,工业化是它的主体,三大改造是它的两翼,由此可见这一总路线的实质是要实现国家工业化,但需要三大改造来全面建立社会主义基本制度。所谓对农业、手工业、资本主义工商业的社会主义改造就是"把以农民和手工业者个体劳动为基础的私人所有制改造成为劳动群众集体所有制","把资本主义私人所有制改造成为全民所有制"。从1953到1956年的三年时间里,农业社会主义改造经历了互助组、初级社、高级社三个阶段,全国共有96.3%的农户加入了合作社;手工业从供销入手,由小到大,由低到高,全国有90%以上的手工业者加入合作社;资本主义工商业则采取公私合营多种国家资本主义形式进行改造。至1956年,三大改造基本完成,社会主义的基本经济制度在中国全面建立,标志着中国进入社会主义初级阶段。

中华人民共和国成立以来，编制和实施国民经济和社会发展五年计划（规划），是我们党治国理政的重要方式，目的是为国民经济发展远景规定目标和方向。1953年，我国正式步入"一五计划"时期，开始了大规模的社会主义工业化建设。计划规定5年内国家对经济和文化建设的投资总额要达到766.4亿元，全部基本建设投资的58.2%要用于工业，这其中的88.8%要用于重工业。于是一批基础工业部门相继建立：1953年底，鞍山钢铁公司大型轧钢厂等三大工程建成投产；1956年，长春第一汽车制造厂生产出第一辆汽车，沈阳第一机床厂建成投产，北京电子管厂正式投产。"一五计划"取得的成就和提前完成，鼓舞了新中国的士气，1958年进入第二个五年计划。"二五计划"的实施大致分为两个阶段：第一阶段在1958—1960年，主要围绕人民公社化运动和"大跃进"展开。1958年2月2日《人民日报》发表社论，提出"全国大跃进"的口号，全国上下开始"鼓足干劲，力争上游，多快好省地建设社会主义"。以"放卫星"为特征的浮夸风开始盛行，大型项目从1957年的992个激增到1958年的1587个，小项目则是遍地开花。1958年提出"以钢为纲"的口号，全民掀起炼钢潮，但实际上在1958年的最后三个月里，现代化高炉炼出来的铁只能满足钢产量翻番的1/4，而土铁炼钢由于生产技术不合格，炼出来的都是废铁。1960年，"大跃进运动"的狂热持续不退，1959年的粮食产量仅3400亿斤，但却被高估为5400亿斤，这导致当年征购粮食达到1348亿斤，1960年粮食产量进一步下降，只有2870亿斤。此外，1958年在我国农村还建立了"人民公社"，采取"组织军事化、行动战斗化、生活集体化"三化式管理，在生产和生活资料的分配上实行供给制和工资制相结合。第二阶段是1961—1962年，对国民经济结构进行调整，中央提出国民经济的建设和发展要采取"调整、巩固、充实、提高"八字方针，1961年要将农业放在首要地位。1959到1961年我国进入"三年自然灾害时期"，国民经济空前萧条，全国工厂关停近半。民间传唱的顺口溜反映了这三年的艰难生活："稀饭诚可贵，锅盔价更高。若为回锅肉，二者皆可抛。""挖野菜，吃树皮，飞鸽车换个老母鸡。"

"三五"计划指导思想经历了由"解决吃穿用"到"以战备为中心"的变化，从准备大打、早打出发，积极备战，具体任务把国防建设放在第一位，加快"三线"建设，逐步改变工业布局；发展农业，逐步改善人民生活。强调国防建设，加快"三线"建设是"三五"计划实施的重要特征。"三五"计划期间国民经济增长速度较快，工农业总产值增长率为9.6%，完成计划数的164%；工业总产值增长率为11.7%，完成计划数146%。但国民经济的增长也经历了第一年的上升和随后两年的全面下滑。值得肯定的是"三线"建设取得了令人瞩目的成就，改变了过去的工业布局，内地工业产值的比重上升；国防科技取得了一系列重要突破，为1967年6月17日的我国第一颗氢弹爆炸试验成功、1971年3月3日发射的第一颗科学试验卫星打下了重要的基础。

## 二、商业环境：社会主义商业体制

1. 国营商业和供销合作社

国营商业和供销合作社都是社会主义性质的经济，但前者是全民所有制性质，必须为国家积累资金，后者是集体所有制，除向国家缴纳所得税外，为社员集体所有。随着它们在国民经济中的比重日益增大，它们之间的矛盾尤其是商品经营范围和地区范围的矛盾日益突出。为协调两者的发展，"一五"计划期间，国营商业和供销合作社共进行了商品、地区、商品与地区相结合三个阶段的分工。

第一次分工是1953年底。为解决国营商业和供销合作社两套机构平行批发、交叉经营的矛盾，政务院财政经济委员会1953年12月发布《关于划分国营商业与合作社对工业品、手工业品经营范围的共同决定》，规定"国营和地方国营企业产品的加工、订货与批发，凡国营商业能统一办理的，一律由国营商业统一办理"，由国营商业对私营工业进行有计划、有步骤地扩大加工、订货和收购推销，供销合作社和消费合作社则向手工业供应原料、推销产品。

第二次分工是在1954年7月。政务院财政经济委员会发出《关于国营商业与合作社城乡初步分工的决定》，确定分工总原则：由国营商业负责城市市场，合作社商业负责乡村市场，主要负责公私经营比重的掌握，价格的统一规定和对私营商业的改造等。这次分工后，供销合作社转向农村阵地，成为农村商业的主体。

第三次分工是在1955年8月。此时社会主义商业已经掌握了工农业产品的主要货源，批发成为社会主义商业工作的关键，国营商业和合作社商业在批发业务上的分工问题也被提出，经由商业部、供销合作总社开会研究，确定了"商品分工与地区分工相结合"的基本原则。

国营商业和供销合作社经过三次分工，不断适应国民经济和国内市场的发展变化，顺利地完成了过渡时期的商业工作任务。

1958年开始，供销合作社由集体所有制过渡到全民所有制，与国营商业合并成一条商品流通渠道。1961年进入国民经济恢复时期，为了与农业生产的集体所有制相适应，农村商业也开始试点恢复供销合作社，1962年9月，中共八届十中全会做出《关于商业工作问题的决定》，肯定了供销合作社是社会主义集体所有制经济，起到辅助国营商业的作用，该年底全国基层供销社达到33000多个，供销合作社基本全面恢复。

2. 加工订货与统购包销

1953年开始，我国进入计划经济时期，在全国范围内对重要农产品实行了统购、派购和统一收购，工业品则实行加工订货和统购包销。

中华人民共和国成立初期，国营商业就对国营工业产品实行了收购和包销，对私营工业产品进行收购和加工订货，"三反""五反"运动后，加工订货进一步扩大，但只限于大企业和"大商品"。"一五计划"期间，国营商业部门采取了三种办法对工业品进行采购：一是对国营和地方国营工业产品进行包销和收购；二是扩大对私营工业产品的加工订货和统购包销；三是对手工业产品，根据国营和合作社商业的分工原则进行收购、加工和包销。1952年到1955年，加工订货、统购包销和一次性收购在私营工业产值的比重从56%升至82%，实行加工订货、收购包销的手工业品在1956年前后占产值的70%左右。此时的加工订货、统购包销也逐步扩展到中小城市、中小企业和"小商品"。

虽然对私营企业实行了加工订货、统购包销，但企业仍属资本家所有，因而公私矛盾、劳资矛盾等没有得到有效解决，更有许多资本家不遵照国家要求按量、按质、按时地完成任务，致使许多自销时候的名牌货在国家包销时因质量降低成了滞销货。于是通过全行业的公私合营改变资本家所有制，以解决资本主义生产关系对生产力的束缚。

3. 集市贸易

中华人民共和国成立伊始，我国市场基本上是资本主义的自由市场，随着三大改造的完成，国内市场形成社会主义的统一市场，但由于形势发展过快，部分物资交流受到阻碍。为解决城乡商品流通"大通小塞"的状态，1956年下半年开始全国各地在不同范围内放宽了对农村集市贸易的管理，农副产品的自由市场开始扩大。对于工业产品也开始试行选购的办法，选购剩下的允许工业自销。新的自由市场逐步开放和扩大，成为社会主义企业和劳动群众交换商品的场所。到1958年，随着人民公社化运动的开展，各战线实行"三化"管理，国家领导下的自由市场也就走向关闭。

1960年11月，中共中央发布《关于农村人民公社当前政策问题的紧急指示信》，农村的集市贸易开始恢复起来，到1961年底，全国开放集市贸易达四万一千多个。农村集市贸易以后，城市中也出现了一些集市贸易市场和自发的商贩市场，但在发展过程中出现了不同程度的混乱，无证商贩、私商投机倒把一度猖獗，影响了生产发展和人民生活。因此各地加强了行政管理，1963年国务院发布《关于严格管理大中城市集市贸易和坚决打击投机倒把的指示》，对城市集市贸易进行了范围限定，明确规定集市贸易只能在小范围内作为国营商业的补充。

## 三、传播符号

1. 产品命名

已有研究表明产品的品牌同其产品和服务的知名度、产品和服务质量的认可以及顾客满意程度紧密相关，社会主义改造及建设时期产品的名称已经开始向独立的品牌转变，比如"三花牌颜料粉""灯塔牌铁笔蜡烛""玉叶牙膏""双钱牌打气炉""飞跃牌胶鞋"；此外一些产品品牌名称极具时代特色，如"公私合营北京朝阳电机厂""地方国营哈尔滨机器制造厂""卫星牌收音机""东方红牌收录机""天津市野玫瑰无线电厂"。值得一提的是我国曾经数一数二的收音机品牌：牡丹。牡丹牌收音机隶属于北京无线电厂，在一次出口商品展览会上被天津外贸部相中准备出口东南亚，但要求要有合适的商标，此时的牡丹收音机还没有独立的品牌名称。应天津外贸部要求，北京无线电厂开始设计商标、构思品牌名称，彼时国内流行的是"红星""红旗"类带有政治色彩的品牌名称，电厂的员工们认为外国人对这类名称兴趣不大，从北京"凤凰"牌电子管收音机名称中获得灵感，选取花中之王"牡丹"作为品牌名称。1957年郭沫若先生亲自为"牡丹"题字，1958年正式在国家工商局注册了品牌，"牡丹"牌收音机也作为国礼赠送给其他国家的领导人，并成为平常百姓生活中的奢侈物件，在全国风靡一时。

图 3-6 "牡丹"牌收音机

图片来源：中山收音机博物馆.《牡丹牌 624—E 型》[EB/OL].(2015-05-10)[2022-3-12],https://www.zsmuseum.cn/zszgsyjbwg/2959.html.

2. 商标设计

当时人们生活中的"三大件"之一的自行车，除了"永久"牌自行车外，上海自行车三厂的"凤凰"牌自行车也经过调整改组后新建立的品牌。"凤凰"牌自行车是 20 世纪 60 年代上海自行车三厂的名牌产品，前身可以追溯到晚清光绪年间位于上海南京路的同昌车行。1958 年上海自行车三厂成立时经营的是"生产牌"自行车，商标图形为具有机械零件特征的齿轮形态，无法体现自行车产品的"轻快"的特点，因此创建一个新的商标并构建起产品的知名度成为当时企业的任务。如何设计出一种符合新厂风格和精神面貌的新商标？基建科副科长赵正权设计出了一幅"凤凰"图案，图形具有三个特征：一是具有民族特色；二是龙凤图案自古以来象征吉祥；三是凤凰是传说中的鸟中之王，飞翔轻快。后来通过向社会征集设计图案，以及听取全厂群众意见，决定取用"凤凰"图形作为商标。1959 年 1 月 1 日起正式启用红底金凤凰的"凤凰"商标。之后，为区分国内与国际市场，分别设计了"飞凤""立凤"两种形式的凤凰形态。

图 3-7 "凤凰"牌自行车商标

图片来源：杨浦区档案馆. 陈毅敏：《被誉为"中华老字号"的凤凰牌自行车》[EB/OL].(2019-03-27)[2022-3-12],https://www.archives.sh.cn/shjy/shzg/201903/t20190327_44069.html.

"三大件"之二当属上海生产的手表。其中"上海"牌更是名牌中的名牌,风光无限。1958 年 3 月,由上海市轻工业局与上海钟表工业同业工会组织技术骨干组建的手表试制小组,成功推出 A581 型机械手表,注册为"上海"牌商标。"上海"牌手表的商标字体分为两种,一种是"毛体",即 20 世纪 60 年代后期,手表厂技术人员从毛泽东手迹中分别选取了"上"和"海"二字拼合而成;还有一种称为"大厦体",简洁醒目。虽然时代发展瞬息万变、日新月异,但这两种字体的商标一直沿用至今,成为半个多世纪以来未曾改变的经典。周恩来从"上海"牌手表诞生起,就一直佩戴这个品牌的手表,它在人们心目中的地位难以替代,成为上海手表行业中最有影响力的广告宣传。

图 3 - 8 "上海"牌手表

图片来源:上海牌手表苏宁旗舰店,https://product.suning.com/0070228555/12183849352.html。

3. 商标管理

中华人民共和国成立不久即在当时的贸易部设立商标局,1950 年底,划归中央私营企业局,设商标处。1954 年至 1956 年,在中央工商行政管理局下设商标注册处、商标专利处、商标处等。1956 年至 1970 年,中央工商行政管理局下设商标管理处,主要负责商标的全面注册和监督产品的质量。

从 1950 年起,中央私营企业局商标处开始受理商标注册申请,办理全国商标统一注册工作。商标部门的主要任务是受理全国商标注册申请,办理全国商标统一注册工作,加强商标管理,制止商标侵权。1950 年 7 月,政务院批准并公布了中华人民共和国成立后的第一部商标法规《商标注册暂行条例》(共 34 条);同年 9 月,中央人民政府财政经济委员会制定公布了《商标注册暂行条例施行细则》(共 23 条并附商品分类表)。由于当时处于国民经济恢复时期,全国统一商标注册制度采用自愿注册的原则。1953 年,为进一步制止商标侵权,中央工商行政管理局发布《关于商标管理的几点意见》,逐步加强对商标的行政管理,满足保护商标专用权的需要。1956 年,社会主义改造基本完成以后,原来的商品流通方式被统购包销、计划调拨改变,商品经济完全被计划经济取代,市场缺乏竞争,企业不再直接与市场发生关系,商标作用无法发挥。1957 年 1 月国务院转发《中央工商行政管理局关于实行商标全面注册的意见》,要求实行商标全面强制注册,凡是在商品上使用商标的都需要申请注册,要求申请注册商标要填报商品质量规格表等,便于消费者监督等。1958 年 4 月中央工商行政管理局发布《关于废止商标审定程序的决定》,简化了商标注册手续,申请注册的商标一经核准,立即公告注册。1963 年 3

月新中国第二部商标法规《商标管理条例》颁布，明确其立法宗旨是为了加强商标的管理，促使企业保证和提高产品的质量，并且把"商标是代表商品一定质量的标志"写进条文之中；经核准注册的商标给予公告，并发注册证；注册商标的使用期限自核准之日到企业申请撤销时止等。1963年4月25日，中央工商行政管理局公布了《商标管理条例施行细则》（共21条并附商品分类表），并在其中明确国内企业申请注册商标实行两级核转，即企业申请注册商标、变更注册事项等，都应当报所在市、县工商行政管理部门核转中央工商行政管理局。

自1957年开始的推进商标的全面注册，在具体实施过程中，采取了系列措施，商标注册费从每件50元减少为20元便是其中一项。随后又采取了系列行政措施，包括：要求出口商品必须使用商标；整顿食品罐头商标、卷烟商标、任意改换和撤销注册商标；下放商标注册权，为缩短注册时间，把集中注册改为分散注册，并在天津、哈尔滨、南京进行试点。这一时期国家对商标的管理，表明商标不仅用于区别商品，还代表着商品质量、国家技术水平和国家信誉等。

## 四、传播手段

### 1. 广告

这一时期的广告业一波三折。1953—1956年是社会主义改造时期，以社会主义经济为主，当时做广告的企业已经很少，甚至出现"商业广告没有用了"的论调。1956年5月，刘少奇同志视察中央人民广播电台批评了轻视广告的思想，这之后商业广告有一定回升。《人民日报》在1956年7月发表改版宣言《致读者》，提到为方便读者生活应"多刊载广告"，并发表文章《谈广告》指出"广告可以宣传新的产品，把关于产品的简单知识和使用方法介绍给群众。培养新的口味和需求。为消费者利益服务"。但1958年"大跃进"运动开始，工业部门提出"需要什么，生产什么"，商业部门先后提出"生产什么，收购什么；生产多少，收购多少""工业不姓商，大家都姓国"的口号，工业产品由商业部门包干，市场不再有竞争，广告业一度停滞。到1962年，我国进入国民经济调整时期，各个城市的广告才又相继恢复。

电视广告蓄势待发。1958年5月1日，北京电视台（今中央电视台前身）开始试验播出，中国的电视事业由此诞生。北京电视台创办之初，自制节目的能力较低，主要依靠电影厂和文艺演出单位的支持。继北京电视台创办之后，各省、市也纷纷开设电视台。1958年10月上海电视台成立，同年12月哈尔滨电视台正式播出，随后天津、广东、吉林、陕西等地相继设立电视台，到1961年底，全国已经建立了26座电视台、电视实验台和转播台。电视台在全国范围内的开设，标志着中国的广告事业迈入新的阶段，但由于电视节目、电视接收机数量较少，这一时期并没有电视广告的投放。但电视这一传播媒介的发展却为新中国电视广告的发展充分蓄势。

体育广告的尝试。1961年4月第26届世界乒乓球锦标赛在北京举行。比赛举办前，国家要求自行研制达到国际比赛用球标准的乒乓球，于是华联乒乓球厂和中国乒乓球厂联同四川泸州化工厂、上海赛璐珞厂、上海塑料研究所经过反复实验,研制出了"红双喜"牌乒乓球,该品牌的乒乓球是该比赛专用球,作为此次比赛的赞助商,"红双喜"的包装上也出现了第26届世乒赛的标志。"红双喜"的诞生,为第一次举办国际化体育赛事的中国彰显了国力,还为国内的体育营销打下了基础。

图3-9 "红双喜"牌乒乓球

图片来源:上海市金山区人民政府:《打造世界乒乓品牌,"红双喜"创新发展六十年——"小球"转出"大乾坤"》,金山报. [EB/OL]. (2021-04-23) [2022-3-12], https://www.jinshan.gov.cn/ysdt-zxdt/20210423/812591.html.

外商广告少量出现。20世纪50年代后期至60年代,中国不断改善与亚非拉国家、西欧国家的关系,对外贸易也不断发展,对外开放45个城市,外商广告也逐渐进入国内市场,丰富了当时以重工业产品、化工用品、订货交流会为主的报刊广告。如日本的佳能锦囊相机曾在《人民日报》上投放广告:"世界上的人都承认,世界上的人都挑选,最优秀的锦囊制品。"此外还有英国么理士汽车的广告:"英国么理士汽车公司谨向中国人民致敬!中国人民的生活水平不断提高,么理士汽车必须适应世界上需要各种小汽车。么理士小汽车是世界上容量最大的小型汽车,有舒适座位四个,性能与大型汽车无异,所以需求量大。"

2. 背篓商店

新中国成立初期,国营商业一时难以顾及乡镇,许多村庄便自发搞起了农业供销合作社,生产资料如农具、化肥、农药以及日常生活用品都能在合作社买到。三大改造后确立了供销合作社的商业地位,虽然1958年供销社与国营商业合并,但这种商业形式仍然存在。在北京房山区黄山店公社一带,黄山店分销店职工自1958年起开始背着装满商品的背篓,跋山涉水,流动售货,创建了全国闻名的"背篓商店"。黄山店地处深山,社员们分散在数条山沟和数个山坡上,购物极不方便,每次买东西都几乎需要请假一整天,耽误生产建设,"背篓商店"应运而生,分销店职工们喊出"宁肯自己千辛万苦,不让百姓一时为难"的口号,背着背篓翻山越岭。他们还制定了服务公约:"供应走在季节前,送货路上细心看,发现问题通情报,想方设法去支援。"截至1965年,"背篓商店"的销售额占分销店全年总销售额的10%,而收购额则占总收购额的80%。这一模式受到了群众的好评"背篓商店使地头变商店,炕头变柜台",也被当作先进事迹广泛传播。

图 3-10 背篓商店

图片来源:中央新影集团. 纪录片《十三线》,第二集《备战备荒》[EB/OL]. (2022-3-12)[2022-3-12], http://www.cndfilm.com/special/dsx/03/index.shtml.

3. 票证

1953年,中国开始执行"发展国民经济的第一个五年计划"。为保证人民生活的最低需求,实行农副产品统购统销,定量供应,票证在实行统购统销政策这一历史背景下出现了。票证种类繁多,有粮票、布票、油票、棉花票、鱼票、肉票……各式各样的票,成了百姓过日子的基本保障,那时可以称之为"票证时代"。票证承担着货币的购买功能,票面设计也极具时代特色,票面除了票的品类名称外,票面设计承担了政治宣传作用,主要描绘各阶层积极参与政治生活、社会主义建设、"毛泽东语录"、"最高指示"及其他政治性宣传标语。以描绘各阶层积极参与政治生活的票证为例,票面一般会出现三个人,分别代表了工、农、兵,代表社会各阶层,他们纷纷手持红宝书,背景则常出现"麦穗""红旗""红太阳""火炬",象征充满激情的社会主义生活。

从"票证经济"到"无现金"生活的转变,折射出的是中国几十年来社会结构深层次的变革。或许再没有哪个国家会比中国的票证多,回首当年滋味万般的票证情结,这些看似平淡无奇的方寸纸片,蕴藏了政治、经济、文化的丰厚内涵,浓缩了中华人民共和国那段坎坷历史,记载了中国从计划走向市场的艰难轨迹。

第三章　中华人民共和国成立以来（1949—1979）

图 3-11　票证

图片来源：陆克勤.《票证收藏与投资》，百花文艺出版社，2003：23 页.

## 五、传播策略

1. 出口产品展览会

1949 年 3 月，毛泽东在党的七届二中全会上指出，"我们既要同社会主义国家做生意，也要同资本主义国家做生意"。在朝鲜战争后的国际形势缓和之际，新中国积极发展与资本主义国家经济关系。在《人民画报》的版面上，多次出现对于中国商品展览会、出口产品展览会、经济贸易展览会等的相关报道。通过这些报道可以发现，在中国举办的出口产品展览会和在海外举办的中国产品展览会，都是中国品牌对外传播的重要窗口。

据 1957 年第 2 期《人民画报》记载，中国国际贸易促进委员会在广州举办了一次出口商品展览会，展出商品 4.9 万余件，除我国传统出口商品——土特产、食品、纺织、工艺品以外，还有不少过去一向进口的机器和精密仪器等工业品。报道称，当时驰名世界的我国传统出口商品包括丝绸、地毯、水果、瓷器，这些商品产量虽然逐年增长，但仍不能满足国外市场的需求。在这次出口商品展览会上，来自印度、印度尼西亚、缅甸、埃及、锡兰（今斯里兰卡）、日本、瑞士、瑞典、荷兰、丹麦、比利时、德意志联邦共和国（今德国）、英国、法国等国的商人以及侨商和港澳工商界人士进行着繁忙的交易。在一个月内仅土特产品就成交了 400 多万英镑，工业品中仅收音机就成交了 1000 多架。文章配图中展示了当年深入千家万户的"东方红收音机"等。自出口商品交易会举办之后，国家外贸部门综合出口商品展览会和交易会的成功经验，决定每年春、秋两季在广州举办中国出口商品交易会，因会址设在广州，又称"广交会"。广交会的创办，是中国对外贸易界的一个创举。通过广交会的举办，成功开拓了中国对外贸易的新局面，具有非常重大的政治、经济意义。

图 3-12 1957 年首届广交会

图片来源：中央广播电视总台中国之声.《百年瞬间｜第一届广交会》，[EB/OL].（2021-04-15）[2022-3-12], https://baijiahao.baidu.com/s?id=1697059191585139025&wfr=spider&for=pc.

2. 评比大会

评比大会是这一时期重要的传播策略，各行各业都以评比大会作为行业争先的手段。以收音机为例，1953—1965 年我国共举办了 4 届全国广播接收机观摩评比会。1958 年 11 月 25 日北京首次组织全国收音机评比会，有 20 多个收音机厂家共计 70 多种型号的收音机参加评比，其中来自上海的上海牌、美多牌、新时代牌获得好评，北京的牡丹牌因性能好、品种多、外观精致获得好评，还有南京仪表厂的南京牌、湖北的卫星牌都受到好评。在全国自行车评比中名列前三的是永久牌、凤凰牌、飞鸽牌，这三个品牌的自行车也随之成为当时最流行的自行车。

3. 深耕产品

中华人民共和国成立后，中国工业从模仿国外到自主研发，重工业领域有 1964 年原子弹爆炸成功，氢弹和人造卫星也在紧锣密鼓地研制，轻工业领域也在向独立研发转向。厂商通过不断研发新产品来拓宽市场，提升品牌形象。上海永久是一家自行车生产厂，到 1953 年已成为国家自行车工业的重点骨干企业。1956 年末，该企业诞生了我国第一辆自行设计、制造的公制标定车，这不仅统一了国内自行车零部件的名称和规格，还标志着我国自行车工业开始了一条自行设计、自行制造的道路，开中国自行车之先河。随后永久继续开拓创新，1957 年 5 月上海永久生产出 26 英寸轻便车，首次开创男、女式车款，一上市就被抢购一空；1958 年底又试制成功了公路赛车，第一届全运会上被选作上海队赛事用车，助上海队夺得团体冠军，永久的生产技术走在全国前列深入人心。1962 年 5 月，为广大农民生产出符合载重性能的 ZA51 型载重自行车，被农民亲切地称为"不吃草的小毛驴"。永久凭借其产品创新能力，不断积累品牌信誉，成为世人心中的名牌。

4. 广告理念

随着计划经济体制的逐步确立，国家商业实行统购包销，广告的作用日渐衰微，甚至被看作是浪费，是"资本主义的生意经"，《人民日报》等党报连续发文章强调要注意广告的政治性。1957年12月，我国以观察员身份参加了在布拉格举办的社会主义阵营国家国际广告工作会议，会议上作了题为《从人民利益出发，发展社会主义商业广告》的决议，提出社会主义广告的基本特征是"思想性、真实性和具体性"。我国参会并受到了一定启发，贬低广告的思想也发生了转变。1959年8月我国商业部在上海召开了"商业广告会议"，肯定了广告在社会主义经济中的作用，指出"在社会主义制度下，商业广告是经常向人民群众如实地介绍商品，是指导人民消费的基本方法之一，是社会主义文化领域中一种美术形式；运用广告扩大城乡、内外交流，对搞好商品生产和改善企业经营，组织人民经济、文化生活是有益的"。强调广告要"真实、美观、经济、实用"，并指出"必须把商品宣传和政治宣传结合起来，做到具有社会主义的思想性、政策性、真实性、艺术性和民族风格"。政府职能部门开始强调广告对人民和国家的服务功能。

这一时期的广告带有浓厚的政治色彩。早在1957年商业部便发出通知，明确了商业广告的任务之一是"配合国家政策、政治运动进行政治宣传，并通过广告的艺术形式来美化商品和市容，丰富人民的文化生活"。1959年5月，商业部在《关于加强广告宣传和商品陈列工作的通知》中强调"各种形式的商业广告都应该为政治、为生产、为消费者、为美化城市服务，以贯彻国家政策和真实、美观、经济、实用为原则，力求做到生动活泼、健康美观、鲜明乐观和通俗易懂"。《人民日报》《光明日报》等报纸不仅刊载大量的政治宣传画，刊登的不少商业广告也与政治相关。如1959年4月13日永生金笔在《光明日报》上刊登的一则广告："高举跃进红旗向高级精密产品进军！"同年5月9日千力靴刊登的广告语为"穿上千力靴，一步跨千里。全面赶西德，胜利在眼前"。这一时期的广告宣传与国家政策和政治运动紧密相连，凸显了广告为人民、国家服务的传播理念。

## 六、品牌案例：消费时尚"三转一响"

20世纪五六十年代人们结婚时的标配被称为"三转一响"，指的是手表、自行车、缝纫机和收音机，代表了当时期中国工业设计民用产品的水平。在日常生活中，这四件物品也成了生活水平的代表。如果谁家有了"三转一响"，邻居们会投来羡慕的眼光，也表明他家生活已经进入了"小康"。

当时的自行车价格在120～300元，算是生活中的奢侈品，设计以"28大杠"样式为主，采用黑白色，看上去高大沉稳，因此除了实用价值外，还有"炫耀价值"，在年轻人中为甚。20世纪70年代初，大多数的人在参加工作后都买了自行车，有"永久牌""凤凰牌""飞鸽牌"的，差一点的是"大桥牌"。"飞鸽牌"自行车是新中国"全国产化"的自行车，1950年在天津诞生，"凤凰牌"是在20世纪50年代为体现自行车的轻快和向往美好生活的寓意由"生产牌"改名而来。

手表除了显示时间的基本功能外，也是身份的象征，当时会用"比较节约，懂得把自己的劳动果实花在手表上"来评价优秀的年轻人，其中上海牌手表是国人眼中最好的国产手表，当时一块上海牌手表的售价相当于普通职工的3个月工资，民间还流行着"如果没有上海牌手表，就没有姑娘会嫁给你"的俗语。有人回忆当时街上常见的看表情形："有人高高地抬起左手，两眼先扫描了一下四周，然后才朝手腕上看去——这大概是最得意的读表时刻了。"

缝纫机则是每一个家庭都希望配置的大件。20世纪六七十年代知名的缝纫机品牌有"燕牌""蜜蜂牌""飞人牌""蝴蝶牌""牡丹牌""标准牌""东方红牌""前进牌""海鸥牌"等。这些物品的拥有代表着一定的经济实力，除价格不菲外，更主要的还是需要稀少的商品券，而许多单位一年只有1～2张这样的商品票。

收音机与其他三种机械产品相比，技术水平更高，属于电子产品，是一种更高的追求，其代表着"精神享受"，具有娱乐功能。现在的老人们回忆到，"那时没有电视机，报纸也很少，人们了解外面世界的途径主要是收音机"。20世纪60年代便携式晶体管收音机出现后，谁手拿这种便携式收音机，就会被许多人羡慕，而谁家有个收音机，也成了邻居们经常光顾的地方。

"三转一响"这"四大件"是当时人们小康生活的标志，也是人们对美好生活的向往，反映出那个时代中国的经济状况和中国人民的生活水准。

## 第三节 "文化大革命"时期（1966—1976）

一夜之间，从橱窗到餐厅，从厨房到宿舍，通通挂上了毛主席画像和数以百计的毛主席语录。外国餐厅的楼梯口上，原来挂的是一幅画着北京鸭的大画，现在是一条金色大字的毛主席语录："全世界人民团结起来，打败美国侵略者及其一切走狗！全世界人民要有勇气，敢于战斗，不怕困难，前赴后继，那么，全世界就一定是人民的。一切魔鬼通通都会被消灭。"外国朋友来北京烤鸭店进餐，首先看到的，就是毛泽东思想的灯塔。

——《人民日报》1966年8月25日

### 一、历史背景

1965年11月10日《文汇报》发表姚文元的《评新编历史剧〈海瑞罢官〉》一文，文章把《海瑞罢官》的"退田""平冤狱"同"单干风""翻案风"联系起来，成为"文化大革命"的导火索。1966年5月中共中央召开政治局扩大会议，通过《中国共产党中央委员会通知》（简称"五一六通知"），指出"混进党里、政府里、军队里和各种文化界的资产阶级代表人物，是一批反革命的修正主义分子，一旦时机成熟，他们就会要夺取政权，由无产阶级专政变为资产阶级专政"。并成立中央文化革命小组，标志着"文化大革命"的全面发动。学生群体组成的"红卫兵"组织蜂拥而起，从最初的破"四旧"，发展至抄家、打人、砸物，无数优秀的文化典籍被付之一炬，大量国家文物遭受洗劫，许多知识分子、民主人士和干部遭到批斗，民主和法制遭受践踏，国家逐渐陷入全面内乱,仅北京市,就有72%的古迹被毁坏。随着社会动荡,国民经济也逐渐下滑,1966年8月"红卫兵大串联"运动掀起,中央文革表态支持全国各地的学生相互交流革命经验,进行革命串联,大范围的人员流动加重交通运输负担,大量物资积压滞留;同年10月,全国开展批判"资产阶级反动路线"运动,许多生产主管部门的领导干部卷入运动,停工停产时有发生,生产受到严重影响;1967年1月开启全面"武斗",上海、重庆、广西、广州、北京纷纷沦陷,给国民经济带来严重后果,局面一片混乱。十年"文革",国民经济遭遇空前浩劫,工农业生产连续下降,工农业产品产量连年减产,国民收入也随之减少。

## 二、商业环境

1. 商业活动

"文化大革命"开始前,我国有三条商品流通渠道——国营商业为主体、集体商业为助手、集市贸易为补充,但在"文化大革命"中,这些流通渠道相继合并。集体商业中的供销合作社在1965年底被纳入国家财产,1970年6月被正式并入国营商业;合作商店、合作小组受到歧视和打击:要么不准在主要街道设置网点,要么是把骨干人员长期抽调到国营商店,要么是侵占、平调资金。1966年9月国务院财贸办公室和国家经济委员会发布《关于财政贸易和手工业方面若干政策问题的报告》,提出"大型合作商店有条件有步骤地转为国营商店"。此后许多地区的合作商店不是合并就是被转为国营,保留下来的少数合作商店实质上与国营商业无异。在农村,集市贸易也遭到严重破坏,1975年开始一些地方开始推广哈尔冰公社的"社会主义大集",山西运城、临汾等地在1976年夏季开展了"取代"活动,即取消自由市场,代替集市贸易;安徽萧县推出"商业革命"活动,强行关闭全县集市。

此外,中共中央还在1968年1月发出通知,规定"农村人民公社、生产大队、生产队和社员,一律不准经营商业",1970年2月重申"除了国营商业、合作商业和有证商贩以外,任何单位和个人,一律不准从事商业活动"。多条流通渠道就这样被逐步合并为单一流通渠道。随着"流通决定生产论"等观念被批判,商业地位也受到冲击。1970年9月召开的全国商业工作会议上提出商业压工业、卡农民,"一手拿鞭子,一手拿刀子,东西少了就赶,多了就砍",导致了商业不敢反映真实的市场需求,只能是生产什么,收购什么,生产多少,收购多少。一方面造成市场供应紧张,另一方面又造成商业部门的库存积压增加。比如当时一些地方的大钉子积压很多,而小钉子又长期脱销。1975年,"四人帮"指责并且限制商品交换中的"资产阶级法权",即农副产品不应该实行统一价格以及奖售政策和超购加价奖励,不应该按照购买力分配商品,不应该由零售商店供应商品,不应该开放集市贸易。这种限制不仅助长了轻商思想,还否认了差别,使社会主义经济呆板死滞,严重阻碍了社会主义商业活动。

2. "有问题"的商品

1966年6月1日,《人民日报》发表题为《横扫一切牛鬼蛇神》的社论,提出破除

"四旧"——旧思想、旧文化、旧风俗、旧习惯,随后横扫"四旧"风暴席卷全国,许多"有问题"的商品和服务项目被停售或取消。"有问题"的商品包括两类:一类是商品品类本身带有资产阶级色彩,比如中高档化妆品、高跟鞋、西装裙、机动玩具、高级烟酒等;一类是名称、商标、图案或者造型"有问题",包括带有封建迷信色彩的商品如鸳鸯戏水、吉祥如意等,带有外文或外文音译的巧克力、威士忌、阿司匹林等,带有私人姓名的张小泉剪刀、白敬宇眼药膏等。据统计,北京市百货大楼被停售的商品多达6800多种,武汉市武汉商场被停售的商品也有4200多种。一些服务项目则以"资产阶级歪风"之名被取缔,如理发店的洗头、刮边、烫发,浴池的擦背、修脚、搓澡,旅店的单间等。

连出口商品也难逃此劫。在1967年中国出口商品交易会的春交会上,展品由前一年秋交会的3万种减少到2万多种,传统题材的工艺品被赶尽杀绝。同年6月广东省外贸局规定了几类停止生产和出口的商品:政治反动的和黄色的商品;以帝王将相、才子佳人、神魔鬼怪为题材的商品;同社会主义社会新风尚格格不入的封建迷信产品;珠宝钻翠、首饰等;奇装异服及火箭鞋。

商品种类和服务项目的减少,不仅给人民群众的日常生活造成极大不便,还给国家经济带来了严重损失,对出口的限制更是给外贸造成严重困难。

## 三、传播符号

### 1. 改名风波

"扫四旧"运动中,一些商店的招牌、牌匾、霓虹灯等被看作是"四旧",一律被砸烂,改换为红卫兵们看来具有革命、政治含义的名字,比如"工农兵""文革""红旗""红卫""东方红""前进""永红""反修"等。上海市3700多家零售商店中就有3000多家被改换招牌,更换的招牌一片"红色",且名称重复十分严重,比如北京王府井一条街上就有6家叫"红旗"的商店,这给市民们带来很大不便。

在这次浪潮中,品牌也无一幸免,纷纷被改名,如名及一时的牡丹牌收音机,在"牡丹是资产阶级的毒草必须除掉"口号中被改为红旗牌,上海无线电二厂的飞乐牌收音机改为红灯牌、工农兵牌,上海无线电三厂的美多牌被改为红旗牌、春雷牌。湖北的"星火牌"被视为火烧五角星,"日升牌"被解读为"意为日本升为帝国主义","滋美牌"则和支持美帝国主义谐音,这些品牌名称均被取消。

据当时的《人民日报》记载:"在红卫兵革命精神的鼓舞下,王府井百货大楼的革命职工搬掉了门上'王府井'三个大字,改名为'北京市百货商店';'全聚德'的革命职工在红卫兵的鼓舞下砸了'全聚德'三个字,正式挂上'北京烤鸭店'的新招牌,正厅的烤鸭照片广告被换成毛主席语录;'亨得利'钟表店的革命职工们在1964年以来两次提出改掉老字号的要求,但没有实现,现在职工们在红卫兵的鼓舞下,经集体讨论,改名为'首都钟表店';20日晚上,当红卫兵把沿用资本家命名的'徐顺昌服装店'改为'东风服装店'时,街道上一片掌声,人们齐声高呼'毛主席万岁','东风压倒西风'。"在这种近乎疯狂的"红色运动"中,品牌逐渐失去其存在的意义和价值。

2. 包装的"文革"烙印

"文革"期间的商品包装也极富时代特色,充满了毛主席语录、最高指示,如金鸡牌闹钟说明书上印有《满江红·和郭沫若同志》,工农牌白干商标上印着最高指示,白鸽牌切断砂轮说明书上印着毛主席语录。还有火柴盒,因其普及性成为政治宣传向民间渗透的方寸媒介,多采用毛主席头像、红宝书、红旗作为图案,配上口号性文案,直接成为"文化大革命"的宣传工具,按题材分为六类:①语录口号;②学习宣传;③援越抗美;④新生事物;⑤样板戏;⑥建设成就。许多烟标为顺应革命运动,也加上了口号,对图像进行了改动,商品的品牌意识被淡化。如青岛卷烟厂出品的"红舞"香烟,烟标正版上印着"最高指示",副版上则配着芭蕾舞《红色娘子军》的图像;国营新疆卷烟厂的"英雄"牌香烟,烟标底色全用大红色,副版上的最高指示写着"搞一点原子弹、氢弹,我看有十年工夫完全可能";还有中国烟草公司出品的"红灯",正副版都是红灯图案,底色使用大红色;"大前门"牌香烟因为整体的包装设计并未背离当时的革命主题得以保留品牌形象,烟标名称、图案和色彩都没有改动,仍然是一副"老面孔",但仍然被要求加上了毛主席语录"要斗私批修"。香烟包装对政治符号的执着使其作为商品包装本身的广告作

图3-13 "文革"时期的红叶牌香烟

图片来源:吴圣元.《"文革"烟标已成当代文物 "文革"烟标量少价高》,载人民政协报,[EB/OL].(2009-07-09)[2022-3-12],http://finance.cctv.com/20090709/107779.shtml.

用消失,注册标识、含焦量、警句、厂名以及条码都被忽略。这一时期的商品包装被千篇一律地打上了"红色"烙印,自身的可认知性特征为政治意义所取代。

## 四、传播手段

1. 政治广告

"文革"期间,商品经济和商业制度从根本上遭遇否定,商业广告被斥为资本主义产物,基本陷入停顿。首先是广告从业机构相继被解散,包括工商行政管理机构、广告管理部门及机构、广告公司、与广告作有关的公司,广告设计与制作的相关人员也遭到批判。其次是广告媒体遭到破坏,报刊数量急剧减少。1965年全国出版图书20143种、杂志790种、报纸343种,而到1970年全国出版图书仅有4889种、杂志21种、报纸42种;剩下的报刊虽保留着少量的广告版面,但主要是用来宣传政治书刊和样板戏演出。

在"文革"初期，还有少量的生产资料广告，如《人民日报》在1966年7月3日和28日分别刊登了几条生产资料广告，包括上海震华电器厂的产品介绍、北京灰砂石总厂的"石棉粉"广告、公私合营新中化学厂的"化学试剂乙二醇乙醚、乙二醇甲醚"产品广告，到了1970年，生产资料广告也消失殆尽，1971—1978年被学界称为"广告的消亡期"。商业广告几乎没有容身之地。广播广告经营早在1957年就已经在"以阶级斗争为纲"的思想中举步维艰，十年浩劫期间广播电台的广告经营先后停止。户外广告如霓虹灯、门面画饰等，在"扫四旧"运动中被纷纷砸烂，霓虹灯电器厂要么倒闭，要么改霓虹灯广告为政治标语生存。

与商业广告相对的是政治广告的全面兴盛。原先的广告牌变成了政治宣传牌和语录牌；商店的部分橱窗虽仍陈列商品但却是形势宣传的工具，是为了凸显市场繁荣，形势一片大好。还有大量的政治主题橱窗："响应党的号召，到农村去，到边疆去"，"戴花要戴大红花，听话要听党的话"，等等。其中有一"脚踢孔孟"的橱窗非常巧妙，这本身是一个陈列皮鞋的橱窗，但除了有一双皮鞋外，其他的文字和图片和商品本身毫无关系，其传达的是政治斗争信息；报刊如《人民日报》《光明日报》《文汇报》等则充斥着政治宣传画和政治口号。正如李庄所言"《人民日报》被拖进'文化大革命'的轨道"。《人民日报》每版几乎都是宣传毛主席文艺路线为主的书刊影戏广告，如"为纪念伟大领袖毛主席《在延安文艺座谈会上的讲话》发表二十八周年演出革命样板戏革命现代京剧《智取威虎山》《红灯记》《沙家浜》，革命现代舞剧《红色娘子军》"。还有群众自发组织创办的"东方红""井冈山"等报刊遍及全国，一片"红的海洋"。

图3-14 《红色娘子军》电影宣传画

图片来源：莫军华.《"文革"前后中国广告设计的审美特征》，艺术百家，2006 (04)：200-201+199页.

2. 宣传画

在当时特殊政治环境下，宣传画与政治密切相关，几乎"垄断"其他艺术形式。政治宣传画以政治思想为主题，以宣扬政治文化为主要目的，具有鲜明的时代特征。政治宣传画又常被称为"红色宣传画"，以红色为主调，是附属于当时期政治氛围下的时代艺术。其主题明确对当时的政治观念、领袖指示和政策方针进行正确表述，紧跟政治指向是其唯一的方向，如"无产阶级大革命、批林批孔、工业学大庆、农业学大寨"，以具有号召力的口号和激昂的人物画面为主要表现形式，口号简洁、具有煽动性，如："到农村去，到边疆去""打倒美帝！打倒苏修！"。人物画面则有"红光亮""三突出"两条创作原则："红"指描绘领袖、英雄人物和工农兵群众的形象要红光满面，"光"指绘画技巧要写实、逼真、光滑,"亮"指画面要明朗,充满阳光感;"三突出"是指"在所有人物中突出正面人物,在正面人物中突出英雄人物,在英雄人物中突出中心人物"。1968年7月,一幅表现时任中共湖南区委书记的毛泽东同志去安源开展工人运动途中行进形象的《毛主席去安源》被作为"文革成果"印成彩色招贴画发行,"广大邮递工人曾披星戴月,跋山涉水,最迅速把这张画送到全国各地",各地则举行隆重的仪式来迎接,可见当时的政治宣传画极受重视、极有影响力。政治宣传画除了印制发行数量大外,还经常用"战地巡回美展""街头宣传站""壁报""宣传栏"等多种形式的宣传来扩大其影响力。

3. "文革"标语

标语是用简短文字写出的有宣传鼓动作用的口号,数千年前就已经诞生,在"文革"时期得到了空前集中的应用。这期间诞生了许多朗朗上口、富于创意,直到今天还耳熟能详的标语口号是成功的广告文案,具备"简短有力的口号性语句""单一明确的观念性信息""长期广泛地反复使用"的广告语特点,如"抓革命,促生产""知识青年到农村去"。"文化大革命"全面爆发后,大多数工矿交通企业,甚至农村的生产受到了极大的干扰,有的企业的生产陷于完全停顿状态。1966年9月7日,《人民日报》根据毛泽东的指示,发表了题为《抓革命,促生产》的社论,"抓革命,促生产"从此成了"文革"时期的一个主要口号,后来还发展成"抓革命,促生产,促工作,促战备"以及"狠抓革命,猛促生产"等口号。1968年12月,毛泽东同志发出"知识青年到农村去,接受贫下中农的再教育,很有必要,要说服城里的干部和其他人,把自己初中、高中、大学毕业的子女,送到乡下去,来一个动员。各地农村的同志应当欢迎他们去"的指示,全国掀起知识青年上山下乡的高潮,于是"广大农村天地大有可为"成了这场运动的典型口号。1969年4月,中国共产党第九次全国代表大会在北京召开。毛泽东在大会开幕和九届一中全会上都发表了讲话,中心内容就是"团结"问题。他认为"九大"能够形成一个"团结的大会""胜利的大会","大会以后,可以在全国取得更大的胜利"。"团结起来的目的,是要争取更大的胜利。"这之后,"团结起来,争取更大的胜利!"以毛泽东的"最高指示""教导"见诸报端。这些标语口号是"文化大革命"的缩影,影响了那个时代的一代又一代人,极具传播力。

4. 大字报

"大字报""文革"手抄本成为民间传播的重要手段。"大字报"是大篇幅在纸张上进行书写,并贴之于墙上的一种传播媒介、文体。新中国成立以来最早的大字报出现在1957年5月19日的北京大学饭厅。"文革"爆发当年的5月25日,北京大学聂元梓等七人贴出了攻击北京大学党委和北京市委的大字报,被称为"全国第一张马列主义的大字报",成为当时大字报的范本之一。同年8月5日,毛泽东同志在中南海亲自贴出《炮打司令部——我的一张大字报》,全国各地开始掀起大字报狂潮,成为极具政治杀伤力的攻击武器,但同时也因匿名性成为自由表达的平台。大字报既是统治者手中的宣传武器,也是毁灭"文革"的炸弹,在"文革"后期,大字报中表达出民主和自由思想的诉求,呼吁重建社会主义民主法制。"文革"时期，因为只有少量书籍允许出版，有一批以侦破和反特故事为主的手抄本文学在地下流传。流传最甚的时候，是1974年、1975年。当时，社会广为流传的手抄本有300多种，"集体越轨，地下传抄"成为极具魅力的传播方式。

### 五、传播策略：政治挂帅

1956年4月28日，毛泽东在中央政治局扩大会议上提出"百花齐放、百家争鸣"的双百方针，指导党发展科学、繁荣文学艺术。益于这一方针，我国文化艺术事业在此后如雨后春笋般蓬勃发展。但到了"文化大革命"的十年政治革命特殊历史时期，国家工农业生产和社会文化环境都遭到了严重破坏，许多文艺组织机构被解散、刊物被迫停办，使我国的文化艺术发生了翻天覆地的变化，政治宣传成为压倒一切艺术创作的主题与出发点，文艺方针变为"文艺必须为政治服务，政治也要为文艺服务"，多数传播手段都沦为政治宣传的工具，全国上下沉浸在一片"红海洋"之中。"以阶级斗争为纲"的文化工作指导思想出台，再加上林彪所贯穿的"无产阶级专政下继续革命的理论"成为"文化大革命"的总的指导思想，不仅写入党的九大、十大的政治报告和党章，还写入了四届人大通过的宪法，其核心是"在无产阶级取得了政权并且建立了社会主义制度的条件下，还有必要进行一个阶级推翻一个阶级的政治大革命"，使得突出无产阶级政治、巩固无产阶级专政成为这一时期的宣传主题。

### 六、品牌案例：样板戏

"样板戏"的正式名称为"革命样板戏"。"样板戏"之称，最初分别见于1965年3月16日上海《解放日报》刊登的署名"本报评论员"赞扬京剧《红灯记》的文章，以及1966年10月24日《人民日报》刊登的两位上海工人赞扬京剧《智取威虎山》的文章。此后至1966年底，报刊上又出现了"革命样板戏""革命艺术样板""革命现代样板作品"等称呼。"革命样板戏"被叫响，始于1967年5月至6月。当时，江青扶植的舞台艺术作品会集北京，在六大剧场反复上演。1967年5月31日《人民日报》社论《革命文艺的优秀样板》一文，正式提出了"样板戏"一词。并列出如下名单："京剧《红灯记》《智取威虎山》《沙家浜》《海港》《奇袭白虎团》，芭蕾舞剧《红色娘子军》《白毛女》，交响音乐《沙家浜》。"

1968年5月，《毛主席的革命文艺路线胜利万岁》发行，新华社配发了一篇报道，副标题是"邮电部为八个革命样板戏的诞生发行一套纪念邮票"，"八个样板戏"的说法已经很明确了。事实上，文革中的样板戏远远不止八个。1974年5月23日，新华社在《人民日报》上发表了《在毛主席的无产阶级文艺路线指引下，我国革命样板戏进一步普及和发展》的文章，其中列出了十七个作品的名字。文革末期，又有一些样板戏陆续出台，如1975年5月21日新华社在《革命样板戏剧组深入基层为工农兵演出》的报道中提到的1974年下半年推出的《磐石湾》《红云岗》《审椅子》《战海浪》等作品。

由于样板戏产生于特定的年代、特定的文化语境,决定了其主题、样式等具有特定的模式。如借鉴话剧舞台美术形式,用西洋绘画的写实布景、道具、服装,改变了传统京剧重写意、象征的假定性特征;有层次的成套唱腔,妥善处理声与情、流派与人物、韵味与形象三方面的关系;以交响化乐队作为京剧的伴奏,艺术上精益求精的精雕细刻,有可取之处。但也有杂凑生硬的问题,违反艺术样式固有特点,写实布景削弱了想象空间,表演上过分强调人物体验与贴近生活,交响化伴奏使程序化唱腔变成了"京歌",用指挥替代鼓板以整合文武场,导致概念化的缺失。从它们的创作中,总结、归纳出的塑造无产阶级英雄典型人物的根本任务,"三突出"创作原则等,被硬性确立为所有创作都必须遵循的经典规范。但样板戏开创了一个戏曲表现程式改革的先河。

样板戏的传播还形成了自己的多重文本,并建构出颇具时代特色的传播途径,突破表演方式,并广泛宣传,将原本属于舞台上的样板戏引渡并覆盖到普通民众的日常经验中,其呈现方式涵盖戏剧、舞蹈、电影、广播、唱片、电视纪录片、文学剧本、曲谱、中小学课本,也包括生活领域中的年历、年连宣、版画、挂图、字帖、邮票、泥塑、明信片、烟盒、糖纸、茶缸、纪念徽章、套章、笔筒、茶瓶、面盆等。国家叙事话语"用当时历史条件下所可能出现的一切国家媒体为之开路,其频率的密集性、媒体层次的丰富性、文化产品的多样性乃至载体性质的现代性,可谓中国文艺中穷其心力的盛典之作",毫不夸张地说,样板戏的传播成为全民参与共享的文化仪式,并最终达到了全民学唱、人人熟谙的传播效应。以出版为例,样板戏剧本的高频次出版创下中国出版史之最。1966年到1972年,样板戏剧本的普及性读物刊印了8300万册,种类包括曲谱版、画册版、综合版、五线谱总谱版等,演唱材料出版90余种,刊印数量近3亿册。《红灯记》仅在1970年就出版加印37次之多,《智取威虎山》也高达29次。各地夜校为普及样板戏内容,将剧本汇编为扫盲课文;而民间说书艺人洪福江、施春年等把大

图3-15 样板戏宣传画

图片来源:赵洪啸.《八大样板戏图文资料简介》[EB/OL].(2008-01-03)[2022-3-12],载洪啸音乐教育工作站,https://old.hongxiao.com/dy/Article/musicnatural/musiczhishi/200801/3648.html.

众化叙述框架用在样板戏剧本的讲习中,受到热烈欢迎。自20世纪70年代始,样板戏题材的通俗读物,包括连环画(小人书)、挂历、舞台速写、油画和年画等开始发行,形式上包括素描、木刻、工笔彩绘等,内容多数以舞台剧照为原型,风格上包含剪纸、木刻、线描、工笔重彩、钢笔复线、水粉、素描等各种技法。1968年,中国邮电局开始公开发售样板戏纪念邮票,美术家如李大伟、孙川泽、陈小聪等人则参与绘制,仅2年时间,"文五"系列邮票发行超过一千万枚,"文十六"系列邮票超过五千万枚。嗣后,中国邮政又刊发了100多套纪念币和纪念邮票供广大邮友收藏,这些都发挥了重要的文

化传递功能。1970年以后,为了在更大范围内推广样板戏,国家决定由中央电视台开始录制样板戏影像资料,并开始筹拍彩色电影。中国电影放映公司确定了明星阵容,如谭元寿、刘庆堂、方荣翔、童祥苓等人当时都是风头正健、最受欢迎的演员,以至于他们的电影海报和剧照都成为当时的时尚指南。

## 第四节 "过渡时期"(1977—1979)

筹备工作是在既无经验又无资料的情况下开始的。这时电视台里没有一个人看过电幌广告。为了搞清楚电视广告是怎么回事,我访问了外贸系统一些在国外工作时间较长的同志,经过他们的反复讲解和具体比划,我总算隐隐约约地知道了一点。在千头万绪的筹备中,我们主要抓了三点:一是确定经营广告的基本原则。规定上海电视台放广告的宗旨是"为广大观众服务",广告内容"必须符合国家法律和政策法令",广告画面要适应观众欣赏习惯,电视台"对广告有终审权"。这些原则经过20年的实践,现在看来是正确的。二是制定广告价格表。这一条花的精力比较多,因为报纸广告刊例一般是由面积、位置和是否套红这些因素来定,而电视则不同。经过中国银行上海分行的帮助,我们认真研究了澳大利亚、新加坡、中国香港的电视广告资料,确定了包括长度、时段和是否节假日等因素的广告价格,体现了在市场经济条件下的计价特点。我们的外商广告价格就是根据当时上海具体情况参照悉尼的广告价格定的。三是规定广告工作守则。上海台的领导嘱咐我务必把管理上可能出现的漏洞堵死,不要让人家说搞广告是腐蚀干部。当时对财务结算、样品处置、进行优惠的批准权限等环节都做了严格规定,可是很遗憾,这些规定后来被逐步改掉了,以致发生了一些应该可以避免的事情。

——《中国第一条电视广告诞生记》,汪志诚

按现在的眼光看,当时的这条广告是很粗糙的,既无分镜头脚本,也谈不上什么市场调查、产品分析和创意,而且,是由电视台的新闻记者按照新闻样式去拍摄的,上午去厂家,还不知道拍什么产品,中午拍回来,下午剪、配音,晚上就播出了。

——《中国大陆第一条电视广告是如何诞生的》,徐益

### 一、历史背景

1976年10月6日,"四人帮"被全部逮捕,"文化大革命"的十年内乱正式宣告结束,中国开始全方位改革、全面发展经济。1978年12月18日至22日,中共十一届三中全会在北京举行,揭开了我国改革开放的序幕。会议否定了"两个凡是"方针和"左"的路线,高度肯定实践是检验真理的唯一标准,强调要从科学体系上掌握和运用毛泽东思想,不能一切照抄照搬;将党"以阶级斗争为纲"的工作重点转移到"以经济建设为中心",做出"实行改革开放"的决策。这次会议使全党的工作重点和全国人民的注意力转移到社会主义现代化建设上,中国开始走上中国特色社会主义道路。十年"文化大

革命"几乎使中国经济到达了崩溃的边缘,"以钢为纲""以粮为纲"的口号一方面使原材料、能源工业和交通运输业发展严重不足,另一方面经济作物和林牧副渔业的发展受到制约,国民经济比例严重失调。1976年底开始中共中央强调要进行整顿,恢复和发展生产。随着系列措施的实施,交通运输堵塞、管理混乱的问题得到解决,并带动了工矿企业的发展,工农业生产也得到恢复,国民经济逐步摆脱急剧滑坡的局面,全国工业总产值逐渐增长,1977年工业总产值比1976年增长14.3%,1978年又比1977年增长13.5%。但这只是相对于十年"内乱"的恢复,国民经济比例失调、经济结构不合理、社会经济发展水平较低的问题依然严重。1977年3月召开的计划会议认为国民经济虽然在快速恢复,但仍存在薄弱环节,可此时在指导思想上还存在着"左"的倾向,中央领导班子仍坚持"两个凡是",沿用"大跃进"的办法来组织经济工作。如两报一刊在1978年的元旦社论中提出:"建设的速度问题,不是一个单纯的经济问题,而是一个尖锐的政治问题。加快经济建设的速度,是国际国内阶级斗争的需要,是历史赋予我们的光荣使命。"党的十一届三中全会拨正了党的思想路线,提出要解决国民经济比例严重失调的问题。在1979年3月召开的中共中央政治局会议上,陈云指出"现在比例失调的情况相当严重,要用两三年,最好是三年的时间调整"。他强调:"调整的目的,就是要达到按比例。能比较按比例地前进。重点企业、城镇企业、社办企业,各方面都大体安置下来。"邓小平同志也指出:"现在的中心任务是调整,首先要有决心。过去以粮为纲,以钢为纲,是到该总结的时候了。一个国家的工业水平,不只决定于钢。谈农业,只讲粮食不行,要讲农林牧副渔并举。"同年4月中共中央工作会议确立了对国民经济实行"调整、改革、整顿、提高"的八字方针,这是经济战线的一次思想大解放。

## 二、商业环境

1. 引入市场经济机制

党的十一届三中全会后,经济体制改革在各行各业取得突破性进展,采取了一系列措施引入市场机制,市场开始繁荣起来。

1978年小岗村拉开了包产到户的序幕,但在当时由于违反相关文件规定,小岗村这一做法在1979年12月被取缔,由包干到户转为包干到组。后来这一做法得到了安徽省委第一书记万里同志的支持,也得到了邓小平同志强有力的政治支持。"星星之火"已成"燎原之势"。

另一方面企业开始简政放权、扩大自主权。长期以来企业都是"一切收入向上缴,一切支出向上要",1978年国家推出了企业扩大自主权试点和贯彻经济责任制。四川的6家国有企业率先进行改革试点,这六家企业分别是重庆钢铁、成都无缝钢管厂、江宁机床厂、四川化工厂、新都县氮肥厂、南充绸厂,改革内容包括企业自己担负经济责任、自主供货、自己按利润留成。随后京津沪又批准了八家企业进行扩大试点。企业放权的试点改革调动了企业和职工的积极性,搞活了经济。试点企业的成功经验被要求在全国范围内进行试点。国务院于1979年7月13日发布《关于扩大国营工业企业经营管理自主权的若干规定》，打破了企业吃"大锅饭"的格局。

恢复流通市场，改善农副产品和工业品购销。购销形式是国家相关部门根据市场供求状况、商品本身的特点以及政治经济形势设计的工业、农业和商业之间产销联系的形式。首先在农产品流通领域进行改革。1979年国务院重新限定农副产品的统购和派购范围，指出三类产品和完成派购任务的二类产品可以自由上市，除棉花外的三类农副产品可以自由运销。1978年以前，我国工业品主要实行统购包销，自销产品所占比重很小。国家统计局资料显示，1977年和1978年我国工业自销商品的零售额都是70多亿元，在社会商品零售总额中仅占5%左右。直到1978年，随着我国经济形势的好转，国营商业垄断经营、统购包销产生的副作用日益明显，购销形式改革被提上日程，并在部分地区试点。1979年7月，全国商业局长座谈会上对商品购销形式进行了讨论，会议提出"原则上应对一、二类商品继续实行统购包销，少数不宜统购包销的品种可降为三类；对三类商品，属于几个地方生产，供应全国的某些品种由商业包销，一部分实行订购，多种品种实行商业选购，工业自销"。

2. 传播管理：媒体组织向混合型体制转型

1978年前，我国的传媒一直充当党和政府的"耳鼻喉舌"，担负党和政府赋予的政治宣传报道任务。党的十一届三中全会上市场因素在经济活动中的作用被重新肯定，而同时媒体单位的发展仅靠政府补贴难以维系，传媒业希望通过适度的自主经营获得经济收入。1978年人民日报社等首都八家新闻单位联合给财政部打报告，要求实行"事业单位，企业化管理"的混合型管理体制。财政部很快批复执行并指定了试点单位，提出混合型管理体制的实施原则是"按照企业化模式自主经营，独立核算，盈余留用""包干上缴、结余留用"。1979年4月财政部颁发《关于报社试行企业基金的实施办法》，明确指示报社实行企业化管理模式。继报业之后，广电业于1979年在中央电视台进行了试点尝试，试行"预算包干"的财政政策，采取"差额补助、结余留用"的办法，取得较大成效，20世纪80年代开始全面实施。

1979年5月14日中宣部正式发文，对媒体单位恢复和刊登广告的做法予以肯定。同年11月8日，中宣部发布《关于报刊、广播、电视台刊登和播放外国商品广告的通知》，规定"广告宣传要着重介绍四化建设中可借鉴参考的生产资料，消费品除烟酒外，也可以刊登"，提出报刊等新闻媒体可以承办广告，开展外国商品广告业务。这是我党建党以来第一个直接指导广告事业的文件，具有划时代意义。

## 三、传播符号

1. 企业商标恢复

改革开放以后，商品经济逐渐活跃，许多老字号率先恢复了对商标的使用，以体现品牌差异。国家相关部门也迅速恢复商标管理工作，沿用1963年《商标管理条例》和《商标管理条例实施细则》，恢复统一注册制度，并简化注册程序，同时对外国企业向我国申请注册的商标根据互惠原则进行办理。1978年11月20日，工商行政管理总局发出

《关于清理商标的通知》，1979年5月全国商标清理工作基本完成，商标局共清理登记32589件商标，其中国内27459件，国外5139件。同年9月16日至26日，工商行政管理总局召开了"文革"后的第一次全国商标工作会议，会上统一了共识：①商标是商品经济的产物，主要用以区别不同生产者和经营者的商品来源的标记，商标在一定情况下还可以区别商品的不同质量；②商标专用权是一种工业产权，保护商标专用权利于企业重视商标信誉，保证商品质量；③商标管理要与经济改革联系起来，当商标信誉与企业利润联系起来的时候，商标的作用就会更加凸显；④商标设计要坚持"百花齐放、推陈出新、古为今用、洋为中用"的方针；⑤要立足国内、大体与国际惯例要求相适应的指导思想进行商标管理。

2. 乡镇品牌

早在20世纪70年代初，乡镇企业的前身社队企业就有了一定的发展，1970年全国社队企业的工业产值为67.6亿元，1974年增长到151亿元，1978年达到385亿元。社队企业在1984年更名为乡镇企业。党的十一届四中全会后，颁布的《中共中央关于加快农业发展若干问题的决定》明确指出社队企业要有大的发展。国家也自1979年起，大力扶植社队企业，不仅提供相应贷款，还实行免税政策。这一时期一批全国知名的企业品牌崛起：1977年朱相桂带领6个村民，在生产队的牛棚猪圈里创办了建湖县皮鞋二厂，这便是森达集团的前身；1978年春天，浙江宁围乡的鲁冠球已经拥有了300多个员工，当年秋天他将自己的工厂名改为萧山万向节厂，这便是今天万向集团的前身。还有今天闻名的横店集团，其创始人徐文荣也正是在那个年代通过社办企业积累了财富。

## 四、传播手段：广告业的全面复兴

1. 报纸广告

报纸广告率先恢复。1979年1月4日，《天津日报》率先刊登了一则蓝天牌牙膏的通栏广告。当年任《天津日报》广告科主任的王巨忱曾在2009年接受媒体采访时说："当时只有他一个人骑着自行车去找以前的老客户拉广告，然而广告不好拉。最后凭着老关系，达成了由天津牙膏厂花700元在天津日报上刊发一条广告的协议。当时我们非常高兴，但毕竟是全国的第一条商业广告，心里没底，不敢把它发得太大，通栏20行高，还得放在三版的最底下。发表前，总编辑石坚同志亲自审稿，他看了又看，确认没什么问题，才让我们拿去制版。"这则广告拉开了中国新时期商业广告恢复的序幕。广告见报后，香港《大公报》发表评论："广告的出现犹如一声长笛，标志着中国经济的巨轮开始起航。"时隔24天，上海党委机关报《解放日报》在春节当天，刊登了上海市工艺美术工业公司和上海食品工业公司的广告。《文汇报》在1979年2月10日也加入到恢复广告的行列，介绍上海市药材公司的部分产品。始于地方媒体的广告复兴很快扩散到中央媒体，4月17日《人民日报》刊登了1979年春季中国出口商品交易会开幕及其商品广告和重庆市地质仪器厂的仪器广告。

## 2. 电视广告

电视广告萌芽。1979年1月28日,农历正月初一的傍晚五点零五分,上海电视台播放了中国首条电视广告,广告时长约为1分30秒,广告内容是年轻的爸爸和妈妈带着儿子去商店给孩子的爷爷买了一款"参桂养荣酒",爷爷收到酒后非常高兴。紧随着这条商业广告的是一张幻灯片——"上海电视台即日起受理广告业务"。原来是电视台在宣传自家广告业务。一位老新闻工作者看到这则广告后,兴奋地说道:"应该给上海电视台发一枚金牌,奖励他们对我国电视从不播放广告这条不成文'禁令'的突破。"

图3-16 "参桂养荣酒"电视广告四格示意图

图片来源:搜狐.《中国第一条电视广告,是如何诞生的》[EB/OL].(2022-3-12)[2022-3-12].https://www.sohu.com/a/314572865_100191018.

参桂养荣酒广告选择在电视台播放,按照今天的话来讲,深刻契合了目标用户。在当时中国农民人均年纯收入160.17元的1979年,这款补酒的定价据说是每瓶大概十五六块,实在是昂贵,而这一年中国的电视机只有485万台,拥有电视机的用户经济条件都较为宽裕。这条广告在上海电视台的播放次数不到10次,但广告效果却出奇的好,"反应非常好……全上海主要卖那个药酒的商店全部卖完,脱销"。电视广告带来了实际效果,却也引发了广告"姓资"还是"姓社"的大讨论,可以说上海电视台是中国电视广告的破局者,而这瓶补酒也让"广告"走在了时代的前沿。在上海电视台内部就出现了两种声音:一些人仍认为广告是资本主义的产物,而电视台是党和政府的舆论宣传工具,两者不宜结合;另一种观点则针锋相对,说党的十一届三中全会已经明确全党的工作重心要转移到经济建设上来,电视台作为新闻单位,应该为企业和消费者服务发展广告。这则广告在国内外舆论界也是"一石激起千层浪",20多个国家和地区的新闻媒体为此发表消息或文章,不少外媒发表评论,说这是"中国开放的信号"。同年3月15日的下午六点,上海电视台又率先播出了第一条外商广告——瑞士雷达表,这则广告时长1分钟,中文字幕,英语配音。而此时市场还未供应这种手表,在广告播放后的三天里,去黄浦区几家钟表店打听该手表的就有700多人。

### 3. 广播广告

广播广告恢复。1978年底，上海家用化学用品厂的产品大量积压，面临倒闭，"家化"的领导萌生了做广告的念头，而上海人民广播电台为了生存也派业务员挨家挨户动员做广播广告。广告主和广告媒体带着各自的需求，一拍即合。商业广告恢复的第一条广播广告于1979年3月15日在上海广播电台播出，推销的产品正是上海家化的"春蕾药性发乳"。据上海电台广告部原主任唐可爱回忆："春蕾药性发乳广告运用了评弹、演唱、配乐等多种艺术形式，通过4个频率，连续播出一个月。两周后，市场上该产品全部脱销。"这则广告推出后，引来了抢购风潮，"家化"积压的商品也销售一空。日本共同社和英国路透社以"上海改革开放了，上海电台播出广告了，中国改革开放前途远大"为主题向全世界发布了消息。之后，包括北京在内的其他各地广播电台也相继开始恢复广告业务。

### 4. 户外广告

户外广告的恢复。户外广告是一种古老的广告形式，但在改革开放前的中国几乎消失殆尽，全被政治标语取代，改革开放后才得以重现。1979年2月上海南京路出现第一块户外广告牌，同时北京市委同意恢复户外广告，并在这一年在王府井南口推出10块广告牌，其中国内企业6块，国外企业4块。共同通讯社的外国摄影记者越石建夫在他的日记《在北京的800天》中记录了北京路牌广告的点滴："1979年10月23日在遛大街中初次发现大栅阑市中妇女服装店安装上了霓虹灯，在前门也发现了三个安装上霓虹灯的铺子。12月20日市内各处出现了商业的广告路牌，东单公园周围的路牌特别大。在无锡还出现了一个有趣的现象，一块路牌广告的左边是丝袜广告，右边却是政治标语，新旧两种特色的传播活动共同存在。"

## 五、传播理念：广告"姓资"还是"姓社"？

关于真理标准的大讨论破除了意识形态领域对广告功能认识的束缚，但在整个社会仍然存在对广告的不同意见，广告的姓氏问题引发了全社会的讨论。1979年1月14日上海《文汇报》发表了丁允朋的《为广告正名》一文，文章驳斥了"广告是资本主义生意经"、广告等于"摆噱头""吹牛皮"的偏见，呼吁媒体为国产品牌多做广告，并建议"有选择地刊登、放映外国广告""对资本主义的生意经要一分为二，要善于吸取它的有用的部分，广告就是其中之一""我们对国外广告也要做引进工作，洋为中用，吸取一些国家广告之所长，发展社会主义广告"。1979年3月12日，《人民日报》刊文《上海恢复商品广告业务》，肯定了上海电视台为"幸福可乐"等商品播放广告的做法。报道称："三月九日晚上，上海电视台转播的一场精彩的国际女子篮球赛实况，吸引着广大电视观众，上半场刚结束，荧光屏幕上就出现了别致的画面：我国著名男子篮球运动员张大维和他的战友们，在一场激战后津津有味地喝着新生产的饮料：'幸福可乐'。这不是这场球赛休息时的实况，而是上海电视台今年拍摄的我国第一批电视广告片的一个镜头。"此外，《人民日报》还先后发表了《漫谈外国广告》《一条广告的启示》和《一张广告救了一个厂》，通过讲述实际案例或广告业内动态的形式，向公众介绍广告的积极作用，足以体现当时中央媒体对广告所释放的正面信号。

但是民间反对的声音仍此起彼伏。1979年春，北京市政府决定将西单的"民主墙"变为"广告墙"，结果换下来之前就有人在上面贴着大字报"为什么要将重要的民主之窗换成这么无聊的商业广告？广告，滚蛋！"。1979年3月15日，《文汇报》刊出名为"雷达表——现代化的手表"通栏广告，这是瑞士雷达表投放的广告，一经刊出，就引发了读者的抗议，不少人写信给《文汇报》，批评他们"崇洋媚外，拿报纸做生意，有损报纸形象""不是说广告是资本主义的吗？怎么我们也搞这一套？""为什么我们要替外国货做宣传？""花钱订报，谁要看这玩意？"。

## 六、品牌案例："永久牌"自行车

1940年秋天，日本商人小岛和三郎在上海唐山路开设了昌和制作所，成为上海第一家自行车生产厂。但由于生产规模小，生产设备简陋，所制的"铁锚"牌自行车车身又短又矮，被戏称为"鬼子车"。1945年，昌和制作所和大陆铁工厂、丰田自动车厂合并成立上海机器厂，昌和制作所作为第二制造厂，主要生产"扳手牌"自行车，1949年改为上海制车厂，1952年上海制车厂和新星机器厂合并为红星制车厂，1953年正式更名为上海自行车厂（后改为"永久集团"），这间车厂生产的便是"永久牌"自行车。

1. 商标变迁

自行车商标标牌通常放在自行车前管部位，不仅是品牌的标记，还起着装饰作用，因此商标标牌历来受到自行车厂家的重视。随着工厂的改制，永久牌商标也不断演变。昌和制作所后期是"铁锚牌"商标，外面一圈齿轮，中间一个铁锚。上海解放初期改为"扳手牌"，"扳手"象征着工人阶级。军代表接管工厂后，厂里决定放弃"扳手牌"，受当时期我国与苏联特殊关系的影响，定名为"熊球牌"，画面是一只北极熊站在地球顶端。反复酝酿后，根据"熊球"的谐音改为"永久牌"，白熊和地球的图案也因为过于沉重，再加上这一图案有苏联霸占世界的寓意，就取消了白熊和地球图案。商标名称和图案都是"永久"两个字，定稿时商标使用了"永久牌"三个红字，这是永久牌自行车的第一个商标。从这里开始，永久商标逐渐减少政治色彩，走上打造"永久"品牌的战略之路。1956年，工厂根据"永久"两个字组成了自行车形状的商标，后来又配上齿轮麦穗和放光芒的红星设计成国徽风格的金属标牌，体现了那一时代独特的设计风格。1976年开始，商品商标开始追求个性时尚，不再适合用政治机构、国徽风格的形式，政治气息浓厚的永久牌放光红星版商标被撤掉。

2. 市场导向

中华人民共和国成立后，"永久牌"自行车迎来了发展时机，不断开拓创新，进行大规模技术革新和技术改造，成为当时我国自行车行业的领头羊，先后研制出我国第一辆标定型自行车、26英寸轻便车、81型公路赛车、大型自动联合电镀机、经典ZA51型载重车等。永久自行车通过不断地产品创新，填补空白市场，获取更多的市场份额。进入 20 世纪 60 年代，一直畅销的永久牌自行车在农村市场尤其是北方逐渐出现销售不畅的现象。时任代厂长的王世封得知消息后开专题会研究对策，并给时任技术科科长的王培元下达了命令：为什么沈阳自行车厂生产的白山车、天津自行车厂生产的飞鸽车在东北市场如此畅销？而永久车销量却不断下降？你带队去进行市场调查。王培元接受任务后，一行四人先到沈阳自行车厂、天津自行车厂走访，再到东北交电部门进行市场调研，还深入东北农村，直接听取用户的意见。调查发现，自行车除了代步，还要载人运货，当载人或载货时，骑行者只能"前上车"，东北人个子高大，尤其冬天穿上棉衣棉裤，"前上车"极其不方便。而同永久车比较，飞鸽车车架更长，车把更宽，更方便。找到了问题所在，1962 年，全厂组织技术力量，结合国内各种类型自行车的解剖分析，进行选型、设计，决定对车架、前叉、车把、车架等 13 种部件重新设计。经过两个多月的奋战，永久经典 ZA51 型载重车问世。考虑到载重车骑行安全和自行车维修的便利，后增加了保险叉和工具袋两个部件。载重车研制出来后，载重车被带到山西、河北、内蒙古等 10 个地区，行程千里进行访问、走访，听取各方意见后，又进行了改进和调整。调整后的载重车一经问世便受到广大农民兄弟的称赞，在农村市场一炮打响，这一款载重车也被他们亲切地称为"不吃草的小毛驴"。挖掘消费者痛点，以市场为导向，使永久一度成为国人心中的"第一品牌"。

3. 世界的"永久"

除了开拓国内市场外，永久车还积极走出国门，自觉加强出口意识，增强出口实力，拓宽出口渠道，让永久走向世界。1953 年上海永久首次出口自行车，为适应出口贸易还仿了英国"兰苓"（Ralegh）车的商标形式，材料也使用铜制镀铬。1979 年根据欧美市场需要，专门组织一个小组，设计和试制 27 英寸 10 速运动型自行车，最终研制出公路赛车 SC67 型，经过美专业检测机构测试后，产品质量完全符合美国安全标准（CPSC）。当时时任美国驻华联络处主任的布什（后为美国第 41 任总统乔治·布什）还特意骑了永久车和他的夫人芭芭拉在天安门金水桥畔摄影留念。

1960年出口使用的永久商标　　60年起沿用至今的出口永久商标

**图 3-17　永久牌自行车的出口商标**

图片来源：永久官网.《永久历史》[EB/OL].（2022-3-12）[2022-3-13], http://www.cnforever.com/article/detail/colid=22.

## 本章小结

本章梳理了1949年中华人民共和国成立以来到1979年我国大陆品牌传播发展史。中华人民共和国成立之初,百废待兴,共和国人艰难摸索,"三大改造"、三年自然灾害、人民公社化运动、"文化大革命"、确立改革开放,新中国在曲折中发展。品牌传播事业也经历了短暂的繁荣、十年的消沉、重获新生等不同阶段。这一时期品牌事项虽一度陷入"红色海洋",但总体来说仍在不断发展,报纸、广播、电视广告逐步全面开花,交流大会、背篓商店等特殊品牌事项大放异彩,商品商标、包装逐渐去政治化,品牌意识正在萌芽。

## 思考题

1. 中华人民共和国成立之初的商标设计有什么显著特征?
2. 该时期商标的管理有什么新的发展?
3. 请简述建设时期的社会主义商业体制及其对品牌传播的影响。
4. "三转一响"代表着当时什么样的消费风尚,其背后有什么象征意义。
5. 该时期出现了什么新的广告媒介和广告形式?
6. 请谈谈你对《人民日报》"为广告正名"的看法。

# 第四章
# 新时期的我国大陆品牌传播（1979—2000）

## 学习目标

本章主要学习新时期我国大陆品牌传播的发展，包括三个阶段：1979—1984 年的改革初探期；1985—1992 年的改革突破期；1993—2000 年的改革快速发展期。学习本章知识，重点要了解新时期我国的经济体制改革和产业结构的调整的改革背景，了解传媒机构改革对品牌传播带来的影响，了解互联网行业兴起和广告行业快速发展的背景。掌握不同时期传播符号、传播手段及传播策略的特点及相关品牌事例，梳理新时期品牌传播的发展脉络。熟悉西方品牌涌入中国市场对中国品牌实践的影响，同时学习该时期西方经典品牌传播理论的中国实践。难点在于掌握新时期促使我国品牌传播觉醒和崛起的因素。

## 第一节 改革初探期（1979—1984）

在安徽省凤阳县小岗村，一份农民宣言书，开启了包产到户的改革新篇章。而在改革之初，江苏省泗洪县的上塘公社也开始探索包产到户，《人民日报》刊发的《春到上塘》，详细记录了上塘从 1978 年 9—10 月份开始尝试分田到户、定产定额承包，生动表述了包产到户给老百姓带来的巨大变化。或早或晚，都说明了江苏老百姓敢想敢干的劲头。对于经济发达地区是否也能这么搞，当时意见分歧很大，很多人认为发达地区没有必要搞包产到户、包干到户。江苏宜兴率先探索，在 1982 年推行农业包干到户生产责任制，当年粮食增产 1.4 亿斤，工副业产值增长 10%，农民人均收入增加 50 元。宜兴探索，为发达地区"大包干"提供借鉴，成为农村改革的又一声"春雷"。人多地少、资源制约，跳出农业搞发展，劣势转优势，乡镇企业异军突起，成为江苏首创。江苏乡镇企业最早萌芽于上世纪 50 年代，起步于 70 年代，发展于 80 年代，自中国第一家乡镇企业——无锡东亭春雷村春雷造船厂成立开始，乡镇企业在江苏大地遍地开花，尤其是在苏南地区，呈现出"大小工厂满天星"的火热景象。当然乡镇企业发展并非一帆风顺，而是在波折中前行，针对"大锅饭"现象严重的问题，江苏首吃螃蟹，将承包制引入乡镇企业，推行了"一包三改"，实行承包责任制，改干部委任制为聘用制，改职工录用制为合同制，改固定工资制为浮动工资制。面对单一的集体经济所有制结构弊端，江苏推进企业产权制度改革，为江苏形成国有大中型企业、民营企业、外资企业"三足鼎立"的局面奠定了坚实基础。

——江苏：敢为人先勇攀"三农"新高地《农民日报》2019年8月28日

## 一、历史背景

党的十一届三中全会拉开了中国改革开放的序幕。中国改革的重点是经济体制的改革，其目标是建立社会主义市场经济体制。1979年4月5日至28日，中共中央召开了各省、市、自治区和中央党政军机关主要负责人参加的中央工作会议。会议通过了中共中央政治局提出的"调整、改革、整顿、提高"的八字方针，通过了调整后的1979年国民经济计划草案和《中共中央关于调整国民经济的决定》等一系列文件。1981年6月，党的十一届六中全会提出，社会主义建设必须从我国国情出发，量力而行，积极奋斗，有步骤分阶段地实现现代化的目标；同年11月，在第五届全国人大四次会议上，把达到小康水平确定为我国经济发展的前景。

1982年党的十二大中，邓小平在开幕词中郑重提出"走自己的道路，建设有中国特色的社会主义，这就是我们总结长期历史经验得出的基本结论"。这是邓小平第一次提出建设有中国特色的社会主义的概念，它已经超出"中国式的现代化道路"的范围，成为整个新的历史时期改革开放和现代化建设的指导思想。

## 二、商业环境

1. 乡镇企业

1979年至1984年是中国经济改革的初始探索阶段，这一阶段的改革是在计划经济体制外围（农户经济、个体经济）进行的。从中国农民占人口的绝大多数这个客观事实出发，改革首先从农村开始着手。随着家庭联产承包责任制（俗称"大包干"）的实行和人民公社制度的废除，农村的生产力得到了极大的解放，而小岗村率先实行的大包干迅速蔓延到全国，被认为是中国经济改革的先行实践。农村生产力的大发展也使得农村劳动力得到了解放，农民可以到外面就业，乡镇企业随之异军突起。这一时期典型的乡镇企业模式有江南模式、温州模式，以及以吸收海外资金（主要是华侨资金）为特色的晋江模式。仅温州一地，就走出了"奥康""红蜻蜓""蜘蛛王""美特斯邦威""森马""报喜鸟""正泰""德力西""飞科"等诸多知名品牌。随着计划外生产、流通和价格的逐步放开，以及对经济作物生产和多变经营的奖励政策的实施，农副产品和小商品集贸市场有了一定的发展，生产资料市场也得以启动，流通领域的非国有经济成分也随之得到迅速发展。个体户、专业户、重点户、乡镇企业、联合办企业等悄然兴起，发展壮大，并在这个过程中萌发品牌。

2. 国有企业

在城市部门，可以同农村实施家庭联产承包责任制相提并论的，是国有企业的改革，最初主要在扩大企业自主权方面作了一些尝试。党的十一届三中全会以后，国有企业开启了以"放权让利"为重点的改革，主要目的是解决国有企业的亏损经营问题。1978年10月，国务院批准四川省六家不同行业有代表性的地方国营工业企业进行试点，开启了国有企业大规模改革的大门。为了重新点燃工人们的工作热情，充分发挥工人的潜力，在1979—1984年的经济体制改革过程中，政府对国有企业抛开了"指令性计划"，转而采取了"指导性计划"，对部分工业企业实行扩大自主权的改革。1979年5月，政府开启了国企改革的第一次重大试点，在北京、上海、天津三地共挑选了八家大型国企率先进行扩大自主权的试点。试点内容为改企业基金制为利润留成制；企业在产品生产、销售、试制和资金使用、人事安排、职工奖惩等方面，拥有部分权力；企业实行党委领导下的厂长负责制，建立职工代表大会制度。此后，许多地方政府开始自定试点内容。到了1984年，工业生产中只有30%～40%可以被归为中央计划的生产，20%是市场经济，40%～50%属于地方计划或指导性计划的生产。

3. 城镇私营经济

中国城镇的私营经济起源于个体服务业经营。"文革"结束后大批过去被迫下乡的知青回城，而政府又无力安排就业，出现了相当数量的城镇待业青年，此外当时还存在着许多城镇无业人员和大规模向城市流动的农民群体。为了让这些人能自谋生路，政府向这些人打开了个体经营的大门。1979年2月，政府批准通过了经济学家的建议，允许待业人员从事个体经营，发展一批个体经济和小商小贩从事长途贩运，此后，私营经济迅速发展起来。1980—1984年，城乡个体工业产值由0.81亿元增长到14.81亿元，平均每年增长107.9%。1980—1984年，城乡个体经济和其他经济在工业总产值中的占比从0.49%上升到1.2%。其间，"万元户"的叫法开始出现并在全国范围内流行起来，成为20世纪80年代最受关注的词汇之一。

4. 对外贸易

与经济改革同时发生的是中国的对外开放。1979年4月，邓小平首次提出开办"出口特区"，同年7月中共中央、国务院决定在广东省的深圳、珠海和汕头以及福建省的厦门建立出口特区（后来称作经济特区），标志着对外开放的开始。此后，中国的对外贸易迅速增长，外商品牌大规模进入中国市场。合作经营和合作开发是这一时期主要的外商直接投资方式，其间日本、美国和西德是中国最大的贸易伙伴。仅1983年，日本的对华贸易份额达97.64亿美元，美国44.25亿美元，西德17.43亿美元。这一阶段外资为了迅速抢占中国市场，塑造良好品牌形象，采取了广告先行的战略，许多企业甚至在产品还未进入中国前就开始打广告。改革开放初期，本土企业的广告意识较薄弱，表现手法也较为落后，外资企业先进的广告理念、令人耳目一新的广告传播活动，给当时的中国企业和消费者上了一堂生动的品牌课和广告课。1979年3月18日，上海电视台播出瑞士雷达表广告，这是改革开放后第一条外商广告。雷达表公司应用了营销理论上的"第一品牌"理论，在没有竞争者的情况下，用较少的资源和时间建立很高的品牌知名度。此外，诸如可口可乐、雀巢咖啡、麦斯威尔咖啡等欧美企业也在中国开展了广告活动并留下了诸多的经典广告语,一些广告语甚至流传至今——"味道好极了""滴滴香浓、意犹未尽""可口可乐添欢乐"……中国企业在获得自主经营权之后,开始自觉或不自觉地开展广告活动,模仿国外品牌,国人的品牌意识得以觉醒。

图4-1 中国第一个外商电视广告:瑞士雷达表

图片来源:中传广告博物馆.《【广告公司四十年】1979—1991:多方推动的破冰之旅》[EB/OL].(2019-07-24)[2022-3-12],https://www.sohu.com/a/329013078_100102940.

5. 广告正名

为广告正名,是改革开放后我国媒介经营历程的第一个阶段。1979年1月14日,上海广告公司广告科的丁允朋在《文汇报》上发表的《为广告正名》一文,为媒体吹响了恢复广告的号角。随之而来的是广告公司的发展、企业品牌广告的恢复,以及企业广告部门的形成。这一时期中国企业将广告运用与品牌传播上进行初步的探索和尝试,本土广告和国际广告公司的中国业务都进入了飞速发展阶段。1979年,广东省广告有限公司、北京广告公司等具有代表性的中国本土广告公司成立。外资广告公司如李奥贝纳(中国)也在香港成立,并发展中国业务。在拥有一定的自主权之后,国企做广告的积极性也被激发了出来。而媒体也迫于自身经营压力迅速抓住了机会恢复了广告经营,改变了处境艰难的局面。

在政策的支持下,报刊、广播、电视等媒体陆续获得了从事广告经营活动的权利。1979年5月,中共中央宣传部明确肯定了报刊恢复广告的做法。同年11月,中共中央宣传部发出《关于报刊、广播、电视台刊登和播放外国商品广告的通知》,提出"广告宣传要着重介绍'四化'建设中可借鉴参考的生产资料,消费品除烟酒外,也可以刊登",并要求"调动各方面的积极因素,更好地开展外商广告业务"。这表明于1953年终止的广播广告,在26年后的改革开放中悄然重开业务。从此,广告收入成为电视台资金的另一来源。此外,专门针对电视台广告的相关规定也同步出台。1979年中央电视台改全额预算为差额补助,开始播放广告,接受赞助;上海电视台拟定《广告业务实行办法》和《国内外广告收费标准》。1984年,财政部《关于新华社实行经费包干办法的复函》正式批文,同意新华社从1985年起实行经费大包干办法。自此,被中断十多年的媒体经营活动在政策的出台支持下开始逐渐复苏,广告从此开始名正言顺地得到恢复发展。

## 三、传播符号

1. 中国银行标识

现代金融标识的设计,与中国古钱币的形式与含义有着紧密的联系。20世纪80年代,中国银行开始进行CI设计工作。1980年,中国银行香港分行与12家中资银行推行电脑化联营,以靳埭强先生为首的靳与刘设计顾问有限公司接受委托设计行标。行标设计把握了"中国、银行业、电脑联营"的服务原则,以中国古铜钱币之一的铜钱的圆形与"中"字的方口形进行框线构成,在"口"字部首中隐去竖直线段,即形成了古铜钱的孔方形,又会对电脑显示器产生联想。简洁稳重的设计,准确地传达出了现代金融业的服务方式与形象内涵,同时又体现着强烈的中国民族文化精神。

事实上,这是中国银行业史上第一个银行标志。该行标在20世纪80年代首先在香港使用,并于1984—1985年左右应用到内地的中国银行。1986年,中国银行总行选定了此设计为行标。后来中国工商银行等银行商标的设计普遍受中国银行标志设计的影响。

图4-2 中国银行标示

图片来源:中国银行百度百科. https://baike.baidu.com/item/%E4%B8%AD%E5%9B%BD%E9%93%B6%E8%A1%8C/245376?fr=aladdin.

图4-3 中国工商银行标示

图片来源:中国工商银行百度百科. https://baike.baidu.com/item/%E4%B8%AD%E5%9B%BD%E5%B7%A5%E5%95%86%E9%93%B6%E8%A1%8C.

2. 服饰

服饰作为人类行为的外化表征,同时也反射时代与着装者的内在精神。20世纪70年代末到80年代初,中国服饰文化在西方流行服饰的外因和国家上层建筑转置的内因合力的冲击下发生聚变,本阶段国人服饰在"文革"服饰形制与西化服饰的交锋中,催生出以新观念左右的服饰文化的审美核心。

伴随着十年动乱的结束,政治领域的拨乱反正,改革开放的中国人穿什么? 漫画家廖冰兄曾有一个形象的比喻:一个从坛子里释放出来的男子,虽然坛子已经打破,但人依旧蜷缩成坛子的形状,穿的依然是中山装。政治上的变革带来日常生活的变革,最直接的便是服装的"拨乱反正"。意大利导演安东尼奥尼在拍完讲述"文革"时期的中国社会生活的纪录片《中国》后感慨:在中国的每天,从早到晚,马路上染上了一片蓝色,成千上万的蓝衣人骑车上班,川流不息的自行车占领了整条大街、整个城市,那种感觉就像是八亿蓝色中国人从你眼前走过。改革开放前的服饰的单调完全被归咎于意识形态的控制、国家规训的影响。对于刚走出灰、蓝、绿等单一色调的国人来说，审美意识方才苏醒过来，脱下"老三样"以后的身体却不知穿什么。自1979年由上海文化出版社创刊的《文化与生活》每一期都有专门介绍服装的栏目，为人民群众提供了着装的参考。1980年开始，《文化与生活》杂志封面开始出现身着鲜艳服装的女性电影明星，如龚雪、刘晓庆、陈冲等。同时，以深圳蛇口作为服装供应的前哨，鲜艳的服装开始源源不断进入大陆。电影《庐山恋》里女主角张瑜频繁更换的时装让观众如痴如醉，而《街上流行红裙子》里红裙飘飘的场景更是撩动了无数青年男女的心。审美领域开始疏离政治，个人开始以非主流的审美方式表达自己的情绪化诉求，如蛤蟆镜、大喇叭裤子等开始流行起来。

图 4-4　《文化与生活》杂志封面

图片来源：孔夫子旧书网．若楠书店，https://book.kongfz.com/265189/2718724210/．

3. 商标恢复

"文革"期间，商标由于高度的同质化失去了差异化的功能，品牌因而失去了市场经济的生存土壤，遭受了毁灭性的打击。改革开放之后，消费者和企业的品牌意识逐步复苏，商标作为一种市场上区别其他厂家及产品的手段的价值开始凸显，企业恢复商标成为企业品牌意识启蒙的第一步，其中老字号品牌的商标恢复是最为迅速的。

早在党的十一届三中全会召开之前，《人民日报》就刊登了题为《恢复商标维护名牌信誉》的文章，谈及了当时产品上没有商标给消费者购买产品造成的困扰，提出"人们强烈要求尽快在纺织品上标上厂名，恢复商标，而且要求各厂固定商标，专厂专用，以维护名牌信誉"。在消费者需求的驱动下，企业也开始行动起来，全聚德、吴裕泰、内联升等老字号品牌率先行动，在1978年—1979年前后重新恢复了商标，1980年的商标申请数量就达2万多件。在国家工商行政管理总局成立后，1979年，国家恢复了中断近14年之久的全国商标统一注册工作，商标工作进入了一个新的历史时期。1982年8月23日，第五届全国人民代表大会常务委员会通过了《中华人民共和国商标法》，这是中华人民共和国成立后制定的第一部有关知识产权保护的法律。次年3月，国务院又颁布了《商标法实施细则》。《中华人民共和国商标法》及《商标法实施细则》的颁布，标志着我国开始了以注册商标为标志的品牌发展历程。

在改革开放初期，企业由于对商标保护不够重视而吃了不少亏。在开始恢复商标时，许多中国企业才发现自己的牌子早已在国外被注册，现在要重新使用自己的商标，反而要缴纳商标使用费。为了引导企业重视商标价值，政府采取了一系列措施，例如开始颁发国家质量奖，划分"国家金质奖、银质奖、省优、部优"等级，对著名商标颁发证书，希望通过行政评比促进商标品牌发展。这对当时鼓励工业企业不断提高产品质量、努力生产优质产品和提高社会商标意识起到了一定的作用。

## 四、传播手段

1. 媒体恢复

伴随着改革开放的进程，在事业单位、企业化管理的机制激励下，媒体自身也迎来了发展机遇。一方面，媒体机构的数量逐渐增加；另一方面，媒体的内容体量和丰富程度也有了较为明显的提升。这一时期的媒体传播管理主要是从报刊的复创刊和广播电视台的"四级办"起步。

首先是报刊的复刊潮。随着改革开放的逐步展开，不少在"文革"期间停刊的报纸逐渐开始复刊，中国报业市场迎来了迅速的发展，其中《羊城晚报》的复刊最具代表性。作为中国第一张社会主义大型晚报，《羊城晚报》在1966年12月13日因为被诬为"造谣放毒的旧报纸"而被迫停刊。1978年12月，广东省委决定恢复出版《羊城晚报》，12月16日，时任中共中央副主席叶剑英为《羊城晚报》题写报名。1980年2月15日，《羊城晚报》终于浴火重生，广州街头又有了"晚报、晚报、羊城晚报"的卖报声。从决定复刊，到推出改革开放后的第一份《羊城晚报》，足足走了两年多的岁月，这足以证明复刊的困难重重。

除了《羊城晚报》与《南方周末》，许多在中国报业史上留名的报纸，也是当时复刊或创办的。1979年2月15日，《北京晚报》复刊；1981年7月3日，《北京青年报》复刊；1982年1月1日，《新民晚报》复刊；1982年5月24日，《深圳特区报》创刊；1983年1月1日，《经济日报》创刊……这个阶段，我国出现了以数量增加为显著特点的办报热潮。报纸由1978年的186家增加到1986年的1574家，多家报纸发行量超过两百万份。

在这个时期，广电媒体也开始探讨整个广电系统的发展体制问题，"四级办"应运而生。1983年3月31日至4月10日，新成立的广播电视部召开了第十一次全国广播电视工作会议，吴冷西部长在题为《立志改革，发挥优势，努力开创广播电视新局面》的报告中指出，"两级办"电视的政策已不再适应形势需要，今后凡是具备条件的省辖市、县也可以针对当地需要和可能开办广播台和电视台，除了转播中央和省的电视节目外，可以播出自办节目，覆盖该市、县。这就是所谓的"四级办台"政策，即"四级办广播，四级办电视，四级混合覆盖"。这一政策是中国地方广播电视获得发展许可权的纲领性文件，也奠定了此后中国广播电视系统独特的格局架构。在"四级办"的方针下，中国电视台的数量爆发式增长，短短十几年间，频道数量从四五个猛增到上千个。

2. 广告管理

在政策的支持下，企业的广告经营活动得以迅猛发展。为了更好地规范企业的广告传播活动，规整广告行业的秩序，1980年国务院明确了由国家工商行政管理总局来主导广告业的监管工作，我国广告业管理从分散走向统一。同年，《广告管理暂行条例》开始起草。1981年国家工商行政管理总局正式设立广告管理处，并于1982年升级为广告司。广告司的设立标志着我国初步建立了广告管理体系，广告业的管理进入了新时期。

1982年2月，我国第一部全国性、综合性的广告管理法规《广告管理暂行条例》颁布，这标志着我国的广告管理工作进入了一个新的历史时期。《广告管理暂行条例》的发布为广告管理提供了法律依据和准则，各地在贯彻执行中对广告业进行了一次认真的清理整顿，使广告业恢复发展起步阶段的某些混乱现象得到有效克服。随后是《广告管理暂行条例实施细则》的颁布，以及一系列补充广告管理法规的相关政策的出台。在此过程中，我国的广告管理体系初步建立了起来，标志着国家将品牌传播行为纳入监管。从此企业的品牌传播活动有法可依，这对于规范我国品牌的发展有着重要意义。

中国广告业恢复后，最兴奋的是外国广告商。承接来华广告成为当时北京、上海、广州著名广告公司的主要经营项目，所谓"传真一响，黄金万两"。当时的北京长安街和上海南京路的户外广告牌几乎全被外国品牌，特别是日本品牌占据。面对外商广告的纷至沓来，1979年11月，当时主管广告业务的中宣部发布了《关于报刊、广播、电视台刊登和播放外国商品广告的通知》，对发布外商广告办法做出规定，并要求"调动各方面积极因素，更好地开展外商广告业务"。该通知明确指出："为了适应'四化'建设和对外贸易发展的需要，促进科学技术交流，增进我国人民对各国情况的了解和增加外汇收入，各报刊、广播、电视台在刊登和播放国内商品广告的同时，可开展外国商品广告业务。"由此，外商广告终于获得进入中国的正式通行证。同时，为鼓励外商直接投资，政府不断出台相关政策，放宽对外商直接投资的限制，给予税收等方面的优惠。这些举措都对改革开放初期外资经济的发展起到了推动作用。

3. 户外广告

自1979年2月上海市美术公司在南京西路成都路口率先恢复发布第一块路牌广告后，户外广告的大幕由此开启。据中国最早的本土广告人姜弘回忆："上世纪80年代的广告行业交流会上，广告公司总经理之间谈论的话题都是你有几个霓虹灯广告牌，你的广告路牌面积有多大。"从20世纪80年代初开始，北京街头的外商广告就占了近四分之一。在西单树立的三洋电器广告是北京第一个外商广告，也是长安街上第一块霓虹灯广告。20世纪80年代初期东单路口以孙悟空为主角的松下电器路牌广告和东单王府井

图4-5 东单路口的松下电器广告
（摄影：特里克·扎克曼）

图片来源：旧影阁.《老照片：八十年代北京，曾经的黄金饰品抢购潮》[EB/OL].（2018-03-24）[2022-3-13], https://www.sohu.com/a/226263634_344409.

的索尼路牌广告至今在许多北京百姓心中留有印象。1982 年，北京机场附近的丰田汽车户外广告牌上的"车到山前必有路，有路必有丰田车"多年以后也依然让人印象深刻。

4. 动画广告

1979 年 1 月 28 日，我国第一部电视广告"参杞补酒"在上海电视台播出，这标志着中国第一部电视广告的诞生，也给中国动画广告的发展带来了机会。这一时期动画形象广告和运用动画表现手法的广告几乎同一时间出现在电视上，例如 1979 年的"春雷牌"收音机电视广告和 1980 年"白猫洗衣粉"电视广告。具有代表性的是这一时期上海手表四厂拍摄了"钻石牌"系列手表的动画广告《吃俺老孙一棒》，将手表拟人化，用孙悟空的形象将其物美价廉的产品性能表现得淋漓尽致。大致情节如下。卡通形象的手表说："钻石手表，价廉物美质量高。"孙悟空："你敢下水吗？"卡通手表潜入水中。孙悟空又说："你吃俺老孙一棒。""当啷"一棒，手表完好无损。钻石手表的孙悟空动画广告，一方面结合了人们喜闻乐见的孙悟空形象，另一方面突破了当时千篇一律、毫无创意的告白式广告。在动画广告方面，钻石手表厂的这则广告可谓开创了国内企业动画广告的先河。

图 4-6　"白猫洗衣粉"电视广告

图片来源：师悦.《改革开放以来中国广告设计发展研究》，苏州大学，2014：181 页.

## 五、传播策略

1. 从告白到创意

早期对广告功能的定位在于"白"，也就传播功能中最基本的沟通。因此，当时广告虽然没有统一的专业名称，但基本以"告""白""启"等组合词汇表意。《遐迩贯珍》刊载的"布告篇""论遐迩贯珍表白事款编"等文中就有"布告""表白""告贴""贴启"等多词表广告之意。广告恢复初期，仍以传统的、最基本的信息发布的告白式广告为主，策划和创意水平非常低，经常是金奖银奖满天飞，简单介绍厂家、产品的刻板、套路化的广告模式。

在当时大部分企业还沉迷于单纯的告白式广告的时候，一些有前瞻性的企业已经开始尝试科学和系统的广告策划。例如上海家化于 1981 年在上海开设了上海第一家美容美发厅——露美，并进而推出了我国第一套高级成套美容化妆品——露美化妆品。为了确保露美高档化妆品的地位，上海家化对销售网点的选择进行了深入的研究，在进入市场头两年的导入期，露美只进大店、名店，以支持品牌定位。在包装设计上，选择确定了白底、红带、金线、灰字的色彩基调来强化品牌形象。1984 年，美国前总统里根访华路过上海，露美成为上海市政府赠送给里根夫人南希的礼物，从而进一步扩大了露美品牌的知名度和市场影响力。

在产品方面，露美除了精装产品的生产和销售以外，为了应对港台等地区化妆品的竞争，推出了许多简易化妆盒，以进一步满足不同需求的消费者。针对销售对象，露美确定具体的广告策略是"突出国内第一套美容化妆品系列及与众不同的使用效果"，核心文案是"焕然一新的露美将使您的容貌焕然一新"。总体上，露美的各项营销策略使得露美成为20世纪80年代最为成功的化妆品品牌之一。露美化妆品和美容店的成功离不开其在广告活动上的投入，露美通过领先于当时大部分企业直白的叫卖式广告的科学而系统的广告策划占据了市场先机并取得了市场成功。

2. 企业公关

改革开放之初，就有企业利用公关手段进行品牌传播活动。20世纪80年代初，南京长江机器制造厂新开发出一种蝙蝠牌电扇。当时，在我国的电风扇市场上，已有3000名生产厂家在激烈竞争。蝙蝠牌电扇较之于其他名牌产品来说，还是一个"小字辈"。它还没有参加全国性的质量评比活动，消费者对它也很陌生。为了迅速打开市场，该厂相关人员经过分析后决定放弃使用常规的广告推销方式，转而采用出奇制胜的办法。他们租用了南京一家比较大的商场的橱窗，让蝙蝠牌电扇在橱窗里昼夜不停地运转，并在橱窗内醒目地写着："自1981年4月10日起连续不停地运转，请您计算一下，现在已经运转了多少小时。"这种旨在"转给你看"传播方式，立刻吸引了许多消费者的注意。当消费者发现，这台电扇确实昼夜不停地运转而没有中断时，对蝙蝠牌电扇的质量就确信无疑了。很快，蝙蝠牌电扇首先占领了南京市场。随后，南京长江机器制造厂的有关人员对这次宣传活动进行了认真的总结。他们认为，要想使蝙蝠牌电扇在其他地区与城市树立形象，建立信誉，也可以采取同样的宣传攻势与手段。于是，他们又在全国其他城市如法炮制，如在广州租用了一家有名的商场的橱窗，在北京的西单百货商场也租用了一个橱窗，让蝙蝠牌电扇夜以继日地转动，以引起消费者的注意。三年下来，南京长江机器制造厂在全国布置了38个这样的实物宣传橱窗，引起了极大的社会轰动。后来，蝙蝠牌电扇果然成为家喻户晓、备受消费者青睐的名牌产品。

除了利用宣传活动造势，召开新闻发布会也成为这一时期企业的公关手段之一。新闻发布会是社会组织在发生重大具有积极影响的事情时，向新闻界公布信息，借助新闻提升该组织或者与该组织密切相关东西的形象的会议。1984年11月，青岛双星鞋业首次以企业的名义召开新闻发布会，宣传企业改革，宣传双星鞋。现在来看这只不过是最平常的企业形象宣传，但在当时双星鞋业的行为是一次开先河的壮举，因为当时召开新闻发布会是政府行为，企业、商界还从来没有过这样的事。双星召开新闻发布会的目的是宣传企业改革的成果，介绍企业的产品质量。这次新闻发布会总共花了7000元，而得到的回报是全国几十家新闻单位，包括香港媒体，都报道了双星这个生产胶鞋的中型企业在改革浪潮中起死回生、跃居全国同行业之冠的业绩。此次招待会可以说是"花钱不多、效益很高"的典范，用现在的看法是起到了几百万元都达不到的效果。汪海召开新闻发布会表现了那个时代企业家敢为人先的创新精神，双星的品牌建设历程从此开始起步，新闻发布会这一公关手段也越来越多地被运用在企业的品牌传播中。

3. 广告公司经营

随着外商广告和跨国广告公司开始进入中国，交流日趋频繁，市场营销、整体策划、市场调查等先进广告理念陆续进入中国，本土广告公司开始在外来理论的指引下摸索前进。1979年，日本电通广告公司开始了其中国之旅，他们进入中国的理由很简单，就是因为他们的日本客户开始了在中国的业务。1980年，电通最早在北京和上海设立了事务所，当时的业务主要是"来华广告"，即帮助外国企业主要是日本企业在中国做广告。为让客户能够拓展中国市场，电通一直通过与国内广告公司的合作开展其在中国的业务，采取项目合作的方式，由电通公司策划，中国的广告公司在国内进行修改和执行。节目带广告的交易方式是日本电通发明的。改革开放之初，电视节目资源极度匮乏，亟须引进大量的电视节目，为了弥补引进节目内容的费用，中方媒体以广告时段为代价将内容引入，大量的外商广告尤其是日商广告进入了中国。当时的中央电视台零成本引进了动画片《铁臂阿童木》，作为交换，中央电视台需要完整播出该动画片，包括动画片中附带的卡西欧贴片广告。随着中国改革开放的不断深化，市场规模越来越大，吸引了众多的日本企业纷纷进入中国。伴随而来的，就是广告业务的逐渐增多。在这种情况下，日本电通在1986年决定正式在中国设立分公司。

以北京广告公司为代表的本土公司，也顺应时代发展，努力转变经营方式，制定了"以创意为中心，为客户提供全面服务"的新经营方针，逐渐由单纯的媒介代理向综合广告代理公司发展，向着专业化不断迈进。北京广告公司的这一战略转变对我国广告公司的改革发展起到了标杆的作用，之后包括上海广告公司、广东省广告公司在内的众多广告公司都走上了"综合代理"之路。除此之外，中国广告联合总公司提出的"依托媒体，综合代理"的发展战略，适应了广告产业阶段的发展特点，也成功助推了公司的快速发展，体现了本土广告公司对经营战略的不懈探索。

## 六、品牌案例：老字号"全聚德"

创建于清道光二十四年（1844）的"全聚德"烤鸭店，原来是一家干鲜果店的招牌字号，名叫"德聚全"，意为"以德聚全，以德取财"。清同治元年（1862），商店易主，接手商店的老板杨全仁见招牌字号中的"全"字与自己的名字暗合，于是把牌号倒过来以"全聚德"为自己的招牌字号，取其"全仁聚德，财源茂生"的意思。清同治三年（1864），创始人杨全仁在前门挂起了"全聚德"牌匾，这一挂就是100多年。中华人民共和国成立后，随着公私合营制度的推行，这家老铺成了公私合营店铺，"全聚德"的老字号仍旧保留。

"文化大革命"期间"破四旧"，老匾被红卫兵当作"破四旧"的证物抄走。曾任全聚德和平门店总经理的王义仁仍记得"文革"时期发生的事，当时红卫兵以"破四旧"为由闯进了前门大街的全聚德烤鸭店，把老铺门口挂了102年的老牌匾摘了下来，转而换上了"北京烤鸭店"的长条大木牌。"北京烤鸭店"在那个被扭曲的年月里度过了13

年，老匾也被当作"战利品"，在"破四旧"成果展出。和平门店的老会计王春荣回忆，1968年底，还在北京市服务局工作的她曾在"文革"中举办的"红卫兵破四旧成果展览会"上见到过老匾，展览结束后，寻着线索，他们在故宫博物院找回老匾，最终保存在展览馆中。

  1979年，周恩来总理建议兴建的北京烤鸭店（和平门）大楼落成后定为总店。当时，同仁堂等百年老字号纷纷恢复原名，"北京烤鸭店"也开始打起了恢复老字号的念头，几经波折，人们找到了被红卫兵摘掉的那块老牌匾。原来，这块匾在展出后几经辗转后，被扔到博物院，被好心慧眼的人存放起来。得知"全聚德"大楼建成正寻找这块匾时，他们主动打电话让去领取，不仅谢绝了答谢宴请，还一分保管费未收。烤鸭店从银行找来了金箔，请书法家按照原字体仿写了四块匾额。1980年2月9日，全聚德老字号商标正式恢复，四块匾额分别挂在前门店、王府井店与和平门店，其中和平门店挂了两块。老牌匾则在和平门店保存，后来入藏全聚德展览馆。恢复了老字号的全聚德在改革开放的背景下发展迅速，焕发生机，也成了第一例服务类中国驰名商标。1993年，"全聚德"经北京市人民政府批准，组建中国北京全聚德烤鸭集团公司，结束了三家店各自经营单位局面，集团公司作为"全聚德"商标持有人，将这块老牌匾珍藏。

图4-7　1978年全聚德和平门店

图片来源：中国全聚德集团.《历史故事》[EB/OL].(2022-3-13)[2022-3-13], https://www.quanjude.com.cn/html/History/historicalstory1/quanjude/.

## 第二节　改革突破期（1985—1992）

  1992年5月13日，57岁的蒋开儒怀揣2000元钱乘坐火车来到深圳。此时的他已近60岁，曾先后历任黑龙江省穆棱县文化馆馆长、文化局副局长、文联主席、政协副主席。他放弃稳定的生活，选择在不确定性中奔波，因为他朦胧地意识到深圳有大主题、大题材和现代主流生活在召唤他，他要感受特区城市清新的呼吸、跳动的脉搏和奔走的步伐。

刚到深圳，他的生活是拮据的，不敢随便花钱。从他住的莲花二村，到工作单位所在的东原路，公共汽车只需3角钱，蒋开儒都舍不得，每天早晨提前一个多小时走着去上班，下班又走着回家。一个月下来，车费是省了，鞋费却没省：愣把一双鞋底给走穿了。

昔日的县政协副主席，如今成了深圳一个小公司里的临时工，连住房都是几个人合租的。社会地位的落差带来的苦和累蒋开儒都不怕，唯一怕的是自尊心受伤害。一天蒋开儒下班回到宿舍，听到楼下有人喊：701房的，下来拿饮料。701是三房一厅，住着3个人：一个作词的，就是蒋开儒；一个作曲的；一个主持人。听到喊声，蒋开儒想自己初来乍到，遇事都得表现积极点，就咚咚地跑下楼了。到楼下一看，共有4箱饮料，他就搬起两箱，其他人每人搬一箱。本来蒋开儒想多出点力气，可刚走几步，送货司机说话了：这是两个在编人员的。蒋开儒一听：原来没我的，我是临时工，只有他们两个在编！当时心里就很不是滋味儿。

生活的笑脸终于绽开。第一个月发工资，会计给了他一摞钱，这么多！他的手都有点颤抖了，会计说，你的工资是1600元，还有稿费、福利费等，一共3000块钱。蒋开儒能不激动吗？原来在单位月工资200块钱，现在一下子拿到了3000块，这就是市场经济……就是在这种拘谨、失落和激动的状态中，蒋开儒以浪漫的激情，捕捉住1992年历史的主旋律，创作出《春天的故事》这首歌词，传达出时代的最强音。

——摘自《春天的故事：深圳创业史1979—2009（上）》

## 一、历史背景

改革开放极大地推动了我国经济社会发展，到1986年原定前10年的目标提前实现，基本解决了人民的温饱问题。1987年中共十三大提出社会主义初级阶段的基本路线、"三步走"的经济社会发展战略目标和战略步骤：第一步目标，实现国民生产总值比1980年翻一番，解决全国人民的温饱问题（这在20世纪80年代末已基本实现）；第二步目标，到20世纪末国民生产总值比1980年翻两番（这也已在1995年提前完成）；第三步目标，到21世纪中叶基本实现现代化，人均国民生产总值达到中等发达国家水平，人民过上比较富裕的生活。

20世纪90年代，面对东欧剧变、社会主义低落、帝国主义加紧"制裁"的国际环境，中国坚持社会主义、坚持改革开放不动摇。1992年，中共十四大确定建立社会主义市场经济的经济体制改革目标，不断激发各方面的积极性。

## 二、商业环境

1. 市场经济体制改革

1984年后由于市场供给的迅速增加，这一阶段，政府对于计划和市场的关系的理解不断深化，推动了经济的进一步发展。1984年9月，经济学家马洪向中央提出"社会主义经济是有计划的商品经济"；同年10月，该提议被写进了党的十二届三中全会通过的

《中共中央关于经济体制改革的决定》。这是我国第一次突破了把计划经济与商品经济对立起来的传统观念，正式提出社会主义经济是"公有制基础上有计划的商品经济"的思想。1987年党的十三大在有计划商品经济理论的基础上，对社会主义市场机制问题进行了新的概括和说明。报告指出："社会主义有计划商品经济的体制，应该是计划与市场内在统一的体制。"报告同时提出了"国家调节市场，市场引导企业"的经济运行机制模式。1992年邓小平"南方谈话"时提出要建立社会主义市场经济体制，中共十四大正式提出建立社会主义市场经济体制的目标。

2. 产业结构的调整

在区域发展战略调整的背景下，1986年六届人大四次会议审议批准，通过第七个五年计划。计划提出，"应当把食品工业、服装工业、耐用消费品工业作为重点，带动整个消费品工业生产的更好发展""要继续增加石油、煤炭、有色金属和农副土特产品的出口，特别要充分发挥我国传统的轻纺工业和新兴的食品工业的优势，增加这方面的出口。要把机电产品的出口提到十分重要的地位上来，逐步形成一批在国际市场上具有竞争能力的机电出口产品"。"七五"计划指明了当时我国产业的发展现状和发展方向。在当时居民消费水平进一步提高、消费结构进一步朝着质的扩充方向改变，以及轻工业快速发展的背景下，我国承接国际产业转移，在东南沿海地区初步形成了家电、服装服饰、食品等产业集群，并在此基础上涌现了一批知名品牌，形成了初步的品牌集群。品牌集群的形成是改革开放以来从未有过的，是具有里程碑意义的大事件，标志我国经济发展、品牌成长和居民消费进入了一个新的境地。

3. 对外开放区域扩大

20世纪80年代，中国的对外开放以建立经济特区为开放"窗口"而开始。中国先后建立了深圳、珠海、汕头、厦门和海南岛5个经济特区。其后在经济特区和开放城市的部分地区还建立了一批对进、出口货物免征关税的保税区，以吸引外商前来投资，发展当地经济。建立经济特区的经验为进一步扩大开放地域创造了条件。20世纪90年代，中国一方面注重发展吸收外商直接投资，包括开放部分城市在商业零售等服务领域方面的引进外商投资的试点。另一方面，中国也开始进行力所能及的海外投资，包括改革援外方式，变援助为合资经营。1980年，中国恢复了在国际货币基金和世界银行的合法席位，此后为恢复在关贸总协定地位做出了积极努力；1982年，中国首次派代表团以观察员身份列席了关贸总协定缔约方大会，年末国务院批准了关于申请参加关贸总协定的报告；1984年起，每年作为观察员列席关贸总协定缔约方大会；1985年，中国成为关贸总协定发展中国家非正式磋商小组成员；1986年7月10日，中国正式向关贸总协定总干事提高了中国政府的复关申请；1990年4月18日，中共中央、国务院同意上海市在浦东实行经济技术开发区和某些经济特区的政策，其后上海市宣布了开发开放浦东新区的9项政策规定。中国的对外开放地域逐渐从经济特区到沿海开放城市，进而扩大到沿边、沿江地带直至内陆省会城市、地区，形成了由沿海到内地，从东部到中部、西部的全方位、多层次、宽领域的对外开放格局。

#### 4. 国企改革"两权分离"

这一时期，国企改革从"放权让利"阶段过渡到以承包经营责任制为重点的"两权分离"阶段。1984年是国企改革乃至全国经济改革的一个转折点。党的十二届三中全会首次提出"公有制基础上的有计划的商品经济"，不再把计划经济与商品经济对立。党的十二届三中全会通过了《中共中央关于经济体制改革的决定》，提出"增强企业活力是经济体制改革的中心环节"，要"确立国家和全民所有制企业之间的正确关系，扩大企业自主权"。《中共中央关于经济体制改革的决定》强调，所有权和经营权是可以适当分开的，要使企业真正成为相对独立的经济实体，成为自主经营、自负盈亏的社会主义商品生产者和经营者，具有自我改造和自我发展的能力，成为具有一定权利和义务的法人。在两权分离的思路下，这一时期的改革主要包括两个方面，一是对国有大中型工业企业实行承包经营责任制，二是对国有小型工业企业实行租赁经营责任制。另外，对少数有条件的大中型工业企业还实行了股份制试点。

#### 5. 私营企业发展

这一时期私营企业经历了曲折发展的过程。1986年12月5日，国务院一份名为《关于深化企业改革增强企业活力的若干规定》拉开了城市经济体制改革的大幕。规定提出，全民所有制小型企业可积极试行租赁、承包经营，这对于扩大企业经营自主权，促进企业内部机制改革，具有重要意义。1987年召开的党的十三大第一次对我国私营企业的性质、作用和地位进行了论述，并明确了党中央对私营经济的政策，为私营企业的发展正了名。1988年通过的《中华人民共和国宪法修正案》在法律上保证了私营企业的合法身份和地位。从此，私营企业的数据开始纳入政府统计范围，结束了过去没有统计数据的局面。经过几年的观察和实践，人们对私营企业的认识逐步明晰。1987年初，中共中央肯定了私营经济的存在，提出了允许存在、加强管理、兴利抑弊、逐步引导的方针。1987年10月，党的十三大明确提出，要鼓励发展私营经济。大会的报告指出："社会主义初级阶段的所有制结构应以公有制为主体。目前全民所有制以外的其他经济成分，不是发展得太多了，而是还很不够。对于城乡合作经济、个体经济和私营经济，都要继续鼓励它们发展。""私营经济是存在雇佣劳动关系的经济成分。但在社会主义条件下，它必然同占优势的公有制经济相联系，并受公有制经济的巨大影响。实践证明，私营经济一定程度的发展，有利于促进生产，活跃市场，扩大就业，更好地满足人民多方面的生活需求，是公有制经济必要的和有益的补充。"但在1989年后，由于经济整顿和舆论环境的恶化，私营企业发展增速有所减缓，直到1992年，《中华人民共和国私营企业暂行条例》《中华人民共和国私营企业所得税暂行条例》《国务院关于征收私营企业投资者个人收入调节税的规定》等法规的出台，使得私营企业的经营和管理有法可依，消除对私营企业的歧视和私营企业主本身的顾虑、确认私营企业应有的生产经营权利以及提供比较优惠的税收政策等方面，为私营经济的发展创造了有利条件。

#### 6. "中国企业元年"

改革开放后中国企业家的第一次创业高潮出现在1984年。中国当前许多叱咤商海的企业都是在这一年成立、创业或开始展现实力，这一年被许多研究中国企业史和经济史的人们称为"中国企业元年"。究其历史背景，1984年1月24—29日，邓小平考察深圳、珠海两个经济特区，并为两个经济特区题了词。政府通过重要领导人视察的方式，在促进经济发展的同时，也在刺激着品牌的成长。邓小平谈道："特区是个窗口，是技术的窗口，管理的窗口，知识的窗口，也是对外政策的窗口。从特区又可以引进技术，获得知识，学到管理，管理也是知识。沿海地区搞好了，收入就可以高一点，要让一部分地方先富裕起来，搞平均主义不行。"邓小平的考察，及时纠正了当时党内外存在的否定经济特区的倾向，有力地推动了经济特区的发展。

与此同时，"停薪留职"成为当时的一个热词。1983年6月11日，当时的劳动人事部、国家经济委员会联合下发《关于企业职工要求"停薪留职"问题的通知》规定停薪留职的时间一般不超过2年；停薪留职期间，不升级，不享受各种津贴、补贴和劳保福利待遇；因病、残而基本丧失劳动能力的，可按退职办法处理。停薪留职人员在从事其他有收入的工作时，原则上应按月向原单位缴纳劳动保险金，其数额不低于本人原工资的20%。停薪留职期间计算工龄。

在这种大环境下，一部分有着强烈自我意识的人不安于现状，开始主动将铁饭碗打破，下海创业。退伍军人、下海干部、返城知青、高中毕业生等成为创业主力军。20世纪80年代的"下海潮"引起了"全民经商潮"。据《中国青年报》调查，1984年最受欢迎的前三个职业依次是出租车司机、个体户、厨师，排在最后的三个职业则是科学家、医生、教师。街头巷尾流传的话语如"拿手术刀的不如拿剃头刀的""搞导弹的不如卖茶叶蛋的"等，让诸多身怀绝技的知识分子胸有不平。此外，改革开放后的乡镇企业如雨后春笋，对科技人才的需求急剧上升。经过六年的酝酿，中国迎来第一次知识分子下海经商浪潮，当时还流传着这样的顺口溜——"十亿人民九亿倒，还有一亿在寻找"。这一时期的下海潮和全民经商潮形成了改革开放以来的第一次品牌创立大潮，品牌以家电、服装、食品饮料为主。这也符合当时的消费需求和市场发展需求。在此次品牌创业大潮中涌现了一批私营企业品牌，这标志着私营企业品牌正式进入历史舞台。

7. 合资品牌兴起

这一时期，在一些重点行业，中国以"市场换技术"的方式与外资品牌进行合资，以期达到获得先进管理、技术等经验，进而发展本土产业、培育本土企业和品牌的目的。中国汽车行业中的合资品牌在这一阶段进入起步发展期。早在1978年11月9日，邓小平就对我国汽车行业做了一个很重要的批示，指出"可以合资，不但轿车可以，重型车也可以"，以此拉开了我国轿车时代的序幕，也为中国轿车生产、合资开了绿灯。1983年4月11日，在中国生产的第一辆大众汽车——桑塔纳轿车在上海以进口零部件的方式组装成功，从此"拥有桑塔纳，走遍天下都不怕"的广告语家喻户晓。

一些典型的、对于品牌塑造和广告传播十分有经验的外资消费品企业、药企也在这一时期进入中国市场。例如，1985年美国强生所属比利时杨森制药公司创始人保罗杨森博士踏上中国西部，以其名字命名建立了强生公司在中国的第一家合资企业——西安杨森制药有限公司。西安杨森虽然不是最早进入中国市场的外资药企，但它是外资企业在中国市场品牌打造比较成功的药企。西安杨森制药旗下的吗丁啉、息斯敏和达克宁栓能够迅速在中国打开市场站稳脚跟离不开其强调科学和理性的广告的帮助。

这一时期外资企业在品牌运作比上一阶段要更加深入，对于中国本土企业的影响和启发也更大。而此前一些更早进入中国市场的外资企业也由于中国市场环境的变化开始在品牌打造上加大力度、实施创新。此外，部分重点行业如汽车领域合资进程加速，品牌开始形成。

### 三、传播符号

1. 驰名商标

随着市场的发展，金奖、银奖、省优、部优等奖项逐渐退出了历史舞台，取而代之的是国家优质产品奖等奖项。为鼓励工业企业提高产品质量，扩大出口，适应社会主义建设和人民生活的需要，1987年国家经委颁布了《国家优质产品评选条例》，设立国家优质产品奖，为达到国际先进水平的优质产品颁发国家优质产品奖证书和有"优"字标志的奖牌，同时废止1979年发布的《中华人民共和国优质产品奖励条例》。

1991年，首届"中国驰名商标"消费者评选活动组织工作委员会在北京成立，为了推进《中华人民共和国商标法》的深入贯彻执行，增加广大消费者的商标意识和促进企业家的商标合法竞争能力，决定在全国范围内开展首届"中国驰名商标"评选活动，当年，国家工商行政管理总局与消费者联合评选出首批中国驰名商标，茅台、凤凰、青岛啤酒等11家企业商标上榜。驰名商标一经推出，引起巨大反响，从此成为政府评价品牌的主要手段之一。这种评比的方式在某种程度上迫使人们重视质量和商标的价值，对于早期的品牌发展具有积极的作用。

2. 企业CI

CI（corporate identity，企业形象识别）诞生于20世纪60年代的美国，IBM（万国商业机器公司）在1955年率先导入CI战略，成功地建立起高科技的"蓝色巨人"品牌形象。IBM的成功激起了许多美国公司导入CI战略的热情，CI逐渐成为企业竞争的有力武器。我国美术教育界早在1984年就引进了CI理论。浙江某高等院校从日本引进了一套CI资料，作为学术教材进行教学。1988年，广东"太阳神"成功的CI策划与实施，正如一轮红日从地平线上升起，揭开了中国企业导入CIS（corporate identity system，企业形象识别系统）战略的序幕，象征着中国企业进入"CI新时期"。1988年广东"太阳神"委托"新境界"作总体策划，设计并导入了以"太阳神"为基础的CI系统，在短短几年，从导入CI前只有流动资金30万元的小型企业发展到1994年成为总资产12亿元的多元化大型集团企业，太阳神集团运用CI战略取得了令人瞩目的成就，广东一些企业纷纷导入CI。1992年，美菱集团在其导入CIS的过程中，将集团、子公司及产品名称进行统一，全面系统地整合企业视觉形象，当年就创造了产销均破十亿的佳绩，成为家电业五大冰箱名牌之一，并荣获"中国十佳企业形象"大奖。健力宝、金利来、美的、万家乐、康佳、三九胃泰、科龙等企业纷纷加入CI战略大军，由此引发了这一时期全国"饮珠江水，用广东货"的现象，之后CI在全国推广普及，进入到国有大中型企业导入CI为主流的"中国CI第二时期"，引领CI潮流的发展。

图4-8　广东"太阳神"商标

图片来源：广东太阳神集团有限公司.《视觉识别系统》[EB/OL].（2022-3-13）[2022-3-13], http://apollo.com.cn/about/detail.aspx?code=002004&currentcode=002004003.

3. 新"三大件"

孙立平将20世纪90年代以来的时代命名为"耐用消费品时代"，将20世纪90年代之前命名为"生活必需品时代"。20世纪80年代，大多数人只有几十元的工资，且仍处于商品短缺时期，自1979年改革开放到20世纪80年代初，居民消费热点仍主要集中在自行车、手表、缝纫机这老"三大件"上，主要满足基本生活需求。而以家电为主的耐用消费品阶段则开始于20世纪80年代中期，这一时期的代表商品是彩电、冰箱、洗衣机。在生活形态方面已从改革开放前的老"三大件"（自行车、手表、缝纫机）转变为对新"三大件"（电视机、电冰箱、收录机）的追求，以电视为代表的耐用消费品进入私人生活领域。电视、电冰箱等器物的使用，并不仅仅意味着方便了人们的生活，更重要在于它把人们带到了一个崭新的时代。登载在《读者文摘》的文章《电子化的八十年代》，以1981到1989年的各项发明为线索，勾画出一个电子技术所塑造的20世纪80年代。

在中国早期家电市场，外资品牌身影活跃。大量的外资家电到中国寻找机会。当时比较著名的有小天鹅与博西集团设立的博西威家电有限公司，雪花电器与惠而浦设立的北京惠而浦雪花电器公司，水仙与惠而浦在上海成立合资公司，松下在中国正式成立合资公司，能率、林内、日立在中国成立合资公司，阿里斯顿在中国正式成立独资工厂等。资料显示，到1995年底，至少有25家外资品牌在中国设立了合资公司。韩少功回忆中有一句非常形象的说法：一位境外记者说，西方不是用核武器而是靠家用电器重新攻破了中国。

## 四、传播手段

1. 户外广告

这一时期户外广告的投放渠道同样受到重视，不断被拓展。除了繁荣起来的霓虹、灯箱广告，车身广告开始恢复，并成为户外广告的主要形式，广告公司因此收入猛增外，一些不常见的渠道也开始被户外广告触及。1986年3月，南京市美术广告公司在国内首次运用微型计算机储存图像、信号，自动控制的大型磁翻转广告显示牌。同年12月，陕西省西安市成功试制光纤装潢广告灯箱。新技术为灯箱广告带来了发展空间。1988年，国内第一家自动三面翻广告牌出现。三面翻广告牌由很多三棱柱拼接而成，随着转动可以在三幅广告画面间切换，具有故事性和连贯性，至今还在户外广告牌中被使用。

图4-9　20世纪80年代的户外广告

图片来源：师悦.《改革开放以来中国广告设计发展研究》，苏州大学，2014：86页.

另外，还有全自动电子智能广告机、投影电视广告橱窗、LED彩色电视大屏幕广告等，都是当时广告业在户外领域技术上的探索尝试，它们遍及全国各大城市，包括江苏、上海、广东、南京、深圳等。

2. 信函广告

信函销售法，也称"函销法"，也就是直接邮寄推销，即企业把精心制作的商品的介绍资料通过邮局有针对性地寄发到消费者手里。这种推销方法成本低，广告费用少，可以大大提高卖方命中率。在地方经济的发展中，"函销法"通过传递商品信息而在厂商与用户之间起着桥梁和纽带的作用。20世纪八九十年代，南通市有一家以外贸出口为主的灯具厂面临着原有国际市场闭塞、而国内市场又空白的无奈境地，导致产品大量积压，企业濒临倒闭。工厂曾利用电视、广播、报刊等新闻媒介做广告，但都成效不大。最后经当地邮电部门的致电，他们第一次尝试向国内各大用户寄发了200封广告信函，介绍产品。结果取得了意想不到的效果，有40%的信函广告用户来电来函要求订购产品，该工厂停止了三个多月的生产流水线，又开始启动了。接着，他们又连续发出了三次大批量的广告信函，反馈率均在30%以上，顿时企业产品销路大开，出现了供不应求的大好形势。仅在1991年的5—6月，产销收入就达200多万元。

3. 媒介管理

1988年3月，中国相关行政法规中明确了媒体单位可以根据有关规定和自身条件，发挥其联系面广和信息、人才、技术、知识、设备器材等方面的优势，开展国家政策允许的、与本身业务有关的有偿服务和经营活动。多种经营、经费包干等政策刺激了媒体单位的创收热情，逐渐开放的政治经济环境也给了媒体广告经营更大的空间和更多的机会。20世纪80年代末至90年代初，媒体收入中来自财政预算的占比大大降低。1987年，国家将"新闻事业"和"广电事业"纳入"中国信息商品化产业"序列，标志着国家对新闻传播产业属性的认可。1988年，《关于报社、期刊社、出版社开展有偿服务和经营活动的暂行办法》出台,媒体开始了"一业为主,多种经营"的历程。

在这一阶段,报纸仍然是影响力最大的媒体。报社在经营改革探索方面进行了积极的尝试,报纸开始走向大众,平民化需求带动报纸内容与形式的不断创新,自办发行、扩版、厚报、周末版等开创性的举措集中在这一时期出现。电视台也开始通过改革,走上逐渐发展壮大之路。1985年,《国家统计局关于第三产业的统计报告》第一次将广播电视列为第三产业进行统计,开始产业经营的内容主要是广告经营、节目经营、外景地经营、有线电视经营等。1986年,电视人口覆盖率达到71.4%,首次超过广播覆盖率,电视台的发展速度加快。在国家经济环境和产业政策的影响下,电视台也进行了许多内部的管理革新,在经营手段上纷纷"广开财源",开始向市场化过渡。20世纪80年代末期至90年代初期,广播一度处于发展的低谷。一方面是电视的飞跃发展和极大普及使广播面临激烈的竞争;另一方面是随着国家经济环境和社会文化环境的治理整顿,广播不得不在社会效益和经济效益的夹缝中寻求生存,难以求得更大的发展。因此,广播在这一阶段开始了重要的改革,其中广东人民广播电台所开创的珠江模式可谓典范。1986年,珠江经济台成立,同时遍及大江南北的"广播热"开始升温。中央人民广播电台和具备一定实力的省(直辖市)及市一级广播电台先后推出以振兴广播为目标并各具特色的广播改革思路。政策支持与经济环境、文化环境的放宽,媒体发展迎来了新的高潮。

4. 广告代理

1987年10月26日国务院正式颁布《广告管理条例》,标志着我国广告管理法规的进一步健全和完善,它不仅为广告管理提供了更为全面、具体的法律依据,而且用法规的形式把广告宣传和广告经营的行为规范确定了下来,为广告事业的健康发展提供了保障。针对虚假广告在一些地区严重泛滥和广告经营中的新矛盾新问题,1988年底,国家工商行政管理局发出《关于整顿广告经营秩序,加强广告宣传管理的通知》,要求各地按照《广告管理条例》和通知规定的资质标准,对各种类型的广告经营单位进行一次整顿;采取有力措施严厉打击虚假广告和非法经营广告活动。1992年,国家工商局根据党的十四大确定的经济体制改革总目标和《中共中央、国务院关于加快发展第三产业的决定》,就事关广告发展大计的两项大事作出规划和安排。一是开始市场流通领域重要立法之一的《中华人民共和国广告法》的调研、论证、起草工作。二是着手制定广告业恢复10年来第一部发展规划纲要,并于1992年年底报送国务院。1993年由国家工商行政管理局发布《关于加快广告业发展的规划纲要》,提出"加快发展广告业,对于拓宽国内、国际市场信息交换渠道,辅佐企业开拓市场和引导消费,促使我国商品在国际市场竞争中后来居上,具有重要的意义"。

## 五、传播策略

1. 名人代言

进入20世纪90年代,名人代言铺天盖地般席卷中国,而早期的质疑声浪也逐渐平歇,人们更加务实而理性,都愿意以平常心视之。

1990年在央视播出的"三九胃泰"广告，在中国广告史上具有划时代的意义，该广告代言人李默然成为中国内地改革开放之后第一位代言商业广告的名人，三九药业也因此获得了飞速发展。在"三九胃泰"的这则名人广告之后，很多企业开始真正重视名人的价值，邀请各类名人为自己的产品和品牌代言打广告，并取得了良好的效果。如1989年广东珠江冰箱厂（科龙前身）邀请汪明荃代言旗下容声品牌的冰箱。汪明荃代言后，容声当年即创下产销26万台的历史纪录，全国排名上升到第二位。与此同时，张弓酒也搭上了名人广告的早班车，相声演员马季先生的"东西南北中，好酒在张弓"成了这个时期家喻户晓的广告词之一。

这一时期本土企业试图依靠名人的形象来提高企业的形象，并转化成品牌的高知名度，名人的形象与形形色色的商品共同出现在了各种媒体中，中国人也第一次感受到名人和品牌联系在一起的魅力。名人广告一时间给人们带来不小的震撼，尽管这一陌生的促销方式起初并不被理解，但市场反应是良好的。可以说，名人广告加深了人们对市场经济的理解，推动了中国营销及市场经济的

图 4-10　李默然代言三九胃泰

图片来源：师悦．《改革开放以来中国广告设计发展研究》，苏州大学，2014：181页．

发展。到20世纪90年代初期，名人代言广告逐渐成为企业提高品牌知名度的惯用手法。健力宝邀请运动员李宁担任其品牌代言人，影视演员王姬拍摄了孔府家酒《回家篇》广告、相声演员李嘉存出演的蓝天六必治牙膏广告，葛优、冯巩拍摄了双汇火腿肠广告，广东TCL公司邀请正在拍摄古装片《武则天》的"争议人物"刘晓庆拍摄的电视广告，成龙和李连杰等功夫明星代言的小霸王学习机、爱多VCD等，都取得了令人瞩目的效果。

2．巨奖销售

巨奖销售是有奖销售的一种，特点是奖品数额或价值巨大，对于消费者具有很强的吸引力。巨奖销售热发端于1989年之后。1989年以前，商品相对紧缺，企业采用的较多是开展各种商品展销，在较小的空间组织较多的商品集中投放市场以满足需求。1989年后的市场出现了较长时间的疲软，如何促进销售成为最大问题，因此企业开始采取多种多样的促销手段，比如让利销售、以旧换新、强化售后等，巨奖销售也是这些销售手段

的一种。所以在当时很多商场随时可见"20元购物，多购多兑，住房轿车，实现梦想""30万巨奖恭候您""购物一瞬间，富翁一辈子""六六大顺，顺利得到六万六"等巨奖销售标语。电视台、报纸、广播等媒体也大力宣传有奖销售的广告，消费者禁不住诱惑纷纷进入商场。除了商场之外，企业也在想方设法运用有奖销售促进产品销售。1991年，健力宝推出了有奖销售拉环，凡是购买健力宝的消费者只要获得印有特别图案的拉环就可以得到5万元的奖金。李经纬宣称每年投入数百万元的奖金——从一开始的200万元，递增到后来的800万元。

然而巨奖销售同样存在严重的风险，甚至成为厂家欺骗消费者的一种把戏，具有很多的负面影响。比如吸引消费者超前、超量、超常消费，造成市场虚假繁荣和供求关系的扭曲，不利于市场的健康发展，还会导致一些企业不顾自己所处的行业特点和实际承受能力，盲目跟进，不利于企业的健康发展，还有一些企业在销售过程中哄抬物价，弄虚作假，或者趁机销售假冒伪劣产品，引发各种纠纷，扰乱市场秩序。愈演愈烈的巨奖销售风很快被国家叫停，1992年9月，国家颁布了《中华人民共和国反不正当竞争法》，明确把巨奖销售列为不正当竞争行为，并规定抽奖式的有奖销售最高奖的金额不得超过五千元。

3. 危机公关

企业针对危机所采取的一系列自救行动，包括消除影响、恢复形象，就是危机公关。危机公关属于危机管理系统的危机处理部分。在当时熟稔公关操作的中国企业的典型代表有霞飞等企业。除了日常的公关宣传之外，霞飞成功的危机公关应对也非常具有现代危机公关管理的色彩。1992年3月15日，中央电视台依据卫生部门的检测结果，对企业给予曝光。"不具备这些标记或证件的化妆品不得进货并销售"。"霞飞"等8家化妆品企业的商品小包装违反了卫生部的规定，被判为不合格产品。"霞飞"被中央电视台"3·15"曝光后迅速请教公关专家，企业相关负责人穿梭于上海公关协会等公关组织，坦率地将情况向公关专家说明，求教解决危机的方案。综合专家们的建议，霞飞抓住"3·15"曝光的非质量问题，迅速同有关组织（销售网站、行业协会）、新闻媒介通报产品情况最终控制住了危机局势，成功维护了企业的形象。

## 六、品牌案例：肯德基"因中国而改变"

1987年11月12日，肯德基中国的第一家餐厅正式落户北京前门西大街正阳市场1号。当日，北京前门大街热闹非凡，美国驻中国大使洛德、北京市政府众多领导为这三层共1200平方米的中国第一家肯德基进行了剪彩，这使得此次开业成了国内外报纸报道的大事件。11月13日的《人民日报》在报纸右下角，用竖版的形式发了一条小简讯："《肯德基家乡鸡快餐店在京开业》。在开业当天，肯德基选择了非常符合中国文化的锣鼓队、秧歌队进行了表演，在广大宣传和精彩表演之下，肯德基瞬间吸引了所有人的目光。开业当天人群沸腾，人们排队等候的火爆场面超过了餐厅工作人员的预期，他们不得不打电话向公安求助，以维持秩序。"

肯德基得以在古老的正阳门箭楼斜对面开起第一家快餐店,美籍华人王大东功不可没。1987 年的中国,对外开放起步不久,在中国开办合资企业仍有诸多限制,尤其是对于作为第三产业的餐饮业。王大东带领肯德基公司的市场拓展团队用两个理由来说服中国政府:一是为在华使馆的外国工作人员和来华投资的外国人提供餐饮上的便利;二是中国的外汇需求,当时的肯德基被定位为外国人服务,外国人去肯德基消费,必须使用外汇券。肯德基首批员工梁星说,肯德基落地中国,赶上了"天时地利人和":天时——20 世纪 80 年代改革开放,需要吸引外资。当时,别的行业都有合资企业,但餐饮没有。按照国家政策,合资企业有"两免三减"(两年免税,三年减税)的优惠政策;员工薪酬也比一般国企员工的薪酬要高 1.5%~1.8%。地利——北京市定位往国际大都市发展,市委市政府就考虑引进"美国风味小吃",1984 年代表团去美国考察了一番,考察了肯德基和麦当劳。相比麦当劳的"牛肉汉堡",中国人觉得肯德基的"炸鸡"更契合中国人的需求,最终敲定了肯德基。人和——旅游局希望吸引一些"黄头发"进来,畜牧局想卖鸡,而当时美国肯德基也在访华寻求合作,"双方都有需求,这样就有了北京第一家肯德基"。

但在当时,肯德基的合作伙伴——北京市畜牧局没有保存冷藏鸡的设备和运输的方法,所以肯德基在京推出的食品只能用冷冻鸡。而这点达不到肯德基对原料品质的要求——必须用冷藏鸡而非冷冻鸡。肯德基进入中国所遇到的"瓶颈"还不止于此,除了主要的食材,调味品环节也出现了问题。当时中国的盐太粗,不符合肯德基的原料标准,所以刚开始的时候盐是进口的,鸡是本地的。经过种种筹备,按照开办合资企业的程序,肯德基找到了北京市旅游局,并请他们参观了天津傲奇快餐,最终说服旅游局成为合资方。肯德基在中国的第一家快餐店得以呼之欲出。但受限于供应链,肯德基在中国开业后很长时间内只能提供原味鸡、鸡汁土豆泥、菜丝沙拉、面包、可乐、七喜、美年达、啤酒 8 种产品。两年以后,才有 4.5 元的汉堡面世。当时一块原味鸡售价 2.5 元,相较中国当时的消费水平,可以算得上高消费,不少家庭要攒上一个月的收入来尝一尝肯德基。1987 年,中国普通干部的月工资收入不过 100 元左右。而在媒体上,关于洋快餐该不该在中国迅速发展的争议也不绝于耳。但是,花几十块钱就可领略一下"西方生活方式",对于长期与消费主义绝缘的中国人来说显然是十分有效的吸引力。很快,前门肯德基就成为北京旅游的一大景点。很多来到北京的人,必定要去肯德基吃上一次,然后与门口的肯德基上校模型留影纪念,并让这种全新的经历成为回到家乡之后的谈资。

## 第三节　改革快速发展期(1993—2000)

1981 年可口可乐与百事可乐相继进入中国,在 20 世纪 80 年代的中国市场掀起了碳酸饮料热。当时全国实力最强的八大老国有碳酸饮料厂家是:重庆的天府可乐、广州的亚洲汽水、北京的北冰洋饮料,山东的崂山可乐、河南的少林可乐,上海的正广和、沈阳的八王寺汽水、天津的山海关。1983 年,"八大汽水厂"销量占全国总销量的比例为

42%。但在"入关"前夕,原轻工部官员认为,一旦开放市场,国外可乐巨头进入中国,国内的饮料市场将溃不成军,因此指定当时国内的八大饮料厂分别与两大可乐巨头合资合作,主动示降,以求生路。但事与愿违,国际饮料巨头签下合资合作协议后,原国内八大饮料企业反而加速消亡。"两乐"凭借凌厉的市场攻势在碳酸饮料市场势如破竹、所向披靡,国产碳酸饮料节节后缩,兵败如山倒。当时,国产八大饮料中只剩上海的正广和还没有被"洋化",这就是被称为"两乐水淹七军"的饮料事件。两乐水淹七军之后,当时的本土饮料市场除了健力宝和娃哈哈之外,再无其他饮料企业可以与两乐相抗衡。

——摘自《饮料产业:一路走来一路歌》

## 一、历史背景

在20世纪最后一个十年中,"市场"和"接轨"成为这个时间段解读中国的关键词。对外,中国人面对的是西方的制裁,持续了将近半个世纪的冷战格局被打破;对内,中国人面对的是从计划经济到市场经济的大步跨越,从孤立封闭到全面开放的历史蜕变。

1992年1月18日至2月21日,邓小平先后到武昌、深圳、珠海、上海等地考察,并发表了一系列重要讲话。他的讲话针对人们思想中普遍存在的疑虑,重申了深化改革、加速发展的必要性和重要性。在南方谈话中,邓小平深刻地阐明:"计划多一点还是市场多一点,不是社会主义与资本主义的本质区别。计划经济不等于社会主义,资本主义也有计划;市场经济不等于资本主义,社会主义也有市场。"南方谈话后召开的党的十四大中,党科学地总结了十一届三中全会以来的基本实践和基本经验,明确回答了困扰和束缚我们思想的许多重大认识问题,强调基本路线要管一百年、动摇不得,并且第一次明确提出了"我国经济体制改革的目标是建立社会主义市场经济体制,以利于进一步解放和发展生产力"。从而使改革开放进入一个着力构建社会主义市场经济体制基本框架的新阶段,市场发展的环境有了空前好转。到1997年,党的十五大进一步确立了"邓小平理论"作为党的指导思想,同时提出了党在社会主义初级阶段的基本纲领和我国跨世纪发展的奋斗目标。香港、澳门的相继回归,标志着祖国统一大业取得了显著成就,也使内地与港澳地区的经济联系更加密切。与此同时,祖国大陆与台湾地区的经济贸易往来也快速发展。这一阶段,改革开放在"解放生产力"上的成效巨大,如克服亚洲金融危机的不利影响,同时使国家计划管理由指令性计划向指导性计划转变,国有企业改革取得重大历史进展,公有制为主体、多种所有制经济共同发展的新经济发展格局逐步形成。

## 二、商业环境

### 1. 国有企业发展

在社会主义经济的市场性质确认后,国有企业开始了建立现代企业制度的深刻变革。随着政企职责进一步分开、企业经营机制有了根本性的转变,这就把国有企业进一步推向了市场,迫使企业开始深层次地考虑营销和营销战略问题。1993年,《中共中央关于建立社会主义市场经济体制若干问题的决定》里首次提到"建立现代企业制度,是发展社会化大生产和市场经济的必然要求,是我国国有企业改革的方向",要求"进一步转换国有企业经营机制,建立适应市场经济要求,产权清晰、权责明确、政企分开、管理科学的现代企业制度"。对国有企业的重要部署逐渐被提出,"实行鼓励兼并、规范破产、下岗分流、减员增效和再就业工程,形成企业优胜劣汰的竞争机制""用三年左右的时间,使大多数国有大中型亏损企业摆脱困境,力争到本世纪末大多数国有大中型骨干企业初步建立现代企业制度"。国企改革自1998年进入了三年攻坚阶段。战略性改组过程中,国企职工经历了下岗分流的阵痛期,但是经过努力,国有企业三年脱困的目标基本实现。到2000年年底,1997年亏损的6599户国有及国有控股大中型企业,已有70%以上停止亏损;2000年国有及国有控股工业企业实现利润2392亿元,为1997年的2.9倍。国企改革与脱困目标基本达成。

2. 私营经济扩张

1992年以后,无论是个体私营经济还是外资经济都获得了空前的利好发展环境。首先,非公经济的发展得益于政府对于非公经济认知的深化。1997年党的十五大指出:"非公有制经济是我国社会主义市场经济的重要组成部分。"1999年3月九届人大二次会议通过的《中华人民共和国宪法修正案》将原"私营经济是社会主义公有经济的补充"等内容修改为"在法律规定范围内的个体经济、私营经济等非公有制经济,是社会主义市场经济的重要组成部分""国家保护个体经济、私营经济的合法权利和利益"。非公有制经济的地位问题最终被宪法确立。这是党中央第一次把公有制经济与非公有制经济平等对待,把非公有制经济从"制度外"纳入"制度内",将二者共同视为社会主义市场经济的组成部分。私营经济快速发展,以公有制为主体、多种所有制经济共同发展的基本经济制度建立了起来。

其次,国企改革的推进也为私营经济的扩张提供了对象和空间。国企改革抓大放小的方式之一就是将一部分公有制企业卖给私营业主。这就为私营企业的扩张提供了兼并对象,但改革深化在促进私营工业方面还不仅局限于这一点。

劳动制度改革的深化为私营企业发展释放了大量职工,特别是其中的经营管理人员和工程技术人员。下岗职工问题最早出现于20世纪90年代初期,当时还不叫下岗,有的地方叫"停薪留职",有的地方叫"厂内待业",有的叫"放长假""两不找"。20世纪90年代中后期,下岗职工问题作为一种社会经济现象开始突显,并且引起社会各界的广泛关注。1998年6月,中共中央、国务院发出《关于切实做好国有企业下岗职工基本生活保障和再就业工作的通知》以后,发展私营经济又被称为与国有企业深化改革相联系的下岗职工时下再就业的一条重要渠道。

1993年以来,我国经济开始步入稳定、高速增长的阶段。这种宏观环境在需求和供给方面为私营企业的发展提供了条件,而且要求进一步开发和利用包括私营经济在内的非公有制经济的生产资源,以推动整个社会生产力的发展。

### 3. 中国市场营销协会成立

企业营销的问题日益引起政府部门的关注。1994年3月,在原国内贸易部的倡导和推动下,中国市场营销协会成立了,它标志着市场营销理论在我国完成了由学术界到企业界到政界的全方位的传播过程。在这一时期,社会主义经济体制在理论上的根本性的突破,扫除了市场营销在我国全面发展的障碍,我国的市场营销取得了长足的发展。

### 4. 外资广告公司涌入

20世纪90年代是"淘金"的黄金年代,中国经济发展面对着太多的不确定,但恰巧是这种"不确定"带来了无限的商机,很多成功的企业家在这10年之中淘到了金,有人表示:"那几年,中国遍地都是黄金。"经济的大发展促进了中国大量招商引资项目的启动,世界知名企业也顺势登陆中国,伴随而来的还有外资代理广告公司的大举"入侵"。1991年,在中国经营的外商投资广告公司有13家,广告营业额2306万元。到1992年年底猛增至52家,营业额为4亿元,分别增长了3倍和16倍。随后,外商投资广告公司继续保持快速增长,1996—2002年,广告经营单位与广告从业人员由1996年的454家、7566人发展为2002年的335家、8964人;广告营业额由18.11亿元升至55.76亿元。

表3-1 1996—1997年跨国广告公司在中国经营情况一览表

| 公司名称 | 1996年营业额(万元) | 1997年营业额(万元) | 员工人数(人) | 主要国际客户名单 | 主要国内客户名单 |
| --- | --- | --- | --- | --- | --- |
| 盛世长城 | 78748.4 | 142000 | 380 | 宝洁公司、强生药业、杜邦化工、柯达、狮王、美国雷诺兹、森普乐、惠普、博登国际集团、威士国际集团、伊莱克斯等 | 西安杨森、杨协成、乐百氏纯净水、番禺糖果、康师傅、TCL彩电、美的空调、家乐鸡精 |
| 智威汤逊—中乔 | 46271.29 | 64928 | 85 | 福特、雀巢、惠普、卡夫、摩托罗拉、纳贝斯克、生力、壳牌 | |
| 精信广告 | 4298.60 | 47600 | 244 | 中美史克、宝洁、英美烟草、诺基亚、玛氏、箭牌口香糖、假日酒店、VISA | 康师傅、国氏、达能、佳德乐、雅芳等 |
| 上海奥美 | 38268 | 62561.24 | 255 | IBM、柯达、金佰利、联合利华、中美史克、雪花啤酒、伊卡露、肯德基等 | 广东全球通、统一、重庆冷酸灵、太太乐、太阳食品、丹芭碧、江中制药痔康宁、奥妮皂角洗膏 |

续上表

| 公司名称 | 1996 年营业额（万元） | 1997 年营业额（万元） | 员工人数（人） | 主要国际客户名单 | 主要国内客户名单 |
|---|---|---|---|---|---|
| 北京电通 | 30943 | 37000 | 109 | 花王、佳能、松下电器、雀巢等 | 联想电脑、枪手电蚊香等 |
| 上海灵狮 | 8288 | 35000 | 90 | 雀巢、强生、洁诺、联合利华、百事食品 | 奥迪、龙凤食品 |

表源：黄艳秋，杨栋杰.《中国当代商业广告史》，河南大学出版社，2006 年。

5. 互联网时代来临

1987 年 9 月 20 日，在北京市车道沟十号院的一座小楼里，随着发送键的按下，中国的第一封电子邮件被发往了世界，内容是一句英文——“Across the Great Wall we can reach every corner in the world”（越过长城，走向世界）。这是西方世界第一次通过互联网听到中国的声音。

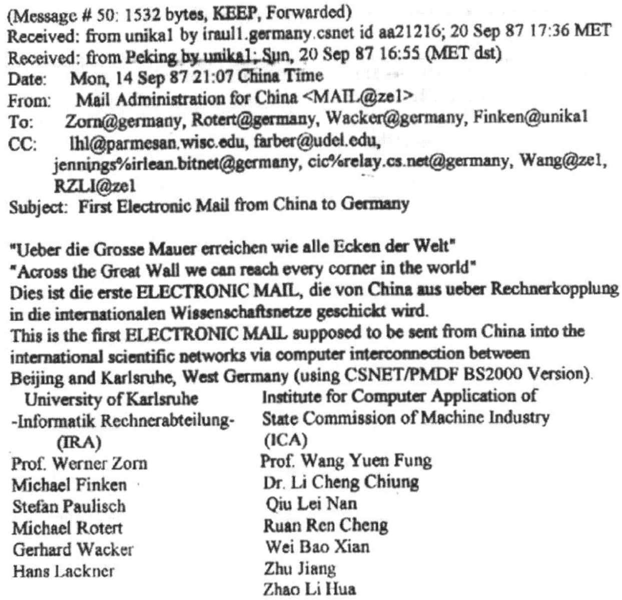
(Message # 50: 1532 bytes, KEEP, Forwarded)
Received: from unika1 by iraul1.germany.csnet id aa21216; 20 Sep 87 17:36 MET
Received: from Peking by unika1; Sun, 20 Sep 87 16:55 (MET dst)
Date: Mon, 14 Sep 87 21:07 China Time
From: Mail Administration for China <MAIL@zel>
To: Zorn@germany, Rotert@germany, Wacker@germany, Finken@unika1
CC: lhl@parmesan.wisc.edu, farber@udel.edu,
jennings%irlean.bitnet@germany, cic%relay.cs.net@germany, Wang@zel,
RZLI@zel
Subject: First Electronic Mail from China to Germany

"Ueber die Grosse Mauer erreichen wie alle Ecken der Welt"
"Across the Great Wall we can reach every corner in the world"
Dies ist die erste ELECTRONIC MAIL, die von China aus ueber Rechnerkopplung in die internationalen Wissenschaftsnetze geschickt wird.
This is the first ELECTRONIC MAIL supposed to be sent from China into the international scientific networks via computer interconnection between Beijing and Karlsruhe, West Germany (using CSNET/PMDF BS2000 Version).

| University of Karlsruhe -Informatik Rechnerabteilung- (IRA) | Institute for Computer Application of State Commission of Machine Industry (ICA) |
|---|---|
| Prof. Werner Zorn | Prof. Wang Yuen Fung |
| Michael Finken | Dr. Li Cheng Chiung |
| Stefan Paulisch | Qiu Lei Nan |
| Michael Rotert | Ruan Ren Cheng |
| Gerhard Wacker | Wei Bao Xian |
| Hans Lackner | Zhu Jiang |
| | Zhao Li Hua |

图 4－11　中国向世界发送的第一封电子邮件

图片来源：搜狐网.《@ 1987. 9. 20 中国第一封电子邮件的故事》. EB/OL(2019－9－19)[2022－3－13], https://www. sohu. com/a/341980776_100027543.

1993 年 3 月 12 日，朱镕基主持会议，提出和部署建设国家公用经济信息通信网（简称金桥工程）。同年 4 月，中国科学院计算机网络信息中心召集在京部分网络专家调查了各国的域名体系，提出并确定了中国的域名体系。当月，中关村地区教育与科研示范网络工程进入互联网，实现和互联网的 TCP/IP 连接，从而开通了互联网全功能服务。从此，中国被国际上正式承认为有互联网的国家。此事被中国新闻界评为1994年中国十大科技新闻之一，被国家统计公报列为中国1994年重大科技成就之一。到了20世纪90年代中后期，中国的网民已经初具规模并以极快的速度增加着。1997年11月，中国互联网络信息中心（CNNIC）发布了第一次《中国互联网络发展状况统计报告》。报告显示，截至1997年10月31日，中国共有上网计算机29.9万台，上网用户数达62万户。同年3月，IBM、Intel开始在China Byte上发布网上广告，IBM付了3000美元，这是中国第一个网络广告，开创了中国互联网广告业的历史。2001年1月CNNIC发布的第七次《中国互联网络发展状况调查统计报告》显示我国有上网计算机892万台，上网人数约2250万人。三年间，我国上网人数增加了36倍多，计算机数增加了近30倍。

表4-2 部分知名互联网品牌创立一览

| 创始人 | 公司 | 创立时间 |
| --- | --- | --- |
| 丁磊 | 网易 | 1997年6月 |
| 张朝阳 | 搜狐 | 1998年2月25日 |
| 刘强东 | 京东 | 1998年6月18日 |
| 马化腾 | 腾讯 | 1998年11月 |
| 王志东 | 新浪 | 1998年12月1日 |
| 梁建章等 | 携程 | 1999年5月 |
| 甄荣辉 | 前程无忧网 | 1999年 |
| 唐越等 | 艺龙 | 1999年5月 |
| 马云 | 阿里巴巴 | 1999年9月 |
| 陈天桥 | 盛大网络 | 1999年11月 |
| 李国庆、俞渝 | 当当网 | 1999年11月 |
| 李彦宏 | 百度 | 2000年1月1日 |

表源：赵新利，黄升民.《中国品牌四十年（1979～2019）》，社会科学文献出版社，2019年。

## 三、传播符号

1. 港澳徽记

1997年和1999年，在香港、澳门回归祖国的前夕，经国家批准同意两个特别行政区分别以紫荆花、荷花视觉元素设计的图形作为各自的区徽标志。这是我国第一次对区域性徽记标志作了法律上的肯定，改变了历史上对于区域性徽记标志发生与应用的不规范行为。香港的区徽是紫荆花构成的五星图形，澳门的区徽是荷花图形与上方的五个五角星构成的整体。这两个特别行政区的区徽标志，都与祖国五星红旗有着视觉形式和内涵上的深刻联系，宣示着特别行政区是中国的组成部分，与祖国是完整统一的整体。

图4-12　香港特别行政区区徽标志

图片来源：人民网．《香港特区的区旗、区徽》[EB/OL]．(2014-07-28)[2022-3-13]，http://hm.people.com.cn/n/2014/0728/c42272-25356993.html.

图4-13　澳门特别行政区区徽标志

图片来源：澳门特别行政区政府入口网站．《国旗、国徽及区旗、区徽》[EB/OL]．(2021-08-11)[2022-3-13]，https://www.gov.mo/zh-hant/apm-info-page/funcionamento-e-procedimento-administrativos/bandeiras-e-emblemas-nacionais-e-regionais/.

2．企业标志

理念标志相对于图画标志形态，是在抽象标志的设计中，融入国际设计界流行的构成主义手段与方式，具有中西文化相互融合的造型特征。改革开放后，中国的美术界尤其是设计艺术工作者走出国门，深刻地认识到了先进发达国家的设计理念在标志设计艺术中的反映，即"国际主义"风格。这种"国际主义"风格的标志设计以数理应用的理性原则、减少视觉元素的简单原则、点线面造型语言的规范处理，改变了传统的标志设计对自然形象的认识方法和表现手段，以更加抽象化的方式创做出了形式更新的象征性视觉符号。例如，"中国联通"的标志是以线的穿插组合构成民族化的"如意结"图形，象征着企业的国别以及让用户满意的服务目标；以单纯线的流动与网结，恰切地象征着无线通信的科技特征。虽然看不到任何具象物的痕迹，但却又能产生对电信业的科技特征、服务理念的丰富联想。

蓝色标志（1994—2006）

红黑色标志（2006—2008）　　重组后标志（2008—）

图4-14　中国联通标志演变

图片来源：《中国联通标志历史》[EB/OL]．(2014-01-15)[2022-3-13]，https://ad518.com/article/2014/01/5189.

## 四、传播手段

1. 交通媒体

进入20世纪90年代中后期，我国的户外媒体资源得到了进一步拓展，也诞生了一些至今仍然存在影响的户外广告公司，北京通成广告和白马广告是这个阶段户外媒体中比较典型的代表：前者成立于1997年，是当时北京地区交通媒体行业的佼佼者；后者则是在1998年形成了自身重要的广告资源网络。

2. 北京通成与地铁广告

1993年，北京市民忽然在大街上见到了一种车身上喷绘着花花绿绿广告的双层巴士——特2路。在此之前，人们大多只在香港电影里见过这样的公共汽车。双层巴士这种新型媒介载体在国内的推出始于北京通成广告（以下简称"通成"）。不久，新开通的地铁西单站由于刊挂了漂亮的灯箱广告，又着实引发一阵轰动，原来这也是通成的杰作。当时，通成广告公司仍然远在香港，但其创办人金伟棋的商业布局已经延伸到了内地的交通媒体。通过双层巴士的广告资源开发，通成在北京顺利开展业务，并在全国10个城市购置了1500部双层大巴、单层空调车，得以更顺利地进入地铁媒体市场。1994年，北京地铁媒体管理部门决定与通成公司扩大合作范围，将复兴门站也承包给通成公司做广告开发。1997年，地铁广告公司与通成公司合作创建北京地下铁道通成广告有限公司。公司利用强势媒体及得天独厚的广告环境，开发了北京地铁车站月台灯箱广告和车厢A、B位广告以及车站通道看板等两万余块高品质广告媒体，构建了网络化销售和高素质专业营销队伍，确立了一站式整合营销服务体系，吸引了众多广告客户，取得了丰硕的经济效益和社会效益。直到2001年，通成在全国拥有超过25000部公交车，5条地铁线路，超过70个地铁站的媒体资源，全国媒体销售额超过5亿人民币。

3. 白马公司与候车亭广告

1986年，6个大学美术系毕业生创立了广东白马广告有限公司，到了20世纪90年代初，白马广告公司就已成为当时国内最大的民营广告公司之一。创建人韩子定发现，进入20世纪90年代之后，国内影视广告制作水准普遍得到了提高，反而是街头的户外平面广告遇冷。但在当时的广州，每天公共交通承载超过450万人，这正是重新开发利用户外公交广告的良机。正因如此，韩子定才坚定地带领白马走上候车亭广告媒体资源的开发之路，并创建了"封神榜"等候车亭广告品牌。从1996年开始到2001年年底上市，韩子定在29个省市建成4800个候车亭的1.2万个广告牌位，5年间总投资近5亿元。

4. 互联网广告

世界上第一条网络广告是美国电报电话公司（AT&T）在1994年10月14日在网络杂志 *HOTWIRED* 上发布的。1999年，美国网络广告收入接近20亿美元，占1998年全美有线电视广告收入的22%。网络广告开始初露峥嵘。

图4-15 世界上第一条网络广告

图片来源：商隐社.《互联网5000亿广告江湖大变局》，载人人都是产品经理网易号，[EB/OL].（2022-01-18）[2022-3-13],https://www.163.com/dy/article/GU04DHDP0511805E.html.

中国的网络广告出现于1997年。1997年3月，IBM公司在信息站点ChinaByte.com上发布了中国的第一条网络广告。广告表现形式为468×60像素的动画旗帜广告。根据Wise-Cast（网络广告先锋网站）的数据，1998年中国互联网广告支出达到0.3亿元人民币，而在1999年则达到0.9亿元人民币，增幅达到200%；2000年更是达到了3.5亿元人民币，较上一年增幅289%。

随着中国互联网的不断发展和第一次商业化浪潮的出现，网络广告开始兴盛。1998—1999年，一些外资广告公司开始在中国成立互动行销部门，开展网络广告业务。

随着互联网广告模式的发展和技术的开发，逐渐出现了一些独立于互联网的代理公司。一个重要的代表性事件是1998年10月上海好耶计算机有限公司成立，这是中国第一个收费运营的网络广告联盟。1999年10月，Ad Forward广告管理系统面市。从这个角度来看，"好耶"的成立和发展其实是中国互联网广告和数字技术结合的一个典型产物。从经营发展的情况来看，当时"好耶"连续几年在网络广告市场中排名第一，盈利以每年120%的速度增长。2000年初获得国际著名风险投资商IDGVC的投资，在之后的五年里，"好耶"保持了每年超过50%的高速增长。

表3-3 广告公司网络业务开展一览

| 时间 | 公司 | 网络广告业务 |
| --- | --- | --- |
| 1999年1月 | 英特尔（Intel）的全球广告代理商灵智大洋（广州）有限公司 | 成立"互动传播部" |
| 1999年3月 | 恒美 | 成立网络市场部 |
| 1999年4月 | 奥美、智·威·汤逊——中乔 | 在中国联合推出互动媒体咨询业务 |
| 1999年5月 | 中国台湾"梦想家媒体"、上海金马广告 | 合资组建互联网门户站点 |

5. 广告规范

改革开放以来建立的社会主义市场经济体制，为我国广告业的发展创造了条件。为了理顺我国广告业的内部经营机制，与国际惯例接轨，国家工商局于1993年颁布了《关于在部分城市进行广告代理制和广告发布前审查试点工作的意见》，决定在我国十个城市三种媒介试行广告代理制。要求广告主必须委托有相应经营资格的广告公司代理广告业务，不得直接通过报社、广播电台、电视台发布广告（分类广告除外）。而兼营广告业务的报社、广播电台、电视台，必须通过有相应经营资格的广告公司代理，方可发布广告（分类广告除外）。为了更好地规范广告业运作，更好地促进广告业健康、有序、规范化地发展，1993年2月，国家工商局发布《关于换发广告经营许可证的通知》（第56号、第57号），解决了长期以来未能解决的广告公司的资质标准问题，使广告公司的发展有了明确的法律依据和标准。通知中还对兼营广告业务的事业单位，即媒介的经营范围作了调整，取消了媒介的同类媒介代理权和直接承办外商广告经营权。这些工作为推行代理制试点创造了前提条件。1993年相继颁布的《全国第三产业发展规划基本思路》《关于加快广告业发展的规划纲要》，明确指出了广告业属于知识密集、技术密集、人才密集的高新技术产业，是第三产业的重要组成部分。纲要还对广告业在2000年前发展的总体目标、基本目标、发展重点和任务，以及为实现总体目标而采取的具体措施做出了明确规定和布置。1994年10月27日，第八届全国人民代表大会常务委员会第十次会议通过的《中华人民共和国广告法》，自1995年2月1日起施行。我国广告法的实施，标志着我国广告市场在法制化轨道上更进了一步，标志着我国广告发展的一个新的历程。为了提高广告从业人员的素质，1994年中国广告协会第四次会员代表大会通过了《中国广告协会自律规则》，要求会员树立良好的行业风气，维护广告业道德水准和整体服务水平。中国对外贸易广告协会也制定了《中国对外贸易广告协会会员关于出口广告工作的自律守则》，这对于保障出口广告业务和经营活动的正常开展，促进出口广告工作健康发展，具有十分重要的意义。

6. 媒介经营管理

1992年6月16日，中共中央国务院出台了《关于加快发展第三产业的决定》，文件明确了媒体产业的三产属性，即"随着经济的发展和收入的提高，人民群众不仅在衣、食、住、行、通信、卫生和生活环境等物质生活的各个方面提出了更多、更高的要求，而且在文化娱乐、广播影视、图书出版、体育康复、旅游等精神生活方面也提出了更多、更高的要求。只有加快发展第三产业，才能适应人民群众日益增长的物质和文化生活的需要，促进社会主义物质文明和精神文明建设"，并且指出"现有的大部分福利型、公益型和事业型第三产业单位要逐步向经营型转变，实行企业化管理"。

在政府的政策方向明确之后，我国媒体更快地开始了市场化的探索。市场化除了意味着媒介的经营属性得到更进一步的确认，还意味着媒体作为文化消费市场的产品得到了进一步精细化运营的空间。首先是对电视媒体的改革。作为重要的大众媒体，电视产业的主体——电视台承载着内容制作与内容传输的重要功能。随着产业市场化深入，市场对于内容制作质量与内容信号传输范围、传输质量都有了更高的要求。在国家政策指导以及市场化的两方面作用下，电视台的部分职能被拆分。电视产业迎来了脱胎换骨般的发展期。20世纪90年代，电视媒体更是出现了上星的热潮。其中，浙江电视台和山东电视台均于1994年1月1日上星，成了当时电视台最早上星的两个机构。与电视媒体上星潮几乎同时发生的是报业内的变革。1992—1993年，机关报开设周末版和改扩版，形成了一波内容扩充热潮，紧随其后的是实用性专刊的兴起，关注民生的晚报、都市报和行业报都在这一阶段迅速发展，成为当时报刊中颇具活力的新生力量。

## 五、传播策略

1. 中央电视台标王

央视广告资源招标的历史始于1994年。当时,央视利用《新闻联播》和《天气预告》中间的最佳时间,开展广告词招标会,有83家公司列席参加。第二年,列席参加的企业增长到134家,第四年增长到了198家。央视的广告招标被誉为"中国经济的晴雨表"。一方面,标王的价格反映了中国经济的走向,另一方面,标王花落谁家也一定程度上反映了中国经济的内部格局。1994年11月,来自山东省济宁市鱼台县的白酒品牌"孔府宴酒",战胜了"孔府家酒"和"太阳神",拿到第一届央视标王。随着广告在央视播出,"喝孔府宴酒,做天下文章"的广告语也家喻户晓,这让孔府宴酒的销售额迅速增长。1996年的标王秦池也尝到了"标王"的甜头。1997年,秦池再以空前的3.212118亿元(据传说,数字来自姬长孔的手机号码)蝉联标王。然而,"标王的荣耀并没能给秦池带来滚滚财源,而是苦酒一杯。巨额资金的投入使得秦池产业结构调整、加快发展时捉襟见肘,为了保证市场需求秦池盲目增加生产线扩大生产规模"。1997年以后,秦池在其勾兑白酒出售被媒体曝光形象受损以后销售额更是迅速下降,到2002年时仅有1996年的1/30。1998年爱多以2.1亿元打败同族兄弟步步高,老总胡志标成了名副其实的"标哥",仅用两年多的时间,爱多完成了从普通电器到品牌的"超速发展"。然而只用了一年多时间,1999年后企业破产,胡志标也因涉嫌诈骗被判刑20年。前几任"标王"的坎坷经历引起社会对"标王"的广泛争议和思考,央视广告招标引进了众多外资品牌的高度关注和积极参与,标王的竞争也看出中国经济的发展现状以及中国企业家的竞争理念,正是从这个意义上央视广告被认为是"市场的晴雨表""经济的风向标"和企业的"试金石"。

2. 价格战

家电行业是中国价格战的发源地。1989年8月,中国彩电工业遇到了自起步以来最困难的时刻。四川长虹冲破政府价格管制的约束,将产品出厂价平均降低350元,揭开了中国彩电工业价格竞争的序幕。此举不仅奠定了长虹公司在中国彩电工业市场中的领先地位,也刺激了当时相当疲软的国内消费市场,行业的平均降价幅度约达20%。为了与外资彩电抗衡,1996年3月,长虹公司再次领先降价,其他彩电企业纷纷跟随,把外资品牌挤出中国的主要市场;1997年初高路华公司发动了第三次价格战;1998年康佳推出了特价机;1999年长虹发动了第五次价格战;2000年6月,9家彩电骨干企业的老总签订协议联手限价,结果却不了了之。彩电行业的价格战迅速蔓延到了其他行业,微波炉、VCD、汽车、商场等纷纷卷入其中,许多行业和企业主动或被动地将降价作为主要的竞争手段。时至今日众多企业仍认为:不降价、不打价格战,产品就销不出去;谁能把价格降到最低,谁就能笑到最后。

中国市场价格战之所以如此广泛和普遍,很大一部分原因是中国消费者喜欢这种价格战,对价格敏感程度高。中国内地市场消费者的收入水平虽然上升明显,但总体水平仍处于发展中国家之列。相当高比例的消费者属于"价格敏感型"和"讨价还价型"。降价在中国内地市场往往能够引起消费者普遍的关注和强烈的反应。中国消费者的购买行为"容忍"了这种企业策略的存在。物美价廉是中国人对商品的最高评价,它一直是中国社会消费观念的主流。

"天下没有免费的午餐",但大部分中国消费者相信有"便宜的午餐"。通过价格战,宝洁公司终于领悟到了"雕牌"洗衣粉畅销的原因所在,不得不将旗下的"太渍"洗衣粉降到 2 元一袋。同时,面对国内洗发水企业的挑战,宝洁的"飘柔"洗发水也不得不低下高贵的头,开始面向广大消费者。

表 3-4　中国市场历年来影响较大的价格战

| 时间 | 事件 |
| --- | --- |
| 1996 年 | 彩电价格战 |
| 1997 年 | VCD 降价浪潮 |
| 1998 年 | 中国民航价格大战 |
| 1998 年 | 国产轿车降价 |
| 1998 年 | 燃气热水器价格战 |
| 1998 年 | 洋彩电卷入价格大战 |
| 1999 年 | 彩电价格战 |
| 1999 年 | 手机降价 |
| 1999 年 | 电信收费降价 |
| 1999 年 | 格兰仕降价 |
| 1999 年 | 长虹再燃价格战火 |
| 1999 年 | 塑料门窗设备价格战 |
| 2000 年 | 空调降价战 |
| 2000 年 | 彩电价格大战 |
| 2000 年 | 国产汽车降价战 |
| 2000 年 | 手机降价战 |
| 2000 年 | 麦当劳和肯德基降价战 |
| 2000 年 | DVD、格兰仕、商务通全线降价 |

表源:何佳讯,卢泰宏.《中国营销 25 年:1979-2003》.华夏出版社.2004 年.

3. 民族情感营销

外资品牌进入中国市场之后,不断挤压本土品牌的市场份额,本土品牌面临着巨大的生存压力,"狼来了"的声音不绝于耳,社会各界也对外资品牌表现出警觉。20世纪90年代中国综合实力的不断提升,香港、澳门的回归以及美国轰炸中国驻南斯拉夫大使馆等事件也极大地激发了民族情感,正是在这种背景下,许多企业打出了民族主义的大旗,号召振兴国货,试图采用民族情感的营销策略来扭转局势。所谓民族情感营销策略是指企业利用消费者热爱自己祖国、盼望民族强盛、担忧国家命运的心理,通过广告等一系列营销手段,迎合或激发消费者的民族感情,进而影响消费者的购买态度和行为,达到企业产品营销的目的。

"以产业报国、民族昌盛为己任",这是1995年倪润峰所提出的长虹的使命。于是长虹彩电的广告词"摇身一变",将普通的"天上彩虹,人间长虹"改成豪气万丈的"长虹以产业报国、民族昌盛为己任,献给你——长虹红太阳"。其他企业也不甘示弱,康佳提出"人人为康佳,康佳为国家,以振兴民族工业为己任",海尔则喊出了"海尔中国造"和"敬业报国,追求卓越"的口号,一汽集团打出了"我们的红旗,中国人的红旗"的广告宣传语。娃哈哈集团有限公司更是主动向国际大品牌发起挑战,推出"中国人自己的可乐——娃哈哈非常可乐",欲与可口可乐、百事可乐一争高下。到了2002年,娃哈哈碳酸系列的产销量达62万吨,约占全国碳酸饮料市场12%的份额,在单项产品上已逼近百事可乐在中国的销量,成为娃哈哈集团一个主要的利润来源。

然而各大品牌在20世纪90年代实施的民族情感策略没有取得预期的效果。原因是多方面的,从根本上说中国消费者在心理上依然认为国货不如进口货,在实际购买中"崇洋媚外"的心态依然存在。"奥妮"的挫败则是一个典型的例子,作为具有港资背景的品牌,奥妮在宣传中刻意强调民族品牌的身份,恰好磨灭了自己在消费者心中作为"洋品牌"可能存在的优势,在价格不具明显优势的基础上,很难想象消费者会花高于心理价位的价格购买一个"本土品牌",这也是奥妮广告效果不彰的一个原因。

4. 名牌工程

1992年邓小平南方谈话后,中国品牌建设进入了实质性的发展阶段。邓小平在南方谈话中指出:"我们应该有自己的拳头产品,创出我们中国自己的名牌,否则就要受人欺负。"邓小平从战略高度提出创立中国名牌的重要性,也给民营经济的发展开拓了更加广阔的舞台。在政府推动下,1992年6月26日,我国第一个名牌企业自我保护组织"驰名商标保护组织"在北京成立,成为最早的行业协会品牌行动;1992年,中国新闻界和国家主要部门首次联合评选出海尔等十大驰名商标,由此社会舆论开始关注和重视品牌现象。1993年、1994年,李鹏和江泽民更是先后明确提出创名牌产品、发展名牌战略,提高中国品牌的国际竞争力;1996年,国务院颁布实施《质量振兴纲要(1996—2010年)》,明确提出"实施名牌战略,振兴民族工业"。1996年8月14日,《驰名商标认定和管理暂行规定》正式发布,中国企业驰名商标得以有效的认定与保护,更有利于中国民族品牌的建设与发展。在国家领导人对实施名牌战略的关心和重视下,以及在国家相关政策、资金的激励和扶持下,20世纪90年代,伴随着社会主义市场体制的确立,全国各地相继实施名牌战略,启动名牌工程,争创名牌的热潮在神州大地上风起云涌。

## 六、品牌案例：海尔

　　1984年，张瑞敏接手了濒临倒闭的青岛日用电器厂，同年企业改名为青岛电冰箱总厂。为了让企业走出困境，张瑞敏首先提出了与联邦德国利勃海尔工程有限公司"结亲"，专业生产大容积电冰箱的设想。但在当时，国内各种电冰箱生产企业达100多家，且有"雪花""万宝"等已有了相当知名度的"大牌"企业，再加上日本冰箱闯入中国市场，冰箱市场显然已供过于求。而海尔在当时只是一家名不见经传的小企业，要想从竞争异常激烈的市场中查出重围，难度可想而知。但张瑞敏认为，从国内外家电产品的生产销售情况分析，大部分产品在进入普及期之前，必然有一个突然的爆炸性膨胀消费期。这个时期，消费者常常并不完全取决于购买力，而带有一定的狂热性、盲目性，就是所谓的追潮流、赶时髦。他估计，电冰箱的爆炸性消费期一两年之内就会到来，而且是200升以上的大容积。基于这一预测，张瑞敏决定与处事干练的德国人合作，加快引进速度，赶在这股消费潮流之前。

　　冒着巨大风险的"琴岛——利勃海尔"电冰箱饱浸着张瑞敏的心血。从1985年2月起，用一个月做到了厂房改建完成，两个月19条生产线全部安装完毕，又一个月装配线上源源流出了四星级"琴岛——利勃海尔"电冰箱，单班日产100台，投产当年便盈利248万元，随后连创历史新高。2000年，"Haier"品牌的价值评估达到330亿元。从1984年到2000年的16年里，张瑞敏使一个破烂不堪的青岛电冰箱总厂"进化"成了集科研、生产、贸易、金融于一体，跨地区、跨行业、跨所有制、跨国经营的现代化大型企业集团，年销售收入从348万元"膨胀"成全球营业额406亿元，出口创汇由零"攀升"至2.8亿美元，利税从10万元"裂变"到30亿元，创造了一个"海尔神话"。

　　雄心勃勃张瑞敏不仅想要海尔响彻中国，还要使海尔走向世界，让世界认识海尔。他高调地打出三张"牌"，让"海尔中国造"成功唱响世界。第一张"牌"，是实施"名牌战略"。重锤砸出来的质量观念使"海尔"产品精益求精，不仅征服了国内用户，获得中国家电第一名牌的美誉，而且赢得了国外大量消费者的青睐。在德国，一家权威检测机构给海尔冰箱5项8个"＋"的成绩，超过了所有德国同类产品；世界环境保护组织对海尔的无氟节能冰箱评价颇高，说"世界多一个海尔，地球多一分安全"；在法国巴黎CLIMA博览会上，海尔的空调变频技术轰动了各国客商，形成了一股强劲的"海尔冲击波"。第二张"牌"，是实施"多元化战略"。海尔从1984年到1991年做了7年冰箱，然后进入了冷柜、空调、洗衣机等白色家电领域，1997年从白色家电领域进入黑色家电领域，后又进入计算机行业，国外称之为米色家电。海尔要把三种家电市场都做好，一方面是海尔扩大规模的需要，另一方面是因为海尔已具备多元化的主客观条件。第三张"牌"，是全面实施国际化战略。海尔经营多元化的成功也为国际化奠定了基础。由于海尔坚持创国际名牌，树立国际信誉，由此在国际市场上逐步树立了自己的良好品牌形象，在国际客商中树立了良好信誉。1998年11月27日英国《金融时报》进行的亚太地区声誉最佳公司评比，海尔被评为第7名，成为亚太地区进入前10名的企业中唯一的中国企业。1999年12月,《金融时报》公布全球30位最受尊重的企业家,张瑞敏荣居第26位。2001年第2期美国《家电生产商》杂志对全球家电制造商的前10位排名,海尔排在第9位,列日本日立公司之前。

## 本章小结

本章展示了1979年改革开放初期至2000年改革开放快速发展时期品牌传播的面貌。该时期我国的经济体制改革和产业结构的调整大力推动了品牌的繁荣发展。在该背景下,西方企业和品牌涌入中国,西方品牌传播理论和体系也随之传入中国,这为中国品牌传播带来更进一步发展。总的来说,该时期的传播符号、传播手段、传播策略为今后中国品牌传播的发展路径奠定了一定基础,其中品牌传播与互联网的初步结合,更是打响了21世纪数字营销传播号角。

## 思考题

1. 市场经济体制改革的内涵是什么,主要表现在哪些方面?
2. 请谈谈CI(corporate identity,企业形象识别)在中国的初步应用。
3. "一业为主,多种经营"的媒体改革为品牌传播带来什么机遇?
4. 请简述"国际主义"风格的传播符号的特点。
5. 为什么改革快速发展时期中国市场会频繁出现价格战?你认为当今价格战还有用吗?
6. 中央电视台的"标王"现象反映了本时期企业发展的重心是什么?

# 第五章

# 台湾地区的品牌传播活动

## 学习目标

本章主要学习台湾地区的品牌传播历史，共分为荷兰侵占前的原住民时期、17世纪至20世纪中期、1945年以后三个时期。台湾地区历史上曾受不同文化的影响，因此在本章的学习过程中要站在特定历史阶段了解台湾地区品牌传播的发展脉络，了解台湾地区对西方先进品牌传播经验的引进及其对本土品牌传播带来的影响。掌握各阶段品牌传播符号、传播手段的特点，重点掌握台湾地区的品牌传播经验，学习该时期具有代表性的品牌案例。

## 第一节 台湾原住民时期

台湾是中国的第一大岛，位于祖国东南沿海的大陆架上，是中国神圣领土不可分割的一部分。台湾自古即属于中国。台湾古称夷洲、琉球。中国人民早期开发台湾的时间可以上溯到一千多年以前。三国时吴人所著的《临海水土志》对此就有所著述。公元3世纪和7世纪，三国孙吴政权和隋朝政府都先后派万余人去台。进入17世纪以后，中国人民在台湾的开拓规模越来越大。至公元1893年（清光绪19年）时，总数已达到50.7万余人。他们带去先进的生产方式，大大加速了台湾整体开发的进程。台湾社会发展始终延续着中华文化的传统。

——"台湾是中国领土不可分割的一部分"，中央统战部网站

### 一、历史背景

1. 背景概述

考古发现，在台湾3万余平方公里的面积之上，石器时代文化遗址多达120多处，早在原始社会时期，台湾岛就已经同内陆一样发展着自己的文化。台东的长滨文化遗址是旧石器时代的文化代表，主要是没有陶器伴存的打制石器和骨角器，其中多是长期磨滚、未经修整的石片器、砍砸器和少量刮削器、尖状器，这反映了这一时期台湾先民的

生产和生活水平，主要是过着狩猎、捕捞和采集的原始生活。从台北的圆山文化遗址出土的公元前 2500 年左右的器物则表明当时的台湾已进入新石器时代，这一批出土的遗物中有石器、陶器、骨角器、玉器和少许青铜器，陶器是手制的，以棕灰色为主，碗和毁为主要器形，还有锄、铲、斧、锛等用于狩猎和种植的器物；从高雄县的凤鼻头文化遗址出土的石刀和磨盘更是表明当时的生产方式由原始的狩猎模式变为农耕模式。此外，考古学家们在营埔遗址还挖掘到印在陶片表层的稻壳遗痕，在牛稠子遗址的红陶文化层还发现粟粒的痕迹，可见当时的原住民已经开始种植水稻和粟类农作物。据考证，这些文化遗址与大陆某些地区的文化有很大的相似性，长滨文化与大陆旧石器时代的湖北大冶石龙头遗址、广西百色上宋村遗址尤为相似；圆山文化出土的文物特别是有段石锛在大陆东南沿海的福建、广东，香港特别行政区均有发现；而凤鼻头文化的文物则与福建闽侯县昙石山遗址的文物极为相像。这些文物的相似性或许能说明一个问题：台湾的远古人类及其文化受到了大陆尤其是东南沿海文化的深刻影响。

中国人早在两千多年前就知道台湾的存在。战国初期的《禹贡》记载："淮海惟扬州……。岛夷卉服，厥篚织贝，厥包橘柚，锡贡。"，文中的"岛夷"，有学者认为便是指台湾。《汉书·地理志》载："会稽海外，有东鳀人，分为二十余国。"《后汉书·东夷传》进一步补充："会稽海外，有东鳀人，分为二十余国，又有夷洲及澶州。传言秦始皇遣方士徐福率童男女数千人，入海求蓬莱神仙，不得。徐福畏诛，不敢还，遂止此洲，世世相传，有数万家，时至会稽市；会稽东冶县人，有入海行，遭风，流至澶洲，所在绝远，不可往来。"文中的"东鳀"有学者认为正是台湾，但由于年代久远，原文记述简单，这一说法目前仍没有确凿的证据，不过这一记载说明后汉时期浙东会稽已经在与从海上岛屿来的人从事贸易，我们推测岛屿上的人很可能就有台湾来先民。《三国志·吴志·孙权传》记载了台湾和大陆的大规模接触："黄龙二年，遣将军卫温、诸葛直，将甲士万人，求夷州及澶州，……但得夷州数千人还。"文中的"夷州"即台湾已成为学术界共识。日本人曾在台北发现了指掌型古砖，而这正是三国时代的遗物。到了唐代，有史书开始记载大陆先民前往台湾和澎湖开发的故事，诗人施肩吾写就《题澎湖屿》一诗，云："腥臊海边多鬼市，岛夷居处无乡里；黑皮年少学采珠，手把生犀照咸水。"柳宗元在永州做司马时在《岭南节度飨军堂记》中说："唐制岭南为五府，府部州以十数，其大小之戎（按即兵车），号令之用，则听于节度使焉，其外大海多蛮夷，由流求诃陵，西抵大夏康居，环水而国以百数，则统于押蕃舶使焉。"而一句"岭南节度兼押蕃舶使"，可见唐时澎湖、台湾属岭南节度使管辖。而唐代民间也有许多汉族人迁往台湾西部一带，与原住民一起在岛上生活。宋朝政府在泉州设市舶司，将台湾的澎湖列入政府管辖区域，据《古今图书集成》载："台湾之北（实误，应为西南）曰澎湖，二岛相连，互为唇齿，在宋时编户甚蕃。"可知宋朝时台湾地区已采用了大陆政府历来实行的户籍管理制度。13 世纪末，元朝政府在澎湖设立巡检司，是我国在台湾附近岛屿设立政权机构的开始。14 世纪至 16 世纪，倭寇、西方殖民者先后袭扰我国东南沿海，明朝政府认识到台湾、澎湖对海防的重要性，遂派兵驻守澎湖列岛。

### 2. 台湾原始部落

人类学家艾尔曼·塞维斯把社会发展过程分为原始群、氏族部落、酋长统治和国家四个阶段，在他的论述中，酋长统治的特点是"基于世袭的不平等概念"，氏族部落的首领是名义上的而非经济、政治特权的领导者，一般由亲属系统组成。根据陈第的记载，台湾原住民的首领形成于"子女多者众雄之，听其号令"，刘其伟在研究台湾原住民（刘其伟称其为土著）时也曾指出"家族在土著诸族中，都是亲族组织的基层单位。只有在氏族社会（无论为其父系或母系）都倾向大家族制……"可见，台湾原住民是符合氏族部落定义的，台湾原住民的部落由部族组成，部族由基于血缘关系的近亲结合而成。

## 二、商业环境

### 1. 生产工具的发展

如前所述，狩猎是台湾原住民的主要生存劳作方式。《临海水土异物志》记录三国时期的台湾原住民"夷州人"使用的狩猎工具主要是石镞弓箭和鹿骼矛，"磨砺青石以作矢镞、刀斧"。约三百年后的隋朝，台湾原住民已经开始使用铁器，"有刀、矛、箭、铍之类，其处少铁，刃皆薄小，多以骨角辅助之"。目前的史料已充分表明台湾原住民的狩猎工具从石器进步到铁器，其发展动力来源于与大陆汉人的贸易。贾宁认为这一时期他们不可能自己制造铁器工具，也没有荷兰人、日本人、西班牙人曾向他们提供铁器。《宋史》曾记载南宋时的台湾原住民即使"居岛中，不能舟，酷畏海"，也不畏艰险地到福建沿岸寻找铁器，"（流球国）旁有毗舍邪国……。淳熙间，国之酋豪尝率数百辈猝至泉之水澳、围头等村，肆行杀掠。喜铁器及匙筯，人闭户则免，但刓其门圈而去。掷以匙筯则頫食之，见铁骑则争颎其甲，骈首就戮而不知悔。临敌用标枪，系绳十余丈为操纵，盖惜其铁不忍弃也。不驾舟楫，惟缚竹为筏，急则群异之泅水而遁"。原住民们惜铁不惜命的行为表现了他们对铁器的重视，也间接说明他们制作铁器的能力有限，需要从大陆夺取，这种强烈的追求，其动机应该是与他们的生产生活密切相关，可见他们的生产工具是有进步的。鹿是他们主要的猎物之一，陈第曾记载"社社无不饱鹿"，并且"有剥之不尽至腐者"，可见生产工具的进步使猎物的捕获量增多，这为扩大交换规模提供了可能，并且最终发展为简单商品经济，促进了当地狩猎经济的发展。

### 2. 农业生产

农业是台湾原住民经济生活的一个重要部分，出土的遗物说明原始社会时他们已经开始进行农耕。《隋书》记载了原住民农业生产的细节："厥田良沃，先以火烧而引水灌之。持一插，以石为刃，长尺余，阔数寸，而垦之。"但是由于地处海岛，与外界长期隔绝，到明朝后期还是刀耕火种的原始农业。他们在农业种植方面并无进步，1603年到达台湾的陈第在《东番记》中记载："无水田，治畬种禾，山花开则耕，禾熟，拔其穗，……采苦草，杂米酿……"荷兰末代台湾长官揆一也在《被遗误的台湾》中记载了17世纪的台湾原住民"主要职业是耕田和种稻，他们虽然有尽够多的土地可用，然而所播种的东西，只以维持生活的分量为度，不肯多种，往往连维持生活也不够。男人嫌恶劳动，因此女人要耕田，做大部分的和最吃苦的工作。稻子成熟之后，他们就收起来藏在家里，到需要的时候才打下来，在要吃的时候才捣所需要的分量，这种工作也是女人的义务之一。他们在晚上挂两三束稻子在火上烘干，妇女们在天亮之前约两小时就忙着捣米，预备够吃一天，年年都是这样。他们也种各种块根植物，以代替面包，假如没有米、面包或水果等食物，他们也能专吃那些植物而生活。他们也种生姜、甘蔗和西瓜，但以自己够吃为止"。从这些记载可知，当时原住民的生产目的还停留在维持基本生活需要阶段，生产手段也是最原始的。原住民的生产活动是集体进行的，"居常禁，不许私捕鹿；冬，鹿群出，则约百十人即之，穷追既及，合围裹之，镖发命中，获若丘陵"，揆一还在文中记载了集体狩猎的情形，而另一主要经济部门——农业，也是集体进行。李震明在《台湾史》中记载："部族生产手段之土地，不属于头目私有，而属于社民全体。"

## 三、传播符号

1. 图腾

台湾原住民的各个族群，都有图腾崇拜，这不仅是一种精神信仰，也是一种徽标，把自己的氏族、部落及文化特征与其他氏族、部落及文化特征区别开来。在原始社会，族群间为争夺土地、财产常有战争发生，图腾作为凝聚内部和区分外部的标志起到了重要作用。在排湾人中流传着蛇始祖的神话传说，即蛇是排湾人的祖先，这种神话总的来说有三种说法：一是两条灵蛇产下两颗卵，化身为排湾始祖；二是太阳生下两颗彩色卵，由蛇孵化出男女，滋生人类；三是青竹开裂，生下四颗卵，化成蛇形男女，自相婚配，繁衍了排湾人。但排湾人并非崇拜所有蛇类，主要是百步蛇和龟壳花蛇，因此族人中的一些贵族自诩为百步蛇传人，以蛇饰来象征社会地位与特权。一些原住民的文身图案也由蛇纹演变而来，《隋书·流求传》记载："男子拔去髭鬓，身上有毛之处皆亦除去。妇人以墨鲸手，为虫蛇之纹。"《诸罗县志》也称平埔族"文其身，遍刺蝌蚪文及虫鱼之状"。高雄县浊口溪上游的万山岩雕群是台湾史前艺术的重要代表，其中的孤巴察娥岩雕，其题材除人像纹、重圆纹、圆涡纹外，还有蛇纹，蛇的形象主要表现为三角形头部、蟠卷的尾部，这与排湾族的艺术表现一致。以狩猎为主要经济活动的鲁凯人也以百步蛇为图腾崇拜，他们主要在森林里活动，处处潜藏危机，百步蛇的独特攻击方式尤其令他们恐惧，也使他们产生敬畏感。百步蛇在鲁凯语中为"Kamanian"，但是鲁凯人多用"Amani"（就是他）"Patada"（我的伙伴）"Maludran"（长老）来尊称，可见百步蛇在鲁凯人心中是地位崇高的神祇，也是精神寄托。

2. 刻画

刻画又叫陶符、陶文、原始文字等，是我国远古先民在陶器、玉石、龟甲、兽骨、鹿角等器物上刻画或描绘的一些符号，这些符号具有一定的意义，与汉字的起源与发展关系密切。裘锡圭根据这些符号的外形特点将其分为甲、乙两类。甲类主要描画实物之形状，在仰韶、马家窑、龙山、良渚文化遗址中都有发现，这类符号还不是文字；乙类

图 5-1　万山岩雕群

图片来源：颜廷仔，颜松柏.《【考古台湾】万山岩雕群遗址　千古流转的神祕图腾》，载经典杂志第 222 期 [EB/OL]. (2017.01) [2022-3-14], http://www.rhythmsmonthly.com/?p=31592.

主要是几何形符号，可能有两种用途，"有的用作性质接近后世的族氏或人名的标记，有的用作器主或其所属之族的职务或地位的标记"。这类符号与纹饰不同，其目的并非美观，而是为了传递信息，但目前为止又无法证明其固定的含义。其主要功能包括以下几类：一，是器物所有者或制造者的标记；二，是一种特定的记事符号；三，是氏族标记；四，是沟通天地的巫术符号；五，与祭祀仪式相关。我国台湾中南部地区发掘出一连串的以素面和刻纹黑陶为代表的考古文化，据考古学家们测定，这一文化从公元前 1500 年起一直持续至公元初期，属于这一时期的考古遗址包括位于中部海岸的台中县大肚乡营埔，中部内陆南投县埔里镇大马璘，南部台南市永宁乡牛稠子贝丘，高雄县湖内乡大湖贝丘，林园乡凤鼻头贝丘和高雄市桃仔园贝丘。其中人们在凤鼻头贝丘遗址发掘出的土陶片碎片中发现了几个刻画符号（见图 5-2）。

图 5-2　土陶片上的刻画符号

这几个符号同大陆华南地区的新石器时代遗址，如上海青浦、杭县良渚、海丰菝仔园和殷商时代的遗址如清江吴城具有相似性。李学勤先生曾指出良渚文化和商文化间有着明显的渊源关系，并指出"良渚文化和商周文字为同一系统""可以用分析文字的方法去释读，恐怕不易否认它们就是文字"，我们或许可以推论，与良渚文化有着诸多相似性的凤鼻头贝丘遗址的这几个刻画符号有着其特殊含义，但是由于出土的刻画符号非常少并且十分简单，我们并不能推测出具体意义。不过可以明确的是，这一时期的台湾原住民受大陆文化的影响，已经有了一定的标记。

3. 纹饰

纹饰与刻画符号极易混淆。吴金鼎先生曾对二者进行过明确的区分,"记号与花纹不同,花纹为纹饰,记号则大概表明所有权,实为文字之先声""此种记号,多在器之颈部、肩部或腹部之外表。每器只一个,未见重复者。其与花纹之分别,一见即知。花纹多横列成圈带,记号则独立器上,其甚长者,自上直刻而下,未尝横列"。纹饰的作用有两种,一是审美,是精神生活的内在要求,其基本特征是重复出现。李泽厚先生曾有过阐释,"在巫术礼仪中、原始诗歌中、舞蹈中,以及在音乐中,都有一种形式重复的特征。孔子听音乐,'必使反之,而后和之'""因为通过反复,才能更好地塑造人的心灵,陶冶情欲,以构成和建立新感性。而这种塑造和建立,固然仍然是在建立心理形式,但它又跨越了感知形式的层面,日益进入与内在情感欲求相关的心理领域"。另一作用是从实用性出发,如陶器上的纹饰,可以用来加固陶坯,或者增加器物外表的摩擦力。

台湾不同文化遗址出土的遗物基本都有纹饰。在以台北市北端的圆山贝丘遗址为代表的圆山文化中,出土的陶器表面通常是素面无纹饰,但有少量的红色涂彩(平行条纹、点纹)、锥刺纹、小圈形印纹和网形刺划纹。台湾中南部有几种文化类型,包括公元前2500年到1500年左右的以印纹红陶为代表的文化,公元前1500年到公元1世纪初叶有素面或刻纹黑陶和贝丘成分的文化,以及公元1世纪以后以印纹或刻纹灰陶和黑陶为代表的文化,这些文化类型有显著差异,也有很多共同特征,因此学者韩起将其统称为凤鼻头文化。其中红陶文化出土的陶器外部有绳纹或席纹,部分陶片上还有刻画纹和附加堆纹,极少数的杯片或钵片的外面有勾连形或平行线的深红色彩画;素面和刻纹黑陶文化出土的黑陶既有刻画的线条纹和波纹,也有用贝壳刻画的纹饰,彩陶基本都是深棕、深红色彩画在红色细陶或砂陶上,有填充三角形、平行直线纹、雁行纹、云纹;印纹或刻画纹灰陶黑陶文化遗址出土的遗物以印纹灰和黑陶片为主要特征,陶器是手制,拍印纹饰,纹饰以方格纹为主,除印纹外也有许多刺划纹和刻画纹。

图5-3 圆山文化陶器纹饰

图片来源:圆山文化资料档[EB/OL].(2022-3-14)[2022-3-14],http://ci6.lib.ntu.edu.tw/tamsui/subject/subject-2/ysd_pottery_3.html.

## 四、传播手段

1. "绘画木板"与"记事木板"

台湾原住民虽然还没有通用的民族文字,但近年来,在排湾人和布农人地区发现的"绘画木板"与"记事木板",却反映了高山族图画文字的雏形。"绘画木板"绘制了 50 多个图像,可归纳出 14 种会意形象,如骑马的童稚、戴羽冠、横枪于肩、持枪前进、手提敌首、舞蹈等人像和动作,心及鹿、百步蛇等;"记事历板"用桧木制成,镌刻着各种结构单一的符号,如"▲"表示一天,"q"表示架平锅煮酒,"■"表示禁止砍柴。此外还有表示背里有芋、有粟,以及表示狩猎、耕垦、猎鹿、饲养、娱乐等刻画符号。"绘画木板"与"记事木板"所刻画的形象与符号,已初具萌芽记事的特征。它反映了台湾原住民早期农耕兼狩猎的原始经济文化类型,可以说是他们对自己历史的一种写照。

2. 口传神话

英国社会人类学家、历史学家杰克·古迪(Jack Goody,1919—),于 Memory in oral tradition 著作中提到文化可以区分为两种,一种是在文字没有形成前,以口传语言为主体的文化;另一种是在有文字形成后,以语言转化为文字形式的文化。口传文化重脉络情境;书写文化重细节的准确性。在人类未创造文字的阶段,口传文化是人们对物体、图形符号,甚至是空间的记忆,是情感体验与生活积累。对于口传文化的理解应该从其文化内在来了解其口传性(orality)。因此口传文化可以定义为一种没有文字记载,通过世代口耳相传所遗留下来的文化。国内外学者将口传文学视为民间文学,与作家文字书面文学同等重要,有着不可忽视的价值。神话是古老社会的产物,它是先民文化传承的史料之一,源于人们对大自然所发生的各种现象,将万物当作神来崇拜,形成原始神话和宗教。原住民为了生存,在他们所身处的环境中,将所体验的奋斗创造经验予以传承,口传神话隐含着固有的风土民情,是民族的精神支柱。台湾原住民族崇拜日月星辰,有许多关于太阳与月亮和宗教祭祀、禁忌及神鬼情感世界的口传神话,如排湾族视陶壶为祖灵,视百步蛇为祖先,口传神话中有许多关于陶壶及百步蛇的故事。达悟族口传神话中有仙女及魔鬼的故事、有祖灵的祭拜、狩猎、渔业的禁忌等。口传神话是原住民日常生活行为实践的准则,对族人有着莫大的警示作用。其中的诸多禁忌与宗教仪式蕴藏着前人经验与智慧,祖先靠着这些口传神话告诫子孙不要违反自然规则,以躲避一次又一次的天灾人祸,族人遵行口传神话中的道德与伦理规范,代代相传丝毫不敢逾越。

## 五、传播策略:祭典

传统祭典是原住民文化的一大特征。祭祀神灵是人与神的"交流"形式,一方面祈求神灵保佑他们风调雨顺、丰衣足食,表达人们对于天滋润、哺育万物的感恩之情;同时也通过仪式整肃人间秩序,向后人传达社会人伦的礼仪规范。阿美族人主要的"海祭"仪式，是缅怀祖先在海上漂流的艰辛，和感念祖先遗留了海上谋生的重要技能。"海祭"仪式重现阿美族人捕鱼、吃鱼的场景，也展现了阿美族人渔捞和传统技术有关的方法与工具，如袭捕法、驱集法鱼筌、渔网、渔筌、渔帘等。"海祭"活动让人知晓在他们悠久的渔捞文化中，发展出的精致文化系统；排湾族遵奉太阳神，因此祭日所有贵族、女巫、巫觋、祭司和头目都要在祭坛聚集，面向大武山，呼叫祖灵，请灵完毕后便回家祭祖灵。"刺福球"的仪式是其中的高潮，贵族们都派出最有能力的勇士，登上刺球架，举着长约30米，代表自己族系的竹竿，待祭司把福球抛向天空时，以长竿刺向回落的福球，福球只有少数幸运的贵族能得到，他们也就是受到了祖灵祝福，是幸运者；达悟族由于四面环海，所以祭典亦以"海祭"为主，海祭可分为"鱼祭""船祭""小米祭"，族人都以歌舞狂欢来庆祝捕鱼的丰收。

## 六、品牌案例："汉番交易"

北宋中期，东南沿海尤其是在福建南部沿海，一部分人为了拓展生存空间，逐渐向海上发展，开始从事贸易和捕捞业。到南宋时，渔民们不断拓展作业空间，先到澎湖再向台湾西南部海域进发，随之便开始与岛上的原住民接触，开始"汉番交易"。清代任台湾海防同知的朱景英曾在《海东札记》卷六中指出："台地多用宋钱，如太平、天禧、至道、元祐等年号钱……相传初辟时，土中有掘出古钱千百瓮者，或云来自粤东海舶。余往北路，嘉僮于笨港口海泥中得钱数百，肉好深翠，古色奇玩，乃知从前互市，未必不取道此间。""太平""至道"都是宋太宗年号，"天禧"是宋真宗年号，"元祐"则是宋哲宗年号，可见朱景英所述铜钱均属于北宋时期。陆游的《剑南诗稿》中有首感昔诗也提到"行年三十忆南游，稳驾沧溟万斛舟。常记早秋雷雨霁，舵师指点说流求"，"流求"即台湾，舵师能"指点"并"说"出台湾，说明这一时期的不少舵师都已经到达过台湾。另外，在台湾沿海的考古发掘中常有"安平壶"这一宋代遗物。但依据《隋书》对陈稜、张镇周率兵前往台湾的记载"稜将南方诸国人从军，有昆仑人颇解其语，遣人慰谕之，流求不从，拒逆官军"，土著"初见船舰，以为商旅，往往诣军中贸易"。有南方人"颇解其语"以及土著见到陈稜之行时的误解，都足以说明在此之前土著与大陆的贸易往来已经存在。至元代，两岸民众的交易活动更为频繁，史书也有了明确的记载，知道台湾"地产沙金、黄豆、黍子、硫磺、黄蜡、鹿豹麂皮，贸易之货，用土珠、玛瑙、金珠、粗碗、处州瓷器之属"。到了明代，原住民与大陆沿海人民间的贸易已经成为原住民经济生活的重要组成部分，"今则日盛，漳、泉之惠民，充龙、烈屿诸澳，往往译其语，与贸易"，在陈第的记载中，语言已不是双方互市的障碍，"交易，结绳以识"是他们的贸易方式。清初文献《新竹县志初稿》中有更详细的记载："古之为市，以其所有易其所无者耳……互市或有赊货，皆以结绳代券；如期而偿，则去之。"至于具体的交易项目，主要是双方生活之所需，"大陆汉族商人以玛瑙、瓷器、布、盐、铜簪环之类，易其鹿脯皮角"。

## 第二节 17—20 世纪中期

1916年有旅行者至台湾在游记中记载"有卖生血液药品者,商标高建,装置电灯数百,累累如贯珠""用电光砌成'生血液'三字,且具各色,忽红、忽绿、忽黄、忽白而绿、忽绿而红。顶用电光嵌成商标,其电光倏变红色如二条蚯蚓,沿两边而下,倏变绿色如长蛇,复沿二边而上,连间不辍。……商业之最重要者商标,故装饰商标为商业第一要着"。

——《台湾旅行记》

### 一、历史背景

明万历三十二年(1604),两艘荷兰兵舰在澎湖登陆,并伐木筑屋,后被明政府威逼撤离,1622年7月又在澎湖马公登陆,企图将澎湖作为其对华贸易基地,受明政府强硬态度影响,荷兰人于明天启四年(1624)8月开始拆毁澎湖的城寨,退至大员,开始了对台湾的殖民统治。1661年南明将领郑成功亲率2.5万名兵将,从金门出发,越过台湾海峡,直到清康熙元年(1662)才彻底攻下台湾,从荷兰侵略者手里收复了沦陷38年的中国领土,结束了荷兰东印度公司在中国台湾的经营,开启了明郑政权对台湾的统治。清康熙二十二年(1683),清政府派福建水师提督施琅率师收复澎湖、台湾,并于次年在台湾设置一府三县,总兵官一员,兵八千;澎湖设副将一员,兵二千,隶属于福建省。1894年中日甲午海战以清政府失败而告终,清政府于次年4月17日(清光绪二十一年三月二十三日)与日本政府签订了《马关条约》,其中第二款便是"将台湾及澎湖列岛永远割让给日本",此后日本殖民者统治了台湾达50年之久,并制定了"工业日本,农业台湾"的政策。

### 二、商业环境

1. 台湾的市场

市场是商品交换日益活跃的产物,台湾市场的建立最早在荷据时期,1624年,荷兰殖民者先在台湾安平修筑城堡,后又在"东畔设屋宇市肆,听民贸易""在该处建街,以安置中国人、日本人及其他殖民者""一些中国人逐渐在城堡广场的东面定居下来,形成一个城镇,叫作市区,即热兰遮镇,但周围没有城墙"。《台湾府志》也进行了记载:"(荷兰人)设市于台湾城外,泉、漳之商贾始接踵而至焉。"1625年荷兰殖民当局又从原住民手中购得沿河一带的土地,计划用以建新城和新街。在1654年测绘的"淡水及其附近村落,并鸡笼屿图"上已经有"三排的市街,并标注39号,是华人市街地区",《台湾府志》中也有"大鸡笼屿:在淡水东北大海中,昔荷兰设埠头市,通内地汉人贸易,上建石城"的记载,文中的埠头市就是中外商人贸易之地。至郑氏时期,甚为重视岛内商业的发展。1661年,郑成功还在与荷兰殖民者作战时,就"恐焚及赤嵌街,令杨朝栋督张志官兵防御看守",并"调右虎卫前协裴德帮守台湾街"。占据台湾后,郑氏在荷兰所建街市的基础上着手城区、市街的建设,"稍为更张,设四坊以居商贾""兴市廛,构庙宇,新街、横街是其首建之处"。并且出现了专门的市,有菜市"在岭南坊府学前,村里荤各种菜蔬、瓜果等物集于此,秉烛为市";粮市,关帝庙前街"市多粮食";柴市"在宁南坊坟山边隙地,近山人亦以牛车装载柴薪,于此聚卖,晡时方散"。日渐增多的街市、繁杂的商品反映了岛内商业较为兴盛的景象,有"台湾日盛,田畴市肆不内地"的记载。临时交易点也随着开垦区域的扩大不断出现,移居台湾的大陆人民不断开发新的土地,与台湾原住民接触、交往,在这一过程中出现了"汉番交易"。清政府统一台湾后,于1860年先后开放淡水、安平、基隆和高雄四个港口,大批货物在此出入,市镇规模不断发展。如1874年《安平第一桥碑》记载:"由郡城出大西门至安平镇,路经北势街尾有港焉,阻往来者。……春夏之交,商人、舟子、渔户、农民,赴城市购物者,日且千数百人。"再如嘉义的新南港街,"商贾:采货贩卖四方,来同新南港街通商,东至嘉义城,西至北港,南至朴仔脚,北至大莆林等处。每日万商云集,货物交通,以有易无,以多助少。惟糠米麻豆最盛。其余杂货,各随地土生丰歉。彼此互兑,或以货换货,或卖钱卖银,满街扬声震地,花语喧天,街市昌隆,货财殖焉"。此外,还有一些较大村市,如淡水新庄有"居民二千家",安平城附近的"大溯,市镇甚闹。……阿公店,大市镇,民居更稠密"。日据时期,市场进一步发展,数量和规模逐渐扩大,分为批发和零售两类,批发市场除1841年猛增至408处外,其余年份基本维持在100余处;零售市场则基本在200处左右,零售市场的卖店数,1910年就已经有5000余家,1927年超过7000家,1937年突破9000家,1941年达到顶峰有10000余家。市场的分布除台北、台南外,基隆、新竹、彰化等城市也相继修建了一批市场。

2. 近代商业组织

在大陆洋务运动思潮的影响下,台湾也逐步走上近代化发展之路。首先走向近代化的便是矿产资源。1876年台湾设矿务局,两江总督沈葆桢奏请引进西方先进技术设备开采基隆煤矿,该矿引进英国机器,"足够凿井、采煤、抽水、提车,以及通风、截木只用",并聘请美国工程师,刚开始日产30～40吨,第二年便能日产200吨,近代化矿业由此发展,它与开滦同为中国最早的近代煤矿。沈葆桢还购买机器,雇请洋匠在淡水牛琢山地区开采石油。1887年,刘铭传设煤油局采油,但产量有限。同年又在台北设矿务总局,以负责硫黄的开采、经销业务。

另一方面,源于我国汉代的商业团体也在台湾出现,在台被称为"行郊",所谓"行郊",行即商行。郊如方豪先生所言:"或云郊即大陆上所称之行,或云郊在行之上,又或云郊即公所、会馆或帮,但细究之,又不尽然。"又如唐赞衮在《台阳见闻录》中所释:"聚货而分售各店者曰'郊'。……郊者言在郊野,兼取交往意。"行郊即流行于岭南尤其台湾地区的古时商业团体之称谓,具有同业公会的性质,是社会分工发展的产物。台湾行郊的兴起,普遍采用清举人蔡国林的说法:"郊者,商会之名也。曰三郊:则台南之大西门外北郊、南郊、港郊之总名目也。……雍正三年（1725），入台交易，以苏万利、金永顺、李胜兴为始。""行郊"有内外之分，从事岛内贩卖而属于同一贸易组织的称为"内郊"，如米郊、布郊、绸缎郊、丝线郊等；从事两岸贸易以同一地点组织的称为"外郊"，如上述台南三郊，他们是总批发商，北郊负责配运上海、宁波、天津、烟台、牛庄等处货物，郊中有20余号批发商；南郊负责配运金、厦两岛，漳、泉二州，香港、汕头、南澳等处货物，郊中有30余号批发商；港郊负责台湾本岛各港货物的采购，郊中有50余批发商。乾隆嘉庆年间，台南出现了一般规模的行郊，如1792年《重兴大观音亭碑记》中记载的"台郡生药郊""烟篾郊金合顺"，1795年《重兴护庇宫碑记》中记载的"糖郊赵相泉""布郊黄济盈"，到1818年又有药材郊、茶郊出现。随着台湾中部、北部商业的发展，行郊也随之出现。

3. 商品经济

商品经济与自然经济相对，是以交换为目的的经济形式，台湾的商品经济经过荷兰殖民者、郑氏的奠基，在清政府统一台湾后有了较快发展。农作物在不同程度上商品化。首先是粮食交易，无论是岛内还是与岛外都极为普遍，经济作物除了历来盛产的蔗糖，还有花生作为商品进行交易，"淡水以南……田中艺稻外，间种落花生，俗名土豆，冬月收实，充衢陈列。……童稚将炒熟者用纸包裹，鬻于街头，名落花生包"。花生还因可以榨油被富裕农户青睐，进行大面积的商品性生产，乾隆年间有农户租赁了大面积土地专门种植花生。此外，鱼类、蔬菜、水果也渐渐商品化，"台地村舍后，每广植之（指水果），四时皆生，借以获利"。有了饲鸭为生、专门经营菜园业的农户，售卖的市场甚至开始根据物产进行了分类。从农作物的生产规模来看，已经远远超过了自身需要，生产目的是为了"逐利"。制糖业也开始了带有资本主义性质的手工工场生产，《台湾使槎录》记载台湾人民"十月内，筑廊屋，置糖车，雇募人工，动廊硤糖"，"席中人工：糖师二人、火工二人（煮蔗汁者）、车工二人（将蔗入石车硤汁）牛婆二人（鞭牛硤蔗）、剥蔗七人（园中砍蔗，去尾，去箨）、采蔗尾一人（采以饲牛）、看牛一人（看守各牛），工价逐月六七十金"。可见糖廊内部已经有了较为细致的分工协作，其生产也是采取雇工经营，实行货币工资。

## 三、传播符号

1. 西拉雅文

西拉雅文是荷据时期荷兰宗教人员为台湾西拉雅人创制的一种拉丁文字，即用拉丁字母记录的西拉雅语。16至17世纪的欧洲经历了宗教改革，因此荷兰的宗教改革会在荷兰政治里占举足轻重的地位，教会希望在岛上传教，这就导致荷兰人需要与岛上的原住民有大量接触。早期到台湾岛的荷兰宗教人员深受阿民念主义的影响，认为人能否被救赎取决于个人的主观意愿，宗教的责任是将基督教的救赎信息以最直接的方法加以传播。在这种思想的指导下，早期台湾的荷兰宗教人员十分强调用原住民自己的语言向他们传教，于是他们开始学习西拉雅语，并用拉丁文为他们创制文字，教他们阅读和拼写。

1629 至 1643 年驻台的荷兰牧师尤罗伯用西拉雅文编译了《ABC 书》，教原住民读写，1636 年 8 月荷兰驻台湾长官范得堡提到尤罗伯"用新港话（西拉雅语）来教，用拉丁字母把词语写下来"，明确提到了尤罗伯用西拉雅文教学生拼写。曾有文献记载，1651 年一位叫达尔美亚·谭·汪嘉雷（Darmeia Tam Vongarey）的萧垄寡妇用文字形式控诉她年老的丈夫被人用鞭打死，文献没有具体表明她用的什么文字，但学者推测她使用的就是西拉雅文，可见此时不同年龄段的西拉雅人基本都懂得读写西拉雅语。郑成功收复台湾后，西拉雅人仍然沿用西拉雅语。1685 年至 1686 年蒋毓英所修《台湾府志》卷五《土番风俗》中就有关于"红毛字"的描述："自红彝以来，习其自能书者，谓之教册，皆经其手，用鹅管削尖，濡墨横书，自左至右，非直行也。"1736 年序的黄叔璥《台湾使槎录》卷五《北路诸罗番一》也有相似的记载："习红毛字者曰教册，用鹅毛管削尖，注墨汁于筒，湛而横书，自左而右，登记符檄钱谷数目。暇则将鹅管插于头上，或贮腰间。"

2. "商号"与"商标"

在清代的台湾，商店的招牌叫作"商号"或"店号"，是商人在商业活动中的另一姓名，与商人的营业信用密切相关，一些社交活动如请柬中一般都只记商号而非商人姓名，可见商号的重要性。但是官府并没有采取保护措施，也没有办理登记管理。

"商标"在台湾被称为"标头""标号"，或者"墨头"，主要用于招徕顾客，有三种形式：一为文字形式，被称为字号标头；一为图形形式，被称为记号标头；还有一种是标注记号。通常记录着"店号"和店铺地址，再辅以简单的留白或者花纹。当时对"商标"的选定、变更和转让都没有明确的法条规定，直到日据时期的明治三十七年（1904）七月一日后，才开始使用日本政府在日公布的商标法，同时受日本广告快速发展的影响，企业的"品牌"意识增强，十分重视商标。

## 四、传播手段

1. 声响广告

声响广告主要指商贩走街巷时的叫卖、唱卖。商人在经营活动中，为了吸引顾客推销商品，除了采取叫卖，用吐字有声的呼卖语外，还有人以其他物器声音来代替呼卖声，这些也在长期的商业活动中为顾客所接受，成为推销某种商品的"叫卖声"。台湾的许多叫卖声与闽南的相同，如专售家庭所用针、线、粉等小杂货的"摇鼓担"，手摇"叮当叮当"的小鼓。夏天卖冰棒者以摇铃为记号，卖麦芽膏者单手敲打小锣为记号，卖鱼丸汤的用金属制的汤匙"叩叩"敲打汤碗，卖李仔糖者在铁筒内放木签上下"啧啧"摇动，卖面茶的则利用水蒸气从茶壶嘴冲出的类似哨声作为呼号。此外，有部分经营习俗传自广东。据史籍记载，广东"顺德之容奇、桂州、黄莲村，吹角卖鱼，其北水古、粉龙渚、马齐村则吹角卖肉"，清代台湾"卖肉者镇日吹角，音甚凄楚"。

2. 报纸广告

报纸广告揭开台湾现代广告的序幕。台湾的报纸广告是从 19 世纪末开始的，最早可追溯至 1885 年英国传教士创办的《台湾府城教会报》。《台湾府城教会报》在创刊第一期就刊登了"论设立中学"的招生信息，译文如下："设立中学的意思是怎样？是因为人在那些小学读没多深，也是只有读字而已，没什么学别的，所以我们想在府城著设一所中学给人可以受各项的教示，就像圣书（圣经）的道理，读白话字，唐人字（汉字），写字，地理，各国的记录，算术，天文，也有，所以有请一个英国的先生（老师）过来料理这些代志（事情）。人若要差他的后生（儿子）来这读，他就要寄批（写信）给阮知，或是要通知传道理的人，给他们可以通知阮，先生的薪金阮拢出（全部准备），不过个人著（必须）担当个人家己伙食的所费（费用）而已，一月日（一个月）差不多一个银钱。这个中学在八月初里才会开（开始），彼雾（那时）大学读书的学生要再来府里聚集，就彼的（那些）中学的学生通（可以）跟伊相合来（一起来），要来的学生，至少要十二岁才通（行）。"第三期刊登了宗教书籍的广告，但由于这份报纸是宗教性刊物，并无商业考量，刊登的广告只有告知功能，并没有涉及较高层次的情感与行为的说服功能。台湾的商业报纸广告由日本人引进，最早的是 1896 年创刊不久的《台湾新报》，最具影响力的是 1898 年 5 月 6 日创刊的《台湾日日新报》，由《台湾新报》和 1897 年创刊的《台湾日报》合并而成，是日据时期发行时间最长、发行量最大的报纸，是台湾总督府控制下的公共媒介。但其受众是特定的乡绅、精英阶层，该报不仅定价较贵，1920 年至 1930 年，一个月的订购费用是一元五十钱（当时台湾人的单月薪资为 25～30 元），而且早期还使用日文。该报的广告数量较多，每天至少有一整版广告，其他版还有散落的大小广告，刊登的商品包括食物饮料、电器家具、交通工具、日常药品、药妆用品等多个种类，值得一提的是刊登的许多广告，其商品是首次进入台湾市场，如 1916 年 6 月 15 日刊登的首次在台湾售卖的箭牌口香糖；刊登于 1924 年 3 月 14 日的美国葡萄干广告；1929 年 9 月 25 日登出的电冰箱广告；刊登于 1918 年 4 月 7 日的美国汽车广告等。此外，这一时期的广告体现出"市场细分"的趋势，如《台湾新新日报》于 1938 年刊登了三则杀虫剂广告，其广告内容各有侧重：一则突出产品是"专卖特许"，并且可以消灭多种害虫；一则提示是"室内可用的芳香杀虫剂"；一则则重复强调产品杀灭苍蝇和蚊子的功效。可见此时通过报纸广告营销就已经有了市场差异化意识，厂商已经开始对受众进行市场细分。

3. 日本殖民者对新闻事业的管制

日本殖民者进驻台湾后，对台湾新闻事业的管理权，初期援引日本本土的《新闻纸条例》，严格限制新闻自由，要求在台湾创办新闻纸，必须获得许可并缴纳保证金。1900 年日本在台湾颁布了《台湾新闻纸条例》《新闻纸发行保证金规则》和《台湾出版规则》三项法令，都维持着许可制和保证金制。1909 年日本本土公布了《新闻纸法》，将之前的许可制改为申请制，1917 年 12 月台湾总督府颁布的《台湾新闻纸令》几乎完全沿用《新闻纸法》。该新闻纸令第十条还对新闻纸的内容进行了规定，在当时被称为"纳本"义务，要求发行人在新闻纸发行前，将其新闻纸给台湾总督府送呈两份，所辖州厅和地方法院检察各一份。《台湾年鉴》记载，日本政府对新闻纸内容的检查十分严格，"非得经台湾总督府的核准,不得在台湾岛内发刊新闻,以及带有新闻性质的杂志刊物。其得核准者,亦应于开始发行前,送交当地的主管机构,以待检阅许可,然后发行。至于台湾岛外发行的新闻,总督府仍本着他们的基本方针,不论在日本本土或其他等地发行的新闻,如果总督府认定其刊物系以分销台湾岛内为目的者,则由台湾总督府公告其物种类,并命令须经台湾总督核准分销后,仍应由分销人员负责将每期报纸于分销前,提出两份送交主管当局,待检阅许可后,始可派销"。同年,台湾总督府又颁布了《台湾新闻纸施行日期》和《台湾新闻纸施行规则》两项行政规定。此外,1902年和1904年先后颁布新闻电报规则,对电报进行管制。台湾新闻事业完全被台湾总督府控制,成为其附庸,只有对日本政府歌功颂德的报纸才能顺利运作。

## 五、传播策略

1. 物产展览会

商品展览会是近代商业经营方式。日据时期,台湾的商业经营技术有了一定的改进,为推销、介绍商品多次举行较大规模的商品及物产展览会、品评会。如1912年左右,台南、嘉义、阿猴(屏东)等厅在台南联合举办物产共进会,陈列展览各厅的物产和商品。物品展览分农产、甘蔗、园艺、畜类、林产、水产、矿产、工艺品等8个部分45类,其中工艺区"为砂糖及糖蜜酒类、面类、油类及油糟淀粉类、果子类及罐头饮食杂品、染织品、筵席品及家具、藤及竹细工、金属细工品、陶瓷器、染料、颜料、纸及纸制品、造花及刺绣品、农具及金物类、皮革及其制品、杂工品等类"。再如1916年举行的台湾劝业共进会,陈列展览了日本、中国大陆、南洋各国、台湾少数民族等的产品。该会第二会场设有南洋馆,馆内"装饰极为美丽,如我国福州、厦门、上海、汉口、广东、汕头、香港等地之出品,点数已达两千有余。如茶、生丝、锡器、麻布、绢布、漆器刺绣、雕刻品、木工品、玉类、文房具、蜜饯食物等"。又有机械馆,"馆内陈列各种原动机、发电机及电气诸器具,暨制造、染织各机械"。还有如1924年在台北市植物园陈列馆举行家庭副业制品展览会和化学工业展览会,1930年举办的优良日制品资料展览会及爱用日货展览会,1937年的台北物产展览会等,基本每隔一年左右即有各类商品展览会举行。

2. 促销

在商品销售中,一些零售商号采取降价竞销、抽彩和所谓大减价、大拍卖方式,来招揽顾客。商人利用开业纪念、年终或过节等机会,一年搞多次大减价大拍卖。大减价有真有假,真拍卖可达到降价竞销、打击同业的目的。虽然商品价格降低会造成点损失,但招徕了更多顾客,营业额有所增加,其利润总额也增加了,而且在降价竞销的过程,商人们还可以趁机处理积压货物。假拍卖则是大部分货物没减价,仅以顾客较熟悉的几种商品真减价为诱饵,使消费者产生各种商品均已降价的错觉,从而达到吸引顾客、多销多赚的目的。当时有各种促销活动,如1915年底台北市场上,"街衢之中皆书'岁暮大卖出',行抽签奖励法以鼓舞购买者;抽得头彩,可获奖银一千元"。在台北大正街牌

图 5-4 劝业共进会庆典仪式

图片来源:维基百科.《台湾劝业共进会》[EB/OL].(2020-07-22)[2022-3-14],https://zh.wikipedia.org/wiki/%E8%87%BA%E7%81%A3%E5%8B%B8%E6%A5%AD%E5%85%B1%E9%80%B2%E6%9C%83.

坊"'书大正会联合大卖出'八字,皆用电光嵌成……大卖者,薄利多卖也。购货三百钱以上,赠券一枚;将券至总会所换签一枚,一等者赠金千元,次第递减,所以激励购者之兴趣扩其销路也"。有些路边小贩也采取游艺性的活动来吸引顾客,例如"投圈的",在地面排些诸如香烟、小汽车模型、牛乳糖、凤梨罐头等商品,客人以藤制的圈具在距商品 1~2 米的地方投圈,圈投中的物品归顾客。又有卖糖果、李仔糖、冰棒等杂食的小贩,也用抽签的花招来吸引购买者。

## 六、品牌案例:丸庄酱油

1909 年,庄清临先生在西螺镇延平路的现址成立酱油工厂生产黑豆荫油,丸庄酱油因此诞生,如今丸庄已是同时完整传承黑豆、黄豆两种酱油纯手工酿造秘方及工艺的百年老字号,已经成为台湾文化资产之一。

丸庄酱油创立之初,为了便于识别,庄先生把包装上自己的姓——"庄"字用红笔圈起来,以与其他酱油区别,并成为丸庄百年来的商标,这算是台湾第一例企业识别标志。因日本的圈即"丸"之意,丸庄的称号就传开了,但后来由于消费者的抵日情绪,丸庄酱油早期便以"圆庄酱油"为品牌,直到 1945 年后才改为"丸庄酱油"。1914 年庄先生成立"庄义成酱园",这便是丸庄的前身,直到 1977 年才改制为公司,成立"圆庄食品工业有限公司"。二战期间,日本政府管制原料,成立"虎尾酱油工业统制株式会社",由丸庄第二代掌门人庄昭典任社长,丸庄酱油中断生产。直到二战结束后,市场重新开放,"庄义成酱油"也恢复了营业,积极参加各地商展,以"西螺名产,丸庄酱油"为标语促销,并创造性地改造酱油瓶型,采用造型修长优雅的透明玻璃瓶灌装。到了 21 世纪,老字号难免进入疲态,丸庄开始寻求转型机会,思考如何与新科技接轨。于是架设网站,打造网络通路,与雅虎购物通合作,网上卖酱油也成了酱油业界的新鲜事。与此同时,线下通路也有了突破,2003 年建立丸庄酱油台北直营门市店,直接面对消费者,倾听市场的声音。丸庄利用新的通路重塑了品牌价值。

**图 5-5　丸庄酱油商标**

图片来源:丸庄酱油官网[EB/OL].(2022-3-14)[2022-3-14],https://www.wuanchuang.com/.

## 第三节　1945 年以后

这是今年最后 1 次狂欢的机会。用信用卡预支丰盛的圣诞大餐,
2 人同行,会有特别的折扣。
走进用棉花充当雪花的礼品店,
买 3 双长袜勾引不同国籍的圣诞老公公。
打听最灵验的算命师,
用 4 种方法预言明年的运势。
用想象力设定 5 种身份,
在网络上找不同的情人,实验自己的最大可能。
在行李箱外写上 6 个最想去的国家,
并开始打电话找玩伴。
做好新的理财计划,让明年存折有 7 位数的财富。
找回 8 件丢掉的东西,
例如手表、电话本、身份证、抵抗力……重新对待。
给情人 9 个爱你的理由,
无怨无悔地陪到下个世纪,天长地久。
每天做伏地挺身,让自己多活 10 年。
从姜糖屋出来遇见的第 11 个人,是你的前世情人。
今年最后一次钟声第 12 响,你将有 1999 个愿望可以实现。
12 月 11 日至 1 月 3 日,诚品商场中山店、忠诚店、敦南店、板桥店……全省欢乐开放中。

——《12 条圣诞的秘密通道》,诚品商场圣诞节特卖文案

## 一、历史背景

1949 年国民党退居台湾,于当年 5 月 19 日颁布戒严令,宣布台湾地区处于战时动员状态,封闭全省,限制出入境,实行军事管制,严禁一切违禁的言论、出版和罢工、游行等活动。国民党力图在戒严体制下巩固与强化专制统治,蒋氏父子在台施行白色恐怖统治,对党政军各界实行严格的控制,对于各种反对势力则采取严厉打击的高压政策。20 世纪 70 年代至 80 年代中后期,国际形势及台湾社会有了新的变化,为适应新形势,1986 年 3 月,蒋经国提出"政治革新"的主张,并在 1987 年解除了长期的戒严,开始由军事戒严和一党专制向标榜实行西方的政治制度的方向过渡。1986 年 9 月,党外人士不顾台湾当局的禁令,宣布成立民主进步党,揭开了多党竞争的政党政治序幕,从 2000 年民进党上台执政实现执政党首次轮替到 2008 年国民党再次执政,台湾地区的政党政治开始确立起来。

## 二、商业环境

### 1. 从农业社会到工业社会

1949 年国民政府撤退抵台,早期为了重建台湾经济,主要出口农产品,呈现农业社会面貌,一边发展农业,一边透过肥料换谷、扩大农工差价的方式,将农业所得引导到工业。1953 年,台湾当局实施第一期经济建设计划,扶植民营企业,以纺织业为重。到 1959 年左右,工业以每年 10% 以上的成长率快速发展,创下了以农业带动工业发展的先例。1959 年底,台湾当局制定了"19 点财经改革措施",采取较自由的经贸政策、降低关税、放宽进口、单一汇率等改革。1960 年公布"奖励投资条例",以减免租税方式吸引外资抵台。1966 年在高雄成立加工出口区,而后在南梓、台中相继设立,外商投资大幅增加,台湾地区因此成为美、日两国的加工基地,也逐渐由农业社会转为工业社会,电器、纺织、塑胶等轻工业快速成长。1979 年受石油危机影响,产业继而转向耗能少、没有明显污染且附加值高的领域。自 1983 年起,伴随着新的四年经建计划的实施和重点建设工程的推动,台湾经济步入中度扩张期,其发展也面临转型:生产形态从传统的轻纺和石化工业转向技术层次和附加值较高的策略性工业,以电子信息工业为主导产业;经济体制从管制、集中和垄断经济逐步走向自由化、国际化和制度化;产业结构在现代商品经济发展日趋成熟的基础上,开始向服务型经济过渡,逐步迈向后工业社会。到 1993 年,台湾经济发展已经达到较先进的水平。但受 1997 年亚洲金融风暴、2000 年美国互联网泡沫危机的影响,台湾经济出现了 50 年来罕见的衰退,台湾经济发展从"中增长"逐步转入"低增长",直到现在,台湾经济仍未走出低谷状态。

### 2. 品牌台湾发展计划

台湾制造业经过多年发展,已走过了国际代工(OEM)、研发设计(ODM)的历程,并朝向自有品牌(OBM)发展。1990 年经济部有感于 MIT(made in Taiwan)商品在当时已有一定水准,但仍未获得应有的认同,为了要在国际建立台湾优良产品的统一形象,开始推动"全面提升台湾产品形象计划"。1992 年设立"台湾精品标志",1993 年起依照品质系统、产品设计、研发创新、品牌认知和市场地位等五项评选项目,进行"台湾精品"及"台湾产品形象奖"的评选,得奖产品于"台湾产品形象周"公开展示;其后每年办理该两项评选活动,并进行推广。为了加强自有品牌与自主设计能力,并整合进行台湾优良商品的国际形象宣传。2005 年 12 月 19 日,台湾地区行政管理机构通过"品牌台湾发展计划",补助台湾厂商并购国际品牌或自创品牌,以提升台湾进军世界百大品牌的机会。"品牌台湾发展计划"到现在仍在施行,为企业提供全方位的企业品牌诊断辅导和品牌智财支援服务,为品牌人才发展提供专业培训,企业可以申请自有品牌海外市场推广贷款等均是有效措施。自施行以来,此计划共提升企业品牌营收 992 亿元,诊断辅导企业 550 家,为企业新增全球经销据点 18822 个。与"品牌台湾发展计划"政策相呼应的还有台湾品牌年度评选活动,包括 2004 年开始的"台湾优良品牌"评选,品牌鉴价单位 Interbrand 承办的"台湾国际品牌价值调查"等系列活动,以促进台湾企业对成功品牌的概念。

表 3 – 1　2019 年台湾地区国际品牌价值榜单

| 排名 | 品牌 | 公司名称 | 产业类别 | 品牌价值(亿美元) |
| --- | --- | --- | --- | --- |
| 1 | ASUS IN SEARCH OF INCREDIBLE | 华硕电脑 | 消费性电子 | 15.49 |
| 2 | TREND MICRO | 趋势科技 | 软体设计 | 15.32 |
| 3 | 旺旺集团 | 旺旺集团 | 食品饮料制造 | 9.37 |
| 4 | 中信金控 CTBC HOLDING | 中信金控 | 金融服务 | 6.04 |
| 5 | ADVANTECH | 研华科技 | 电脑硬体 | 5.56 |
| 6 | GIANT | 巨大机械 | 自行车 | 4.81 |
| 7 | 国泰金控 | 国泰金控 | 金融服务 | 4.46 |
| 8 | acer | 宏碁公司 | 消费性电子 | 4.28 |
| 9 | 85°C | 美食达人 | 餐饮服务业 | 4.05 |
| 10 | MEDIATEK | 联发科技 | 科技业 | 3.79 |
| 11 | MERIDA | 美利达工业 | 自行车 | 3.54 |
| 12 | SYNNEX | 联强国际 | 电信/IT 设备 | 3.12 |
| 13 | 中租控股 | 中租控股 | 其他服务业 | 3.04 |
| 14 | DELTA | 台达电子 | 横跨多产业 | 2.97 |
| 15 | MAXXIS | 正新橡胶 | 轮胎 | 2.88 |

续上表

| 排名 | 品牌 | 公司名称 | 产业类别 | 品牌价值（亿美元） |
|---|---|---|---|---|
| 16 | 统一企业 | 统一企业 | 食品饮料 | 2.29 |
| 17 | JOHNSON | 乔山健康科技 | 健身器材 | 1.47 |
| 18 | Transcend | 创见资讯 | 电脑硬体 | 1.25 |
| 19 | msi | 微星科技 | 消费性电子 | 1.15 |
| 20 | CHLITINA | 克丽缇娜 | 美容业 | 1.00 |

表源：品牌台湾.《品牌价值调查》[EB/OL].（2020-06-30）[2020-06-30], https://www.branding-taiwan.tw/.

3.《公平交易法》

1991年1月《公平交易法》经台湾地区立法机构三读通过，同年2月4日正式公布，翌年正式施行。该法有六章四十九条，涵盖内容十分广泛，对各类企业经营行为都进行了规范和约束。主要可分为两部分：一是防止限制竞争；二是制止不公平竞争。其中第二十一条规定："事业不得在商品或其广告上，或以其他使公众得知之方法，对于商品之价格、数量、品质、内容、制造方法、制造日期、有效日期、使用方法、用途、原产地、制造者、加工者、加工地等，为虚伪不实或引人错误之表示或表征。事业对于载有前项虚伪不实或引人错误表示之商品，不得贩卖、运送、输出或出入。前二项规定，于事业之服务准用之。"规定中的表示和表征，包括容器、包装上的表示、说明，以及店铺门前的招贴、标语和营业员的口头说明。第二十二条指出"事业不得为竞争之目的，而陈述或散布以损害他人营业信誉之不实情事"，对企业的营业信誉给予了保护。

## 三、传播符号

1. 代工厂到自有品牌

近几十年以来，台湾的企业家和专业经理人熟稔的经营模式都是原厂委托制造（OEM）和委托设计（ODM），并曾建立起了电脑周边、自行车、手机、纺织服饰等产品的全球工厂地位，但随着其他地区代工厂的发展成熟，台湾地区的代工模式遭遇瓶颈，企业家们也纷纷意识到品牌的价值，开始开创自有品牌。1972年巨大公司受技术和规模的限制，没有自有品牌，只能走代工厂之路，但公司一直相信"有品牌才有品质，握有自己的品牌才能掌握自己的命运"，所以1981年开始给外销绩优的产品贴上"捷安特"的商标，便开始打造自己的品牌。从2003年起，捷安特连续四年进入由台湾外贸协会评选的"台湾十大国际品牌"，并在2004年获得大陆的"驰名名牌"称号。1967年成立的正新轮胎公司，成立初期主要业务是为国外知名大厂代工，但专营代工深受代理商杀价之苦，为了争取品牌公司的大订单，不仅需要产品品质过关，还要不断压缩价格，公司也意识到只有做品牌才能无限积累价值，于是1989年推出的自有品牌玛吉斯，通过不断地品牌推广，曾连续五年荣登台湾经济事务主管部门与国际品牌顾问公司策划地台湾十大国际品牌。

图 5-6 "捷安特"商标

图片来源：捷安特官网［EB/OL］.（2022-3-14）［2022-3-14］,https://www.giant.com.cn/.

2. 企业 CI

CI 即企业形象设计，是美国 IBM 公司在 20 世纪 50 年代中期首先推行的，其理念是"透过一些设计来传达 IBM 的优点和特点，并使公司的设计在应用上统一化"。1967 年台湾广告公司邀请日本知名设计师大智浩来台讲学 40 余天，主要讲授 CI 概念并介绍最新设计趋势，后来大智浩又为味全公司设计 VI（视觉识别系统），包括商标、标准字、包装都焕然一新，此案为台湾引进 CIS 观念开创了先例。20 世纪 70 年代是台湾 CI 的初期发展阶段，更重视视觉设计，大同公司利用 60 周年纪念导入 CI，将原来长方形商标改为圆形标志，并逐步统一大同公司海内外各关系企业与分支机构的标志，企图把公司的形象作大幅度的调整，突破多年来以"民族工业、国货产品"自居的保守形象，进一步塑造"产品行销全球的国际性公司"的企业形象。20 世纪 80 年代后，台湾企业为与国际市场接轨，自创品牌，并利用各种渠道塑造形象，台湾地区的 CI 也快速成长。

3. 品牌形象

品牌不仅是区别于其他企业或产品的符号，也是理念、文化、价值观的综合体现，在激烈的同质化产品竞争中，消费者对企业和产品的需求已经超过物质层面并上升至心理层面，因此企业也开始重视品牌在人性层面上的塑造，通过拟人化的形象实现和消费者的互动与交流。1969 年是台湾无线电视黑白转彩色的关键年份，创办于 1918 年的大同公司彼时以电视为主要产品，为能快速占领市场，大同公司模仿日本电器生产者，推出了公司的企业娃娃——大同娃娃。20 世纪五六十年代的台湾正风靡橄榄球，大同娃娃便以橄榄球运动员为原型，采用橡胶制作，造型高约 20cm，闭眼沉思、红色头盔、手持橄榄球、胸前镶着大同创办年数的"51"字样。从 20 世纪 70 年代开始，棒球取代橄榄球成为台湾最盛行的运动项目，大同公司便开始设计以棒球运动员为形象的大同娃娃，并把娃娃的神态从闭眼状改为睁眼状。2005 年该公司又推出三种不同造型的棒球大同宝宝，在台湾收藏界掀起了一股风潮。此外，还有品牌将产品名称拟人化。金车集团在 1982 年进入台湾地区的罐装咖啡市场，在选取产品名称时就要求具象、拟人化，最终选择了"Mr. Brown"作为咖啡品牌名称，"自中南美洲咖啡产地渡海来台，总是蓄着大胡子、戴顶绅士帽的 Mr. Brown，逢人便竖起大拇指热情地推荐他的罐装伯朗咖啡"。

图 5-7 大同娃娃形象

图片来源：大同公司官网．[EB/OL]．(2022-3-14)[2022-3-14]，https://www.tatung.com/Content/about-mascot.asp.

图 5-8 Mr.Brown 咖啡的品牌形象

图片来源：维基百科．《伯朗咖啡馆》[EB/OL]．(2021-12-01)[2022-3-14]，https://item.jd.com/29535611790.html.

4. 商标管理

20世纪60年代以来，台湾地区的经济高速发展，侵犯他人商标的行为十分盛行，甚至落得"仿冒王国"的恶名，商标保护势在必行。台湾地区使用的商标法源于1930年南京国民政府制定的商标法，后多次修正商标法，提高商标保护水平，现行商标法于2016年11月30日修正。法规第五条对商标范围进行了限定："商标之使用，指为行销之目的，而有下列情形之一，并足以使相关消费者认识其为商标：一、将商标用于商品或其包装容器。二、持有、陈列、贩卖、输出或输入前款之商品。三、将商标用于与提供服务有关之物品。四、将商标用于与商品或服务有关之商业文书或广告。前项各款情形，以数位影音、电子媒体、网络或其他媒介物方式为之者，亦同。"第七十条对侵害商标认定进行了明确定义："未得商标权人同意，有下列情形之一，视为侵害商标权：一、明知为他人著名之注册商标，而使用相同或近似之商标，有致减损该商标之识别性或信誉之虞者。二、明知为他人著名之注册商标，而以该著名商标中之文字作为自己公司、商号、团体、网域或其他表彰营业主体之名称，有致相关消费者混淆误认之虞或减损该商标之识别性或信誉之虞者。三、明知有第六十八条侵害商标权之虞，而制造、持有、陈列、贩卖、输出或输入尚未与商品或服务结合之标签、吊牌、包装容器或与服务有关之物品。"

5. 服饰

衣着能够影响人际交往之间对彼此第一印象的判断，俗话说"只认衣衫不认人"，但穿衣受制于经济环境，也反映了时代变迁与人们的审美观念的变化。20世纪50年代初，台湾经济比较困难，一切趋向保守，大家的衣着传统色彩浓厚，诸如"当年从大陆撤退来台的男人普遍穿军服，女人以蓝色等颜色素雅的旗袍为主，但剪裁宽松，材质很粗，台湾本地人则是身着本岛棉布衣裤。'美援'进来后，配给面粉，很多人家就拿面粉袋改成衣裤"，人们大多选购廉价棉布请裁缝制作或自家缝制，市场售卖的大都是粗布,还没有染整,白胚布和卡其布衣服最常见。20世纪60年代后随着民众收入增加,加上纺织技术的提升,种类繁多的高品质成衣制品开始登场,出现在报纸广告里的服装如"中纺"的"华龙成衣"男女正装、旭化成公司的"开司米龙"大衣,强调"比羊毛轻、比羊毛暖""不褪色,易洗快干"、台南纺织厂生产款式多样的"太子龙"学生衫、学生军服、背心,女士服装也紧跟潮流,市民们的穿着要求已经从原先的蔽体御寒转趋于追求美观、舒适、商务等,大家开始重视服装的样式和材质,并期待发挥服装的社会功能。新光公司的"竹狮"尼龙衫强调自家衣服穿起来非常青春,"典雅大方、柔软舒适、颜色鲜艳"。20世纪70年代之后,引领主流的女性服饰开始走向轻便搭配,上衣以大翻领紧身花衬衫、合身剪裁的外套、套头羊毛衫为主,这一时期各式"时装"大量涌现,发展出设计规格化、款式标准化的成衣,显示台湾市民生活品质逐步获得提升。

## 四、传播手段

1. 报纸广告

报纸广告历来是中外广告史上最先发展的现代广告。1945年后的台湾报纸广告承袭了被日本侵占时期的风格,使用平铺直叙的文案,画面以商品为主,辅以人物或插画。1952年还出现了名人代言广告,如评剧名伶顾正秋用签名盖章的方式为"蝶霜"化妆品代言。1956年影星周曼华代言美琪百花香皂,除了自己的肖像出现外,还亲笔写上了推荐语——"我最爱用美琪百花香皂,因为香味芬芳馥郁,使用后使肌肤光润白嫩。"到20世纪60年代,受"报禁政策"影响,报纸媒体形成寡头垄断,在广告中更有话语权,形成大版面广告,同时更加注重视觉化设计:给广告进行留白,用摄影取代手绘,传递出视觉动线观念。20世纪80年代末期"报禁政策"解除,报纸的发行数量快速增加,商业广告规模也迅速发展。但步入20世纪90年代后,随着新兴媒体的兴起,报纸的生存环境愈发艰难。进入21世纪,电子报逐渐取代传统报纸,瓜分着平面媒体赖以生存的广告市场。

2. 广播广告

早期广播的角色在于政令宣传,直到1955年8月台湾中国广播公司才接收一般商业广告,此后一直到1966年该公司都是台湾的第二大广告媒体,仅次于报纸广告。早期的广播广告是叫卖式的,即播音员或主持人快速念稿,介绍商品的品牌、功能以及售卖地点。如"撒隆巴斯"的广播稿:"日本时代就真出名,撒隆巴斯好名声。骆驼商标撒隆巴斯,嘴齿痛贴下怀、腹肚痛贴肚才、目珠痛贴目眉、撞到、靠到、拐到贴撒隆巴斯,消炎止痛、消肿退红,酸骨轮痛骨节,骆驼商标撒隆巴斯。"1968年8月起调频电台开播,广告的品质大幅提高,叫喊式广告减少,广告的表达方式不断被改进,注重插播广告的文案。1993年完全开放广播频率,广播急速发展,电台数量倍增,广播经营也进入市场区隔、分众经营的时代。

3. 电视广告

1962年10月10日台视开播,台湾的广告业正式进入电视时代,台湾电视广告史上第一支广告是台湾中华传播公司从香港引进的60秒黑人牙膏广告。台湾自制的第一支电视广告是"克劳酸口服液",制作十分简单,画面是广告主角喝了克劳酸之后,"咻"的一声,使篮球空心入篮,传递出产品年轻、活力的形象。电视广告不断发展,全年的电视广告量在广告总量中所占的比例也基本直线上升,直到20世纪90年代中期,电视广告的规模最终超过报纸。到20世纪八九十年代,台湾的电视广告就呈现自动化趋势。1989年10月,台湾中国电视事业股份有限公司首先完成了全自动化播映系统(LMS)的装配,开始了广告的全自动化播出,广告带的取带、装带、播映、倒带、退带等动作均由电脑自动控制,台湾电视公司、中华电视公司也先后陆续采用LMS系统。内容表现方面,告别了叫卖式推销,而转入瞄准目标消费群体的生活意识,针对诉求对象的不同生活形态,寻找不同的生活经验,从心理层面打动消费者,使其产生品牌认同。2004年台视、中视、华视、民视、公视五大电视台开播数字电视,拉开了电视广告进入"数字化"的序幕。

4. 网络广告

网络广告发轫于1994年的美国。1976年,个人电脑被引入台湾,至1991年5月已经有800个机构、企业在网络上设置3000个主页(homepage),1995年9月台湾中华时报推出中时电子报,开启了台湾网络新闻媒体时代,当年10月开始刊登商业广告,标志着我国台湾网络广告时代的到来。1996年,许多企业开始在自己的网站或者其他搜索网站中进行试验性的网络广告,1997年台湾相继本土入口网站,如精诚资讯第一个商业搜索引擎的入门网站"奇摩站"(KIMO),网络厂商梦想家的媒体Dremer,本土入口网站也相继经营网络广告。

5. 户外广告

户外广告在台湾被称作第五大媒体,各类形式的户外媒体从繁华街道的各个大楼顶上、壁画、路边,以及交通车站、航空站,高速公路两侧等都设置了户外广告媒体可大量运用的空间,户外媒体材质与印刷技艺方面随着科技不断进步有很大的提升。国际知名企业麦当劳在台湾地区台北市建国高架桥旁包下整栋大楼,宣传新推上市的贝果产品;2002年,知名广告公司上奇广告抓住世界杯足球热,将台北休闲百货公司京华城原本的圆形结构包装成一颗世界上最大的足球,所带来的视觉传达力可想而知;2004年,台北银行推出大乐透促销,也是大手笔包下了一栋大楼:有整体外观壁画,展示一个长相平凡的男生配着标题"晓玲,嫁给我吧"。隔天,所有电视、报纸竞相报道:这位幸运的女主角到底是谁?广告大大地激发了消费者的好奇心。

6. 广告公司代理

1984年台湾开放外资服务业,外商广告公司相继参与台湾广告市场的竞争。1975年创立的华威广告公司于1983年与美国Grey广告公司进行技术合作,1986年两公司正式建立合资关系;1962年创立的华商广告公司于1989年与美国Bozell广告公司合资;李奥贝纳于1984年进入台湾,达彼思、智威汤逊于1988年陆续进入台湾。外商广告公司的来临为台湾广告市场的发展注入了新的活力,也给本土广告公司带来了竞争压力。此外,

图5-9 台北京华城足球装饰

图片来源：许家祯.《你不知道的京华城 曾有高空弹跳、变身直径58公尺大足球》，载今日新闻［EB/OL］.（2019-11-22）［2022-3-15］，https://www.nownews.com/news/3771284.

随着全球性品牌如可口可乐、柯达胶卷、通用汽车、雀巢咖啡的进入，外国广告片也进行了本地化制作：有的只改动商品包装和广告镜头，将旁白或者歌词改成中文；部分镜头在本地重拍；广告片故事不做修改，只将演员换成中国人进行重新拍摄；保留创意表现概念，依本地需要制作全新广告。随着外商和国际广告业的涌入，台湾地区不断提高创意水平，积极扩大国际合作，为其广告发展提供了动力。

## 五、传播策略

1. 促销

企业促销在日据时期就已经较为常见，通常使用的是买赠和降价销售，1945年以后在普通的促销手段基础上不断追求创意。如1949年正值黑松汽水公司创业25周年，于是举办"流行歌曲竞赛大会"进行汽水促销，为参赛者设立了丰厚的奖金，获奖选手由听众投票产生，而投票券只能通过购买黑松汽水获得，主办方设置"买一打黑松汽水送一张投票券"，带动了该品牌汽水的销售。20世纪60年代具有代表性的促销活动更是构思巧妙，以"流行牌"百褶裙为代表，该品牌百褶裙成为台湾各女子学校奖励学习的奖项之一，只要是全班第一名，就能获得"荣誉学生裙"，获得奖励的学生们收到荣誉学生裙后，还随即收到免费兑换券和折扣券，将促销发挥到极致。"流行牌"百褶裙从自己的核心用户出发，针对目标用户精准促销，意识超前。

2. 渠道建设

渠道是消费者接触品牌的最后一公里，各大小品牌深知此理，纷纷优先打通渠道。韩国LG进入台湾市场后，深耕通路，打造品牌知名度，经过五年时间，约110家家电经销商拆掉原来的招牌，专门经营LG产品，并挂上LG招牌，同时LG协助经销商对门店进行翻修，装潢、采光、上架排列均进行改革。此外，每两个月就邀请业绩突出的经销店去韩国旅游，并参观LG总部，给经销商以信心。LG手机招牌店也达到1200家。再加上其他营销策略的同步，LG 在台湾的业绩是喜人的，2001 年台湾分公司营业额只有 25 亿元，到 2005 年便已经达到 100 亿元。2005 年是统一品牌的精耕元年，一方面改革品牌策略，另一方面重视渠道，在渠道商一侧采取强势品牌策略，不再随意被迫接受大卖场、超商及超市的促销价或者辅助塞货，同时开发出宅配、直销以及餐饮渠道的新兴市场。通过渠道取胜的还有获得"饮料王国"美誉的黑松饮料集团，其建构自己的"销售长城"，以此与可口可乐、百事可乐等国际品牌抗衡。一方面通过市场区隔为不同目标用户群搭建合理的销售网点，在原来以零售店为主的销售渠道基础上，在餐厅、舞厅、休闲娱乐场所开设"第二渠道"。台湾媒体认为黑松集团的"第二渠道"在与可口可乐、百事可乐等"世界级"饮料的角逐中得其地，得其法。另一方面，集团与经销商的关系上"情同手足"，黑松集团给经销商提供销售工具、促销奖品，并且对经销人员进行业务和技术上的培训，而经销商则给黑松集团提供市场信息、销售动向以及消费口味变化等商业情报。

3. 整合营销传播

1992 年唐·舒尔茨出版《整合营销传播》，提出整合营销传播理论，即将企业进行市场营销有关的一切传播活动一元化，但早在 20 世纪六七十年代，台湾企业已经在实践中践行整合营销传播，使用不同传播手段实现同一传播目标。1967 年美国牛油脂生产者协会和台湾肥皂清洁剂公会联合打造了肥皂洗手运动，向民众宣传要常用肥皂洗手，具体的宣传手段包括：第一，编印《肥皂洗手与健康》手册，在中小学发放；第二，通过广播教唱"常常洗手好处多"的广告歌曲；第三，印制宣传海报，在小学和公共场所张贴；第四，通过电视广告告知民众病从口入，要养成洗手习惯；第五，拍摄"肥皂洗手运动"宣传片，在各小学播放；第六，举办中小学作文比赛，把肥皂作为奖品；第七，给若干小学赠送肥皂，让其在学校用肥皂洗手养成洗手习惯；第八，以家庭主妇为对象，在报纸上进行有奖问答，同样也用肥皂作为奖品。此次运动连续举办多年，1971 年还举办了香皂展览会，以及用香皂空盒票选"最喜欢的电影明星"。整合营销传播的效果是显著的，1971 年活动举办的 45 天里，卖出的产品总额达到 130 余万元。20 世纪 90 年代是整合传播正式来临的时代。1998 年 12 月至 1999 年 9 月，美国向日葵协会在台湾掀起了推广美国葵花油的整合传播活动。首先举办了一场媒体午餐会，通过媒体向大众介绍这款产品，随后又赞助电视烹饪节目，并在主要的消费品报纸和烹饪杂志上安排中文广告。产品方还在台北、台中、高雄三个商店举办"美国葵花油周"，通过烹调节目主持人和食品评论家等意见领袖宣传产品，此外还与《中国时报》合作，举办了一个用葵花油做食用油的食谱创作大赛。此次整合传播活动，提升了美国葵花油在台湾地区的知名度，并在九个月时间里，使葵花油在台湾市场的使用率从 30% 提升至 54%，这是中国人第一次正式接触并见识到整合营销传播的能量。这之后，整合营销传播就成了品牌传播的必备策略。

4. 消费者为导向

以用户为中心是互联网思维的典型特征，也是产品竞争时代的制胜法宝。味全食品工业公司是台湾食品饮料业的龙头企业，以生产味精起家，1963年创立了台湾地区本土第一家奶粉生产厂，上市"AG-V"婴儿奶粉，但是受"两个孩子刚刚好"的人口政策，以及日本、美国奶粉雄霸市场的双重影响，该公司的奶粉在上市两年内亏损达到7000万元，因此其董事长黄烈火提出顾客第一、"寓教于销"的计划，拟在产品对顾客服务的价值上博得市场切入点。于是公司成立了由专业护士组成的"护士服务队"，走街串巷寻找孕妇，然后上门为孕妇讲授婴儿营养学、科学喂养法，并为新生婴儿量体重身高，同时宣传味全奶粉，但并不销售。还在台北、台中、高雄等地设立"护士服务中心"，为孕妇免费接生。1978年又创立"准妈妈教育室""妈妈教育室"，聘请妇产科、小儿科名医为准妈妈、妈妈讲授妇幼保健、育婴知识。通过坚持不懈地为用户免费提供相关服务，护士形象与味全奶粉产生品牌联想，在1982年获得了台湾奶粉市场55%的占有率。

灿坤是台湾地区最大的3C零售连锁企业，自1995年起便开始推行会员制，是台湾省3C业者推动会员制之首，到2002年初灿坤的会员已高达91万多，面对庞大的会员，灿坤一直采用大众营销方式，浪费了大量的会员资料，也无法突破营销瓶颈。2001年底灿坤开始引进顾客关系管理（CRM）系统，一改"产品导向"进而转为"顾客导向"，通过了解顾客的需求采购商品。2003年底为实现既定业绩目标，灿坤的营销人员利用CRM的数据库，挑选出最有可能在最近来消费的会员，给这些潜在顾客寄去明信片，持明信片的会员前往门市购物享受九折优惠，这次活动给灿坤带来了一亿多的销售额。

## 六、品牌案例：华硕的成功

华硕电脑于1989年创立，是全球领先的3C解决方案提供商之一，其产品线覆盖笔记本电脑、PDA随身电脑、主板、显卡、服务器、光存储、有线/无线网络通信产品、手机等全线3C产品，曾连续九年被美国《商业周刊》列为全球IT 100强的企业。

华硕在创业之初，便以高品质的产品定位与其他品牌进行区隔，凭借对产品质量的严格要求、领先的研发技术、快速的市场反应在全球市场建立了"华硕品质、坚若磐石"的品牌形象。为了给用户提供经得起考验的产品，华硕曾投入大量资金建成全球一流的电磁检测实验室，购买了亚洲唯一一台用于检测产品散热分布的军用红外线检测仪。对品质的追求已经深深刻入华硕企业文化中。董事长施崇棠曾说："华硕给自己的产品定位有一个要求，就是在生产制造、品质上超越日本人，在系统技术上超越美国人，加上华硕的速度、弹性、效率和成本。"华硕以自己的实际行动为基础，配以正确的品牌形象，迅速在消费者心中占据一席之地。

华硕的市场营销建立在品质、速度、服务和创新基础之上。1999年华硕领先业界推出全球第一台最轻、最薄的全内置笔记本电脑，2002年推出的经典产品S1系列获得日本工业设计最高奖"G-Mark"，2005年W1N型笔记本电脑一举夺得工业设计界的奥斯卡——德国IF金奖。2003年3月华硕推出"无亮点承诺"——对3月后售出的全系列笔记本电脑提供液晶屏幕无亮点保证，这打破了笔记本电脑厂商默认的"允许液晶显示屏有亮点"的标准，改写了市场竞争的游戏规则。

3C 产品的消费是理性消费行为，因此消费者口碑更为重要，华硕产品在进行营销时，关注消费者的理性及感性需求。经典案例是 2012 年的 Windows 8 体验营销。2012 年 10 月，微软发布新一代 Windows 8 操作系统，华硕电脑为推出这一系统，第一时间在微博推出"我在体验"活动，鼓励网友体验华硕 Windows 8 产品并通过微博分享自己的感受，进而推广产品和品牌。此次线上活动在 2013 年 2 月 1 日结束，共有 80 万名网友参与互动，影响人数超过 5000 万。此外，线下也推出门店互动体验活动，消费者也可以直接在门店体验 Asus VivoTab RT TF600T、Asus VivoBook S200E 和 Asus VivoBook S400 三款 Windows 8 产品。同时华硕还推出产品"Top 排行榜"投票活动，官方将上述三款产品的卖点以选项方式列举出来，线上线下参与的网友都能选出自己最喜欢的产品卖点，使消费者能更深入地了解华硕 Windows 8 产品的优势。

## 本章小结

本章梳理了台湾地区从史前社会到今天的品牌发展历史。从原始社会到互联网时代，台湾也从以原住民为主转为汉族人占多数，受到荷兰、日本、中原等不同文化的影响。荷兰侵占前的台湾是典型的原始社会，以狩猎和农耕为主要经济形态，商品交换也是简单的物物交换。荷兰殖民者抵达台湾后为实现其殖民目的，大力促进台湾社会商品经济，此后台湾商品经济不断发展，资本主义经济萌芽，品牌意识逐渐确立。进入现代社会，台湾企业也经历了委托生产、委托设计到自有品牌开创的历程，意识到品牌的附加价值，政府和商界密切配合，不断在国际社会拓展品牌影响力。

## 思 考 题

1. 简述台湾先民早期的传播活动及传播特点。
2. 台湾的口传文化活动是什么？有什么传播意义？
3. 简述近代台湾地区的品牌传播活动，并举事例说明。
4. 台湾现代企业经历了怎样的发展历程？有哪些特殊事件？
5. 举例说明现当代台湾企业的品牌传播策略，哪些案例让你印象深刻？

# 第六章

# 香港地区的品牌传播活动

## 学习目标

本章分四个阶段对香港品牌传播史进行梳理：①远古—1840年期间；②1841—1945年期间；③1945—1997年期间；④1997年至今，即香港回归后的品牌传播发展。了解各阶段香港的社会文化情况和经济产业、商业环境发展状况。掌握各阶段品牌传播活动面貌及典型事例，总结各阶段品牌传播活动规律。包括学习香港地区具有代表性的传播符号及其背后含义，学习香港地区各阶段传播手段与传播策略的特点，并理解其背后的社会文化动因。深入学习香港地区品牌的特性与共性，掌握香港地区品牌传播得以发展的驱动因素，以及其面临的各种问题。

## 第一节 黎明时期（远古—1840）

在公元前约4000年的新石器时代中期，中国内地的先民便已迁徙到香港地区。在香港岛的春坎湾、南丫岛的大湾和深湾、屯门的涌浪等古人类遗址的早期文化层中，就留下了这批先民的遗址和遗物。他们以氏族为单位，沿海聚居，以渔业维生，成为香港地区最早的居民。

——《香港经济史》

### 一、历史背景

1. 背景概述

公元前约1500年的新石器时代晚期，一批古越族人因春秋政局变乱，失败而南下，从今广东一带迁至香港。他们在香港许多海湾沙堤和台地上建立起氏族聚落，成为古代香港继迁徙先民后的第二批居民，此后其子孙后代成为香港土著居民的始祖。从那时起，香港前后两批先民，就已建立起成员共同劳动、产品共同享有的原始社会。由于古越族分布多是水网膏腴之地，因此文化和生产技能在当时南方各民族中比较先进。1955年，东汉时期（25—220）的李郑屋古墓被发现，从而证实了香港地区至少从汉代开始，就已受中原文化的影响。汉代以后的考古遗物虽然迄今被发现的不多，但唐代石灰窑、宋代铜钱及明代外销青花瓷等遗址和文物的发现，显示了香港与中原文化之间未曾间断而又密不可分的关系。

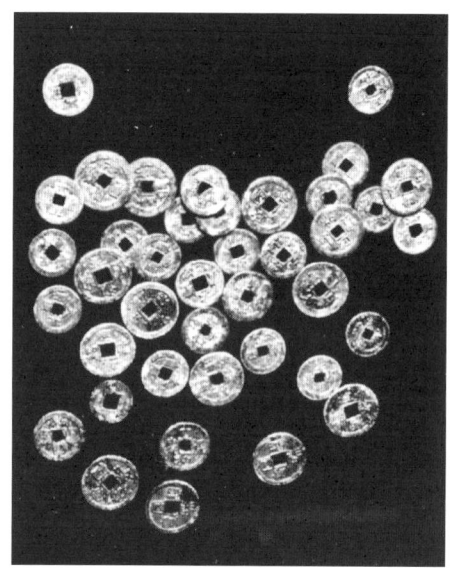

图6-1　在铜锣湾奇力岛（海底隧道出口旁）出土的宋代铜钱（图源《香港今昔》）

图片来源：高添强.《香港今昔（新版）》，三联书店（香港）有限公司，2005年.

在原始社会时期，香港经济缓慢而坚定地向前发展。最早的先民主要从事采集和狩猎经济，而来自五菱南北的古越族先民创建了原始农业和出海捕捞型渔业。入秦后的香港较快进入了封建社会，由于香港地区扼守海疆，形势险要，历代皇朝不断充实这里的军事力量，进行行政区域改革。清人入关后，为抵抗郑氏的复"明"运动，在东南沿海推行了"迁界"的政策，造成了本区长达7年的一场大浩劫。迁界不仅给民间带来了苦难，也给官府造成了巨大损失。

在1820年以前，中国对外贸易一直处于出超的地位，此后由于鸦片走私的激增，英国由入超国过变为出超国，盈利惊人。1830年，在华的英国鸦片烟商联合上书英国国会，重新提出两次使团的要求，以保护英国的对华贸易。1834年，英国政府取消东印度公司对华贸易的专利，自此鸦片走私数量大增，中国的入超日趋严重。1838年至1839年，中国对印度的贸易赤字已超过600万两白银，可见鸦片对民生的影响之大。1838年底，道光帝任命林则徐为钦差大臣，赴广东禁烟。翌年林则徐抵达广州，立即查禁鸦片，整顿海防，6月在虎门销毁收缴的鸦片，并加紧限制鸦片烟商在广州及澳门的活动。这时英国驻华商务监督义律要求政府采取军事行动。1839年10月1日，英国内阁决定发动侵华战争。1840年4月，第一次鸦片战争爆发。

2. 围村与乡治

自明代以来，沿海寇患频繁。为求自保，香港地区的村民移动的在房舍四周建筑简陋石墙。清人入关后，颁海禁令，海寇更为强烈。当时清朝廷虽在本区设立了汛营、墩台等，但实力仍不足保土安民。不少较富庶的村落，如位于今新界西北、粉岭上水盆地，又或靠近海滨的村落，大都在村庄丝状建起高墙、挖沪河、建更楼、装铁闸，用以自卫。自清中期以后，客家人逐渐迁入本区，这些新到达香港的乡民，由于害怕受邻村的侵袭，也多将自住的房屋连接成排，以作防卫。据康熙年间的《新安县志》记载，位于本区的围村，共有 19 条。至嘉庆时，已增至 29 条。这些围村大都是一族独占，即使两族共存，彼此也各有势力范围。与农村生活息息相关的还有本地区的民间宗教活动，包括节庆、神诞和打醮。这些宗教活动除了为简朴的农村生活增添热闹，还可凝聚村民团结一致，从而增强本村的实力。

清代时香港地区虽位于官富巡检司（主要管理延边及关津要地治安的地方部门）的管辖区内，但该司下设官员较少，不足以管理全境的治安，因此负责香港地区内事务的责任，大都落于地方上的乡村组织。当时的乡村一般实行保甲制，以十户为一排，十排为一甲，十甲为一保，设地保和总理各一名，由父老推举产生，并经官方准许及颁发谕戳。村内事务，则由父老及族长管理。族长一般只由族人选出，负责约束同族子弟。西贡蚝涌是西贡最早的村落之一，由于三面环山，东向白沙湾，地势低，水源足，土地肥沃，适合耕种和人们居住。蚝涌村是一个杂姓村，据《蚝涌张氏族谱》，张氏在明成化时期在此开基立业。蚝涌村和大蓝湖、竹园、相思湾等村，统称"蚝涌联乡"。

## 二、商业环境

1. 生产活动

隋唐以后，香港保持并发展了作为水陆交通枢纽的地位，农业、渔业、航运业、制盐、采珠和制香都很兴旺，吸引了不少中原的盐工和商人来港。这六种行业属于生活必需品或者大批外运的产品，产值高，曾是香港封建社会整体经济的支柱性产业。因此这些行业的从业人数也较多。在长达近两千年的封建社会中，香港以今新界为中心，以屯门、九龙为交通枢纽、以港岛和离岛为前沿，逐步建立起一个农、渔、航、盐、珠、香为主导的滨海乡村型经济体系。

2. 农业

与中原其他地区一样，农业一直是香港地区最古老的产业之一。早在新石器时代晚期已经有原始农业出现，但由于气候炎热，野生动植物食品来源丰富；而植被茂密，开垦荒地又相当困难，所以农业发展比较缓慢。直至入秦以后，大批中原人士来到香港，带来了当时比较先进的耕作技术和农具，香港农户才脱离了刀耕、火种、游耕这样粗放的耕作制度。宋元两代，许多来自中原的家族在新界开基立业，垦荒种植，香港农业进入了大发展时期。清康雍以后，大量客籍农民迁入及领耕官地，农业因而更加昌盛。又因香港地区土壤及气候适宜，盛产谷物及蔬果。谷物以稻米为主，每年可产两造甚至三造，加上出产其他蔬果，粮食大致可自给自足，农民生活一般较为安稳。1938 年，法国画家波塞尔（Auguste Borget）到达港岛，曾经绘制港岛农村的图画多幅，其中有一幅描绘的是凌空架设的输水管道，说明当时港岛的农田灌溉工程已具有较高水平。

### 3. 航运业

由于香港一带多海湾、海岛,且多盛产鱼类的海域,因此渔业和航运业也是该地区重要的两个行业,并且是不断发展历久不衰的两个重要产业部门。新石器时代晚期,古越族造船出海,曾居世界领先地位。到了汉代,广州已成为世界著名的港市,而香港的屯门则是广州的外港,是所有中外船舰进出广州必经的中转站或中途站。宋代以后,九龙也成为水陆交通枢纽。加上香港及其附近地区又有大规模的官办盐场和许多小盐场,大量食盐需要运出,消费品需要运入,这些因素都带动了港岛的航运长期兴旺。

### 4. 盐业

香港地区海岸线长,潮墩多,自秦代就开始产盐,汉代时成为岭南的重要产盐区。宋代时香港地区的盐业便已兴旺。清代康熙年间编纂的《新安县志》记载:"宋时,新安县有东莞、归德、黄田、官富四盐场。"《宋史·食货》记载:"广州东莞、靖康等十三场,岁鬻二万四千余石,以给本路及西路之昭桂州,江南之安南军。"到了明代,官富是官定盐场,并设盐场大使,产盐均运往广州。清初施行迁海政策,因盐场都在海边,所以全被废弃,从此香港地区就不再有食盐生产。

### 5. 采珠

采蚌剖珠,贩卖珍珠,也是封建时代香港地区的一项重要产业。在广东,人们称海蚌为"螺"。香港地区的大埔海和大奚山沿海一带,螺的种类繁多,其中珍珠与丫螺的内壁多含珍珠,既可作高级饰物,也可医用。香港采珠业始于五代的南汉。当时大步(今大埔)到大奚山一带沿海都是重要的采珠场所。采珠者需腰拴绳索,深入海底数十丈,得珠者甚少。不幸溺水而死或遇鲨鱼而葬身鱼腹的人数不胜数。北宋开宝五年(972),宋朝廷因彩珠丧命较多,"宝气伤民气,珠胎种祸胎",采珠便被禁止。

### 6. 莞香

生产和运销莞香,曾是香港地区的重要产业,传说香港可能因此而得其名。莞香是土沉香树所产香木的一种。土沉香原产于我国南方,其木材是上好的熏香料,香气浓郁优雅,又可制造多种香制品,自古被人们喜爱。香港地区在明初属于东莞县,是东莞县内种植香树最多的地区之一。王崇熙编纂的《新安县志》记载:"香树,邑内多植之,东路出于沥源、沙螺湾等处为佳。"与此同时,香港地区更是莞香大量运出的口岸,全县运出的莞香,多数是先从各产地运到香头(今尖沙咀),再用小船与脑香港岛西南部的石排湾,然后换载"大眼鸡"(一种桅木帆船)转运到广州,最后由广州经水旱两路分别运往众多销区。由此可见,莞香盛时不仅增加了香农的收益和政府的税收,而且带动了航运、商贸等行业的发展。

## 三、传播符号

### 1. 石刻岩画

早在6000年前左右,就有使用新石器和陶器的我国先民在香港地区居住,他们以捕鱼、耕作为生。香港在大屿山、南丫岛、长洲岛、离岛等多处发现古代石刻,石刻风格十分接近,纹样复杂。这些石刻的图案大致可分为两类:一类是几何图案,有圆圈纹、云雷纹等;另一类是动物形象,有鸟、蛇、菱龙、怪兽等。这些图案与我国中原地区青铜时代铜器和陶器上的某些纹饰类似。

1970年在大浪湾发现了古代石刻,该石刻刻凿年份大约为新石器时代,石刻位于临海的悬崖上,长为0.9米,宽1.8米,纹饰大致呈几何形,隐约可见人物或鸟兽图形。1960年在蒲台岛的南端发现一组石刻,该石刻分为左右两部分,纹饰各异,左边的图形由线条构成,类似鱼和动物,右边的图纹则由螺旋状的条纹联结组成。这些石刻大都刻在临海的岩石上,面向海湾,前面有比较平坦宽阔的空地,可能与当地先民举行的某种祀神仪式有关,反映了越人的宗教信仰和生产活动。

图6-2 大浪湾石刻

图片来源:万长林. 香港平面设计史 [M]. 贵阳:贵州人民出版社,2012.

2. 菱形陶

早在新石器时代中期,居住在今广东、广西、湖南、江西等省的古越族居民就掌握了制陶技术,并普遍使用一种拍印菱纹的几何图形印纹陶器,即"菱纹陶"。他们拍印的菱纹图案富有变化,有圆头、双头、重钩、钩形直身等。雕刻精美,造型美观,给人以浮雕感。这种硬陶器保留着拍印菱纹的传统,又创造出"双F"菱纹这样一种特有的纹饰,成为香港地区独具特色的工艺品。1933年最初发现于南丫岛大湾遗址,1994年始命名为大湾文化,其年代约当公元前4500—前3700年。陶器以夹砂粗陶为主,泥质红陶次之,圜底器和圈足器发达,器形和器类都比较简单,有圈足盘、圜底釜、圈足杯、器座、钵等,纹饰主要有绳纹、刻画纹和彩陶,彩陶和泥质白陶最具特色。白陶器有钵、盘、簋形器和罐等,常饰以戳印纹、刻画纹和浅浮雕式的篦点纹;彩陶器有圈足盘、碗、杯和罐等,是在泥质红陶器上绘赭红彩,并刻画波浪纹或饰以镂孔,其中圈足盘最具代表性,往往被称为"大湾式彩陶盘"。

在元朗白泥村陈家园沙丘一带发掘的夹砂陶日形器、月形器,陶器上的图形符号已具备了设计特点。彩陶的装饰纹样,一般为连续重复性构成,有些彩陶上的图形,却是单独构成，不着意突出审美效果，但装饰的部位非常醒目，具有明显的、独特的强调和识别作用，内涵深刻。田野考古资料表明，从香港出土的石器、陶器和青铜器的形制、制作、用料等方面，与中国东南沿海出土古物有很多相同的特征，属于同一类型的文化。

**图6-3 日形器、月形器**

图片来源：万长林. 香港平面设计史［M］. 贵阳：贵州人民出版社，2012.

3. 明器

明器是古代人们下葬时带入地下的随葬器物，即冥器。在中国，从新石器时代起即随葬明器，所以明器是考察古代生活和雕塑艺术的有价值的考古实物。

秦汉时期香港社会的变化首先表现在经济生活和居住生活方面。李郑屋汉墓出土的2件形制相同的陶住宅模型以及陶仓房、陶井、陶灶模型等明器，从侧面向人们展示出当时经济生活和居住生活的图景。在住宅模型的房屋内外，有正在劳作的人物形象，其中一个场景是房屋内一人抱童，一人在舂米；另一个场景是一人在屋内持杵舂米，一人在房前簸米。加工稻米的人物形象的存在，显示出稻作农耕在香港地区的确立。陶住宅模型整体平面近方形，前面和左侧由两幢房屋组合成曲尺形，与之相对的右后侧围绕有矮墙构成后院，用作饲养畜禽的栏圈，可见当地居民在从事稻作农耕的同时还利用院落进行家畜的饲养，构成自给自足的小农经济形态。陶井模型的出土，说明掘井汲水的存在，显示出人们生存空间的扩大。但应当指出的是，香港地区岛屿众多，海湾中水产资源十分丰富，具有进行渔捞活动的得天独厚的条件，渔捞活动并不因稻作农耕的出现而消失，只是在经济生活中的比重下降。譬如，在1994年马湾岛东湾仔遗址的发掘中，发现有丰富的汉代文化层，其中保存有面积颇大的贝壳堆积，显示出当时捕捞活动仍占有相当高的地位。直到近代，海洋捕捞仍然是某些海岛居民重要的谋生手段。

图 6-4 李郑屋陶住宅模型

图片来源：香港历史博物馆.《李郑屋汉墓》,[EB/OL].(2022-03-03)[2022-3-15],https://www.lcsd.gov.hk/CE/Museum/History/zh_CN/web/mh/about-us/lei-cheng-uk-han-tomb.html.

## 四、传播手段

1. 招牌（招贴）

随着商业活动的增加，招牌（招贴）广告多出现在街道、商店中，以平面的形式出现，表现为简单的公告、告示。人们通过时间发现，一些信息通过文字写在一定的公共场所，信息传递得很快并且效果很好，于是发明了公告、告示。鸦片战争前，香港的知识分子已逐步脱开自命儒雅脱俗的传统思想，开始涉足广告领域，以自己的文字专长直接为商业广告服务。他们题写招牌文字，撰写广告对联，推销商品及介绍商品，使用中国传统的书法和表现形式，使广告形式具有浓郁的知识性、趣味性，并形成了当时香港独特的民族风格和民族气派。香港上环文咸街一带的南北行招牌广告是具代表性的香港鸦片战争前后的商业广告。从广告的内容来看，有的以儒家"以义取得"的思想为主导，讲究商业道德与商店的信誉；有的则采用吉祥文化为主题，表达生意兴隆、吉祥美好；有的广告则采用对联形式；还有采用与商店商品有关的历史故事为主题。

2. 旗帜

旗帜成为香港19世纪较为流行的一种广告形式。旗帜广告品种繁多，其色彩、图案、功用、式样、位置、形制各异，古代皇帝出行、狩猎，军队练兵作战举旗，欢庆场合用彩旗，就连府衙门前也竖起高大旗杆。旗帜广告，在香港也得到了有效应用。当时的酒店、商铺多插上酒旗，酒旗既有酒家标志的作用，也有广而告之招徕顾客的作用。香港航运的商船桅杆上也插上高旗，从一些外销画中可以目睹当时多家商船上的旗帜广告。

图 6-5　1840 年前后，上环文咸街一带的南北行招牌广告
图片来源：高添强. 香港今昔［M］. 香港：三联书店（香港）有限公司，2005.

### 3. 洋货广告

明代的香港在商贸上已渐渐蓬勃起来，随着日本"倭寇"、葡萄牙和荷兰侵略者的入侵，香港的经济和政治开启了特殊的发展历程。1516 年起葡萄牙控制香港地区的屯门和后浪湾达 7 年之久，并以此为据点，开展对日本、东南亚等国的商贸。因此 19 世纪前期的广告也有着它特定的发展特点。鸦片战争前夕，英国人开始了以香港为据点，进行商贸往来，洋货广告开始反客为主，占据核心地位，形成各帝国主义进行广告竞争的局面。此时，香港宣传商品的广告中，有的出现中英文字体。

## 五、传播策略

### 1. 市集买卖

香港地区最早的墟市记载是明代开墟的元朗墟。至清乾隆年间，得县治批准，北接深圳、东通大鹏的大埔正式开墟。至 19 世纪初，墟市再增石湖和长洲两地。此外，临近的深圳墟是极重要的墟市。这些墟市大都是 3 天一会，墟期并不相叠。除了官认的墟市外，本区还有其他的市集，包括如九龙城、沙头角、大澳、西贡、塔门等地，其重要性不亚于墟市。自 19 世纪下半期开始，商业活动逐渐增多，不少新兴的市集如油麻地、深水埗、荃湾随之出现。直至今日，上述地区仍具有商业中心地位。除定期集市外，更有 100 多家常年开业的店铺，成为深圳墟以南的最大墟市。清光绪十九年（1893）文氏宗族在大埔观音河南岸设立了太和市，规模更超过元朗墟。通过这些墟市，吸引了整个香港地区以及一些毗邻地区的民众前来交易购物，既能物畅其流促进生产，又使各大族掌握了物资交流的渠道，牢固了本族的经济地位，扩大了影响。与此同时，一些大族还在部分岛屿开发和购买土地，进行投资。这证明了，在清中期以后，整个香港地区的财政税收由设在新界的巡检司管辖，整个香港地区的经济命脉则由居住在新界的大族控制，新界成为名副其实的香港地区经济中心。

## 2. 海上贸易

良好的港湾除了可以经营鱼、盐外,还可以汇集传船舶,发展贸易。本区的重要史迹,也集中在几个形势较优的港湾,包括屯门湾、九龙湾、香港仔海湾,以及如今称为维多利亚港的海湾。其中屯门湾尤为重要,自唐代以来,屯门湾就成了大多数商船往返广州的必经之地。屯门龙鼓上滩遗址有较清晰的考古发掘层位关系,曾在考古发掘中出土了大量的宋明时期陶瓷。

在历史上,屯门是海外及本地贸易及军事战略要地,而西贡则拥有绵长的海岸线,有利于海外贸易。有学者指出,"屯门"一名,最早见于《新唐书》,在卷四十三上《地理志》岭南道南海邵条载:"有府二:曰绥南;有经略军,屯门镇兵。"因而当时的屯门镇可能是防卫军镇。史料显示,"屯门"曾是当时对外港口之一,在海上贸易和海防方面担任重要的角色。有屯门曾作为广州对外港口之说,认为当时广州出海船只,须靠冬季季候风,经屯门再转往南洋诸国或更远的国家进行贸易。屯门因其良好的避风港作用,加上位于珠江口岸,是当时来往广州的必经之地,故屯门成为海上交通要塞。

复界后,由于对外界的物产需求不大,加上通往区外的水路与陆路交通并不健全,至18世纪初,香港地区对外贸易一直停滞不前,商业活动主要只限于区内的城市。随着欧洲多国增加在广州的对华贸易,香港因为处于贸易航道附近的水域,经济发展得以受益。不少香港现今境内的宗祠均在清乾隆至清道光年间兴建或重修,可直接表明当时经济的显著发展。

## 六、品牌案例:香港之名

虽然以"香港"二字作为整个岛屿的统一名称是1842年中英签订《南京条约》时正式确定下来的,但在英人未入岛前,香港地区的地名早已流传远久,只是史籍记载的名称不一样而已。有叫"红番炉""裙带路"的,也有叫"大潭""赤柱"的,还有叫"石排湾""屯门"的。目前所知最早以"香港"二字作为地名记载的史籍,是明万历年间(1573—1620)郭棐所著《粤大记》。在该书所载《广东沿海图》中,标有香港以及赤柱、黄泥涌、尖沙咀等地名。至于说到"香港"名称的由来,则历来众说纷纭,综合来看主要有四说:

(1)由女海盗"香姑"演变而来。据传在清嘉庆年间(1796—1820),有位貌美艺高的女海盗名叫"香姑",是出没于伶仃洋的海盗林某之妻。林死后,香姑据岛为生。因此有"香姑岛"或"香岛"之称。"香港"一名即由此演变而来。

(2)由"红香炉山"转变而来。旧时香港铜锣湾天后庙前,有一座红香炉。据古老传说,这座红香炉是从海上漂泊而来,停在庙前沙滩上。村民见后将它抬至庙前,并称庙后面的山叫作"红香炉山"或"红香炉峰"(今太平山)。庙前的海港叫"红香炉港"。后来"红香炉港"一名便转变为"香港",并成为全岛的总称。

(3)由"香江"延伸而来。今香港西南部的"香港仔",史称"香港村"。据《新安县志》载,香港村原属官富司所管,是一个古老的渔村。村里有一条小溪流注入海,成为一个小小的港口。村民和过往船只的船员、水手常在此汲水,人们发现此溪泉水清澈甘香,久而久之小溪便有了"香江"的美称,由香江入海的港口自然被称之为"香港"。

(4) 由"莞香"闻名而来。明至清初广东东莞、新安等沿海地带,因土质、气候适合,此地盛产的香树质量上乘,驰名中外,远销八方,故有"莞香"之誉。由于大量香木都在东莞沿海港湾等待起运,故转运的港口便有了"香港"之名。

地名是一个地方长期历史积淀的标记和缩影。上述关于香港名称的说法或渊源于当地的山川物产,或取材于地方的民俗传闻。但无论是哪种都印证了香港历史发展的悠久,清朝闽浙总督颜伯焘在清道光二十一年(1841)的奏折中就指出:"香港为商船内驶必由之路,其岛曰红香炉,上有营风居民,并非偏僻小港可比。"

## 第二节 开埠时期(1841—1944)

吉卜林问道:"怎么这里的每一个人都脱不了铜臭味?"
他被告知:"这是因为这个岛正在蓬勃发展。凡事都要付钱。"
他看到一份股票目录,所有股票都在溢价出售。
"从牛奶场开始,样样都要付钱。"
——拉吉亚德·吉卜林在《From Sea to Sea》对当时香港社会的描述

### 一、历史背景

明清时期的香港村只是一个小渔村。第一次鸦片战争后,中英两国签订《南京条约》,清政府割让香港岛给英国。英国于1843年4月5日宣布香港岛为英属殖民地,由此改写了香港的历史。1860年,再将九龙半岛割让予英国;1898年,又将新界地区租借予英国。1925年5月16日,英军强占九龙寨城、深圳及沙头角,11月13日于深圳及沙头角撤军,只有九龙寨城没有交回。至此,整个新界地区正式归香港政府管治。其后,英人与村民协商,新界村民仍过着农村生活,一切民生及习俗,仍依中国传统。自此,香港岛、九龙半岛、新界及235个离岛组成了香港殖民地(colony of Hong Kong),简称香港。

1941年12月25日下午6时,港督杨慕琦及莫德庇少将在九龙尖沙咀半岛酒店,向日军投降,香港进入了三年零八个月的日治时代。日军占领香港后随即成立军政厅,直至1942年2月25日,占领地首任总督矶谷廉介抵达香港及成立直辖于日本战时内阁的"香港占领地总督部"。1945年8月15日日本投降,二战结束,占领地当局在盟军部队抵达前继续维持占领地的基本秩序。8月30日,由夏悫少将率领的皇家海军太平洋分遣舰队抵达维多利亚港宣告香港重光,英国官方在9月16日举行受降仪式,而香港也在百废待兴下展开战后重建。

香港开埠之初，就有零星的品牌开始萌芽，并随着本土经济日渐蓬勃而崭露头角，他们分散于庶民生活相关的行业，例如中药、食品、金饰、餐饮、交通等。而作为一个移民城市和东西文化的交汇点，香港的品牌发展一早就呈现出国际化和本土元素兼收并蓄的特色。除了本地品牌、英资品牌之外，也有不少从内地和东南亚迁入的品牌，代表性品牌有李锦记、位元堂、中华商务、奇华饼家。

## 二、商业环境

1. 开埠初期

英属初期，因内地战事频繁，香港社会安定，于是有大量内地居民迁入香港，迁入者多从事木匠、苦力、小贩、家仆、轿夫、理发匠及石匠等行业。当时港岛北岸大量建造商厦及民房，建筑业开始发展；房舍及公路建筑需要石材，所以打石业也随之发展。1860年后，商业更为发达，南北行、南洋行、金山庄、造船厂、商行、银行、糖厂、制缆厂、染织厂、水泥砖瓦厂、面粉厂及旅馆等相继设立，为工人提供了大量的就业机会。英占初期的香港经济以进出口贸易为中心，航运业和金融业则为侧翼，这三个行业成为香港最早的支柱性产业。

2. 进出口贸易

进出口贸易被称为近代香港经济的"龙头"和"血液"，英国政府和商人特别重视开拓海外市场攫取利益，因此在占领港岛后，他们立即以此为基地扩展贸易。19世纪末香港已成为中国的进出口贸易中心。到了20世纪初叶，它更成为世界知名和亚洲重要的转口港之一。进出口贸易的商品品种，在英占中期也不断扩大。出口方面，除了初期的丝、茶和供应海外华侨的各种中国产品之外，又增加了大豆、皮革、羊毛、植物油、大麻、烟草等。进入20世纪以后，更有少量港产工业品如纸张、蔗糖、水泥、缆绳等出口。而在进口方面，除了初期的鸦片和棉花之外又增加了煤油、食油、食米、纺织品、火柴、染料和金属等。

二战前的香港经济以进出口贸易特别是转口贸易为主，符合香港本身的条件和国际市场的需要，带动了整体经济，促进了英占中期的经济增长。进入19世纪70年代，由于科学技术的进步，贸易周期缩短，资金周转加快，香港的转口贸易获得明显的进展。但于1873—1875年，香港又受世界经济危机的影响，再度出现萧条。华商行号由于规模不大，机动性强，便于调整经营方向，很快走出低谷。从1876年起，南北行、金山庄、米行、花纱行、茶叶行等，都开始了新的发展期。19世纪80年代以后，除少数几年因汇率涨落不定，投机盛行，经济不景气之外，其余年份发展趋势相对平稳。在西方国家中，英国在香港转口贸易中仍占优势，但所占比重下降。表明香港转口贸易对英国的依赖性已经减少，服务对象趋向国际化。

3. 航运业

开埠之初，港府为了营造维多利亚城，兴筑货仓、工厂，修筑马路，尤其着意发展航运业。当时的银行及商行,多集中在今中环一带,令该区成为商业中心。其时的货仓,多集中于今湾仔及铜锣湾一带。铜锣湾为当日英资怡和洋行的货仓范围,该地今已发展成百德新街及附近一带酒店区,只留下渣甸坊、怡和街等街道名称。北角的货仓地区,第二次世界大战后仍然存在,包括电灯公司放煤的仓库及机楼,今已发展为城市花园;城市花园旁的北角仓,今已发展成和富中心,故有街道名和富道。中区向西,从西营盘至坚尼地城海傍一带,皆有货仓,但大部分已经拆卸,改建成住宅大厦,例如均益仓已改建为住宅。

4. 金融业

英占初期香港金融业与进出口贸易唇齿相依——通过客户往来和兑换业务为贸易服务。19世纪三四十年代,各国对华贸易的通用货币是西班牙银圆和墨西哥银圆,前者被中国人俗称为"本洋",后者为"鹰洋"。这些银元和中国国内流通的银锭、碎银以及制钱便自然而然地成为英国占领香港最早的货币。香港第一家现代金融机构是总行设在孟买的英资东方银行1845年在香港开设的分行。接着英资有利银行、呵加剌银行分别在1857年和1858年在香港开设分行。到1859年,总行设在伦敦的英资渣打银行也在香港开设分行,成为当时岛上最大的一家银行。这四家银行都经营进出口押汇业务,为买卖双方提供信用保证和买卖进行期间的融资。同时,转口贸易也带来蓬勃的外汇买卖业务。随着香港人口的增加,本地商业和房地产日益发展,制造业也兴旺起来,又陆续出现了银号、典当业、银会等多种金融机构和股票、外汇、金银等多种金融市场。

5. 金融制度改良

香港该时期的金融制度改良主要可分为四个部分:统一货币、成立金融业贸易场改革、取消银本位以及钞票流通。香港开埠初期的货币制度极其混乱,名义上是以英镑为通行货币,但市面上甚少英镑流通,各方钱币均可在香港使用。开埠之初,香港并无独立而完整的货币制度。1842年,首任港督砵甸乍颁布货币政策,规定西班牙银洋、墨西哥鹰洋、英国银币及中国制钱等,皆可在香港流通。其后,由于市面银元及铜质辅币不足,港督夏乔士·罗便臣建议铸造香港货币。首批货币于1863年在港发行。随着香港经济日渐繁荣,转口港地位巩固,税收政策日趋完备,航运、金融、百货业发展,急需统一货币,遂由香港银行自发钞票。

香港金银业贸易场成立于1910年,初称为金银业行,以买卖金银为主要业务。直至第一次世界大战后,才正式定名金银业贸易场及登记立案。其后,组织与规模不断成长扩大。自1929年10月起,香港便以银为价值本位,但其时欧美等国却通行金本位。19世纪末,黄金计算白银价格持续下降,使港元的汇价也节节下跌,这对香港的对外贸易造成了沉重打击。其后银价波动不稳,1935年美国收买白银使得银价飞涨,香港面临经济崩溃之虞。同年11月,中国政府下令将白银收归国有,香港便实时作出反应。港府立法通过《货币条例》,禁止白银流通,改用纸币本位,并将港币与英镑联系,维持汇兑平价。这对稳定港币起非常重要的作用。正因币制的坚稳健全,在其后四十年,虽然经历了不少风雨,但香港的金融及劳动市场相对平稳,更未有出现严重的通资膨胀。随英

国国势衰落,这项制度到了1972年取消。后于1982年改以港元与美金挂。

在港元与英镑联系后,香港的汇丰银行、渣打银行及有利银行所发行的钞票,始成为法偿货币,在市面大量流通。并以良价收购民间银块及强使市民将以往之银元兑换成港币。仗汇丰银行如日中天的气势,港币受各方信任,流通无碍。不久,港币更在广东一带通用,占发行额之泰半。此时,香港俨然成了岭南地区的金融中心。而在淘金热后,处理海外华侨之汇款,渐成为香港银行之重要业务。其时,环顾亚洲,以香港的银行网络最为发达及完善,无论南北东西,均能沟通无碍;加之法律保障较好,华侨均以透过香港银行汇款为首选,而有关款项一律以港币结算。香港渐成货币流动之枢纽。

6. 华商崛起

香港的经济商贸最初由洋人主导,华人大多受雇于洋人。但在19世纪中后期,形势有了较大转变,不少香港华人已有资本,并经营实业。这个转变的关键在于1841年6月7日香港宣布实行《自由港政策》,吸引了大量内地华人资本进入。近代以后,香港逐渐成为远东地区新兴的商业中心之一和中国对外贸易的重要转运站,也是联系海外华侨与祖国大陆的桥梁。在香港的华商,成功地运用传统的经营方法,把远洋贸易和中国沿海贸易连接起来,这就是沟通南北洋交往的南洋庄和横贯东西方向的金山庄。它们分别代表着来自潮汕平原和珠江三角洲的商人势力,并构成港商的中坚力量。

7. 内地华商

近代香港居民绝大部分来自广东沿海地带。早期香港买办原来活跃于珠江三角洲地带,到港后结成买办世家和具有浓厚地域特色的排他性买办集团。香港开埠不久,已有买办自立行号,开始兼有商人身份。这些人是香港华商的起源。民国时期,国内各地商民视香港为"世外桃源",纷纷前去投资创业。香港报纸杂志上充满内地企业五光十色的商业广告,民初粤沪华商在香港新创建的分支企业即数以百计。其他如北京盐业银行、同仁堂、达仁堂,天津同裕堂,厦门淘化大同罐头公司,梧州西江航业公司,也在港设了联号。可以说,此时港商的来源已扩大到全国范围。抗战前期,由于香港置身于战争之外,地位"稳固而保险",遂成为内地资本大迁徙的重要目的地之一。首先兴起的是上海工商企业的迁港潮。当沪战发生时,上海资金已有流港之征象,及上海沦陷后,许多高等人士迁港作寓公,将存款移往香港,"故上海资金源源流港"。除了银行和商店外,迁港数量最多的是工厂主,他们或建分厂,或设分行所,也有不少将整个企业迁港营业的。广东工商企业的迁港潮继之于后。1938年10月,广州等地沦陷,粤商大批入港,其规模宏大,涉及面宽广,包括机械、织造、小五金、制药、火柴、抽纱、制漆、电筒电池、食品、金融、餐旅、爆竹、草席、印刷等诸多方面,促使香港华资经济"大见蓬勃",各业经营"异常发达"。

8. 海外华商

清朝末年,华侨回国投资形成高潮,由于香港具有特殊的地理、交通位置和优越的港口、商贸环境,是一个理想的桥头堡。华侨商人看中了这一点,认为"海禁即开,环球互市",香港乃"航路转枢之中点,商务之旺未有穷期"。一时富商巨贾创设大公司接踵不断,并与向内地的展拓紧密相连,如四邑轮船公司、省港轮船公司、中国轮船公司,先施、光商、真光、永安百货公司,源安、源盛洋面火烛保险公司,广东南洋烟草公司、广生行化妆品公司等,真可谓"商务日兴,工艺蒸蒸日上"。进入民国,华侨对香港的投资仍方兴未艾,尤其是银行业异军突起。1912年,旅美华侨陆蓬山等集股刱创广东银行,是为香港首家注册成立的华资银行。随后,香港工商银行、华商银行、康年储蓄银行、东亚银行、国民商业储蓄银行、嘉华储蓄银行、金华储蓄银行、永安银行、香港汕头商业银行等,接踵成立。它们由华侨投资,在香港注册,总行设于香港,但业务都伸展到内地,建有不少分支行处。此外,新加坡四海通银行、和丰银行(1933年改组为华侨银行)等也创建了香港分行。20世纪30年代,港粤系和福建系的华资银行活跃于闽广及南洋一带,是华侨金融之枢纽,负有沟通海外侨胞和祖国经济联系的使命,因而被时论称为"华南财团"。

9. 早期商行

香港最早的工业都与转口贸易有关,如造船、船舶修理和食品加工等。到20世纪初,虽然也有一些轻工业的建立,可是并不发达。直至1920年及20世纪30年代,香港工业才得到较大的发展。七七事变发生后,随着内地沦陷区的扩大,各省大批的实业家纷纷迁至香港,并设生产厂。他们的经营范围以轻工业为主,包括搪瓷、纺织及胶鞋等。欧战爆发后,不少军用品的需求量大增,更进一步刺激了香港工业的发展。香港法律的繁琐及处处依法而行,使许多华人宁愿私下解决问题以避免法律上的麻烦。因而助长了自19世纪以来,一些行业里中介人的出现,如洋行的"买办"、律师楼的"师爷"等。

香港开埠后,实施自由港政策,并推出一系列优惠英国商家的商贸政策。自此,香港岛的经济发展与九龙及新界有了很大差别。由于当时比较缺乏技术与物资,难以作高质量的生产制造,香港岛上最主要的经济活动,就是英商及其洋行的对外贸易生意。洋行主要的生意范围大多是广州,而这些洋行亦不妨视为晚清十三行的买办活动的延续。他们有的经营丝织、茶叶贸易,或有从事汇款、保险、放贷等融资业务,多是利钱厚但风险高的行业。在那时起,香港已是有名的"赚快钱"城市。

表6-1 香港主要英资洋行

| 洋行名称 | 创立时间 | 业务范围 |
| --- | --- | --- |
| 太古洋行 | 1816年 | 从事进出口贸易、经营轮船队等 |
| 怡和洋行 | 1832年 | 零售、房产、金融、航运、建筑 |
| 宝顺洋行 | 19世纪 | 从事鸦片入口、转口贸易,以及对外输出茶叶、生丝等业务 |
| 和记洋行 | 1860年 | 布匹、杂货及食品的转口贸易 |

## 三、传播符号

1. 吉祥纹样

香港文化虽然经历殖民文化的浸染,但是香港文化的根在中国,故而在香港文化的各个层面对传统文化都有继承与发扬,这种文化认同可以从香港民众生活中所使用的吉祥纹样中看到。

中华民族的祖先创造了许多向往幸福、追求美好生活、寓意吉祥的文化。这些吉祥文化创造了图形与吉祥寓意完美结合的美的形式,如民间流传至今的"龙凤呈祥""连年有鱼""吉祥如意""连生贵子""双喜""三阳开泰""国色天香""福"等。随着吉祥图案种类日益丰富,每种祥图案各自代表的意义也不尽相同,如龙的形象是综合各种图腾想象而成的,它既是中华民族的标志和象征,也是皇权的象征。龙的应用无处不在,如"祭龙日""龙头"等。龙有关的图案均有吉祥的意思,如"龙马精神""龙凤呈祥"等,还有由龙形简化而来的图案,也包含着无限祝福的意思,这种龙的意识、龙的象征,延续到现代标志设计中便成为企业品牌的特定符号。除祥纹样、传统图形外,还有

**图6-6　五桂堂书局商标**

图片来源:万长林. 香港平面设计史[M]. 贵阳:贵州教育出版社,2012.

诸如花草图案、书法字体等中华民族独特的图形符号被近代企业选用为产品商标,这些图形符号的运用具有典型的民族特征。五桂堂书局商标设计也体现了中国吉祥文化,该标志将中国传统吉祥纹样五花"桂花"与中国文字相融合,在花的中心藏有"五桂堂"美术字体和五组桂花的图案,体现了中国的传统吉祥文化,并将中国的文化意象传播给受众。整个设计结构紧密,图形与文字之间设计巧妙。

2. 舞狮

习俗的传承是民族传统文化在现代社会发展中面临的一个重要问题,其承载着先人创造和积累的一切文化财富和经验。香港地处临海,自古海事活动十分活跃,海洋生存环境的风云变化使得民众迫切寻求神灵的护佑,获得寄托和内心的安定。拜龙母庙、拜妈祖、拜关帝爷、拜谭公等具有明显的祖先崇拜和神灵崇拜,一般在庆典、贺诞巡游、村乡聚会、祠堂竣工等都会组织舞狮、舞龙等表演活动祈求神灵的保佑和生意兴隆。这些活动开展的基础是图腾崇拜的遗存形式,图腾被视为力量、勇气、好运的来源和主宰,这些传统被保留下来,并流传至今。中国民俗传统认为舞狮可以驱邪辟鬼。故此每逢喜庆节日,例如新张庆典、迎春赛会等,都喜欢敲锣打鼓,舞狮助庆。舞狮亦跟随着华人移居海外而闻名世界。传说得到子子孙孙的认同,并以民族聚居区域历史、风俗、文化

娱乐等为主题而自发开展的庆祝活动，舞狮信仰的坚守培养着群体的自豪感和向心力，随着村落的扩大，一些村落还以舞狮作为族人兴旺的标志。信仰的坚守不但反映了人们对舞狮习俗的认同，也从侧面向人们展现着先祖们创造的历史文化让人产生强烈的民族自豪感。舞狮习俗作为源远流长的自动化、标志化的行为模式，一旦形成将不易改变，作为一种集体意识被大多数人共同遵守和维护，因而得以坚守。

3. 天后庙

天后庙在香港众多的庙宇中，数量最多、分布最广。整个香港地区的天后庙有五六十处。比较著名的天后庙分布在香港岛的赤柱、香港仔、铜锣湾、筲箕湾，九龙的油麻地、土瓜湾，新界的马湾岛、荃湾、茶果岭、北佛堂、长洲、坪洲、林村等处。香港的天后庙大多是在清朝兴建或重建的，其中历史最悠久的北佛堂天后庙（当地称为"大庙"）始建于宋代，已有700多年的历史了。据《林氏族谱》记载，宋朝时福建莆田一个名叫林长胜的人，举家迁往今日九龙黄大仙附近的彭蒲围（今大村），一连几代都以行船为生。一次，他的孙子林松坚、林柏坚驾驶艚船出海遇到飓风，船毁货失。他们两人力挽船篷，紧抱船上祭祀的林氏大姑神主，结果浮到了东龙岛（南佛堂）北岸，安全脱险。他们认为这是神灵保佑，便在南佛堂建立了祭祀林氏大姑的神庙。这个林氏大姑便是后来人们所称的天后。其后，林松坚的儿子林道义又在北佛堂修建了祭祀林氏大姑的神庙。这就是北佛堂天后庙的由来。天后庙里祭祀的天后据福建莆田的民间传说，本姓林，世代居住在福建莆田一个叫湄洲屿的小岛上。她16岁时从古井中得到铜符一双，从此便能够腾云驾雾、横渡大海，经常替航海者消除风灾，挽救过不少人的生命。后来她"白日升天"，湄洲屿居民把她当作神灵祭祀。许多朝代的帝王对她都有加封，称"天妃""天后"。在我国沿海地带（特别是闽台沿海地区）普遍建立有天后庙。香港地区修建天后庙，反映出香港渔业、航海业的发达和多风灾的气候特点，也反映出香港与中国沿海其他地区宗教文化的联系。

图 6-7 佛堂天后庙

图片来源：华人庙宇委员会.《西贡佛堂门天后古庙》[EB/OL].（2022-3-15）[2022-3-15], http://www.ctc.org.hk/b5/directcontrol/temple20.asp.

## 四、传播手段

### 1. 月份牌

月份牌因被商家或企业借用进行宣传商品、促进商品销售而成为一种商业广告。所谓"月份牌"是一种传统的年画形式,最初是洋商们为推销商品所做的广告宣传画,用来促销外国商品的产物。而后一般商家行号也普遍运用,作为商品赠品,用以取悦消费者,使人们在心理上获得"额外的"满足感。

19世纪后期,香港著名英商太古洋行第二任华人买办莫藻泉兴建了一家糖厂。1884年,他推出一种广告式的"月份牌",用以宣传太古糖厂的产品。他聘请关蕙农设计的画面多为花卉、吉祥人物、福、禄、寿、喜、天官赐福、迎春接福及仕女图等,凡购买太古糖者,赠送"月份牌"一帧。后来,许多厂商竞相效仿,印制免费赠送的"月份牌",画面的形式也越来越丰富多样。特别是到20世纪二三十年代,随着市场经济的发展、商业竞争的加剧,许多商家企业利用月份牌进行商品广告或商品促销,使月份牌成为这个时期重要的商业招贴广告形式。月份牌画最早在上海流行,香港因深受上海"月份牌"画影响,香港画家关蕙农仿效上海的"月份牌"画而专事"月份牌"画创作,被誉为"香港月份牌王"。香港月份牌画发展初期的题材丰富多样,历史掌故、戏曲人物、民间传说、时装仕女、摩登生活……月份牌展现出了当时社会的审美取向,既有艺术欣赏价值,同时也反映了当时社会的风尚和经济状况。

**图6-8 香港月份牌画**

图片来源:万长林. 香港平面设计史[M]. 贵阳:贵州人民出版社,2012.

### 2. 报刊广告

随着帝国主义的军事入侵,西方资本主义国家展开了对香港的经济和文化的侵略。外国资本和商品大量涌入,客观上促进了香港工商业的发展。大批商人、政客、传教士、冒险家的到来,不仅为香港带来了各种各样的商品,也带来了西式的报馆,而"设计"一词也正是在这时候传入香港的。媒介也开始成熟和壮大,专业设计公司开始兴起,报刊广告也随之流行起来。

初期的香港，只有英文报刊。更令人注意的是，在香港活跃的多是自广州、澳门搬到香港的英国人。约翰·马礼逊创办《香港公报》及《中国之友报》，与怡和洋行有密切关系的英文《广州纪录报》于1844年迁至香港，改名为《香港纪录报》，另外，则有与教会甚为接近的《中国邮报》，后称为《德臣西报》。近代中文报纸是在鸦片战争前后由外国传教士办的教会报纸发端的。其宗旨主要在于阐发基督教义，商业色彩不浓，只刊登不多的广告。1857年，外商在香港创办了《孖剌报》，增出了中文版的《中外新报》，初为两日刊，以后改为日刊，是中国最早的中文日报，最早刊登商业广告。《中外新报》采用白报纸，单张印刷。每日四开一小张，广告占三分之二，发布船期及商业消息，新闻多译自西报与转载京报，偶尔也有论说及译作。1861年后，《孖剌报》成为专门刊登船期、物价的广告报。在《孖剌报》之后，一些报刊相继开辟了广告专栏，其中，《申报》和《新闻报》在广告经营方面具有一定的代表性，西报的广告活动为中国从事报刊广告活动提供了经验和方法。现代形式的报纸在香港的出现，客观上促进了香港广告向现代形态的演进。可以说，中国现代意义上的广告起始于鸦片战争以后报纸在中国的发展。

## 五、传播策略

### 1. 产品导向

成立于1881年的太古糖房，早期中文名称为太古糖房，后改为太古制糖局，之后又再改为太古车糖公司，俗称太古糖厂。创办人约翰（John Samuel Swire）在香港成立糖厂的目的是要在中国开办最大、最先进的炼糖厂。1884年3月17日，位于港岛东部鲗鱼涌的厂房落成，业务由太古洋行代理。

炼糖是香港早期主要工业之一。彼时华人对糖的需求很大，主要因华人生产的糕点都是需要糖的甜点，过往用的是由小型糖厂生产的土塘或者黄糖，质量较差。太古糖厂成立后，为了切合不同的市场需要，把糖分成不同级数，而且可以生产出精致、幼细的砂糖，特别适合用来制作饼皮。除了主力制造的白砂糖，太古糖厂还延伸出其他产品，例如用于冲泡饮料的太古方糖，用于制作糕点的糖霜，也有糖浆、糖水、糖粉等，最大的工业用途在汽水类，当时的可口可乐厂，另外还有制作面包的公司，例如嘉顿，现在仍然是太古糖厂的客户。

另外，糖厂凭着一套有效的推销系统，成功打进中国内地的市场。1925年，太古糖厂扩展成全世界最大的一条龙形式生产（single-unit）糖厂。1928年中华火车糖厂结业，并把制方糖的机器卖给太古，让太古在制糖业的领导地位更加巩固。第二次世界大战期间，太古的厂房遭受严重破坏。1947—1948年，公司决定重建厂房设施，又同时把公司注册从伦敦迁到香港来。经过差不多十年的中歇，糖厂终于于1950年重新投产。到20世纪60年代，太古成为香港唯一的炼糖厂，而糖产品则是"香港出口价值最高的食品"。

2. 公益慈善

开埠前的香港仅为宝安县一偏乡辖地，故官府不曾在此设育婴堂、养济院等善堂，其慈善活动主要表现为民间社会的济贫互助。1869年仁记洋行买办梁云汉联合米行、布匹行等的股商富贾发起筹设医院。1870年东华医院正式奠基创建。伴随着近代香港社会的发展，受灾荒与贫病的打击，亟须救济的弱势人群亦复不少。东华医院不断扩建院舍，更新设备，规模日盛，至1929年，又先后创设了广华医院、东华东院，形成了东华三院的格局。

自成立后，东华医院就广泛向在港华人开展慈善救济活动，诸如施赠医药、兴办义学、兴建义冢、赈灾恤难。东华创设的初衷即在于救治贫病，历年施医舍药自不待言，惠及穷苦之民甚众。1879年，梁云汉、招成林首倡兴义学，以文武庙侧的中华书院为校址，收清寒子弟免费入学，先后添设洪圣庙义学、天后庙义学等，至1917年已达12所。东华三院不徒医治病人，凡贫民困难疾苦，糜不予以救济，尤以赈灾恤黎方面最为费心。1874年9月22日台风袭击香港，"计罹祸毙命之人，则殆不下两千生灵……而海中浮尸被恶浪漂激于岸者，亦俱纵横狼藉，尸骸枕藉"（《申报》1874年9月30日）。风灾过后，东华医院即遣雇工掩瘗死者，并派医护人员救治伤者，慨然担当起香港华人的善后救济工作。

在香港历年所遭的重大灾劫中，东华三院或首倡义举，或发动联合募捐，与港埠其他华人善团一同主持赈济工作，如救恤1894年全港瘟疫、赈济1904年黄泥涌火灾、1906年、1926年、1931年三次特大风灾。在香港沦陷期间"贫苦居民生计无着，奄奄待毙者甚多"，东华三院董事局又特设收容所，予以救济，并对死者进行义葬。抗战胜利后，在港九各处设立慈善救济站，举办以工代赈和施饭赈济贫民。自1945年9月17日至1946年10月，共用米88万余斤，面粉29万余斤，发放饭面救济共达3059000余份。

## 六、品牌案例：香港大中国火柴公司

中国企业银行1938年度营业报告称："自八一三事变以来，京沪、沪杭雨两路线相继沦陷，所有各种产业摧残殆尽。"抗日战争爆发后，火柴业巨子、爱国企业家刘鸿生于1938年6月离开上海，先后赴香港和重庆等内地考察，创办新企业。他通过关系，从各种渠道将上海的资金、设备及原材料转移到新建企业。1939年4月，刘鸿生在香港筹备的大中国火柴股份有限公司基本就绪。4月19日，刘致函上海称：筹备甚为顺利。在港设筹备处，4月30日解交股款，欲认股者甚多。刘遂委托中国国货银行向上海刘鸿生账房提取国币11万元，作为香港大中国火柴公司之股份。上海于4月29日如期汇出。刘鸿生被推为该公司经理。大中国火柴公司资金到位后，于1939年6月6日登记成立股份有限公司，工厂设在坪洲岛，次年4月初开工。初期资本额30万港元，先招其半数，由刘氏、中国国货银行及有关人员集资组成。1940年8月再增资15万港元。在总资产中，刘鸿生及大中国占49%，中国国货银行及有关人员占51%。火柴厂工人总数550人，职员30人。主要产品为安全火柴，商标有555、仙鹤牌（特等火柴）、大中国、天厨牌、寿星牌（头等、二等火柴），日出货 30 至 40 箱，最高达 60 余箱销本港及爪哇、新加坡等南洋各地。"其原权料自始以来采用国产原料，除少数购自欧美绝不用仇货"（日产原材料），表现了爱国企业家的风范。1942 年 11 月 12 日，香港日总督府派 10 余人去大中国火柴公司制造事端，工厂被迫停产，继之被日军管理，在日本军国主义侵略时期，生产极其艰辛，产量低下。1945 年 8 月，日本投降前夕，始复工正常生产。

## 第三节　战后时期（1945—1996）

随着 1997 年的日益临近，英国方面不断试探中国关于解决香港问题的立场和态度。……1982 年 4 月，希思（英国前首相）第五次来华访问，迈出了解决香港问题的试探性的一步。在同邓小平的会谈中，希思向邓小平谈到了他第一次同邓小平会面的情景，向邓小平提出了香港问题。他说，我记得我第一次见到毛主席和周总理时，你也在场，我们讨论了香港问题。当时毛主席和周总理说，反正到 1997 年还早哪，还是让年轻人去管吧。现在离 1997 年只有 15 年的时间，你是如何考虑在此期间处理这个问题的？因为很多人都要在香港投资，怎样才能使投资者不担心呢？邓小平说，香港的主权是中国的。中国要维护香港作为自由港和国际金融中心的地位，也不影响外国人在那里的投资。在这个前提下，由香港人，包括在香港的外国人管理香港。他说，香港有了地方政府，我们的新宪法有规定，允许建立特别行政区，由香港人自己组成政府，不管是华人、英国人或其他人都可参加，可作政府雇员嘛，甚至成为香港政府的成员都可考虑，各种制度也不变……

——《邓小平与外国首脑及记者会谈录》

### 一、历史背景

1945 年日本投降，第二次世界大战结束。香港错过了回归中国的机会，继续维持超过半个世纪的英国殖民统治，直至 1997 年 7 月 1 日才回归中国。

20 世纪 50 年代，香港开始了第一次经济转型，成为以外销产品为主的自由港。20 世纪 50 年代末，制造业出口占香港出口的比重高达 70%，这是香港从转口港变为工业化城市的标志。20 世纪 60 年代初期，香港经济发展开始进入转型期，制造业开始兴盛，人口数量伴随着大规模的移民潮而剧增，新的移民也推动了香港的经济结构和商业文化转型，香港逐渐成为一个人口密集和工厂林立的大都会。20 世纪 60 年代后半期，香港经济蓬勃发展，香港不仅仅是一个商业转口港，还是一个本地工业产品的出口港。

1945 年 9 月英国从日军手中接管了香港，面对的是备受战争破坏的经济和饱受战乱之苦的居民。在物资严重匮乏而英国又无力给予任何物质支援的情况下，港英政府采取了颇具战时统治经济色彩的历史措施，对于保障生产和市民生活的基本需要、稳定市场物价、维护社会秩序，起到了一定的作用。到了 1947 年，香港居民的经济生活已大体恢复复正常。战争期间离开的香港居民纷纷返回，新入境的人士迅速增多。移民潮虽然使香港的房屋和各项设施更显挤迫，但许多新移民特别是来自上海和江浙一带的移民却为香港带来了迫切需要的新观念和新资本，带来了一批善于经营的商人、技术人才和劳动力资源。从1945年底起，香港陆续废除了物资配给、物价管制、金融冻结等措施，各行各业均走上了从复苏到发展的轨道。从1940年代末开始，香港已经恢复了它的亚洲重要港口之一的地位。而对外贸易的迅速复兴，像开埠之初一样，又一次带动了整体经济的恢复和发展。

## 二、商业环境

1. 国际贸易中心

20世纪70年代，香港推行经济多元化方针，经济结构开始发生重大变化。首先是推行工业多元化，以生产高增值商品来应付欧美各国的贸易保护主义措施，又以市场多元化来应付竞争对手的挑战。然后实行经济多元化，使多个经济部门成为香港经济的支柱，以强化香港经济的基础。随着我国实行改革开放和推进现代化建设，香港经济进入大发展时期。逐步成为亚太地区重要的国际贸易中心、航运中心、金融中心以及信息中心。从20世纪70年代开始，香港实现了工业化，扩大了对外开放的自由度，取消了外汇管制和黄金进口管制，由单纯的转口港发展成为工业城市，并成为举世公认的国际贸易、金融、航运和资讯中心。同时，香港也成为以服务业经济为主的自由港、亚洲重要的国际都会和旅游点。20世纪80年代，香港迅速崛起为国际金融中心之一，为全球第三大银行集中地。

20世纪80年代初，香港经济面临着新的困难。香港在前三十年经济高速增长的背景下，1981年每人平均本地生产总值已达到4100美元，居亚洲"四小龙"之首，这就引起了工资水平和厂房租金的提高，使劳动密集型的制造业成本增加，竞争力减低，1981年开始出现房地产市道低迷，金融业遭到沉重压力，积压的信贷资金达到500亿港元。1982年制造业产品出口额和就业率双双下降。

但在改革开放和"一国两制"两项方针的鼓舞下，内地和香港的经济合作达到了新的高潮。香港的转口贸易重新兴旺起来，制造业大规模的内迁使得许多工厂在迁入内地后产量成十上百倍地扩大，使深受高成本困扰的香港制造业绝处逢生。对于因制造业内迁而略显空荡的香港本地经济，香港企业家不失时机地着重发展服务业，使香港成为远近闻名的"服务之都"。香港本地所生产的全部产值中，更有八成以上是来自服务业。加上服务的门类不断增加，服务的质量也逐步提高。

2. 报刊繁荣

该时期香港社会经济的多元自由化首先表现在香港的媒体繁荣，以《东方日报》为代表的报纸、期刊纷纷创办。1969年1月22日，广东潮阳人马珍惜、马惜如兄弟创办了《东方日报》。1971年下半年，日销售量已逾8万份。1972年增至两张，在逐渐净化副刊内容后，进一步突出香港社会新闻报道，日销售量突破11万份。1977年，马珍惜之子马澄坤开始主持报社经营，对报社进行改革，将该报的读者群定位于小市民和蓝领阶层，言论态度中立。1987年组成东方报业集团，上市招股。截至1988年，香港注册出版的报纸共有68家，其中每日出版的中文报纸44家，英文报纸5家。中、英文报纸日发行量达200万份，按当时香港586万人口计算，大约2～4人即拥有一份报纸。日销量在10万份以上的中文报纸有5家。

在每天出版的中文报纸中，时政性、综合性报纸34家。其余均为专门刊登影视界、娱乐界、赛马、赌博、色情等消息的娱乐性、消闲性报纸。期刊也达500多种，大致可分为3种类型：①时政评论为主的新闻期刊，大多以知识分子及白领阶层为主要读者群，比较严肃、庄重；②消闲、娱乐性刊物，以报道影视界新闻、明星动态、名人隐私为主要内容；③色情刊物。

3. 电视媒体

香港电视业的开端是由1957年5月29日建立的"丽的呼声（香港）有限公司（Rediffusion Television Limited，简称：RTV）"办的"丽的电视台"开始的，"丽的呼声"为公众提供黑白电视信号服务，用户必须登记并每月缴纳费用，订户既可自行购买电视机，也可向RTV租电视机，但这些支出并非一般大众市民所能负担，加之初期播放时间仅限于17：00—18：00和19：30—23：00，吸引力并不强，所以订户数目在初期增长缓慢。但无论如何，电视媒体的出现为广告业的发展提供了一个广阔的空间。

1967年11月19日，香港电视广播有限公司（TVB，简称：无线）以无线电视广播形式开播，打破了由"丽的呼声"独家垄断有线电视广播服务的局面，正式开启了香港免费的电视广播史。1971年开办彩色电视，播出的节目有新闻、体育、娱乐、电视剧、外国影片、教育节目等。其中有代表性的有：综艺型节目《欢乐今宵》《双星报喜》，电视剧《上海滩》《射雕英雄传》等。经典电视节目的热播促使电视媒体迅速进入普通市民家庭。同时，经济的大发展也使人们的生活水平和消费能力有了普遍的提高，香港家庭拥有电视机的数量有了很大的变化。1967—1969年，香港家庭拥有电视机数目由9万户增至21万多户，占香港总家庭数的27%，到1975年这一比率达到88.8%。TVB的开播不仅使香港大众型的电视文化在短时间内踏进了普及化阶段，而且，它免费的节目和靠广告经营的策略使广告随着这种新媒体的诞生而加速发展。广告利用电视媒体丰富的图文声像表现手法，大大加强信息的表现与感染力，电视广告获得了巨大的发展。

表6-2　1968—1975年香港电视发展情况统计表

| 年份 | 香港家庭总数（个） | 拥有电视家庭数（家） | 电视拥有率 |
| --- | --- | --- | --- |
| 1968 | 785000 | 97000 | 12.3% |
| 1969 | 800000 | 216000 | 27.0% |
| 1970 | 815000 | 336000 | 41.2% |
| 1971 | 831000 | 504000 | 60.6% |

续上表

| 年份 | 香港家庭总数（个） | 拥有电视家庭数（家） | 电视拥有率 |
|---|---|---|---|
| 1972 | 845000 | 609000 | 72.0% |
| 1973 | 861000 | 670000 | 77.8% |
| 1974 | 880000 | 748000 | 84.7% |
| 1975 | 906000 | 805000 | 88.8% |

1973年12月和1974年4月，一直以来经营不善的RTV在经营上效仿TVB，分别把它的中文频道和英文频道改为无线播放，主要通过广告收入来盈利，但此时大部分市场份额已被TVB占有。1982年9月，RTV终因财政困难改变了股东结构，并改名为亚视电视（ATV）。与此同时，"香港广播电台"于1970年开始开设电视部，制作公共事务和教育节目。1976年4月，该台英文名称改为"Radio Television Hong Kong"。另外，1975年9月，香港第三家商业电视台——佳艺电视（CTV）开始运营。

4. 香港广告业

经济的发达和商业的繁荣使香港的广告业十分发达，香港成为著名的国际大都市和东南亚广告业的中心，广告业的整体发展水平相当高。同时，20世纪70年代中期开始，香港社会正在经历着一场结构性变化，香港经济的成功过渡，使社会出现了有闲消费阶层，诞生了一批中产阶级，他们拥有很强的消费能力，对事物持开放态度，其消费观念正在向西方的消费观念转变，他们的成长和壮大进一步刺激了香港消费和广告业的发展。

从20世纪70年代开始，香港经济朝向多元化、国际化方向发展，金融业、旅游业及房地产业的兴起和迅速发展，使香港成为以服务业经济为主的自由港。20世纪80年代，是香港广告牌行业起飞的阶段。在外来文化的涌入及经济环境大为改善下，香港人得以吸收多方面的知识及技术，创作力也大为提升。霓虹灯乘时兴起，大行其道，耀目的灯光映照黑暗的夜空，以往冰冷的街道顿时生色不少。另外，港人对广告牌的用途亦有了进一层次的认知，从简单的标识作用发展到用以吸引消费者，从竖立在自家店前到印制于各种交通工具上。广告牌行业从此进入新年代。20世纪80年代中期香港地区已有600家左右广告公司，20世纪90年代以后发展到近千家。

按广告费占国内生产总值的比例排行，香港地区1988年开始进入世界前20名。这些快速发展的原因是：香港广告业已细分为很多专业，如市场调查、广告策划、设计、制作、咨询、发布都由各自独立的公司或媒介分别进行。由于广告的发布须经多个程序才能完成，因而各种规模、各种分工和不同水平的广告公司都有。香港地区具有全面服务能力的广告公司的主要业务以出售广告创意为主，工作程序一般是：①接受广告业务市场及广告调查；②确定广告模板；③广告活动策划；④形成好的创意；⑤广告实施。

按所属关系或实力区分，香港地区的广告公司大体可分为四种类型：（1）跨国公司在香港设立的分公司或联营公司，如奥美、李奥贝纳、幸运集团、华美、威雅、达彼思、电通等，有20多家，其年营业额都在1000万港元以上。（2）华资广告公司，这是香港本地资本规模较大的公司，如远东、大东、华联等，有30多家。这类广告公司的营业规模和技术手段居中等水平。(3) 大陆在香港地区开办的广告公司，如中国广告公司、新华广告公司、经贸广告公司等，主要为出口商品的宣传服务，也兼营当地的一些广告业务。(4) 业务比较专一的小型广告代理商，如专门从事广告摄影、设计、文案撰写、制作业务的，或专门代理国际机场和运输业广告业务的，或专门作为广告经纪商从事中介服务的。

5. 消费者运动

随着香港广告业的发展，出现了一些民间性的广告同业组织，在加强行业自律，提高服务水平，防止不正当竞争方面发挥了重要作用。利用消费者对广告实行监督，是消费者运动的一个重要内容。消费者运动，就是消费者为了保护自身的经济利益而自觉地组织起来的一种群众性活动。保护消费者利益，历来是广告管理的重要问题。香港于1974年4月成立了"消费者委员会"，下设投诉、咨询研究试验、新闻刊物等4个组，并设立7个咨询中心。任何消费者可打电话、写信或上门咨询及免费取阅各种服务性小册子。该委员会于1976年底出版的刊物《选择》月刊，拒登任何广告，以示公允。刊物中登载某些商品的试验比较，公布各项数据，刊登来函调查事实，起到了监督消费的作用。香港消费者委员会对工商业的不法买卖行为和欺骗性广告宣传进行监督揭露，并指导消费者如何选购商品，维持消费者的经济利益。

6. 行业管理

香港的广告管理已相当完善。香港政府管理广告的部门主要有广播事业管理局、影视及娱乐事务管理处、广播事业检讨委员会、电视咨询委员会和电影检察委员会等机构。其中，影视及娱乐事务管理处是最重要的广告管理机关，负责颁布广告准则及条例，对广告业务实施事前审查。各种专业的广告，还要送请其他相关部门审查，如有关医药的广告要送医务卫生处审查，有关教育的广告要送教育处审查。香港地区现行的广告准则及条例有《电视广告标准》《戏院广告标准》《物业广告标准》《广告与儿童标准》《香烟及烟草广告标准》等。此外，在各专业、各行业的法律、法规中，都列有涉及广告管理方面的法规及条例，如《电视条例》《商标条例》《公众娱乐场所条例》《药剂及毒药条例》《商品说明条例》《售卖货品条例》《版权条例》《毁谤条例》《赌博条例》等，其中都列有各行业相关广告活动的管理条例。以上这些带有法规性质的标准和条例，对广告活动及广告内容也有很大的约束力。除了一系列的法律规范外，香港还建立了较为完善的行业自律规则。香港地区广告行业组织主要有以下四个。

(1) 香港广告商会，又叫"4A"广告协会。它成立于1957年，会员有20多家，但掌握了全港广告开支的65%。其宗旨在于制定及维持广告专业操守，执行业务守则，出任广告公司的纠纷仲裁人，及为广告公司和广告从业者提供交流意见的机会等。

(2) 香港华资广告业商会，又叫"CCAA"广告协会，由华人资本建立的广告公司组成，其会员大部分是规模较小的广告代理公司。

(3) 香港广告业联会。参加联会的公司大多数是与中国大陆有广告业务来往的公司，如中国广告公司、新华广告公司等。联会实质仅是广告同业俱乐部，逢年过节组织一些联欢活动，会员资格不限，参加活动的会员曾多达500多人。

（4）"香港广告客户联会"，又叫"广告商会"或"2A"广告商会。该会是广告主的组织，会员主要是国际性工商企业在港的子公司，如万国宝通银行、太平洋行、飞利浦、柯达等香港有限公司。广告公司也可以以"附属会员"的身份加入"2A"广告商会。该会主要任务在于协调保护广告主利益的行动。

## 三、传播符号

1. 包装设计

19世纪中叶以来，中国香港是较早接触现代商贸文化的地区，又因其得天独厚的地理位置，很快成为连接华南及东南亚区域的物资转运枢纽，大量中药材在此集中、经销，吸引了大批广州、佛山等地的中成药商赴港设立分支机构，"唐拾义""诚济堂""潘高寿""陈李济"等药商都在此时于中国香港建厂。各家都以秘方为招牌，又因产品药效显著、物美价廉且方便携带，中国香港的中成药很快成为华南乃至东南亚地区民众炙手可热的常备药材。在东西文化的相互影响下，近代中国香港中成药包装呈现极富品牌个性的文化融合，形成有别于中国内陆其他地区的药品包装风格与视觉语言。

近代中国香港中成药包装设计极为重视这种品牌形象的塑造，装饰图案及样式趋于繁密、庄重，除标明产地、商址外，药品商标往往伴随"注册商标""政府注册""中葡英注册"等字样，体现产品的合法性和权威性。20世纪30年代，"永安堂"创始人胡文虎、胡文豹兄弟在药品行业登记了三十多件商标，是当时注册中成药品商标最多的企业经营者。中成药商通常会以家族中富有名望的长者作为监制人，强调产品源于家传秘方，部分产品甚至以创始人的姓名、头像作为对外宣传的商标，以体现药品的真实度与信誉感，"唐拾义"顺气丸、"梁培基"发冷丸、"梁财信"跌打丸等中成药就是其中的典型代表。

伴随人类传播手段的进步，商人的营销策略逐渐多元，包装设计对于产品的意义甚于以往。中成药包装在保护药品储运之余被赋予了更多的宣传重任，商标、色彩、图案、字体、形制、材料、标签等内容都极为讲究，其装饰韵律已与品牌策略紧密结合。为在愈发激烈的市场竞争中抢占更多的市场份额，伦敦、巴黎、上海等城市的流行文化逐渐融入人们的审美生活，耀眼的、华丽的，甚至有些庸俗的图像及软文成为中国香港中成药包装的重要组成元素，"白皙的婴儿""美丽的女子""幸福的家庭"等主题逐渐成为主流，从侧面反映出当时社会文化的走向，以及大众对幸福生活的渴望。

2. 影视形象

一直以来，香港影视作品都在通过不同途径渗透到内地，对内地文化、社会文化产生了深远影响。首部香港电视剧《霍元甲》在内地播出后，收视率不断提升。而后，《再向虎山行》《陈真》等功夫英雄剧风靡全国，《上海滩》等传奇剧也得到了空前发展。黄飞鸿、叶问、霍元甲等人们熟悉的近代功夫英雄主要集中出现于晚清民国时期，以习

图6-9 "梁培基"发冷丸、"梁财信"跌打丸

图片来源：马熙逵.《近代中国香港老字号中成药包装设计》，载包装工程，2021，42（2）：7页.

武济世为主要英雄人物形象，自19世纪末，霍元甲、陈真、叶问等习武之人逐渐成为香港影视关照的主要对象。此后，功夫英雄李小龙风靡全国乃至全球。1980年后香港影视作品传向内地，同时也给内地输送了近代功夫英雄片在类型叙事方面的丰富经验。同时，围绕霍元甲、陈真展开的家国叙事所流露出的深层价值观嬗变对于内地和香港而言都是值得记录与读解的。内地观众观看香港功夫英雄的电影也逐渐形成了历史文化的交互传播，不仅满足了香港面对内地时的需求，还转变了香港和内地间的文化诉求。

## 四、传播手段

1. 电视广告

电视媒体的迅猛发展促进了广告业的迅速繁荣，电视广告作为记录香港社会经济变革的见证者，在与社会的互动中影响着香港的社会结构和社会意识的深层变革。从广告宣传的特点来看，香港的电视广告是配合日益加快的社会经济发展一路走来的，其广告创意和广告内容在香港社会的不断"西化"过程中发生演变。如果说20世纪70年代香港的电视广告是反映中国的传统观念，那么20世纪80年代香港的电视广告影响就是在构建一种新的价值观和消费意识。

2. 报纸广告

20世纪50年代前后香港的报纸广告体现了印刷与制版科技的改进及"西风渐至"的视觉现象。二战后至20世纪50年代中期，报纸广告的设计风格一方面受印刷条件的限制，另一方面受设计师的训练及审美习惯影响，所以广告作品多为传统的设计作品，主要以线条的排列、疏密或大小点聚散而组成，对标题的视觉演绎方法则以视觉形象突出的中文美术字来完成。20世纪50年代中期至20世纪60年代，报纸广告的设计逐渐多元化，在设计上有较大的改进，虽仍以中文字为主，但在设计上明显能看到很多西方文化的影响，不少作品则体现了西方的设计风格。20 世纪 50 年代中期至 20 世纪 60 年代中期，报纸广告明显趋向图形化，越来越注重图形的重要性。20 世纪 60 年代后期，基于照相及印刷技术的进步，报纸、杂志广告由过去以单线条为主的图像转变为层次丰富、形式多样的画面。在 20 世纪 60 年代晚期的报纸、杂志刊物中，随着西方文化的进一步传播，逐渐可见西方肖像的出现，这显示香港了解西方文化的审美取向。这一时期，报纸广告从过去的以文字内容为主，开始走向了用插图和文字混合表现。在这些插图中，漫画特别受欢迎。漫画的夸张幽默与商品结合在一起，扩大了宣传效力，更生动活泼地使商品广而告之。

图 6-10　可口可乐广告

图片来源：《广告·文化·生活：香港报纸广告 1945—1970》

图 6-11　香烟广告

图片来源：万长林．《香港平面设计史》，贵州教育出版社，2012 年．

3. 电影海报

20 世纪五六十年代的香港电影海报（电影宣传画）不断崛起。1897 年 4 月，卢米埃尔的"活动放映机"和爱迪生的"电影视镜"同时抵达香港，并在香港放映，开启了香港电影的灿烂历程。有了电影也就有了香港电影海报（电影宣传画），电影海报在早期可以理解为"电影宣传画"，一般张贴于影剧院、广告栏或大街马路等公共场所。本时期的香港电影海报表现手法主要有两种，第一种是 20 世纪 50 年代常用的表现手法，一般剪下明星的黑白照片，贴在海报的画面上；第二种是采用绘画方式，即用油彩或广告颜料作画。观众要了解最新电影，就只能看挂在电影院大堂的电影海报。因此，一张独具特色、定位准确的电影海报就显得尤为重要了。1975 年至 1992 年，被称作"香港电影海报之父"的插画家阮大勇画下约 200 幅电影海报，其中包括李小龙的《唐山大兄》《精武门》《猛龙过江》及《死亡游戏》的海外版海报，以至整个 20 世纪 80 年代新艺城影业的手绘电影海报，几乎都由他主笔。阮大勇的海报历经了香港电影的黄金时代。

图 6-12　电影海报《人之初》1951 年
（图源《香港电影海报选录》）

图片来源：万长林.《香港平面设计史》，贵州教育出版社，2012 年.

图 6-13　电影海报《陈村种水观音》1958 年
（图源《香港电影海报选录》）

图片来源：万长林.《香港平面设计史》，贵州教育出版社，2012 年.

#### 4. 巴士广告

香港在 20 世纪 20 年代就有巴士，第一辆香港双层巴士于 1949 年 4 月投入服务。20 世纪 60 年代是香港巴士的黄金岁月。随着香港巴士的出现，巴士广告也随之而来。香港巴士广告（也称"车体广告"）特色鲜明，20 世纪 60 年代的香港巴士广告一般以印刷为主，主要在车身的两侧进行张贴，也有的在车尾做广告。20 世纪 60 年代巴士广告创意独特，1960 年在德铺道中一带行驶的巴士上，清晰可见车尾的广告，文字、图形和色彩交织在一起，非常突出，起到了广告的传播效果。到后来巴士车身广告采用了喷绘形式。1966 年标准陈氏集团有限公司成立，该公司为香港巴士印刷了大量的车身广告。香港巴士广告随着巴士运行在城市中，丰富了城市景观，起到了美化城市、营造城市现代化氛围的社会功能，有效地塑造了企业形象和产品形象。

图 6-14　巴士广告

图片来源：万长林.《香港平面设计史》，贵州教育出版社，2012 年.

## 五、传播策略

### 1. 市场导向

在李锦记发展的起步期,香港的消费力还较低,对高价的蚝油需求甚少,因此李锦记采取了与众不同的市场发展策略:先以海外市场为起点,而后再致力拓展香港市场。这与当时"攘外必先安内"的企业理念大相径庭,而正是这样的变通使得李锦记有了良好的国际声誉。自1970年以来,李锦记大力发展香港市场,起先是在皇后大道的一家零售店以及几家杂货铺里出售,后来得力于迅猛发展的超市而广泛铺货、大量销售,李锦记还只凭借旧装特级蚝油和虾酱两种产品打天下。

进入1970年,随市场需求日益多样化,李锦记即时转向市场导向的营销观念,实施现代营销管理,将原先的品质保证部门独立出来,专门成立了20多人的R&D部门,以加强产品研发的力度。为获得一个优秀的产品概念,研发人员常常要做大量工作,如做目标消费者调查、向烹饪专业人士以及零售商取经讨教等。1972年,李锦记第三代传人李文达出任公司主席一职,制定了业务方针及拓展策略,使集团业务日益扩大。他接受酱油比蚝油更受欢迎的事实,所以到日本学习酿造酱油的方法,然后一直举办试食会。同年,美国总统尼克逊访华,毛泽东送出两头"国宝"大熊猫作为国礼,第三代传人李文达灵机一动,推出价格便宜的熊猫牌蚝油,期望借中美关系"破冰",把李锦记蚝油打入美国市场。当时李锦记的家族成员几乎一致反对此决定,但李文达坚持决定,结果新产品销量相当好。

### 2. 公共关系

香港的现代公共关系始于20世纪50年代后期,由英国军方最先将现代公共关系引入香港。最初,军方设立公共关系部门主要是为了进行媒体宣传。此后,公共关系在政府机构、航空公司和大型酒店等组织得到了发展。此时,公共关系主要是用于为组织树立大众口碑的形象建设的工具。20世纪60年代初,退役的英军少校新闻管理官哈维创办第一家公共关系公司。由于当时香港的经济尚不发达,公司的影响不大。20世纪60年代中期,公关概念及实务开始在香港扩展。全港首个为公关专业人才而设的机构于1966年成立,通过资助、主办公关讲座及"工作坊"推广公关概念及实务原则,并取得相当不俗的成效。公共关系公司,特别是来自西方的公关公司,也为香港商界引入公关实务扮演了重要的角色。

随着工商业的发达和欧美投资的剧增,从1963年开始,西方的公关公司,特别是美国的公关公司,如希尔·诺顿公司等,陆续入驻香港,扩大了公共关系的影响,推动了香港公关业的发展。四年后,博雅公关公司(Burson-Marsteller)亦在港开设办事处。同期,首间本地公关公司 Michael Stevenson(后被 Ogilvy&Mather 并购)于1974年成立,并迅速成为强劲的市场竞争者。

从20世纪70年代末开始,香港的经济开始"起飞"。经济的快速发展也带动了香港的公共关系业的膨胀性发展,许多企业设立公共关系机构,一些公共关系公司开张营业,

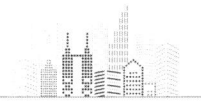

新闻媒体也大力宣传公共关系，一些大学开设公共关系课程，培养公关人才，普及公关知识。20世纪80年代香港很多宾馆、酒楼、航运、贸易、银行、工商等部门都设置了公共关系专门机构，开展多种形式的公共关系活动，公共关系得到了蓬勃的发展。在整个20世纪80年代，有3件大事对香港公关业的发展起了重要的促进作用：中国和英国政府就香港回归问题的谈判、香港的政治改革和中国大陆市场的开放。香港20世纪80年代的公共关系对大陆公共关系的兴起有着直接影响。

### 六、品牌案例：嘉顿面包

在香港有一个独特的现象，即在超级市场的面包柜台上，几乎都能见到一个牌子的面包——嘉顿面包，可以说是雄踞垄断的地位。据统计，嘉顿的面包销量占整个香港市场的90%以上。是什么原因使嘉顿在香港这样一个高度自由的市场经济社会中，能有如此突出的地位呢？

嘉顿的创办人强子芳先生于1926年从新加坡来香港创业。他发现在香港这样一个受西方文化影响较深的社会，市民很喜欢吃西式的面包、糕点，于是决定经营面包生意。令嘉顿名声远扬的是在1937年抗日战争期间，嘉顿曾连续7天7夜赶工，为抗日军队生产20万磅劳军饼干。香港政府也将大批防空洞饼干的订单交给嘉顿公司，嘉顿供应军粮妇孺皆知。20世纪60年代，随着香港经济的起飞，人们的生活日趋紧张繁忙起来。嘉顿意识到市民需要一种既容易保存、食用方便，又有营养的面包。经过精心策划，具有上述特色的"生命面包"诞生了。时至今日，生命面包始终占据香港面包销量第一位。

经过多年的努力，嘉顿走出了一条产品多元化的路。面包、蛋糕、糖果、月饼、雪糕和零食等共有100多个品种。除常青树"生命面包"外，名牌产品还有"忌廉槟""孖宝蛋糕""雪芳蛋糕""加拿饼""利是糖"等。嘉顿的产品分类是根据不同的顾客群来定位的，包括上班族、家庭主妇、老人、青少年和儿童等，可以说基本上涵盖了社会各阶层人士。

虽说嘉顿已经是知名品牌，但它在宣传推广上仍颇费心思。从20世纪90年代开始为各种产品策划推广方案。比如，瑞士卷销量一般。嘉顿将瑞士卷由大块的蛋糕，做成迷你型的小包装，并找来万千年轻人的青春偶像派歌手TWINS做这个产品的代言人。广告一出，当即感染了数以万计的学生群，迷你瑞士卷的销量直线上升，使一个在人们心目中老化了的品牌突然变得年轻了。

## 第四节 回归后（1997至今）

时隔9年，我再一次踏上香港这片土地，感到很高兴。香港一直牵动着我的心。再过两天，就是香港回归祖国20周年，这无论是对国家还是对香港都是一件大事、喜事。我和中央代表团这一次访港，此行主要是三个目的。一是表示祝福。热烈祝贺香港特别行政区成立20周年取得的巨大成就，衷心地祝愿香港再创辉煌。二是体现支持。20年来，中央一直是香港的坚强后盾，中央将一如既往地支持香港发展、改善民生。三是谋划未来。我们愿同香港各界一道，回顾香港20年来不平凡的历程，总结经验，展望未来，确保"一国两制"行稳致远。我期待着接下来，亲身感受香港这些年发展的新气象、新变化。

——习近平香港行纪实

## 一、历史背景

1997年6月30日午夜至7月1日凌晨，在举世瞩目下，香港政权的交接仪式在香港会议展览中心的新翼举行，意味着英国在香港一个半世纪的殖民统治正式结束，香港重新回归祖国的怀抱。中国对香港恢复行使主权，实行"一国两制"并使香港平稳过渡。回归后的香港，早期虽面临了政治经济和社会方面的巨大挑战，例如1997年的"亚洲金融风暴"、楼市泡沫破灭、"SARS"疫症肆虐等，但都已成功克服，可见"一国两制"契合时代发展，具有活力，得到中外社会与香港民众的认可和支持。

回归以来的香港取得了突出成绩，其经济可分为发展经历四个阶段：回归之初亚洲金融风暴冲击及其后持续调整期（1997—2003年）、内地与香港深化经济合作制度性红利推动期（2003—2008年）、国际金融海啸影响发酵期及经济增速趋缓期（2008—2016年）、"十三五"时期内地深化改革与香港再起步共赢探索期（2016年至今）。从回归二十多年的发展实践看，香港依法实施"一国两制"，期间虽经历数次金融危机和其他冲击，但经济总体运行良好、民生改善、管理稳健。特区政府成立了专门的"策略发展委员会"，研究探讨香港未来的发展方向，将香港未来的定位明确为"背靠祖国、面向全球，作为国家一个主要城市和亚洲国际都会，提供高增值的服务"。并提出香港的前进方向，要在原有的基础上巩固自己的强项，同时应用新知识、新技术，推动新的经济增长。目标是将香港与国家发展功能需要相结合，拓宽经济增长新动力，以此增强香港经济的持续发展动力。

2003年6月起，中央政府陆续出台内地居民赴港"个人游"及CEPA（内地与香港更紧密经贸关系安排）等支持政策，在内地深化与香港经济合作的制度性红利的推动下，香港经济保持强劲扩张态势。2004年6月"9+2"省区政府签署《泛珠三角合作框架协议》；2006年内地与香港实现货物贸易全面自由化；2007年5月签署"深港创新圈"合作协议；2008年底国务院批准实施《珠江三角洲地区改革发展规划纲要（2008—2020年）》，粤港澳合作上升为国家发展战略，提出"共同打造亚太地区最具活力和国际竞争力的城市群"，香港与内地经济互惠互利、共谋发展获得新空间。

2017年，李克强在政府工作报告中提出：扎实推进"一带一路"建设；加快培育竞争新优势和增长新动能，促进外贸继续回稳向好；优化外商投资环境，进一步放宽服务业等部分行业的外资准入，高标准、高水平建设11个自贸试验区，打造新时期吸引外资的"制度高地"；要尽快制定产业发展长远规划，有针对性、有步骤地推动产业开放，提升我国在全球价值链中的地位。"十三五"成为香港探索再起步的重要机遇期，如何结合"国家所需、香港所长"来发挥香港独特优势,提升在国家经济发展和对外开放中的战略地位;如何通过与内地合作来补短板拓基础调结构,夯实香港优势,获得新的发展动能,这在当前世界经济低迷、逆全球化思潮抬头,外围需求动力疲弱不足、内部经济竞争性优势尚待拓展的大背景下,显得尤为重要。

## 二、商业环境

### 1. 制造业转型升级

香港制造业品牌的发展面临转型升级。一是市场转型,从当年只专注欧美、东南亚等国外地区市场到同时关注全球和内地市场。少数行动较早的香港制造品牌,在20世纪90年代就开始进入内地市场,已成功实现市场转型。李锦记集团在1992年即进入中国内地市场,并且业务发展迅猛。早在2003年,李锦记品牌的销售收入就位居行业第三名。2004年李锦记牌酱油获得国家质检总局颁发的中国名牌称号。李锦记老抽系列、生抽系列两项产品还被评为"全国免检产品"。此外,李锦记以内地作为依托,积极拓展健康产业,并将其作为企业的新使命——将中国中草药保健品传播到全世界。另外一个较早进入内地市场并取得同样成功的品牌是金利来。二是经营转型,即企业从加工性贸易到外销方式多元化、从OEM(original equipment manufacturer,原始设备制造商)向ODM(original design manufacturer,原始设计制造商)和OBM(original brand manufacturer,自主品牌制造商)的升级转型。如中华厂商会早在2001年进行的调查表明,香港企业采取OEM模式的占51%,采取ODM、OBM模式的分别只占24%和21%,后两项加起来合占45%,将近四成公司处于由OEM向ODM、OBM转型的过程中。到2006年,从事ODM、OBM的企业接近七成,并且有40%的企业发展自主品牌。一些最早从事自主品牌模式发展的企业,已成为香港制造业品牌的翘楚。例如,德国宝公司在创始时便采用德国专有技术以及高品质的欧洲配件,生产出了自主设计的德国宝电热水器,多年来得到了消费者的高度赞扬,并成为香港电热器产品的领导性品牌。GP超霸电池从20世纪60年代开始制造干电池,坚持不断地进行技术创新,目前产品在香港市场占有率保持第一,并成为全球十大电池生产商品牌。

### 2. 老字号品牌北上

香港传统品牌在香港本地和国际市场空间耕耘多年,市场需求相对饱和。内地实行改革开放政策后,香港传统品牌纷纷进入珠三角市场,近年向珠三角以外的市场发展,并以优良质量和高度信誉获得内地消费者的喜爱。例如,创立于20世纪50年代的香港京都念慈庵,其传统的中草药产品已行销全世界20多个国家,并建立起畅销全球的销售网;同时,京都念慈庵多年在内地市场销量第一,并成为全国驰名商标。因此,大陆市场为其市场发展提供了新的机遇。目前在香港品牌北上的浪潮中,我们既看到现代、时尚的香港品牌纷纷亮相,也看到香港的传统品牌不甘落后展现其独特的风貌。

### 3. 服务品牌成为特色

香港服务业的发达孕育了服务品牌的发展。香港服务品牌集中于金融、电信、地产、零售、餐饮、旅游等行业。例如作为服务业四大支柱的香港金融业，会聚了150余家持牌银行，银行开设的分行多达1500多家，其发达程度可略见一斑。香港的服务业品牌是与国际接轨的现代品牌，采用现代规范的营销方法传播品牌知名度和塑造品牌形象，并向顾客提供一流的服务，其中汇丰银行、国泰航空、文华酒店、半岛酒店、香港电讯、海洋公园等已成为国际性或区域性著名品牌。2005年迪士尼落户香港开始营业，使香港服务业增添了新的品牌成员。香港服务业品牌的发展，一方面使香港服务业本身闻名于世，同时也成为香港亚洲都会形象的一部分。

香港服务品牌的成功之处在于，不仅建立了具有国际水准的服务标准，而且建立了一套实现国际化服务标准的机制和管理体系。尤其在品牌营销方面，香港服务品牌通过准确的市场细分、品牌定位和有效的品牌传播，使品牌在激烈的市场竞争中保持成功，并使香港服务业品牌成为香港品牌中的明星。例如1946年创办的国泰航空，最初以上海为发展基地，后来迁往香港，致力服务香港。国泰航空不断进行庞大的投资，以发展香港的航空业及提高香港作为区内航空枢纽的地位。通过不断购进新机型、扩充机队，并加入世界航空联盟，强化其全球性运营网络。2014年度的Skytrax世界航空公司大奖中，国泰航空成为全球首家四度夺得此殊荣的航空公司，"亚洲脉搏亚洲心"的品牌定位，使国泰航空的企业形象伴随其全球航线而传遍全球。

## 三、传播符号

1. 香港城市标识

香港获得国际金融中心、国际商贸中心、国际航运中心和专业服务中心的地位，一方面依赖于香港的地理位置和发展实力，另一方面也有赖于香港作为亚洲国际都会这一城市品牌的定位和推广。"香港品牌"的推广始于21世纪初。2000年2月，香港策略发展委员会向特区政府提出对外推广香港的建议，希望对香港在国际上作广泛宣传，树立其独特形象，让更多人认识这个朝气蓬勃的亚洲国际都会。香港特区政府在2004年9月正式启动香港成为"亚洲国际都会"的城市品牌计划。该计划确定了香港品牌计划的基本理念：香港是一处融合机遇、创意和进取精神的地方，动力澎湃，朝气蓬勃。所提供的基础设施达到世界一流水平，既是运输枢纽，也是文化汇聚之都，位处亚洲最优越的策略性位置，人才汇聚，成就耀目，能助人实现目标，达到理想。推广方案确定建立"香港品牌"的核心价值：文明进步、自由开放、安定平稳、机遇处处以及追求卓越。通过这些核心价值力图映照出香港的特质：大胆创新、都会名城、积极进取、卓越领导和完善网络。"香港品牌"推广计划的重要内容是设立代表香港的飞龙形象标志，以在国际舞台上广泛宣传香港。"香港品牌"的形象标志是设计独特的飞龙。飞龙标志巧妙地把"香港"二字和香港的英文缩写"H"和"K"融入设计图案中，寓意香港是一个东西方文化汇聚的城市，设计构思突显了香港的历史背景和中国传统文化；标志图形的设计富有动感，充满时代气息，代表香港人勇于冒险创新、积极进取的精神，飞龙的流线型姿态予人前进感和速度感，象征香港在百年历史的长河中不断蜕变演进；另外，飞龙与图案并列的"亚洲国际都会",将香港所扮演的商业枢纽、通往中国内地和亚洲其他经济体系的门户,以及国际艺术文化中心的重要角色,在一个视觉化的整体构图中,用平面设计的手段生动地表达了出来。正如香港政府制订的品牌手册所说:香港的形象标志并非只是一个图案,它是香港新的资产。2001年5月10日在全球《财富》论坛于香港揭幕之后,以"飞龙"为标志的香港品牌大张旗鼓地从本港向全球推广。

**图 6-15 香港品牌形象标志**

图片来源:香港品牌官网.《什么是香港品牌》[EB/OL].(2021-12-02)[2022-3-15],https://www.brandhk.gov.hk/zh-hk/%E7%94%9A%E9%BA%BC%E6%98%AF%E9%A6%99%E6%B8%AF%E5%93%81%E7%89%8C.

2. 香港制造标识

为了进一步树立香港品牌形象,增加国际市场和内地市场消费者对香港品牌的认知和认同感,同时提升香港产品的附加值,香港品牌发展局从2006年开始推广"香港制造标识(HK唛)计划"。该计划通过准许证制度,进一步突出产品的香港原产地身份。凡在香港地区制造或生产的货品可申请使用香港原产地证书和标识。香港制造标识是"香港制造""香港设计""香港创造"等原产地的标志系统之一,将适用于香港出口产品和香港本地销售的所有产品。"香港制造标识"由香港本地知名设计师及品牌顾问吴秋全先生担任"荣誉设计顾问"。标识取红色印章之外形,寓意承诺和信誉;内嵌刚健遒劲的"制"字,更巧妙地将简体版本的"制"字和英文"MADE IN HK"融为一体,演化成中西合璧、隽永而又精准的印鉴造型,不仅令"香港制造"的形和意跃然而出,而且映射了香港工业将本土智慧与国际视野相结合、融汇华洋的独有特色。

**图 6-16 香港制造标识(横列)**

图片来源:香港品牌发展局.香港制造标识设计标准[EB/OL].(2022-3-15)[2022-3-15].https://www.hkbrand.org/tc/menu/45.

## 四、传播手段

1. 香港广告业

20世纪80年代香港的广告堪称得上繁荣发达。到过香港的人都置身在五光十色的商品广告世界里。有关商品的信息、各式劳务的介绍、楼宇住宅的租售、股票证券的买卖、招聘求职的要求、娱乐竞技的介绍,以至征求伴侣等各式广告,比比皆是。据香港媒介公司的统计,1983年香港全年的广告费支出已超过14亿港元,若按全港530万人口计算,居民人均广告费达264元。香港广告业的特点之一是机构完整、组织健全,已经迈上专业化道路。香港广告公司一般可以归属于三大类:其一,国际性大广告公司在香港设立的分公司或联营公司;其二,本地资本的大广告公司;其三,大量的小型广告公司。从事广告业务的单位,还成立自己的联合组织,如"4A"广告公司会员只有22家,营业额却占全港广告总额约80%。属于华资的广告公司联合组织的有香港华资广告商会和香港广告业联会,此外,还有一个与广告公司相对立的协会组织,称为广告客户协会,会员多是一些外国资本的大公司、大企业。香港广告业的另一个特点,是充分利用由现代科学技术组装起来的传播媒体,由有线广播到无线广播,由黑白电视到彩色电视,由唱片到录音、录像,由单声道到多声道、立体声、程序式幻灯制作、电子音乐出现、人造卫星的传播等。广告业在香港已经构成一个独立投资的产业,成为社会经济和人们生活中一个重要产业。1997年香港回归后,内地广告业随着市场经济起飞而蓬勃发展起来,吸引了不少广告专业人士进入更为宽广的内地市场。

2. 户外广告

香港的户外广告非常有名,已经发展到铺天盖地、见缝插针的地步。目前,香港的户外广告不仅数量多,而且向求大、求新和高技术含量的方向发展。全港有约800多家公司从事广告牌制作、出租业务,其中约200家是"香港广告牌制作协会"会员。如今,香港黄金地段的大厦外墙都成为巨大的广告牌,一些广告画几乎覆盖了整个墙面。位于维多利亚海港旁边大厦天台广告,每月租金约10万元至100万元。霓虹灯广告也高度现代化,每当入夜,色彩艳丽的霓虹灯广告五彩缤纷、灿烂夺目。世界上最大的霓虹灯广告——"三九胃泰"广告就安装在香港上环信德中心大厦上,面积为117米×19米,约6层楼高。此外,"草坪式户外广告"也发展起来,这种广告以一片草坪为背景,将草修剪成商标图案,如香港海洋公园的海马标志图案。据估计,香港户外广告的总收益每年大约7亿多港币,其中地铁灯箱广告占4亿元,广告公司占2.1亿元,业主私人出租租金占1亿元。

3. 公益广告

公益广告与商业广告很明显的一点区别是,公益是它的关键词,需要把展现的公益理念传递到大众心中。香港是一个法治意识极强的国际化大都市,政府有很明显的服务意识,因此香港的公益广告一直做得很出色,不仅广告涉及的层面广,而且形成了自己鲜明的风格特点。其用语直白平实，具有亲和力，理性而不失情感依托，贴近现实而不少幽默搞笑，节奏活泼易于让人接受。如广告"希望在明天"，从踢足球这个多数男孩都会经历的事情入手，通过天气的转折，从而点出了"生命满希望，前程由我创"这一励志主题。香港公益广告或关注民众生活，或保护民众权利，或宣传政府的管理理念，或引导市民的文明行为习惯，方方面面，无所不包。内容从"请珍惜你的选举权"到"垃圾分类，就是这么简单"，从"急需 O 型血"到"扶助老弱，从细处（小处）做起啦"，从"改善服务态度，多一个笑容"到"学好英语，丰盛人生"，无所不有。通过这些个性鲜明、清新自然的公益广告，文明和谐的理念走进每一个香港市民的生活。比如"关注职业健康"的公益广告，在搬运工、厨师等工种劳动的画面背后，配音为"尽管你力大无穷，尽管你刀法如神，但难免筋肌劳损；请使用工具，减少重复劳动，请合理用力，不损伤筋骨"。最后总结"职业健康齐关注，筋肌劳损可避免"。再比如"煮食卫生"的公益广告，在做饭的分解步骤中，配音为"煮食前要洗手，生熟食砧板要分开，多余食物保存在冰箱，生熟食分开存放，保持厨房清洁"等。用语简单，清新明了。香港的公益广告，没有高深的用语，没有灌输的姿态，让民众看了喜欢，自然就起效果了。

## 五、传播策略

1. 代理为主

香港企业的产品策略为香港品牌赢得市场美誉度立下了不小的功劳。香港企业以中小企业居多，缺乏独立研制产品的条件。在这一现实情形下，香港企业采取紧跟国际市场潮流的产品策略。香港企业利用与国际市场紧密联系的条件，在产品开发上贴身跟进，通过模仿或购买国际最新技术或专利，充分利用国际上的最新技术，研制仿制产品并打入国际市场，如当年瑞菱集团购买日本 JVC 公司 VHS 录像带的生产技术和生产许可获得经营成功。在产品定价方面，香港企业虽然知道香港产品罩着"香港制造"的光环，但仍坚持以微利销售质量优良的产品，因此物美价廉的产品形象赋予香港产品在国际市场中的竞争力。在产品的销售渠道上，香港企业受益于其贸易经济模式的发达，产品主要采取出口代理制或经销制销售，当然个别有实力的企业也会参股国际销售网络。这种以代理式为主的渠道模式为香港品牌提供了高效的分销系统，同时使企业可集中精力进行产品研发、生产和管理。

2. 行业促销

在香港品牌的营销策略中，当前开展最有特色和最引人注目的是行业促销活动。随着香港企业从贸易加工向发展自主品牌转型，近年香港品牌的行业促销活动更加频繁，尤其重视在内地组织行业促销活动。香港品牌的行业促销的重要组织方包括政府、行业协会和非营利性专业机构。香港城市品牌推广由政府新闻处负责统筹，行业促销方式则通过工商团体或非营利性营销机构进行整体性或专业性的促销或推销活动。具体方法包括：①利用海外的半官方贸易机构开展促销活动；②组团到海外主要市场推销；③参加国际性展览会及在香港、海外市场举办贸易展览会；④发行各种产品推介刊物。在海外市场的推广中,香港贸发局是重要的协调和组织机构。香港贸发局每年在香港举办30个国际性展览会,每年出版14种产品杂志,每期杂志均详细介绍"采购指南",并配合国际性展览旺季,分4大行业出版"采购指南"产品图集,在相关展览会免费派发给入场的买家或直接邮寄至采购商。

此外,香港生产力促进局为从事进出口贸易的香港企业宣传产品、拓展海外市场提供行业推广服务。近年对内地的香港品牌推广也采取了这一行业推广方式。例如,香港贸易发展局近年在北京、武汉、上海等各中心城市举行香港品牌推广周,举办各种主题如"活色新香"的大型综合活动。活动内容包括香港主要品牌精品展示、魅力香港时装表演等,展示香港流行服饰和流行时尚,形成了轰动性的效果。

## 六、品牌案例:香港品牌

1. 香港品牌发展局

由香港中华厂商联合会于2005年牵头成立的香港品牌发展局,是一个由业界自发成立、专注于品牌发展的非牟利机构,旨在以"市场主导,政府协助,社会支持"的模式打造香港品牌发展的领航旗舰。自成立以来,品牌局一方面积极探索和倡议香港品牌发展的整体策略、协助政府推行相关的政策;另一方面亦发挥统筹和协调的角色,密切联系社会各界。品牌局更身体力行,在品牌评审、推广、培育、研究、教育以及跨境合作等领域多管齐下,开展卓有成效的实务性工作,致力为本地品牌提供"一站式"的支援。香港品牌发展局从1999年开始创立"香港名牌选举",对优秀的香港品牌实际上主要是制造业品牌进行表彰。

表6-1 2014—2019年香港名牌选举得奖品牌

| 年份 | 获奖品牌名称 |
| --- | --- |
| 2014 | AQ、B. Duck、卓誉、中大卷闸、滋宝奇珍、KONSTAR、冠华食品、农本方、原为家作、欧化宝 |
| 2015 | 得利龙、双喜牌、高崎、保多康、启泰、保济丸、壹品、知音虫草、荣源号、活色生香 |
| 2016 | 陈老二、Clip Fresh、帝郎、金宝龙、好而得、好利来、唐太宗、多多、胃先U、杨氏水产 |
| 2017 | 张荣记、甜品二重奏、KOOL、冠珍酱园、万胜厨、马氏良堂、MaxCare、明茶房、鲤鱼门绍香园、世家 |
| 2018 | 曲奇4重奏、福泰珠宝、四海鱼蛋、菲尔诗、轩琴居、JaneClare、Labkable、中大中药传承、万希泉、摩米士 |
| 2019 | 回味、阿米森、保健先锋、澳美制药、JNC、林淦生、超群面包西饼、西龙传香饭团、SoftTouch、悦和酱园 |

表源:香港品牌发展局.《历届得奖品牌》[EB/OL].[2022-3-15],https://www.hkbrand.org/tc/menu/17/awardees?year=2019.

## 2. 优质标志计划

为了进一步树立香港品牌形象，除推广"香港制造标识（HK唛）计划"外，香港四大商会之一的工业总会，自1978年成立以来，积极推行"优质标志计划"（Quality Mark，俗称Q唛），鼓励企业通过优质产品和服务，同时提升环保管理，全方位增强竞争力，以建立品牌并赢取消费者认同和支持。"Q唛"计划现已成为香港及珠三角地区广获承认的品质认证计划。一个"Q唛"标志，胜过无数广告。半个世纪以来，"Q唛"标志在华人社会家喻户晓，是优质产品和服务的可靠象征。取得"Q唛"认证，自然脱颖而出，赢得广大消费者信任。"Q唛"有三个不同的子计划，分别是香港"Q唛"优质产品计划、香港"Q唛"优质服务计划和香港"Q唛"环保管理计划。香港"Q唛"准用证颁证仪式每年均以颁证暨周年晚宴的形式举行，让持证公司能够借机推广它们的产品、服务和环保管理。对于企业而言，"Q唛"标识为企业带来了更高的附加值。例如首个荣获"Q唛"优质产品认证的美心月饼给予消费者充足信心，得到香港、内地甚至海外食客的青睐。获得"Q唛"认证的文华眼镜年出口额达100亿港元。

## 3. 最佳创建品牌企业奖

香港生产力促进局一直通过提供专业的商业研究和顾问服务、培训等方式，协助香港企业开展科技进步和改善营运模式，提高香港企业的生产力和竞争力。香港生产力促进局设有多种奖项，表彰在工商管理各领域成效卓著的香港企业。该局主办或协办的"香港工商业奖""香港青年工业家奖"等奖项，在香港各界有着广泛的影响力。2006年，香港生产力促进局设立了最佳品牌企业奖，希望通过举办"最佳品牌企业奖"，全面系统地开展品牌鉴定，提高香港、台湾、内地企业的品牌管理水平，促进三地企业的品牌发展，增强品牌企业的国际竞争力，并为企业提供品牌建立及管理的借鉴典范。评选标准涉及业内组织的自我发展能力、品牌管理及持续发展能力、企业策略及管理决策系统能力、企业领导及企业文化管理能力和企业转变管理及提升学习新技术的能力。评选活动设立了"最佳创建品牌企业奖荣誉大奖"和"最佳创建品牌企业奖"等奖项，其中"荣誉大奖"是颁发给在创立和管理品牌方面表现特别出色的企业的。

图6-17 Q唛优质产品认证计划

图6-18 Q唛优质服务认证计划

图6-19 Q唛环保管理认证计划

图片来源：香港优质标志局官网[EB/OL].（2022-3-15）[2022-3-15]. http://www.qmark.org.hk/sc/plan-product.asp.

## 本章小结

本章主要阐述了中国香港地区品牌传播的发展进程。作为亚洲国际都会,香港被称为"万象之都""购物天堂",也是全球品牌汇集之地。香港经历了一百多年来在国际市场上的拼搏和历练,已经拥有了一大批优秀的国际经贸人才,健全的市场机制,广泛的营销渠道和灵通的资讯网络。进入21世纪后,香港也继续发挥自己的优势,在进一步密切与内地经济发展关系的同时,继续实行外向型发展战略,进一步面向国际市场谋求发展。

从一个万国品牌汇集之地,到不断产出本土优秀品牌,香港这个"弹丸之地"在经历了多次经济转型后,终于使得自身的香港品牌在全球化经济浪潮中脱颖而出。香港本土品牌伴随着香港一起成长,同时香港的成长也与这些品牌的成长密不可分。目前香港仍朝着成为国际大都会和世界级的,也是亚洲首要的国际经贸中心的目标而前进。

## 思 考 题

1. 促进香港地区品牌传播发展的因素有哪些?请根据自己的理解加以梳理。
2. 简要说明香港地区的品牌都有哪些共性。
3. 目前香港地区品牌发展面临着哪些问题?
4. 简述香港在不同阶段中品牌发展的面貌与阶段性特点是什么。
5. 香港符号能够引起什么联想?试举例说明。

# 第七章

# 21 世纪品牌传播趋势

### 学习目标

了解 21 世纪品牌传播的背景和趋势,掌握技术驱动带来的品牌传播形态变化,了解品牌传播的在全球化的应用,认识和掌握智能化品牌传播营销新方式。

## 第一节 品牌全球化发展初期(2000—2010)

当今世界经济正在朝着全球化方向发展,资本、技术、信息、人员在国际的流动急剧增加,掀起了经济全球化的滚滚浪潮,席卷了世界各个角落。美国的通用汽车、福特汽车、艾克森石油、IBM,日本的丰田汽车、松下电器,意大利的菲亚特汽车,韩国的三星电子等,都是跨国生产的全球化企业集团,他们的产、销、研机构分布在世界各地,由总公司统筹协调、分工合作,以获取最大的效益。贸易的全球化必然涉及品牌的全球化。品牌的全球化经营已成为不争的事实,特别是近 10 年,品牌的全球化竞争已成为国际商务竞争的焦点之一,如何搞好品牌的全球化运作已成为经济全球化不可或缺的组成部分。

——《品牌全球化策略》

### 一、历史背景

1. 全球化的趋势

2001 年 11 月 10 日中国正式加入世界贸易组织(WTO),中国经济由此掀开崭新一页。在邓小平"关起门来搞建设是不可能成功的"的论断中,全球化成为 21 世纪的首个关键词。经济全球化,是指世界各国生产要素(包括劳动力、商品、资本)在全球范围内优化配置,主要表现为四个维度。一是生产全球化,比如福特汽车,它研发自美国,零件却来自世界各地,并在中国等具有人口优势的国家设立常设机构,进行组装生产。再比如戴尔笔记本电脑的每个零部件都来自不同的地方:CPU 由美国英特尔公司提供,却由菲律宾和哥斯达黎加、马来西亚的工厂生产,德国生产内存,中国大陆生产显卡,中国台湾地区生产风扇，主板由韩国、日本制造，无线网卡是由美国或马来西亚制造。二是贸易全球化，如沃尔玛、家乐福等超级商场等货物来自世界各地。三是资金全球化，21世纪初跨国公司超过6万多家，其中最大的200家垄断了世界经济活动的四分之一。四是技术全球化，娃哈哈先后投资100亿元从美国、法国、德国、日本等国引进360余条世界一流等自动化生产线。全球化深刻地推动着世界变革。经济全球化本质上是资本的跨国流动，随着各国经济相互依存、相互影响日益加深，也因此催生出了一些巨型企业。我国作为农业大国，自2001年加入WTO以后，跨国农业垄断公司便加速对中国农业产业链的布局，如2008年国际著名投行高盛联合德意志银行斥资2亿～3亿美元在湖南、福建等中国生猪养殖重点地区全资收购十几家养猪场，2013年长期布局中国种业的孟山都公司与中国种子集团合作，成立中种迪卡种子公司，并向其注入研发能力和研发体系。政治上，世界多极化趋势明显。文化上，世界文化呈现多样性特征。美国好莱坞就曾多次以世界各国历史故事为题材，博采众长，制作融合多国文化的电影作品。如先后于2008年推出《功夫熊猫》、2020年推出《花木兰》，将东方元素和西方动画巧妙结合，不仅仅是中国文化的宣传片，也是中西文化的碰撞。

2. 品牌全球化

总的来说，经济全球化是一个机遇与挑战并存的历史进程。随着经济全球化的发展，品牌传播也呈现出全球化发展的态势，而我国大多数企业依然缺乏品牌建设的概念以及品牌战略意识，在品牌创建和运营能力上仍有欠缺，因此我国品牌的发展也经历了OEM到ODM再到OBM自主创造品牌的阶段。在全球化背景下，中国品牌如何在开放的市场环境下更好地与世界接轨，推出品牌全球化发展的战略，打造世界知名品牌并建造品牌大国，成了品牌当下发展的重要课题，品牌的全球化发展依然任重而道远。在全球化背景下，品牌已成为后工业化城市发展的重要标志，成为国家综合竞争力的象征。因此，中国"走出去"的步伐需要加快，结合互联网进行品牌传播和形象建构的需求更加紧密，不断改进数字时代品牌传播战略的重要性也不言而喻。

品牌全球化发展势在必行。政治上，2001年中国加入WTO，标志着中国终于成为世界贸易组织新成员，以入世为契机进一步扩大对外开放，这是我国改革开放和现代化建设的历史必然，也是进一步推进全方位、多层次、宽领域的对外开放，中国将在更大范围和更深程度上参与经济全球化。在党的十七大报告中指出，要推进改革开放，着力构建充满活力、富有效率、更加开放、有利于科学发展的体制机制，坚定不移加大改革开放步伐，用世贸组织规则和国际标准严格管理输出商品质量、国际技术转让的合同签订、对外投资的资本运作、海外企业的资产评估及信用评级等，我国已经进入了一个更高的对外开放新阶段，应该以世界先进水平为参照，加快产业升级步伐从而快速提升我国总体经济水平；经济上，随着投资领域逐渐对外开放，外来企业投资步伐加快，更容易进入中国市场在同等条件下与国内品牌展开竞争，因此利用加入WTO的过渡期，通过利用相关优惠政策培育企业竞争力，这一时期，转变贸易增长方式，实现贸易大国向贸易强国的转换是对外贸易政策目标的长期取向。面对来自跨国公司规模经济的巨大竞争压力，

我国政府对特定产业实行倾斜的产业政策，集中扶持部分大型企业，以增强企业竞争力，这也是部分发展中国家推动特定产业发展所采取的重要政策。政府希望通过扶持，能够扩大国有大型企业的规模，实现规模经济，打造中国的企业的"航空母舰"，使少数大型企业具有与大型跨国公司竞争的能力。党的十七大报告强调"形成经济全球化条件下参与国际经济合作和竞争新优势"，这是针对国内外形势的新变化提出的新要求，为今后一个时期拓展对外开放广度和深度、提高开放型经济水平指明了方向。报告指出知名品牌的多少，是一个国家综合实力的体现。2007年我国的经济总量已升至世界第4，但在世界名牌之林中，我国产品的名牌却寥寥无几，缺乏品牌竞争力，已成为制约我国企业做大做强的重要因素。因此，打造品牌优势的重点就是要加强企业的自主品牌意识，以品牌资源整合企业的技术、管理、营销等优势，形成自身的核心竞争能力，不断提升在国际产业分工中的地位。

文化上，由于品牌带有强烈的文化特征，因此全球化市场必然要接受各国文化的差异考验，也决定了品牌在传播内涵上展现全球化的同时，品牌的表现元素和手段上要采用本土化策略。2008年北京奥运会的举办，从某种意义上说不仅仅是体育的竞技，同时也是一次品牌的竞技。奥运会作为全球化的顶级赛事，吸引着全球观众的注意力，我国企业积极地参与到奥运会赞助、宣传推广和公益活动中，为品牌在世界范围内提升影响力提供了一次难得的机遇。2010年国务院新闻办隆重举行以树立现代企业全球责任观、打造中国品牌国际影响力为宗旨的中国品牌全球宣言倡议发布活动，体现出中国品牌在全球一体化背景下所表现出的全球责任观。提高文化软实力事关国运，在这种背景下，中国品牌可利用全球品牌资产和外国优秀的文化资源来打造世界品牌，传递优秀的品牌文化。

3. 中国市场中的世界品牌

改革开放之初，由于政治、经济、文化上的背景和企业自身的特殊情况，国外品牌进入中国市场的首选途径是合资，通过合资了解国内行业形势、法律法规，降低进入国内市场的难度。随着中国市场的不断透明化，特别是加入WTO之后，中国已经进入自由市场经济社会，因此，越来越多的国外品牌放弃合资，转而采取独资或者控股的形式，享用中国市场利益。2004年商务部又颁布了《外商投资商业领域管理办法》，这就意味着中国彻底对外资企业开放零售市场，外商可以在佣金代理、批发、零售、特许经营等商业领域独资经营，国际品牌也不再受开设连锁专卖店的限制。据中国商务部数据显示，中国不仅全面履行了"入世"时的承诺，还在WTO减让的基础上进一步扩大了开放。

境外品牌进入我国市场，一方面促使我国工业生产结构发生很大变化，突出表现使传统产品更新换代，各类产品差异化日益明显，显著缩小了与世界先进水平的差距，特别是境外品牌进入我国带来了品牌经营的新模式，其中包括技术、管理、营销等方面的组合与创新。另一方面，境外品牌的进入强化了我国市场竞争，提高了国有品牌竞争能力，通过利用生产要素跨国流动的机会，加强与境外品牌合作。跨国公司在中国市场不遗余力地培育品牌，强化自己的品牌形象，为了培育品牌，跨国公司通过运用免费试用或低于成本价格出售等促销手段迅速的占领中国市场。

4. 中国品牌全球战略

中国加入世贸组织后,市场逐步对外开放,市场竞争日趋激烈,面对来自国际品牌的强大竞争压力,中国企业往往疲于应对外来竞争,其竞争策略主要是力保国内市场份额,中国企业如何把握新的市场机遇和转型红利,进一步提升自身品牌的国际影响力,已成为攻坚的课题。美国科特勒营销集团总裁科特勒曾指出:"在开放的市场经济中,如果企业不能在本国之外加强自己的力量,就难以保持在国内市场的强势。"因此国内一批具有竞争力的品牌开始向海外拓展,进军竞争对手的本土市场,通过销售自有品牌产品来提高产品销售收益,同时也改变了中国企业在仅仅作为"制造商"的刻板形象。2010年中国-东盟自由贸易区正式全面启动后,东盟和中国的贸易占到世界贸易的13%,成为目前世界人口最多、发展中国家间最大的自贸区,实现了区域经济一体化。表7-1是当年我国关于出口贸易所推出的相关利好措施。

表7-1 我国关于出口贸易所推出的相关利好措施

| 年份 | 政策 | 具体含义 |
| --- | --- | --- |
| 2002年 | 《中华人民共和国中小企业促进法》 | 开展进出口信贷、出口信用保险等业务,支持中小企业开拓境外市场;县级以上人民政府有关部门应当为中小企业提供用汇、人员出入境等方面的便利,支持中小企业到境外投资,开拓国际市场 |
| 2003年 | 《中华人民共和国对外贸易法(修订草案)》 | 对外贸易经营者经依法登记可以从事货物进出口和技术出口;国务院商务主管部门基于监测进出口情况的需要,对部分自由进出口的货物实行自动许可管理 |
| 2008年 | 《国务院关于改革现行出口退税机制的决定》 | 适当降低出口退税率;加大中央财政对出口退税的支持力度;建立中央和地方共同负担出口退税的新机制;累计欠退税由中央财政负担 |
| 2009年 | 国务院第66次常务会议 | 支持企业走出去和促进产品内销;完善出口税收优惠,加大对企业出口融资支持和信用保险 |

由此,越来越多的中国品牌出海,到国际舞台崭露头角,彰显中国品牌的力量、发挥品牌引领作用已成为中国品牌的时代命题。中国品牌积极地"走出去",建设世界品牌能帮助企业树立形象,得到消费者认可,同时品牌全球化不仅仅是衡量一个企业综合实力和形象的体现,全球化品牌的占比和发展也是衡量一个国家综合国力的重要参考指标。

## 二、传播符号

1. 动态化标志

在数字化信息时代下,随着科技的发展,新型技术融入并改变着我们的生活,影响着我们生活方式。数字媒体、电子通信、网络传媒等新型媒介的大量涌现,潜移默化地影响着我们传递与接收信息的方式,同时也影响着我们的消费习惯。就视觉设计而言,迅速发展的数码技术对于动态图形的发展具有重要意义,它将其表现形式与应用范围的空间不断扩展,而且还提供了更多的传播渠道与呈现的平台,面对各种变化,企业要保持长久的发展,品牌要保持影响力,那就要根据时代的特征、人们的心理来做出调整。基于这些技术条件与行业需要,标志设计的手段与展现方式就朝着多元化的趋势发展。动态标志的设计形式打破了平面、静态的视觉形式,以多变、动态的视觉形式快速而生动地传递着各类信息。在实际设计过程中,标志设计不断地试着去改变以往单一、静止、固定的外部形态特征与色彩呈现状态,用标志内部元素构成的节奏和动态平衡来呈现视觉形象的本体性质。标志设计由平面化、单一化、静态化逐步向多维化、动态化、多元化的方向演变,在设计观念、视觉语言、形式手法等方面都尝试新的突破,标志设计的呈现将会是多维性的、全面性的、综合性的,涵盖人类的感官体验,突破及颠覆对全面性设计的现有认识。动态化用一种全新的设计形式,为人们带来了新的视觉体验,更引人瞩目的是它所带来的将会是一种新型的思考方式和探索形式。

2000年汉诺威世博会的标志在设计界引起了强烈的反响,它以不断变幻的影像和色调征服了大众视觉,由此被称为"会呼吸的标志"。凯络媒体(CARAT)作为全球第一家媒体服务公司,以其动感十足的旋转标志,迈出了媒体公司形象向动态化转变的第一步。所谓"动态化",就意味着不是一成不变的,而是随时间的演变而运动和发展的。标志动态化的设计突破了以往设计的应用范围,将标志的使用延伸到更广阔的领域和更多更新的媒介中。标志动态化打破了单一的静态固定形式,以灵活性、多变性、机动性进行形式变化或由许多静帧状态的标志按照一定的速度连续播放从而形成的动态发展过程。例如我们熟知的百度网站,对于它的多元动态标志我们是再熟悉不过的了,这样的标志不仅易于识别,而且也具备动态化的特点。

图7-1 汉诺威世博会的动态标志

## 2. 品牌代言人

企业请明星代言人代言品牌是吸引消费者的有效策略之一，它可以把品牌内涵通过人格化的传播方式将相关信息传递到目标消费者以塑造品牌形象。以此使产品得以与目标消费群建立某种联系，顺利进入消费者的生活和视野，达到与之心灵的深层沟通，并在其心中树立某种印象和地位，使品牌变成一个有意义的带有附加价值的符码。它通过一定的媒介或载体传播诉诸目标受众，从而在品牌如云的市场中树立和打造个性化的品牌形象。品牌形象代言策略间接作用于品牌资产的积累或提升。品牌代言人和品牌搭配的不断重复，使得品牌代言人联想系统成为品牌联想系统的组成部分，直接丰富了品牌联想。因此，可以说品牌形象代言人与品牌资产之间存在紧密的关联关系，品牌形象代言是塑造品牌形象极其有效的手段之一，塑造品牌形象的过程正是有效积累、提升品牌资产的不可或缺的内容。例如当时周杰伦几句简单的歌词"我向前一步，不走寻常路"让上千万"80后""90后"开始对美特斯邦威产生了莫名的好感。而美特斯邦威收获的绝不仅仅是人气，更是经济效益。美特斯邦威和周杰伦的合作，无疑成了服装品牌代言案例中的经典之作。寻找属于自己的"周杰伦"已成为不少服装企业的一种共识。

## 3. 包装设计

包装是整体产品中形式产品的组成部分，是产品容器和外部包扎，是品牌的一个重要方面，基本上是随产品一同出现的，是产品运输、储存和销售中不可缺少的条件，现在逐渐发展成为产品营销策略的重要内容，有着识别、便利、美化和增值的功能，是传递产品信息的一种手段。

21世纪的品牌离不开文化包装。首先是品牌自身，即对"牌子"注入的文化内涵。如山东曲阜的企业，在商标注册上非"孔"即"圣"。一家日本公司直言不讳地说，看中孔府家酒的"三孔"牌酒的原因在于商标的文化内涵。品牌的文化包装特别值得一提的是运用"子品牌"进行文化包装，如中国彩妆品牌花西子，定位于"东方彩妆、以花养妆"，通过对东方妆容的时尚化塑造，演绎并传递着东方文化。其"同心锁口红"在2021年美国"黑五"大促当天卖断货，通过对养颜古方专研出的玉养空气蜜粉、蚕丝蜜粉饼也深受消费者喜爱。花西子还根据中国民俗文化打造"24节气妆容""七夕锁爱妆"等创意妆容，发布了对"中国妆"的解读。其次是品牌的文化外包装。一些国内商店或产品偏爱洋名，如武汉街道上的商店英文招牌占据了半壁江山，通过洋文化沾点所谓的洋光，满足时人消费的崇洋文化心理。而可口可乐中国有限公司在中国春年到来之际给可乐换上新装，以"泥娃娃阿福"的贺岁大塑瓶包装推行"本地化思维"与中国文化，起到宣传产品与服务，拓展市场的目的。

## 三、传播手段

### 1. 报刊广告

这一时期，中国期刊机遇与挑战并存发展空间大：中国13亿人口，每年GDP以8%

速度增长，白领、中产阶层不断涌现，导致价值取向、生活方式、接受信息的方式差异化加大，加剧传媒分众化趋势，期刊最适用于分众传播，符合人的个性需求，保存需求。并且广告潜力大：2005年我国期刊与新媒体、户外广告一样，呈现较好的发展势头，近几年广告增幅在20%以上。京津唐、长三角、珠三角期刊业较发达；行业依赖度高，发行、广告依赖性高的行业一般是IT、医药、金融、人才、房地产、汽车等。期刊工作的核心就是从它的商品属性来勾画它的所有工作，也就是期刊以产品经营为起点，来确定期刊的市场定位、读者定位、内容定位，建立以产品经营为导向的运行系统。整合营销：整合营销就字面也理解就是全过程、全组织参与；所有机构、人员及资源联合。

2. 数字电视

数字电视时代，以数字电视为媒介，数字电视广告是一种经由电视传播的广告形式，它将视觉形象和听觉综合在一起，充分运用各种艺术手法，能最直观最形象地传递产品信息，具有丰富的表现力和感染力。同时电视广告播放及时、覆盖面广、选择性强、收视率高且能反复播出以加深观众印象，但是也存在成本高和瞬间即逝、无法保留的缺点。互动性是数字电视最重要的特点之一，保证双向服务实施，并且可以采取独特的形式，以达到吸引观众的目的，促使更多的观众主动关注广告。而英国SKY电视台最受人关注的是互动足球，观众可以选择不同的镜头，从不同角度观看球赛，倒带、暂停。互动功能也可应用到商品广告，如预算较高的汽车广告，以不同角度呈现车体本身的美感，都将是互动广告的新趋势。互动功能对受到互联网熏陶的青年人无疑具有很强的吸引力。无线数字电视系统采用的DVB－T系统，具有行动接收的能力。届时不仅车上的移动电视，还有手机或其他行动通信器材，也都能够接收数字电视。以后上班族在地铁、出租或公交车上可以通过可携带的终端设备收看电视，广告的置入可随地点的变换，在不同的站点可以播放该地点附近的促销信息，让商家更主动接触目标群众，提升SP广告销售力。

3. 手机广告

手机广告是通过移动媒体传播的付费信息，旨在通过这些商业信息影响受传者的态度、意图和行为，实际上就是一种互动式的网络广告。而手机作为个人通信工具，其受众规模也越来越大，通过手机媒体进行广告传播，能够产生较好的传播效果，手机广告主要有短信息广告、彩铃广告、彩信广告等。

4. 网络广告

随着中国互联网环境不断成熟，网民数量不断地增加，各广告主陆续认识到网络媒体的重要性。而网络广告的优势所在，也使得广告主的数量不断增多，投放行业不断拓展。2004年，网络广告开始走向快速增长的阶段。据了解，2004年我国网络广告规模达到19亿元人民币。其中，IT产品类、网络服务类、通讯服务类、交通类和房产类广告是2004年网络广告投放金额排名前五位的行业，其中交通类和房产类网络广告支出比例增长显著。2006—2007年，中国网络广告继续维持高速增长的势头。据中国互联网协会发布的《2007中国互联网调查报告》显示，2006年我国网络广告（不含搜索引擎在内）

收入达 49.8 亿元，比 2005 年增长了 50.91%。与此同时，传统的网络广告模式越来越不能满足客户的需求，网络公司的服务能力不断提升，网络媒体想尽办法优化页面广告位置、推出新的广告形式，网络广告代理公司也千方百计优化媒体组合方案、提高整体广告效果。

图 7-2　数字电视点播广告

5. 移动声音

电视广告的巨大成功是有目共睹的，但是电视广告毕竟需要认认真真地坐下来观看，在巨大的市场需求以及广告主的呼唤下，移动声音广告伴随着手机、移动音乐播放器等移动接收、播放终端也进一步得到普及。移动声音广告最早出现在手机上面，在 2000 年左右，出现了一些用手机听广告获赠花费的活动，这其实就是移动声音广告的一种初级形式。而伴随着经济增长，人们收入的提高，移动影音终端的大规模普及，也为移动声音广告的发展奠定了基础。较早出现并引起反响的移动声音广告应该算 Podcast（播客），作为风靡全球的 iPod 的附属产品，播客也借助 iPod 规模巨大的受众群体迅速打开局面，并在全世界范围内流行，就目前状况来看，可以算得是 21 世纪初移动声音广告中的代表。

6. 博客广告

博客以网络技术作为平台，是网络传播时代的中坚力量。博客的出现是技术进步的结果，博客的最初发展也是由少数技术精英推动的结果。作为信息技术 Web2.0 的代表，博客的发展建立在媒介技术的基础上。博客是个人或群体以时间顺序所作的一种不断更新的记录，博客之间的交流主要是通过"反向引用""留言"和"评论"等方式进行，RSS、SNS、TAG 等技术在博客中得到了广泛运用。因此，技术的进步以及博客的媒介技术特质，完善和丰满了博客作为媒体平台的可能。

博客广告，是一切以博客为平台的广告表现和广告行为，统称为"博客广告"。此定义比较宽泛，既包括动态的博客广告又包括静态的博客广告，既包括显性的博客广告又包括隐性的博客广告。动态的博客广告和静态的博客广告，即把博客广告作为动态和静态两方面来看。作为动态的博客广告，是针对博客广告的整体活动过程而言；而作为

静态的博客广告,是针对博客广告作品本身而言。博客广告是网络广告的一种形态。我们探讨的博客广告既包括静态的博客广告形式,又包括动态的博客广告的运作过程。

博客广告的传播价值根源于分众传播模式,即按照用户的群体特点分类,进行个性化的信息配置。精确广告定位,有针对性地投放广告,实现广告的精准传播,这是Web2.0时代赋予博客广告的传播优势。博客广告是真正意义上的"网络窄告",即网络的定向广告传播。博客是以个人为中心的传播,其表现的个性化使得兴趣相同的博客形成一定的博客圈。博客读者是有着特定爱好和兴趣的网民,基于共同的兴趣和爱好,选择特定的博客圈聚集。如喜欢音乐的读者会浏览音乐类博客,喜欢汽车类的博客读者会选择浏览汽车类博客。博客读者的"择群而居"无形中构成了较为细分的广告受众,有利于博客广告的精准传播。

## 四、传播策略

1. 企业公关

企业公关是指企业在运营过程中,有意识、有计划地与社会公众进行信息双向交流及行为互动的过程,以增进社会公众的理解、信任和支持,达到企业与社会协调发展的目的。企业多会开展提供优质服务、实惠服务、公益服务等为主要手段进行公共关系活动。目的是用实际行动来获得公众的好评,如通过活动赞助、支持公益事业、紧随热点话题传播等适时宣传企业形象与产品,以获得消费者心目中的好形象。

赞助活动,也叫捐赠或资助,是社会组织无偿提供人力、物力、财力,资助某一项事业,以取得某一定的形象传播效果的社会活动。赞助活动是公共关系专题活动中不可缺少的重要组成部分,已经越来越多地被企业所认识并加以重视,它能够实现在成本较低的情况下"悄然无息"地实现广告效应,并且在大多数情况下能为企业和品牌赢得政府、社区以及相关公众的支持,创造组织生存和发展的良好环境。比如,2008年北京奥运的赞助商有可口可乐、源讯通用电气、柯达、联想、宏利、麦当劳、欧米茄、松下、三星、百威啤酒、中国银行等多家企业,因奥运营销获得了众多的关注。相对于老对手"可口可乐"在奥运营销上玩得风生水起,非奥运选手的"百事可乐"相形见绌。可口可乐和百事可乐的商标设计可能最能反映二者的品牌特色和定位。可口可乐选用的是红色,在鲜红的底色上印着白色的"Coca-Cola"字样。红白相间;百事可乐则选择了蓝色,在纯白的底色上是蓝色的"Pepsi Cola",蓝字在白底的衬托下十分醒目,呈活跃、进取之态。如何在奥运营销年进击竞争对手抢夺市场?百事可乐发起了一场"中国红"运动。2007年,百事在北京国际金融中心举办了一场名为"13亿激情,敢为中国红"的发布会,破天荒地推出了一款红色包装的"中国队百事纪念罐",罐子上印有中国体育明星和从前期活动中选拔出来的21位草根明星的头像,此次换红装活动等于向所有人发表了"百事即便不是奥运赞助商,但依然支持奥运"的宣言,而这一颠覆性的"怪招"既能让人们对此番宣言印象深刻,同时也吸引了更多媒体的兴趣,继续为百事的后续活动在人气上添砖加瓦。除了换包装色彩外,百事还推出新的"百事我创,我要上罐"活动,通过网络、电视、平面媒体、终端等多种渠道阵地宣传,以"上罐+民选"的方式,吸收众多受众广泛参与,在全国多个城市出现火爆场面,掀起新一轮百事热潮。

2. 多品牌

多品牌是指企业对于旗下不同的产品给予不同的品牌名称和定位,通过品牌之间的差异性丰富品牌形象和内容,目的在于深度细分市场并运用不同的传播方式对这些品牌进行宣传,形成多品牌传播矩阵,有利于联合运营降低市场竞争的风险。多品牌传播的优势包括了:突出了产品差异化,更好的定位和占有不同利益的细分市场;满足消费者的求新心理,通过推出新品牌进一步提高产品市场占有率;发展多品牌有利于公司内部的良性竞争,促进企业内部部门间和产品经理之间的创新,提高工作效率。多品牌实施最早来源于宝洁公司,为了打破品牌在消费者心中的固有形象,同时拓展公司不同业务,宝洁推出了市场上竞争激烈的"潘婷""飘柔""海飞丝"等,基于不同的品牌定位,从而满足不同需求的消费者,这也使得宝洁产品占有了市场上超过50%的洗发水市场份额,实现了品牌的延伸。

国内上海家化在品牌策略中也实施了多品牌策略。上海家化是中国美妆日化行业历史悠久的民族企业之一,前身是成立于1898年的香港广生行,于2001年在上海证券交易所上市,专注于美妆、个护家清、母婴三大领域,诸多品牌在众多细分市场上建立了领先地位:双妹品牌曾广受民国名媛的欢迎;美加净品牌生产的中国的发蜡、摩丝、护手霜,是三代人的集体记忆;六神品牌在花露水中创新地加入了中草药元素,是花露水品类的主导者;高夫品牌则是男性护肤品牌的领导者;佰草集品牌充分运用平衡之道,将中华文化融于现代科技,让东方美闪耀世界;家安品牌坚持科技创新,在不断创造家居清洁新品类的基础上进一步向成熟品类进军;启初品牌取自然之初,育生命之初,陪伴中国宝宝健康成长;玉泽品牌与瑞金医院进行合作,产品品质经过临床医学专业的严格检验;Tommee Tippee(汤美星)品牌是享誉全球的婴幼儿喂哺品牌;典萃品牌是为中国女性打造的高科技、高功效的科研级护肤品牌,构造多品牌日化帝国已成为上海家化的必然选择。

3. 病毒营销

病毒营销(viral marketing),作为一种互联网时代常用的网络营销方法,即通过用户的口碑宣传,借助于互联网,利用快速复制的方式将有利于企业的营销信息像病毒一样传递给他人,使之在曝光率和影响上获得几何级增长的一种营销推广策略。例如全球最大的免费电子邮件服务商之一的Hotmail总在用户发出邮件的结尾处附上一句关于Hotmail的广告词,向收件人提示Hotmail的服务,将网站信息"推"给邮件接收者,使每一个用户都成了Hotmail的推广者。使用这样的方法,1997年成立的Hotmail公司,在创建一年后花费的营销费用还不到直接竞争者的3%,却在一年半内就拥有了1200万注册用户,迅速成为行业巨头。病毒营销策略可以耗费较少的人力物力,使信息如同病毒繁殖一般,在短时期内快速、爆炸式地传递给成千上万的消费者。因而从商业效果来说,病毒营销成为一种高效的信息传播方式;而就投入而言,由于传播基本是用户之间自发进行的，大大缩减了营销的费用。病毒营销是口碑营销（word-of-mouth marketing）在互联网上的表现形式。企业通过优质的产品或服务赢得顾客的广泛认同，用户于是成为免费的推销员，主动向亲朋好友传播产品或服务。这种方式把传话当作"病毒传染"，消费者就像得了感冒似地获取信息，广泛蔓延，迅速爆发"流行病"，达到营销连锁反应和销售倍增的效果。国内 SNS 网站的领先者"开心网"最初发展会员时就是利用了病毒营销，其并未投入大量广告费用，而是利用朋友之间的推荐邮件来发展第一批会员，从而大大节省了营销成本，并且提高了会员的质量。

## 五、传播理论

我国学者关于品牌传播的相关研究起步略晚，2001—2005 年品牌传播研究逐步进入国内学者的视野。但这一时期的相关研究仍然较少，整合营销传播和品牌定位是此阶段研究的核心节点，针对品牌形象、品牌定位等基础概念和理论进行研究和探讨，同时对于整合营销传播、传播策略等传播理念进行推介与深入。但我国学者在此阶段仍将品牌传播与营销对等，而广告作为品牌的主要传播媒介，也受到了极大关注。

1. 整合营销传播

1993 年美国西北大学的唐·E·舒尔茨教授等人出版了重要的著作《整合营销传播》强调了由生产导向转入消费者导向的营销观念转变，过去的"消费者请注意"现已被"请注意消费者"所取代，从传统市场营销的 4P 转向 4C 策略，即消费者（customer）、成本（cost）、便利（convenience）和沟通（communication），它强调企业首先应该把追求顾客满意放在第一位。在现代市场营销实践中，伴随着广告、公共关系、销售等传播手段的有机运用，"整合营销传播"（integrated marketing communication，简称 IMC）应运而生。IMC 的主要内容有：一是强调从与消费者需求出发，从沟通意义上展开营销活动；二是强调把广告、公关、CI、促销、直销、包装、新媒体等一切传播均归属于广告活动，使企业能将有关的信息统一口径地传播，即"用同一声音去说"（speak with one voice）；三是强调营销的前提是传播，需要追求传播效果的最大化。

2. 品牌定位

"定位"被评为 20 世纪对美国营销界影响最大的理论，定位理论成为营销战略的核心，品牌定位成为品牌建设的核心。美国著名营销专家里斯和特劳特在 20 世纪 70 年代倡导的定位理论（positioning），迄今已被国内外普遍认为是广告策划的最基本、最具划时代意义的理论之一，并在 20 世纪初传入了中国，得到了许多企业和品牌和认可。该理论的核心内容是希望通过特定的广告宣传，为处于竞争期中的产品树立一些便于记忆、新颖别致的东西，从而在消费者心目中留下独特的心理位置。

品牌定位理论的基本内涵有：
（1）定位的起点是目标消费者的心理，而不是产品本身。
（2）明确产品的目标市场，把产品在目标市场的顾客心里定下位置。
（3）对可能的市场和可能的顾客施加一定的营销影响，并通过策划和创意，制造产品的显著社会声誉，以形成品牌竞争市场优势。

（4）品牌定位的最高境界应该是在品牌内部结构方面，利益点与支持点巧妙地结合在一起，并以单一信息传播的方式，传递给消费者。

（5）品牌在顾客心理有特定的排列梯度。

表7-2 USP理论、品牌形象论、定位理论比较

| 理论 | USP 理论 | 品牌形象论 | 定位理论 |
| --- | --- | --- | --- |
| 产生时间 | 20世纪50年代 | 20世纪60年代 | 20世纪70年代 |
| 时代背景 | 产品主导 | 形象主导 | 定位主导 |
| 核心观点 | 强调产品特征及利益 | 塑造形象长远投资 | 抢占消费者心智 |
| 沟通基点 | 产品属性 | 形象识别系统 | 消费者需要 |

在实践方法上，里斯和特劳特在《新定位》一书中提出消费者的五大思考模式，即消费者只能接收有限的信息，消费者喜欢简单厌烦复杂，消费者缺乏安全感而跟随，消费者对品牌的印象不会轻易改变同，消费者的想法容易失去焦点。

3. 品牌资产五星模型

由于中国加入WTO后的过渡期渐渐结束，各种利好措施也日渐丧失，中国企业面临着开放市场带来的巨大竞争压力，因此为了摆脱"世界工厂"的形象，企业纷纷围绕品牌价值升级建设。这一时期大卫·艾克等人提出了品牌资产五星模型，即品牌知名度（brand awareness）、品牌认知度（perceived brand quality）、品牌联想度（brand association）、品牌忠诚度（brand loyalty）以及其他专属性品牌资产的建设，如果按重要性排列，分别是品牌忠诚度、品牌知名度、品牌认知度、品牌联想度和其他专属性品牌资产。品牌资产较强的增值潜能、产品销售与创利能力等优势成为企业看重的价值所在，对品牌资产的有效评估吸引了中国企业的广泛的关注。这一时期对于"品牌资产"的研究涨势迅速，并在2007年达到峰值210篇。

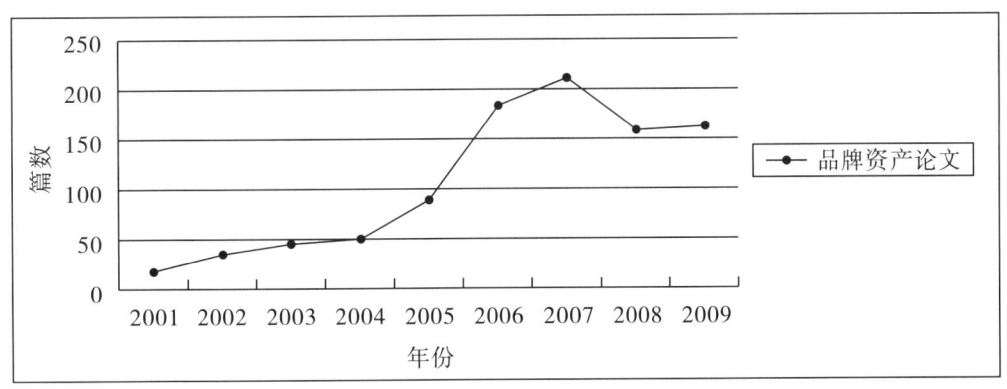

图7-3 2001—2009年中国知网"品牌资产"论文收录数量

图片来源：徐娜. 近十年品牌传播文献与理论发展研究［D］. 华南理工大学，2015.

## 思考题

1. 品牌现代化传播的驱动因素有哪些？
2. 联系当代，品牌形象代表出现了什么变化？
3. 请总结现代品牌传播手段的特点，并分析其产生的原因。
4. 举例说明多品牌策略的关键特点。
5. 简述中国品牌在本阶段的发展面貌与面临的问题。

## 第二节　互联网快速发展时期（2010—2020）

随着移动互联网爆发式的发展，技术和数据驱动了品牌传播大变革与大转折时期的到来。移动互联网时代的到来加速解构了原有的媒体格局，并催生出新的媒体格局，品牌传播因为媒体格局的剧烈变化而变化。具体来看，品牌传播的数字化趋势不断深化，不可逆转；头部传统媒体依旧受到品牌倚重，以场景类媒体和移动互联网媒体为代表的、与数字和技术紧密结合的媒体受到了品牌的青睐。

——《中国品牌40年》

### 一、历史背景

互联网的快速发展是这一时期发展的重要背景。根据中国互联网络信息中心（CNNIC）发布第45次《中国互联网络发展状况统计报告》显示，截至2020年3月，我国网民规模为9.04亿，互联网普及率达64.5%，网民群体中学生占比最多，为26.9%，互联网俨然成为人们了解文化与获取信息的重要途径。互联网具有海量、即时的信息，提供了强大的搜索功能，大大降低了人们查找信息的难度，同时其表现形式更加丰富，从文字、图片等转变为视频、三维空间和虚拟现实等。互联网的互动性和个性化是其重要的特点，具有高度的针对性，满足了各种不同的需求，将大众传播转变为了小众、分众传播，同时互联网的全球化特点也突破了原有传播的时间和空间上的限制，真正实现了无国界的传播。这一时期，互联网的发展也经历了从Web1.0到Web3.0时代的转变。

### 二、商业环境

1. 中国对外贸易发展

除了互联网发展的背景，品牌在这一时期利用政治、经济、文化上的利好条件，都有不同程度的发展。政治上，伴随着我国对外贸易和对外开放的逐步深入，我国的对外贸易政策也在不断进行着调整。党的十八大报告中，开放型经济体系的内涵进一步被完善为"适应经济全球化新形势，必须实行更加积极主动地开放战略，完善互利共赢、多元平衡、安全高效地开放型经济体系"。2013年国资委印发了《关于加强中央企业品牌建设的指导意见》，指出"品牌也是生产力，自主品牌是企业的核心竞争力"和"品牌是企业的无形资产，是实现保值增值的重要途径"。因此要加强品牌文化建设，提高中央企业品牌的建设水平，实现做强做优中央企业、培育具有国际竞争力的世界一流企业的目标。2018年庆祝改革开放40周年大会上，习近平强调："必须坚持扩大开放，不断推动共建人类命运共同体。"因此，打开国门走出去，同时积极的包容外来文化，成为中国品牌全球化发展的重中之重。

经济上，金融危机后，我国的对外贸易尽管受到一定程度的影响，但在长期内仍然保持了稳定上升的趋势，到2011年，中国成为世界贸易的第一大出口国和第二大进口国，世界贸易大国的地位得以确立。2013年中国（上海）自由贸易试验区正式成立，我国主动开始适应全球经贸规则，实行更加积极主动开放战略。同年，习近平在出访中亚和东南亚国家期间，先后提出共建"丝绸之路经济带"和"21世纪海上丝绸之路"的"一带一路"倡议，"一带一路"是我国新时期全方位扩大开放布局的重要内容，也是经济全球化背景下国际经济发展的必然选择，不仅有利于世界品牌更加积极地参与到中国市场的竞争当中，同时也对中国品牌和企业"走出去"提出了更高的要求。截至2018年底，我国已同122个国家、29个国际组织签署了170份政府间合作文件，遍布亚洲、非洲、大洋洲、拉丁美洲。这一时期，我国积极主动拓宽贸易合作形式，提出"高铁出海""核电出海"以及多项双边自由贸易协定，我国对外贸易战略从被动应对到主动出击。

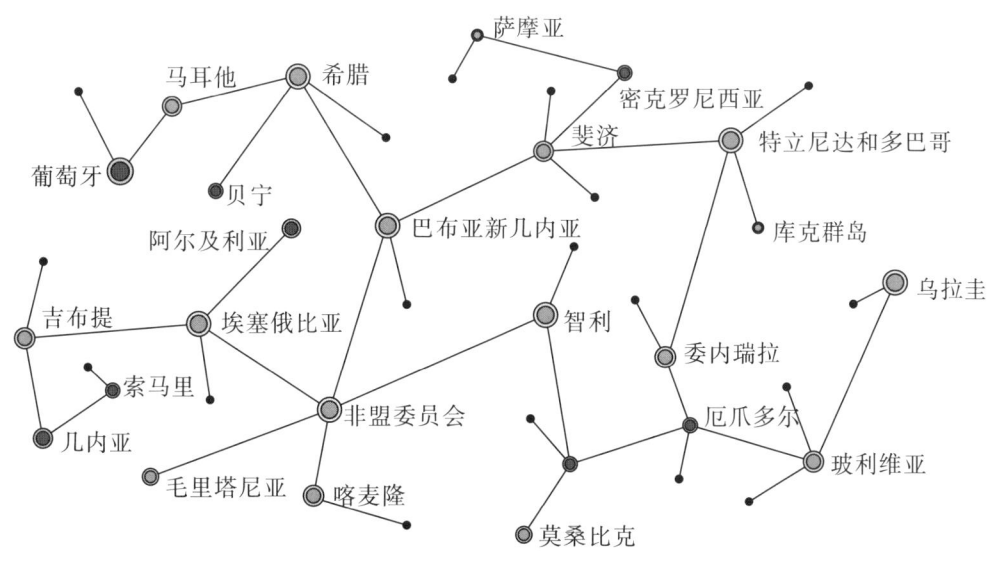

图7-4 60多个国家加入"一带一路"朋友圈

数据来源：国家信息中心。

2. 品牌强国工程

文化上，2012年由中国互联网新闻中心、中国品牌领袖联盟、中国品牌国际传播中心等机构联合主办的《中国品牌影响力计划》正式启动,为中国品牌传播搭建了一个权威、互动性传播平台,提升中国品牌在国内国际的品牌影响力和传播力,为政府决策、企业管理、品牌领袖、行业组织等提供一个超级品牌信息传播平台。2017年经党中央批准、国务院批复,宣布每年的5月10日为"中国品牌日",进一步推动品牌的建设与发展,在国家相关部门运筹下,"品牌强国"的口号应运而生。2019年中央广播电视总台联合国内知名品牌企业,共同举办了"品牌强国工程"活动,通过全媒体传播品牌强国战略,助力培育能代表中国参与全球经济文化交流的新时代国家级品牌,这是一个顺应国家发展战略、符合企业和市场需求的选择。

3. 中国品牌发展

世界品牌实验室(world brand lab)自2003年成立以来,每年都编制年度"世界品牌500强"排行榜,而近十多年来,中国品牌上榜的数量发生了翻天覆地的变化,从2005年中国仅有4家企业上榜,到2019年共有40家企业入选,越来越多的互联网企业跻身其中。

表7-3 上榜"世界品牌500强"的中国前10强企业

| 2005年(共4席) | 2011年(共21席) | 2019年(共40席) |
| --- | --- | --- |
| 海尔 | CCTV | 国家电网 |
| 联想 | 中国移动 | 腾讯 |
| CCTV | 工商银行 | 海尔 |
| 长虹 | 国家电网 | 中国工商银行 |
|  | 联想 | 华为 |
|  | 海尔 | 中央电视台 |
|  | 中国银行 | 阿里巴巴 |
|  | 中国建设银行 | 华润 |
|  | 中国人寿 | 中国移动 |
|  | 华为 | 联想 |

可以看到,随着中国经济的崛起,中国企业越来越重视品牌建设,中国品牌价值逐渐比肩国际品牌,重塑了国际品牌格局。同时,银行也不再占据主导地位,科技和消费类品牌迅速崛起,如腾讯、华为、阿里巴巴等企业近几年迅速在海内外打响知名度,拥有了超大体量的用户规模。2014年华为进入了"Interbrand全球最佳品牌100强",位居94位(品牌价值43.13亿美元),中国大陆品牌第一次进入该榜单,标志着中国企业对于品牌价值的建设也越来越重视,在中国品牌全球化道路上树立了里程碑的地位。中国品牌"走出去"是促进"建立命运共同体"的重要组成部分,尽管与世界级品牌相比仍有不小差距,中国品牌的影响力塑造任重且道远。但是中国品牌作为代表企业展现中国

形象的靓丽名片，应该以更加开放、包容的姿态，积极地融入世界市场中。

4. 互联网时代的传播媒介

在获取信息的方式上，在互联网出现之前，媒介化的人际传播形态主要是书信和电话，而在互联网早期，则通过电子邮件的方式传播信息。随着互联网的发展，用户逐渐开始订阅"网络报纸""数字报纸"等，甚至发展成了新闻资讯平台，为用户推荐有价值的、个性化的信息，提供连接人与信息的新型服务。在信息主体上，以博客、微博、Twitter等为代表的自媒体，成为互联网新闻传播越来越重要的渠道，改变了新闻传播的形态。以往传统媒体掌握了信息的主导权，单向性进行信息输出，成为整个社会的新闻集散地。随着互联网的发展，新闻采写和编辑不再是记者的特权，用户不仅仅是信息的接受者，用户可以自主的参与到信息生产活动中，同时新媒体也逐渐地超越传统媒体成为抢占"第一时间"传播新闻的主战场。

在用户社交互动上，社交网站成为互联网人际传播领域最引人注目的创新形态。用户不再是一对一地进行信息交流，而是通过分享公开的内容同时和众多熟人之间产生联系，从一对一变成了一对多，甚至是多对多的传播关系。用户不再仅仅通过图文、语音的方式进行沟通交流，短视频、直播的发展给予了用户间面对面交流的机会，进一步提高了互联网用户互动参与的积极性。

在媒介形态上，互联网促使一切媒介及有关要素的结合、汇聚甚至融合，不仅包括媒介形态的融合，还包括媒介功能、传播手段、所有权、组织结构等要素的融合，也称为"媒介融合"。将报纸、电视等传统媒体与互联网、智能终端等新兴媒体传播渠道结合起来，实现技术与经营方式的融合，资源共享以衍生出不同形式的信息产品，然后通过不同的平台传播给受众。另一方面，互联网的发展也带来了"跨屏传播"这一多终端、跨平台的融合趋势。让用户随时随地接触传播内容，也深刻影响着人们生活时间和场景的分配与重构。其中短视频已然成为移动互联网时代最主要的媒介形式之一。短视频用户已经达到了7.73亿，实现了1.25亿的用户量增长，并且这个数字还在不断上升。

5. 互联网时代的传播方式

互联网的发展促使传输速度更快、网络服务多元化以及智能化；互联网行业朝向移动化方面转变，促使用户群体实现数据化、社交化以及ID化；互联网的发展还推动了电子商务、远程办公、远程教育、电子政务等发展，为人类生活和工作的方方面面都带来了便利。据报告显示，截至2020年3月，我国在线教育用户规模较2018年底增长了110.2%，达到了4.23亿。随着疫情形势的好转，在线教育市场逐步降温，但尝到甜头的消费者的需求已经被激活，用户留存将是接下来要面临的首要问题。

消费者参与品牌和企业决策。网络的开放性和方便性以及内容的多样性为人们提供了充分了解品牌和产品信息的平台，同时互联网将传统渠道中不必要的、损耗效率的环节拿掉，拉近了企业、服务商与消费者之间的距离，缩短了营销产业链。消费者的喜好、反馈可以快速地通过网络来反馈，企业根据消费者的意见迅速做出反应并进行产品迭代，从以"产品"为核心转向了以"用户"为核心。形成了平等对话沟通的新型企业——用户关系。

人们可以通过互联网实现虚拟与现实世界的融合。一方面，互联网是用户意见和建议的集聚地，网络是现实社会的反映和镜像，它也是现实生活的一部分。人们通过网络咨询问题、收集意见和发表看法，并通过网络来维系个人线上与线下的社会关系网，因此互联网不仅仅是一个独立的虚拟世界。然而，互联网也同样具有匿名性和虚拟性等特点，用户可以通过身份的虚拟性来感知与现实世界中不同的感受，摆脱相关束缚，因而获得部分快感，用户利用网络充分地从虚拟世界逐步走向"现实化"。

互联网改变了人们体验现实世界的方式。VR、AR等技术的发展也能够提高用户的综合体验，通过虚拟化的数字技术使得用户所感知到的现实世界得到更真实地还原，创造出更逼真的身体在场感。通过VR相关的应用程序，不仅能够实时查看产品信息，并且能够演示使用效果并给出相关建议，提高用户的体验感和品牌好感度。同时通过AR显示增强技术，场景可以实现多元化、立体化，加强了用户与产品之间的全方位了解和互动。

## 三、传播符号

### 1. 二维码

二维码又称二维条码，常见的二维码为QR code（quick response），是一个近几年来移动设备上较流行的一种编码方式，是用某种特定的几何图形按一定规律在平面分布的、黑白相间的、记录数据符号信息的图形，它比传统的条形码（bar code）能存储更多的信息，也能表示更多的数据类型。二维码是2011年之后在中国广泛应用的，随着移动通信网络的全面覆盖，我国移动互联网伴随着移动网络通信基础设施的升级换代快速发展，服务模式和商业模式也随之大规模创新与发展，中国的移动支付应用场景出现了爆发式的普及，二维码越发重要，遍及支付、识别等领域。二维码的特点主要有信息量大、易识别、易传播、成本低等，它的主要功能有信息获取、广告推送、防伪溯源、手机支付和账号登录。

二维码在电商领域也得到广泛应用，结合O2O的概念，带给消费者更便捷和快速的消费体验，成为电商平台连接线上与线下的一个新通路。同时智能手机和平板电脑的普及使得不再受到时空和硬件设备的局限，大大推动了二维码的应用和发展。腾讯公司总裁马化腾认为："二维码是线上线下的一个关键入口。"在移动互联业务模式下，人们的经营活动范围更加宽泛，也因此更需要适时的进行信息的交互和分享。

### 2. 多形态标志

多形态标志，是为了适应时代进步而不断衍生创造出的结果，也是对传统标志设计的继承，它不拘泥于固有的思维模式，按照时代特点和要求对传统标志设计加以改造，赋予其新的表现形式。随着科技的发展，数字媒体技术给多形态标志的形式提供了更多的可能性、创造性。标志的表现手法变得尤为丰富，在一定程度上打破了传统标志创新的局限，标志从单一的符号转变为形式多样、视觉风格统一的多形态标志。一方面，形式的创新下使企业或品牌标志改变以往枯燥乏味的形象,因此标志根据一定的设计法则,根据图形、色彩、造型等方面达到视觉上的丰富,呈现出更好的设计表达,带给人们更好的感官体验,更新了现代企业的设计前景,扩大了现代人的审美范围,满足了社会时代的发展要求。再则,多形态标志的出现符合了当代设计所需求的多元化发展,设计师们在不断地努力更新下才有了现在的形态,带给了我们除视觉以外的其他感知,提供了我们以空间范围去认识标志的思路。

在互联网时代,设计人员根据以前的设计概念从海量数据中选择有效的数据类别,为企业和消费者定制个性化的标志设计服务。这种互动性同样也是由多形态性衍生而来。一般来讲,多形态标志能够在色彩、线条、肌理等方面产生多种形态的变化,以此触发受众的多方面心理与现实的感官触动,从而实现人与标志搭建心灵上沟通的桥梁。美国麻省理工学院实验室标志就是运用大数据分析设计而来。以"science is endless"为主题,设计师结合研究领域和研究室成员的个性,进行了40000次左右随机变形原创素材的图形。大数据生成的标志形态各异,可以与所有相关的实验室成员和学者建立联系,这种互动接触的方式让人们有了参与感。随机生成的"多形态标志"主要基于数字媒体开发平台。最终,该系列标志的结构形式显示出形态学关系和连续变化。2000年德国汉诺威世博会的"活力"标志也是多形态标志的典型案例。2000年汉诺威世博会聚焦于人类、自然和技术三者之间的关系,提出了社会和谐理念,其标志是一个根据不同视觉改变结构与色彩的波纹图形,在整体结构不变的情况下能时刻呈现出不同的运动状态,充满动感,也充满了未知和不确定性,它极富动感的造型与传统静止的印刷形态产生强烈的反差,所以被称为"会呼吸的标志"。

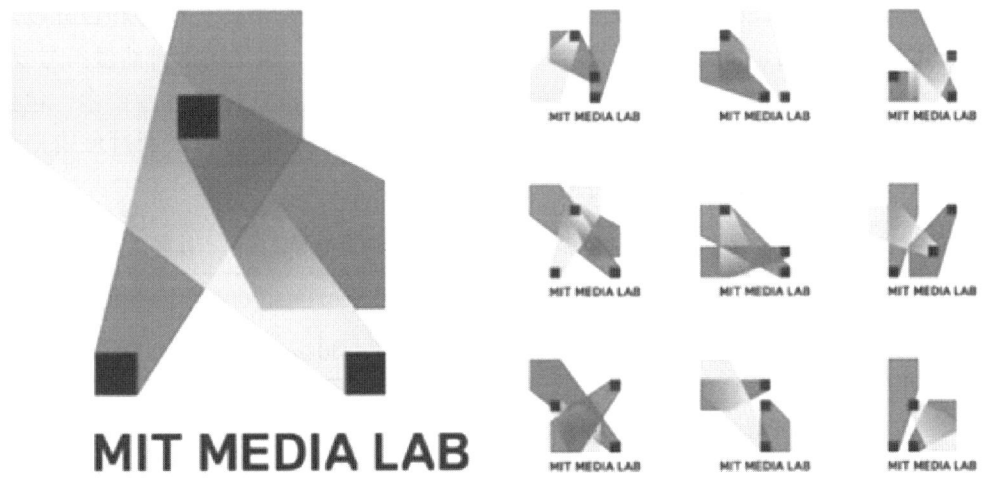

图7-5 以"科学永无穷尽"为主题的多形态标志

3. 表情符号

随着网络的发展,网络语言作为传播信息的载体,实质上也是这一时期的传播符号之一。网络语言是指网民在网络表达、交流中产生出的一种独特的语言,从狭义上来说,是指网民所创造出来的一些特殊的信息符号。网络语言呈现以下特性:虚拟性,从网络符号生成的语境看,网络符号的特性受网络语境虚拟性的直接影响;交互性,网络符号的符号化体现了信息化的交互性特征。随着社交媒体的发展,表情符号成为重要的网络传播符号,人们可以发送表情符号进行信息传递。由于纯文字符号的暧昧性会使得人们有多样性的解读,因此表情符号的运用解决了这一问题,人们可以通过表情符号来判断文字的感情色彩,以更直观形象的方式表达喜怒哀乐,拉近了沟通者之间的距离。网络表情符号也从最初只是简单的由文字或标点组成,到后来以 Flash 的形式出现,比静态图片更加生动有趣。

4. 城市符号

在受众的认知体系中,符号是指代一定意义的表征,可以是图形图像、文字组合,也可以是声音信号、建筑造型,甚至可以是一种思想文化、一个有个性的人物。而城市符号是一座城市的历史文化积淀,是城市的独特标识。提到一个城市,人们往往会联想到与其相对应的城市符号,比如承德的避暑山庄、景德镇的瓷器、厦门鼓浪屿的琴声等,这些符号与所在城市相对应,成为受众对这些城市的记忆点。这些符号不仅展现了城市的品牌精神,传达了城市的品牌内涵,还构筑了受众对城市感知和记忆的基础,城市品牌符号是对一个城市战略地位的高度缩影。

不同城市的城市符号有不同的内容和表现形式。城市符号的形式可以是多样的,而在多样的形式中,都共性地表现出城市具代表性的特征。城市符号包括以下要素。一是城市设计性符号要素,包括市徽、市旗、城市标准字、标准色、城市各种规格的地图及各个区域的同类设计。二是城市设定性符号要素,包括市花、市树、市鸟和吉祥物。三是城市建筑性符号要素,包括城市符号性建筑和符号性雕塑。四是城市自然性符号要素,如名山、名河、名湖、名海、名林、名自然景观等。五是城市宣传性符号要素,包括各种公益的、商业的、造型不同的广告牌、提示牌等。城市品牌符号可以通过城市形象片广告、城市举办活动等事件营销来传递城市的文化和内涵。

表 7-4 2006—2014 年品牌传播书籍案例中城市品牌主题所占比率

| 年份 | 2006 | 2007 | 2008 | 2009 | 2010 | 2011 | 2012 | 2013 | 2014 |
| --- | --- | --- | --- | --- | --- | --- | --- | --- | --- |
| 城市品牌 | 7.80% | 8.90% | 9.50% | 6.10% | 6.60% | 1.10% | 3.10% | 4.30% | 7.10% |

## 四、传播手段

1. 整合营销传播

所谓整合营销,是指将各个独立的营销方式综合成一个整体并产生协同发展的效益,这里所说的独立营销方式主要可以分为广告、直接营销、人员推销、包装等。而整合营销传播则是指将企业市场营销过程中的一切传播活动一元化处理的过程。一方面,整合营销传播将广告、促销、包装等整合营销元素概括在营销活动之中；另一方面，企业需要将统一的传播资讯传递给顾客，从而共同构成整合营销传播这一概念。

随着时代发展与社会进步，企业应高度重视新媒体整合营销模式，并结合企业实际发展情况进行充分应用，充分挖掘新媒体技术所蕴含的优势，然后以其为基础制定合理、完善的企业发展战略。目前，国内诸多企业均开始广泛应用整合营销模式，其是新媒体环境下应用效果最好、应用范围最广的一种传播形式，可以在短时间内把企业产品全部销售出去，并且能够快速找出产品销售过程中存在的一系列问题，为企业发展提供重要驱动力。当今社会是一个微博、微信、公众号等新媒体平台高度发达的时代，企业发展过程之中若未充分应用新媒体技术开展相关营销活动，那么企业核心竞争力将无法得到有效提升，甚至将被社会淘汰。科学技术的发展推动了新媒体平台的崛起，人类也由此进入一个新时代。不断创新、优化的新媒体，不但通过各种形式步入人类的日常生活，并且对市场营销环境造成了巨大冲击。采取何种方式才可以更好地开展整合营销传播工作，是国内诸多企业需要重点考虑的一个重要问题。

2. 数字媒体下品牌情感互动

数字媒体下的品牌通过品牌视觉传播和用户体验，满足用户的功能性、情感性、与象征性的情感需求，这些情感带给用户不同层次的生理、心理、环境的感受，形成情感互动。美国学者唐纳德.A.诺曼教授对于情感设计进行了分层，主要有三个层次：本能层、行为层和反思层。本能层可以最快地做出反应，同时可以和相关人员之间形成相应的互动，该层面的情感常常处于无法控制的状态。反思层是其中的情感水平的最高阶段，用户体验以后就会形成这一层情感，这个层次主要是通过前面两个层次作用于用户的文化、经历等各个方面的差异而交织在一起所产生的对情感的更深层次的理解等。

这三个层次使得用户的行为特征和情感的互动方式有一定的差异，在他们对设计的喜欢过程中将会产生较大的影响。在数字品牌视觉设计中也会穿插着一定的情感，透过视觉、听觉、行为、理念等多个方面，对企业的品牌文化进行直接的传递，从品牌视觉设计的信息传播到互联网用户的识别，需求和体验以及进行体验的过程，就是品牌与人接触的过程，用户在这一过程中需要对人们的心理和感受方面的变化进行及时的体验。数字品牌视觉设计本身也包含着品牌对于用户的投入方面的因素，在等待用户接触或者用户体验和互动的状态。数字品牌视觉设计可以从这三个层面找到切入点进行情感互动。

3. 程序化广告

程序化广告是在互联网发展和大数据支持下，更具实效性的新模式。2012年程序化购买进入了中国市场并在近年进一步在程序化上革新，不再仅仅停留在程序化购买环节，还体现在程序化洞察和程序化创意构成上，形成完整的程序化营销。程序化购买广告实现了从购买媒体到购买用户，相对于传统的人力购买方式而言，其通过数字化、自动化、系统化的方式，实现广告主和代理公司、网络媒体之间的程序化对接，帮助广告主准确找到与广告信息相匹配的目标用户，实现整个数字广告产业链的自动化。既提升了广告投放的效率，也实现了包括人工成本、广告成本在内的企业成本降低。

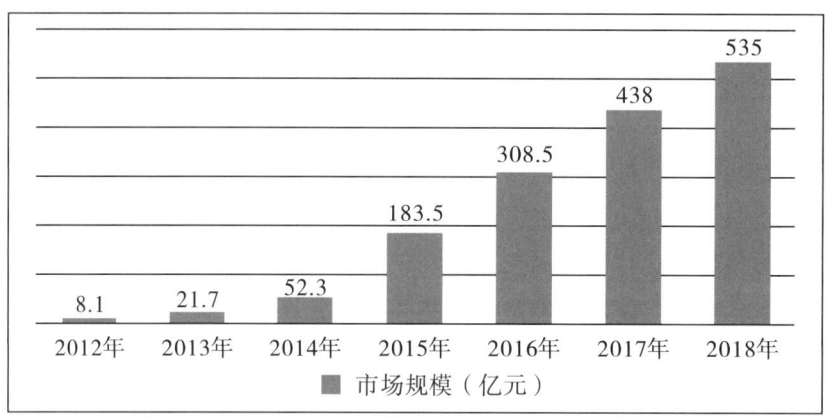

图 7-6 2012—2018 年中国程序化购买广告市场规模
数据来源：前瞻产业研究院

程序化购买产业链衍生出了四个新角色：广告需求方平台（DSP：denmand-side platform）、媒体供应方平台（SSP：sell-side platform）、数据管理平台（DMP：data management platform）以及广告交易平台（Ad exchange）。其中，DSP 平台是面向广告主的广告投放管理平台，处于程序化购买产业链中的核心位置；SSP 平台是将各网络媒体集中在一起，帮助网络媒体分配流量、管理广告位、选择交易平台等，实现跨平台的媒体资源变现和收入优化；DMP 平台通过全面整合管理各方数据，深度建模和细分人群，指导需求方进行广告优化和投放策略；Ad exchange 是实现程序化购买的主要场所，所有的资源都在这里实现整合与分配。在程序化购买模式下，实现了用户购买的精准定位，同时通过用户数据和广告需求数据的匹配程度来判断广告是否过度曝光，引起消费者反感，通过广告投放效果的检测和反馈，帮助广告主进行下一步的品牌传播决策。在 2017 年"8.18 苏宁狂欢日"上，海信家电利用程序化购买广告圈定目标受众，了解受众爱好定向，对高精尖男性用户进行扩展，多次展现降价文案广告，呈现出高冲击力的品牌曝光。并配合网购节日进行导流，进行了一系列的策略投放包括预先收集数据、规模投放逐步优化再到蓄力放量，最终实现总曝光数 2000 万，CPC 到 UV 转化率达到 95% 以上，获得了超出预估的投放效果，也帮助海信品牌加深在用户心中的印象，实现有效转化。

4. 信息流广告

In-feed advertising，译为信息流广告，即出现在社交媒体用户好友动态中的广告。精准和原生是信息流广告的重要特点。精准是指通过大数据能够给个体贴上标签，通过推荐算法机制，针对性地推出信息内容。原生是指将广告嵌入在信息流中，以一种近似内容的形式传递给受众，从而降低受众对广告的反感。其中的场景适配不仅仅是指广告与内容、形式上的适配，还有广告与平台调性之间的适配性。自从 2006 年 Facebook 推出了信息流广告后，国内 QQ 空间、微博和微信也相继推出了信息流广告，它将程序化购买与互动程度高的社交平台结合在一起，具有投用户所好、可分享、可评论等特点，使得品牌的广告投放获得了较高的触达率。

信息流广告分为封闭式信息流广告和开放式信息流广告。封闭式是指广告内文主要由媒体撰写或是和广告主合作，以确保原生广告的原创性，这类广告与品牌广告相似，融入媒体从而潜移默化地影响消费者对于品牌信息的了解和兴趣。开放式是指信息流广告点击链接后会跳转到外部的网站或应用程序，此类广告追求通常是点击率、曝光率等较直接的广告目标。腾讯广告通过朋友圈投放卡片式信息流广告，以互动、明星首评的方式，获得粉丝和用户的关注和超高点击率，并通过"一键转直播""一键转小程序"等促进转化率的提升。

5. HTML5 广告

HTML 全称是 hyper text markup language，译为"超文本标记语言"，经过 5 次修改后称为 HTML5，简称 H5，它是一种基于互联网的网页编程语言。HTML5 广告就是利用编码技术来实现的一种数字广告形式。它的主要功能是通过多元化的音频、动画和视频等展示效果呈现系列的信息，HTML5 广告凭借其互动性的表达、超时空限制等特点成为新型移动广告形式，因此其特性业主要表现为：第一，能够实现跨平台交互性共享。任何的 HTML5 信息都能通过自有的分享功能转移到其他社交平台上，同时在制作过程中将用户交互性植入其中。如《人民日报》的"快看呐！这是我的军装照"作品在国庆期间上线，浏览次数累计 8.2 亿，一分钟访问人数峰值高达 41 万，其内容的创新性使公众感到新颖和趣味性，积极地参与到互动中。第二是突破了传统广告时空的限制。HTML5 广告能够实现离线存储，将用户的资源文件保存在本地，真正实现在何时何地都能够获取信息的目的。HTML 广告的分类主要包括展示型广告、游戏型广告、功能型广告以及互动型广告。通过在内容和策划上根据不同人群精准定位，定制消费者专属内容，从而使得在展示或互动的过程中，使消费者产生情感共鸣，从而转化为购买动机。

## 五、传播策略

1. 品牌社区

随着新媒体、自媒体的快速发展，传统 BBS 社区已然没落，但"品牌社区"却依然备受企业青睐。品牌社区（brand community）也称品牌共同体，是一种新的消费者沟通载体和互动方式。品牌社区以消费者对品牌的情感利益为联系纽带。在品牌社区内，消费者基于对某一品牌的特殊感情，认为这种品牌所宣扬的体验价值、形象价值与自身的人生观、价值观相契合，从而产生心理上的共鸣。由此可见品牌传播的核心逐步从品牌拥有者向消费者发生偏移。而品牌社区的出现，更是冲击了传统的品牌传播模型，消费者在品牌传播过程中越来越占据主导地位。品牌社区本质上是一种以消费者为中心的关系网，其存在的意义在于为消费者提供与品牌相关的不平常的消费体验，关系网中包含的主要关系有消费者与品牌、消费者与企业、消费者与其所使用的产品以及消费者与其他同类消费者之间的关系。它有三个类似于"传统社区"的基本特征，即共同意识、共同的仪式和传统以及社区责任感。

品牌社区有利于创造更多高参与度的品牌忠粉，通过社区收集用户需求，让用户参

与到项目或产品前期调研、功能、式样设计等环节，用户会觉得自己是参与设计的一部分，由此与产品和品牌产生情感联结。同时，品牌社区还可以培育支持者阵营。品牌社区是培养用户忠诚度的堡垒，用户一旦形成了固定的对该品牌的认同，就会产生比一般人更牢固的品牌忠诚。品牌社区通过集聚性的特点，还可以打造品牌精神价值。比如小米社区成员对小米品牌代表的潮流、象征的认同，让用户产生归属感，而归属感会让用户感到温馨和团结。

2. 大数据营销

关于品牌和大数据的研究，仅仅从2012年到2014两年间，中国知网收录的论文数就由351篇变为3305篇，增长了接近十倍。这一时期大数据传播改变了以往品牌以媒介为导向的传播策略，使得营销活动更加关注消费者的需求导向。大数据营销是基于多平台的大量数据，依托大数据技术的基础上，应用于互联网广告行业的营销方式。通过信息检索与过滤帮助企业确定消费群体，便于品牌信息在最合适的时机、方式下得以精准传播。以往企业的数据的存储方式极为有限，并且存储的数据的规模也都相对较小，很容易就达到了数据的存储量上限，所以这对企业的发展带来了一定的束缚。而随着网络科技的不断突破与优化，使得大数据得以产生。大数据营销的核心在于让网络广告在合适的时间，通过合适的载体，以合适的方式，投给合适的人。通过大数据采集，以及大数据技术的分析与预测能力，首先帮助广告主找出目标受众，以此对广告投放的内容、时间、形式等进行预判与调配，能够使广告更加精准有效，给品牌企业带来更高的投资回报率。

截至2020年3月，我国网络购物用户规模达到7.1亿，较2018年底增长了18.4%，网络营销的渗透力强劲，了解用户需求成为企业和品牌发展的当务之急。因此大数据营销的作用首先是高效收集用户行为与特征信息，比用户更了解用户自己。互联网的重要特征就是信息实时的更新，大数据系统所具备的海量信息访问系统，可以很好地观察到客户最近浏览的商品，通过与其之前的需求进行对比，来筛选出与客户近期需求相关的商品，然后通过各种渠道为客户进行宣传，以达到让客户进行了解并购买的目的，并通过数据反馈来实现对销售策略实施弹性的调整。同时也可以帮助企业实现品牌危机监测及管理支持以及改善用户体验。例如，在大数据时代或许你正驾驶的汽车可提前救你一命，只要通过遍布全车的传感器收集车辆运行信息，在汽车关键部件发生问题之前，就会提前向你或4S店预警，可以及时地防范和修理。

3. 社会化媒体

随着我国互联网程度的日益提升和在线用户的高频度活跃，社会化媒体内容的生产运营与传播，越来越成为企业品牌重视与关注的内容传播阵地。社会化媒体作为互联网的产物，使得用户有一定的发言空间，具体表现为微博、微信、抖音、快手等一切用户可积极参与发言的互联网产品。社会化媒体形式多样，用户可以通过文字、图片、话题、小视频、网络直播等参与。社会化媒体有很多的特点：互动性强、覆盖范围广、用户黏度强、传播媒介多样化、精准定位与营销、整合营销传播等。用户习惯于在社会化媒体中发表自己的看法,这样可以培养用户使用社交媒体的行为习惯,与企业和品牌进行双向互动沟通,从而变成忠实的用户群体。

截至2020年春节期间,快手、抖音的日活跃用户数量分别达到了2.3亿和3.2亿的规模。微信的日活跃用户数量也超过了11亿、朋友圈突破8亿,微博的月活跃用户数量超过了5亿。疫情期间,网络视频不仅陪伴公众度过居家的闲暇时光,更是在信息发布、知识科普等方面发挥了重要作用。社会化媒体成了社会信息发布、社会成员沟通联络的主要平台,其传播、组织、动员的功能日益彰显,因此也成为不少企业投放广告和品牌传播的重要渠道。借助社会化媒体的发展,品牌构建渠道传播闭环,以微博、微信朋友圈为主的社交平台为品牌提供了充裕的公域流量,同时企业的自媒体平台、公众号、小程序等私域流量与社会化媒体相互配合,建设渠道传播闭环,缩短品牌和消费者之间的营销链路,打造沉浸感,便于用户主动获取信息,留存资料,提高品牌传播和转化的质量和效率。

4. 危机公关

新型媒体的衍生及发展下的社会大环境使企业本身的经营和发展充满了无限可能性,互联网时代信息传播加速,这有利于品牌传递信息和树立良好形象,但当网络中出现品牌的大量负面信息时,同样会更快地传播出去,严重影响企业的品牌形象,企业开始深刻认识到危机公关的重要性。著名公关专家游昌乔先生指出危机公关具体是指机构或企业为避免或者减轻危机所带来的严重损害和威胁,从而有组织、有计划地学习、制定和实施一系列管理措施和应对策略,包括危机的规避、控制、解决以及危机解决后的复兴等不断学习和适应的动态过程。他还提出了"5S"原则,即从承担责任、真诚应对、速度第一、系统运行和权威证实这五个方面着手应对危机。英国危机公关专家杰斯特在《危机管理》一书中提出了"3T原则",即tell you own tale(以我为主提供情况),tell it fast(尽快提供情况),tell it all(提供全部情况)。奥美公关公司提出了"3C"原则,即针对危机公关的对象——系统内部、媒体、公众三面,采取关心、沟通、控制措施。互联网背景下企业应当建立健全舆情应对机制,着重建立舆情研判机制和完善危机公关策略,同时应当创建一个多方对话的交流平台,为企业搭建良好的有效手段舆论空间,遇到负面舆情及时处置,运用公关传播手段积淀自己的知名度和美誉度。2020年春节期间,阿里旗下移动办公应用"钉钉"下载量首次超过微信,跃居苹果AppStore排行榜第一。钉钉免费为学校开通了各种功能,而真正让钉钉进入大众视线的是一则B站上的《钉钉本钉,在线求饶》鬼畜视频。面对众多学生给"钉钉"恶评、打低分的现象,"钉钉"及时推出了这一视频,以"品牌自黑"的方式在线求饶,一条视频沾上"钉钉"动辄就是几百万的观看量,自此,钉钉实现了口碑与流量的华丽逆转。

5. 公益活动

企业公益活动是由企业发起、统一组织并提供相关支持的一种服务,是企业参与公益,帮助解决社会问题的重要方式。企业通过公益活动创造良好的社会舆论和影响力,为企业打造良好的社会氛围和受众群体认知,从而实现可持续发展。公益活动的对象和内容非常广泛,包括体育赞助、文化赞助、教育赞助、福利慈善等。企业在开展公益传播时,不仅仅是为了实现受众目标,对企业自身而言,扩大品牌市场占有率,提升品牌辨识度和市场占有率,获取经济效益才是最终的目的。近年越来越多的企业开始建立企业社会责任相关部门,有了相对独立完善的组织体系,同时企业注重可持续性的公益活动,不再仅仅做"一次性"公益,而是选定一个领域长久地开展公益活动,为帮扶对象带来长久的帮助和影响,如顺丰的莲花助学项目、中国一汽的蓝途项目等。随着新媒体的发展,公益活动和志愿服务可以多渠道开展,"互联网+"公益服务趋势显著,很多企业探索利用互联网平台开展形式多样的公益活动和项目,并通过互联网传播公益相关信息的推送。

新冠肺炎疫情期间,战疫营销成为品牌新战场,"共享""转产""补贴"等成为公益营销的核心。阿里钉钉发起"在家上课"计划,百雀羚集团通过微信公众号推送"捐赠2亿物资,守护白衣天使"的文章,泰康保险集团向抗疫一线捐款十万件防护服并开展面向驰援湖北医护人员子女的专项招聘计划,上汽通用五菱汽车急速设置12条口罩生产线,并喊出了"人民需要什么,五菱就造什么"的口号……众多企业针对此次疫情开展的公益活动是履行社会责任的表现,通过公益活动传播推广增加了企业品牌曝光度,同时也建立起了负责任的企业公民形象。

## 六、传播理念

### 1. 整合品牌传播

2011年以后,关于品牌传播的相关研究出现了激增的现象,对于品牌传播的热点进入了大量研究的阶段,与这一时期互联网的快速发展发展密不可分。这一时期品牌传播呈现出多元化发展的态势,"互联网""新媒体"等成为品牌传播的研究热点。这一时期从整合营销传播逐渐转到整合品牌传播的路径。整合品牌传播是指企业以品牌核心价值为中心,使用跨媒体整合的方式,围绕着品牌核心价值开展价值共创活动,与消费者互动沟通建立价值关系,使品牌价值突破经济价值上升到社会价值的战略组织传播过程。整合品牌传播理论认为品牌传播是与消费者建立长期良好关系的过程,而不仅仅是品牌单方面的营销,与消费者培养长期的、不可动摇的品牌关系是建设品牌的目标所在,是企业和消费者双赢的过程,在这一过程中,品牌、企业、消费者三者缺一不可。

而从整合营销传播到整合品牌传播的构建主要是由于以下几方面的变化:(1)从大众媒体到移动社会化媒体的传播。不仅仅只通过传统媒体进行一对多的传播,而是利用移动终端、跨屏传播等实现全方位、立体化的传播。(2)从双向沟通到价值共创。企业通过整合传播不仅仅是实现和消费者的双向的沟通,而是整合各方资源,形成品牌社区,形成品牌的核心价值观,增强消费者对品牌的拥护。(3)从追求经济价值到追求社会价值。企业也不是仅仅是一味地追求经济效益,而是以社会价值为目标,实现经济和社会价值的统一。(4)从单一传播到战略组织传播。企业不再单独的使用一种传播手段或策略进行传播,而是结合各渠道资源进行有效的整合,在以多样化的形式呈现的同时,输出品牌和企业统一的价值观。

2. SOLOMO

SOLOMO 是网络媒体在移动互联网背景下发展的新趋势，包括 social（社会化）、local（本地化）、mobile（移动化）三大属性，这三大属性是移动互联网时代品牌传播活动发生巨大变革的主要原因，是社会化媒体与移动互联网、智能移动终端紧密结合催生的一种传播媒体发展趋势。social 属性来源于通信网络，mobile 属性来源于移动终端，local 属性来源于移动互联网平台的 LBS 功能。最大意义是建立基于位置的社会化网络，实现了虚拟空间和现实世界的融合，起到构建传播平台和传播渠道的作用。SOLOMO 模式有具体四点：（1）消费者洞察。从精神个体的角度消费者的心理需求特征及其媒体接触点进行分传播。（2）创意点的实现。围绕着品牌核心价值、社会文化、消费者洞察等得出的传播目标展开的传播创意点的实现。（3）跨媒体整合，配合传播创意点的具体执行，以实现传播沟通为目的对多种媒体进行整合，其依据是消费者接触点。（4）传播评估与引导。主要通过传播跟踪和整体课方式对传播活动进行评估，并对消费者信传播进行引导，以期出现预期效果。给予 SOLOMO 的整合传播模式最重要的五个维度是感知环境、互动沟通、关系印象、评价分享和用户行动，以此构建了 CIISA 模式。

## 思 考 题

1. 品牌在互联网快速发展时期的驱动因素有哪些？
2. 请梳理现代品牌传播手段，并尝试结合现实举例。
3. 这一时期的传播策略有何新的发展。

# 第三节　智能时代未来发展趋势

进入数字时代，人工智能技术在品牌塑造的运用中成为主流。以算法为代表的内容分发机制，取代了原有的内容传播机制，真正帮助品牌实现了对受众的细分化、标签化和精准化，对经典的品牌理论进行了解构与重塑。经典的品牌服务过程中，品牌方是以"物性"的面目与消费者进行沟通的，即作为营销交往主体的品牌，大多重点在于呈现物的特性，缺乏人的温度、情感和形象。"物性"的面目就好比一个面具，让品牌方与受众之间存在陌生的距离感和因未知而产生的巨大的交流上的鸿沟。

——《智能营销传播新论》

## 一、历史背景

2018 年 5 月 16 日至 18 日，第二届世界智能大会在天津举行，大会以"智能时代：新进展、新趋势、新举措"为主题。没有谁会否认人工智能改变世界的力量。走进第二届世界智能大会现场,仿佛进入了《爱丽丝梦游仙境》的童话故事:展区里,机器人能上天入地,超算大脑正在每秒计算千万亿次,各种智能设备把人类包裹着将大数据接入云端……而如今现实生活中,各色共享单车成为城市路边的彩虹风景线;机场、高铁"刷脸"进站,足不出户就可以买到心仪的商品,"连早晨在路边买一个煎饼果子也可以扫码支付",店家最大的感受是"讲卫生、不找钱、没假币"。人工智能技术在短短几年时间内就已深深地影响着人们的生活方式。

"让所有人从今天繁重的劳动里全部解脱出来",京东集团董事局主席兼首席执行官刘强东谈起自己最大的梦想,引起台下一片掌声。智能时代的智慧往往诞生于企业和市场,许多从前看似不可能的梦想已经在京东成为现实。在京东建成的全球首个全流程无人仓里,机器可以抓取并识别口香糖、钢笔等300多种商品;在无人配送站里,上面飞着无人机,下面跑着配送机器人;无人机可以把包裹精准投递到人力难以抵达的偏远地区。而阿里巴巴集团董事局主席马云认为,不管机器如何厉害,终究不可能取代人类,他认为,过去200年人类在追求知识的过程中,对外部世界的了解越来越多,未来人类将通过各种各样的技术更了解自身。随着机器工业化,人的工作时间会大大缩短,"到那时才真正是,机器做机器的事、人类做人类的事"。

## 二、商业环境

### 1. 人工智能发展

人工智能作为下一个引领世界发展的动力源,人工智能与媒体合作正在不断打破传统媒体产业的边界,商业模式也逐渐走向多元。根据中国传媒大学新媒体研究院、新浪AI媒体研究院联合发布的《中国智能媒体发展报告(2019—2020)》显示,当前人工智能已经贯通了信息采集、内容生产、内容分发、媒资管理、内容风控、效果检测、媒体经营、舆情检测、版权保护的九大环节,驱动着中国媒体的智能化迭变。2019年,我国人工智能企业数量超过4000家,位列全球第二,在人工智能芯片研发领域的竞争更是占有优势,中国智能媒体发展势不可挡。如封面新闻智能泛内容生态、《广州日报》智能化融媒体方阵以及新华社智能化编辑部等。可见智能数字化时代,媒介触点无时不在且正在快速更迭,而大数据、云计算、移动互联网等都为智能时代品牌传播的发展提供了坚实的技术支持。在一场疫情之下,我们也看到了人工智能对媒体和公众生活所产生的巨大影响,从以秒计的"疫情地图"的更新到"智能主持人"的无口罩播报提醒,再到全民共享的智能辟谣系统;从解读CT确诊病例再到公共场所遥感测温实时上报高热人群,人工智能在疫情信息采集、疫情报道内容生产和新闻播报、舆情分析、内容分发、鉴谣辟谣及信息治理等方面都做出了积极贡献,成为战胜信息疫情的"特种智能部队"。人工智能对于媒体时代来说可谓是一场脱胎换骨式的变革。

从人工智能发展的总体态势上来看,经济上,全球主要经济体都先后出台了人工智能发展战略、政策以及产业规划,全面部署人工智能的技术研发、人才培育、产业对接等,一场席卷全球的人工智能军备竞赛就此打响。同时平台经济为产业数字化发展持续赋能，在需求端平台企业在推动商业模式创新、赋能商家和品牌发展以及消费数字化等方面发挥了重要作用，在供给端平台企业通过数据驱动优化商品供给、提升供应链数字化水平等，对产业转型升级提供了关键支撑。政治上，习近平在中国共产党第十九次全国代表大会上的报告上指出，"要将发展经济的着力点放在实体经济上，加快推动互联网、大数据、人工智能和实体经济深度融合"，同时也在中央全面深化改革委员会第七次会议中明确提出要"构建数据驱动、人机协同、跨界融合、共创分享的智能经济形态"，推动了人工智能与社会的融合发展。同时，党的十九届四中全会首次将数据与劳动、资本、土地、知识、技术和管理并列为参与分配的生产要素，大数据业务逐渐向各个领域渗透。技术上，随着核心技术的持续创新，推动人工智能与产业融合驱动转型。随着区块链、5G开启商用进程、人工智能、大数据业务的逐步发展，我国人工智能的总体竞争力在不断增强。

2. 品牌总体发展与态势

大数据智能匹配精准投放人群。传统的投放形式下，企业将已准备好的信息投放到大众中，仅仅做到了"千人一面"，品牌无法达到预期的高点击率和转化率。而人工智能的发展重塑了新型的传播模式：挖掘用户数据—收集用户画像—进行智能推荐—反馈调整策略。大数据通过将人的行为和需求转化成无数个可以量化的数据节点，打造丰富的"用户画像"数据库，企业通过用户数据为消费者贴上标签，进行用户感兴趣内容的精准投放，通过大数据技术实现"千人千面"，大大增加了用户黏性和忠诚度。网易云音乐的协同过滤算法所创建的"每日推荐"歌单成功地吸引了用户的注意力，精准的推荐使其能够在众多音乐软件应用市场中脱颖而出，成为众多年轻音乐爱好者的选择。

线上品牌传播手段改变传统营销格局。平台经济大生态将更加丰富，对实体产业转型的赋能作用将持续凸显。智能数字化时代消费者对企业提出了更高的要求，在2020年春节疫情期间，传统行业整体承受压力颇大，线下客流量锐减，不少实体零售店面临重大的挑战，而通过人工智能的发展，企业通过精细化的运营构建了多元商业模式：通过大数据收集用户信息，对投放内容进行智能创作并进行实时的创意投放，通过效果监测来调整投放策略以及预测未来发展态势，调整传播方案。如2020年开启了一波直播卖货的风潮，在汽车行业陷入囹圄的时刻，各大车企不约而同地选择了直播、短视频营销，奇瑞汽车的一场全平台矩阵云上市更是成功吸引了行业、广大消费者的眼球。奇瑞联动了800多家汽车媒体，1000多名当红主播，2000多名销售员，策划了各具特色的上市直播，开创了行业内首个千人千面场景化的全平台矩阵上市。除此之外，车企在投放信息流广告进行产品曝光的同时，获取了用户的资料和位置访问，通过智能优化系统对于信息进行智能分配，为消费者匹配距离最近的店面和客服，以及为消费者推荐喜好的车型、产品，提供良好的服务体验。

3. 云服务与云计算

云服务给予品牌和用户全新体验。云服务不是互联网时代下企业和品牌的必选项，但是它能够支持中国产业互联网的发展需求，是成为领先企业的必选项。传统的应用正在变得越来越复杂：需要支持更多的用户，需要更强的计算能力，需要更加稳定安全等等。而为了支撑这些不断增长的需求，企业不得不去购买各类硬件设备和软件，另外还需要组建一个完整的运维团队来支持这些设备或软件的正常运作，这些对于企业来说运维成本过高，因此云计算应运而生。将应用部署到云端后，即可享受供应商的云服务，低成本高效率的实现软件更新和资源扩展。

2015年春节期间，泰康人寿希望借2015年春晚开展营销攻势，通过"场景业务模式"将PC互联网时代的单向营销，推进到移动互联网参与式营销。但泰康传统的IT架构并无法承受互联网突发性业务量的冲击，因此腾讯云用40天将泰康人寿2015年春晚红包活动系统部署上云，帮助泰康搭建"一主多从"高性能数据库，并提供跨域流量自助调度和大容量高速存储功能，减轻了其企业本身的技术架构压力。随后，腾讯与泰康在智慧保险、智慧医疗、智慧养老、智慧医保等领域深入合作，助力泰康保险集团的数字化转型。

云计算其实是分布式计算的一种，指的是通过网络"云"将巨大的数据计算处理程序分解成无数个小程序，然后，通过多部服务器组成的系统进行处理和分析这些小程序得到结果并返回给用户。简言之，通过这项技术，可以在很短的时间内（几秒钟）完成对数以万计的数据的处理，从而实现强大的网络服务。根据中国信通院测算，2016—2018年中国云计算市场规模从170亿元增长到437亿元，中国是全球云计算发展最为蓬勃的市场之一。

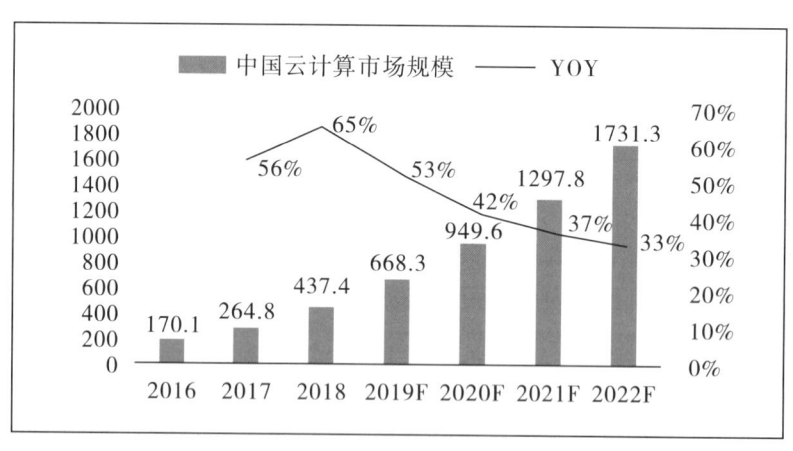

图7-7　**中国云计算市场规模（单位：亿元）**

资料来源：中国信通院《云计算发展白皮书（2019年）》

4. 互联化：物联网的发展造就万物互联的时代

随着互联网技术的发展，物联网成为信息科技产业的第三次革命。物联网是指在约定的协议下，通过信息传感设备将任何物体与网络相连接，物体通过信息传播媒介进行信息交换和通信，以实现对"万物"的智能化识别、定位、跟踪、监管等一体化功能。一方面，物联网的核心和基础仍然是互联网，其是在互联网基础上的延伸和扩展的网络；

另一方面，其用户端延伸从人与人扩展到了任何物品与物品之间，进行信息交换和通信。未来物联网的发展可以应用在人们生活的各个领域如智能家居、智慧交通、智能医疗、智能电网等，甚至设想通过"智慧城市"的打造为城市解决发展难题，以实现城市的可持续发展。利用物联网在海外舞台扎根、开花的海尔电器，其"海尔U+智慧生活"平台已经成为物联网时代最大的智能家电LOT平台之一，接入了包括了海尔自有品牌产品和第三方智能家电等。利用LOT、大数据和AI技术等探索智慧家庭新商业模式，实现定制交互、定制场景和定制服务，打造海尔全屋成套智慧家庭解决方案，最终引领智慧家庭进入全场景服务定制时代，在满足用户个性化需求的同时，提升消费者体验，为用户创造美好生活。因此，利用物联网技术赋予企业新的创新点是中国品牌在全球市场上"换道超车"的好机会，给众多的企业和品牌建设、变革提供范本。

除此之外，区块链版块受到高度重视，已被政府和企业视为驱动创新发展的重要工具之一。2019年，习近平总书记指出"要把区块链作为核心技术自主创新的重要突破口"，将区块链的技术研究持续深入并在多个领域落地应用。目前我国区块链存储、智能合约、共识算法等技术创新持续提升，区块链技术未来将在金融交易、供应链溯源等方面持续应用，推动我国传统产业高质量发展与转型升级。

5. 场景化：场景引领新一轮互联网革命

场景化营销重新定义品牌传播方式。场景主要是指基于特定的时间、空间和行为及心理的环境氛围。罗伯特·斯考伯和谢尔·伊斯雷尔所写的《即将到来的场景时代》中提出与场景时代息息相关的五要素，也成为"场景五力"，包括大数据、移动设备、社会媒体、传感器和定位系统，这几个要素所营造出来的"场景感"革新了人们对于互联网时代的行为体验。他们认为在大数据时代后，下一个科技大趋势就是场景时代，未来竞争的核心要素也是场景。彭兰教授认为"场景"是移动时代媒体的新要素，移动传播的本质是基于场景的服务，即对情境的感知及信息的适配。场景化思维下，过去以传者为中心的"内容为王"的平台思维模式将会转变为以受众为中心并以用户的个性化定制为特征的"场景为王"模式，满足特定场景下不同用户的个性化需求。喻国民教授认为场景时代带来的重大变化首先体现在"定制化体验"的普及，当今移动互联网技术的更新为场景营销提供了必要的技术支撑，基于用户需求心理的场景化信息匹配，带来了营销模式的创新，精准化的场景营销擅于发掘用户在场景中的情感渗透，通过个性化营销增加受众的黏性。微信小程序的出现便是场景细分的产款。2020年小程序日活跃用户已经突破4.5亿，小程序数量达到390万个。小程序以"无须安装、触手可及、用完即走、无须卸载"等特点给予用户便捷的使用体验，用户不用下载APP就可以对需要的场景进行消费，符合了用户碎片化、场景化的消费需求。

6. 移动化：移动营销增强用户体验

随着移动互联网的发展，信息逐渐的分散化、碎片化，消费者的活动范围更广，消费选择的空间更大，而如何在无尽的信息中抓住用户有限的注意力，引发消费者的共鸣，需要重构品牌营销新模式。智能时代背景下，品牌传播利用二维码、位置服务、移动社交等与应用场景相结合，实时捕捉用户位置，提供用户需要了解的信息，并给予便捷的支付方式，抢占消费者"入口"，消费者从价格敏感到追求速度为王，寻求更快的购物体验。尽管线上传播渠道已经非常丰富，但是如果不能结合线下传播，就无法实现全方位的作用，因此消费者的生活场景也同样重要。如楼宇电视、公交和电梯传媒上的广告，极易让经过的消费者产生购买的冲动。2014年9月底，分众传媒完成了对30个城市10万个Wi-Fi及ibeacon点的部署，分众传媒成功掌握了公寓楼、办公楼、商场、影院等地的用户消费数据，利用每天超过20亿条的数据信息，改进传播方式，满足消费者的个性需求。

此外，在信息碎片化的时代，移动消费也趋于口碑化，用户不再前往实体店尝试后才进行选择，用户通过购物评价或者消费点评的口碑了解产品信息，甚至通过社区或平台与陌生人交流心得获取经验，因此产品的口碑左右着消费者的行为和销量。移动互联网发展下，商品的口碑效应影响力更大，企业能占有多少市场份额，将由用户的综合体验决定，于是我们可以看到除了"大众点评""口碑"等APP在消费者生活中起到了重要的参考作用，还有诸如"小红书""B站测评"这一类"种草"类平台的兴起，通过KOL、KOC的产品展示和评价，用户自主选择更适合的产品和更便宜的购物渠道。

7. 智慧化：5G新基建保障网络和经济安全

2020年3月4日，中共中央政治局常务委员会召开会议，指出要加快5G网络、数据中心等新型基础设施建设进度。2019年我国正式开启5G商用，使得5G进入实践阶段，目前我国企业的5G专利数量在世界领先，截至2019年12月，全国建成的5G基站已有超过13万个。5G基础设施已经成为各国必争的堡垒，目前全球已有超过34个国家和地区实现5G商用，部署3000多个应用实践。而2020年春节期间的疫情，也催生了更多5G业务需求，比如在家办公、在线教育、远程医疗等。5G在增强移动宽带、超高可靠低时延和海量机器类通信的三大场景方面，已经实现5G+4K高清直播、智能安防与交通管理等领域的商业实践。如人民日报通过5G+VR直播的形式，带领观众全景看两会，实质上就是利用了大数据和可视化的技术，提供了全流程的技术服务。2019年4月四川凉山发生森林火灾时，5G无人机提供现场图片、火灾热力图等重要数据。在突发事件、灾难性报道的捕捉和生成上，摄像头及各种传感器可以成为记者的眼睛，因此在新闻信息采集中发挥着越来越重要的作用。5G有力支撑了传统产业数字化、网络化、智能化发展，并为自身加速商业化提供驱动力。

随着5G技术的发展，新基建也将迎来大发展，服务于生产和生活两端，成为经济社会的重要底层支撑。新基建与传统基建是互补相融的，随着数字化应用场景的逐渐增多，传统基础设施也将越来越智能化和自动化。5G技术的创新实现了了在海量机器类通信场景下的应用，如我国智慧城市通过传感器和摄像头构建的"神经网络"实现了智能安防与交通管理等，推动了智慧城市的打造和建设。未来，随着5G的加速建设，远程医疗、远程教育与远程办公等应用将迅速普及，视频社交和办公也将成为主流的网络应用。同时，"数字政府""智慧城市"的建设将"去虚向实""由点带面"，深入社会治理和服务的方方面面。

## 三、传播符号

1. 联名文化视觉符号

随着智能时代的到来，越来越多的跨界营销产生，而联名文化视觉符号也随之诞生。但联名并非是简单的一加一，互相加 LOGO 的做法无法为彼此带来预期收入。企业需要把品牌和 IP 这两个不相干的元素在联名产品中融合，形成更加强烈的视觉效果来吸引消费者，最终形成大于二的局面。与传统产品设计相比，品牌 IP 联名设计的新产品要将 IP 内容在设计形式中表现出来，设计有特定的主题。所以视觉语言也需要融入这一主题，也就是说联名产品的设计内容更为局限。设计师要在理性剖析之后找到恰当的结合点，以独特的视觉形式将品牌和 IP 的主题思想表达出来。实际上，品牌与 IP 的合作最终就是寄托于联名产品之中，以产品最终形态为依据，可以将其划分为实体联名产品与虚拟联名产品。从实体联名产品层面来说，从造型、色彩、材质等任一方面入手，都能在不同程度上改善产品视觉呈现。如产品外观，品牌可以通过模拟、抽象、升华等方式加工 IP 的外在形态，通过与 IP 形态的结合改变产品的外在。从虚拟联名产品层面来说，它是一种品牌和 IP 合作提供的服务，其中的图形、色彩、文字都是重要的视觉表现。品牌可以通过解构、重构等手段创造性地将 IP 转换为符号或图形，附着于联名产品。

2. 虚拟偶像符号

21 世纪以来，由于数字互联网催生了全新的符号消费机制，虚拟偶像随之应运而生，迅速重构了商业品牌形象设计与传播理念。虚拟偶像是基于人工智能和数字技术的人形消费符号，已广泛应用于品牌形象设计传播的有虚拟艺人和虚拟主播（VTuber）2 类，其全球市场规模已达千亿级，专营虚拟偶像研发的公司超过百家。2020 年初，YouTube 平台上的虚拟主播已超过 1 万个。在品牌形象设计与传播中，一方面，虚拟偶像日益彰显比真人偶像和动漫拟人形象更强的品牌形象塑造功能，其视觉识别度高，品牌关联度强，形象品质稳定，传播方式多元，且适用边界持续扩大，从休闲食品和日用品扩展到贵重商品。最早的"虚拟歌姬"初音未来已共计代言了上百个品牌，涵盖汽车、时装、化妆品、手机、食品等 20 余类，品牌总价值超过 6 亿人民币。以虚拟偶像符号为载体的品牌传播，往往是与数字技术和网络直播等符号消费生态息息相关的，因而能集中体现企业的创新精神。因此，在已趋白热化的品牌传播渠道竞争中，虚拟偶像正在成为企业品牌升级的催化剂，既能引导企业开拓品牌传播新路径，加快融入互联网符号消费生态，也能促进品牌服务升级与技术创新。当下，不仅科技型企业积极与虚拟偶像联动，大批传统企业也纷纷以虚拟偶像符号为传播介质，全面进入新媒体传播渠道，并以此带动品牌运营的网络化。肯德基是品牌传播与升级相互促进的范例，推出了 3D 仿真版的代言人——玩世不恭的年轻版山德士上校，并针对青年消费者制作充满雅痞元素、幽默不羁的 MV，通过全网发行传播，不仅实现了品牌形象年轻化和个性多元化，也带动了品牌服务的全面网络化转型与升级。

### 3. 多样化代言

品牌形象作为品牌以及企业内涵具象化的表现，是消费者形成对品牌第一印象的关键，长期以来被视为品牌建设的重中之重。在当下激烈的市场竞争环境中，传统的真人代言形象与简单的 logo 式符号已经在各个方面不能满足品牌形象建设的要求，在迫切的品牌商业化创意需求和日趋发达的动漫以及其他文化创意产业多方共同的推动下，品牌多样化代言形象应运而生。例如通过虚拟 IP 代言、明星代言等。

例如玲娜贝儿的爆火。玲娜贝儿是迪士尼新推出的原创玩偶角色，是一只充满好奇心、热爱冒险的粉色小狐狸，也是"达菲家族"的最新成员。达菲原本是大家最熟悉的迪士尼动画角色米妮送给米奇的一只玩偶小熊，后来衍生成为一系列没有动画作品的玩偶形象。家族里的紫色兔子——星黛露则是玲娜贝儿这位顶流的前辈。玲娜贝儿的火爆，让人联想到前段时间同样刷屏的威震天。迪士尼和环球影城两大品牌接续发力，在社交媒体上"造星"，以此吸引游客。

## 四、传播手段

### 1. 场景营销

场景营销则是基于对用户数据的挖掘、追踪与分析，在由时间、地点、用户和关系构成的特定场景下，洞悉用户的情感、态度和需求，连接其线上与线下行为，为用户提供实时、定向的服务与内容，通过双向传播，实现精准营销，从而提升品牌形象。

场景化的营销方式相比传统营销，需要更精准的客户策略，营销动作也会变得更加碎片化，这样相比之前同样一个营销活动，如果要做到"一客一策"就会衍生出大量的场景化营销动作，这个时候就需要一套完整的系统实现策略制定、策略部署、策略实施、效果评估全流程的自动执行。营销策略智能推荐引擎就是为了解决这个问题而形成的一套基于大数据的智能营销系统。

智能营销策略推荐引擎主要包含场景化客户画像，"一客一策"客户策略库，自动策略调度中心，多模型算法库几个部分。首先，通过大数据平台提取、清洗客户的各类历史数据，将这些数据中有价值的信息进行提取。例如客户的历史产品订购信息，接触渠道的偏好，上网行为偏好，日常的位置轨迹信息，等等。将这些客户历史信息按照统一的格式规范灌入营销策略推荐引擎，由底层的模型组开始数据训练，最终识别出每个客户适合的推荐产品，偏好渠道，营销时机等关键营销要素，最终再通过调取客户在"一客一策"营销策略库中的策略推荐信息进行营销场景预布放，当客户达到营销动作触发时机的判定条件时，通过渠道触点发起营销动作。建立客户标签这样细分客群的方式，在精细化运营的初期就已经开始使用，经过多年的积累，系统中存在的客户标签已经成千上万，运营人员在实际运营的过程中要通过这么多的基础标签组合出想要的客群是有一定难度的，尤其是对于更加偏向一线的营销人员。如果想使用这些标签圈选出目标客户，首先需要对每一个基础标签的口径要特别熟悉，其次如果设定的规则较多，整个配置过程是将会相当繁琐。显然这与提升营销效率，释放营销产能的整体运营思路是相违背的。做基于场景化的 360 度客户画像体系，正是提升标签运营效率，支撑大规模的场景化精细运营的重要手段。360 度客户画像体系的主要实现思路是：基于现有的基础标签体系，做二次汇聚收敛，即将原本比较分散的标签，结合场景化运营的需要向上收敛。

2. 跨界营销

产品跨界、内容跨界和渠道跨界是跨界营销常用的三种方式。产品跨界使用最为频繁；"出圈"是内容跨界的看家法宝；借助共通点，强化用户对于产品的认知与认同，是渠道跨界的典型特征。支付宝的"有料点心"和"打气糖"属于典型的产品跨界，可口可乐联名安踏、泸州老窖联名钟薛高属于典型的内容跨界，奥利奥联名故宫系列点心则是渠道跨界。产品跨界是在跨界营销中，使用次数最为频繁的一种方式。一般是指在同一件产品中融合两个品牌的特征和文化，成为两个品牌的"结合体"。双方也可以借助对方的文化去强化或是优化自身，进而产生品牌形象溢价，跨界合作后必须让原有品牌形象有所加强或改善，这是核心诉求。跨界代表：网易云联名三枪、优衣库联名 KAWS、李宁联名《人民日报》等。内容跨界一般是指品牌通过跨界进入其他圈层，借助合作方的粉丝受众与平台获取更多有价值的用户。其手法与合作方式多种多样，但其核心的目的便是"圈粉"。例如现在许多的品牌开始借助二次元文化，通过植入产品以及中插小剧场的形式，将产品与动漫关联在一起，借助剧情打入受众内部，从而实现目标圈粉。跨界代表：麦当劳联名全职高手、可爱多联名《魔道祖师》等。渠道跨界是指通过跨界合作借助对方的销售渠道，在其中植入自己的产品，或者是通过自身品牌的文化特征与对方的销售场景相联系，借助其中的共通点，强化用户对于产品的认知与认同。例如，肯德基套餐赠品活动，以及此前得到 APP 跨界三源里菜市场推出的"#菜市场遇见经济学#"。跨界代表：肯德基联名皮卡丘、得到 APP 联名三源里菜市场等。

## 五、传播策略

1. 线下+线上，打造私域流量池

私域流量是企业能够自主运营，可以反复自由利用、无须付费又能随时直接接触的流量资源。说的直白点就是企业可以反复触达、交流、"骚扰"、获取用户的反馈。完美日记的私域流量池运作主要有两种方式：一是通过线下门店方式，引导消费者添加微信号"小完子"；二是消费者通过线上完成购买后，所收到的包裹里有一张"红包卡"，通过给予红包福利的方式，引导消费者添加"小完子"好友，进一步引导消费者加入"小完子玩美研究所"微信群。

完美日记有几百个"小完子"，不同的"小完子"的微信朋友圈有一定的差异性，但大都是除了产品测评，妆容分享还有平时日常生活，美食旅游等，让消费者感受到"小完子"是真实存在的。完美日记通过"小完子"这个 KC（关键意见消费者）塑造，能够赢得消费者信任，消费者可以放心购买。"小完子玩美研究所"群会有一些干货妆容分享以及日常护肤技巧，同时还会有一些低价秒杀活动、抽奖红包等，这些对于消费者很有诱惑力，以至于消费者不愿退群。

一般的销售行为只是单纯的买卖关系，东西卖给消费者，交易也就结束了，但完美日记不一样。通过私域流量池的构造，进一步了解消费者的真实需求，了解消费者真正想要什么，同时可以做好一些调研，从而能够帮助产品/服务进行迭代降低营销成本，同时实现了二次销售完美日记通过私域流量，反复触达消费者，间接影响消费者对于品牌的评价。如果消费者已经是产品的粉丝，那么他们就可以转介绍，自发宣传，从而带来口碑传播。

2. 跨界合作，持续为营销造势

这两年品牌跨界联名愈演愈烈，消费者已经见多不怪，而完美日记的每一次跨界都能带来惊喜。2018年"双十一"完美日记推出与大英博物馆联名款十六色眼影盘。这款眼影盘的灵感来自于文艺复兴时期的马约里卡陶盘，适合文艺复古妆容。通过与大英博物馆的携手，让艺术走出博物馆，来到普通人的身边，同时共同传递美可以不受时间、空间限制，增加了品牌的文化内涵。

2019年3月，完美日记与全球知名Discovery探险频道合作推出探险家十二色眼影盘，打造更具魅力的野性特色妆容。这款眼影盘分别以小鹿、斑虎、小猪、小熊猫、大熊猫、冰狼、鳄鱼等野生动物为灵感，配色大胆，刚一推出就成了爆款，在网络上掀起了浪潮，同时这款眼影荣获了《ELLE》"2019年度美妆之星创意跨界实力奖"。

在中华人民共和国成立70周年之际，完美日记携手《中国国家地理》推出联名款眼影，将中国特色景观融入其中，眼影取材于中国真实地形地貌，并以中国传统颜色分别命名为"赤彤丹霞""粉黛高原""碧蓝湖泊""焕彩梯田"，其文案为"赤色顷染澎湃山丘灿烂如散落的霞光""粉色彩霞席卷辽阔山脉与群山黛色交相辉映""碧蓝湖泊分布在高原，动物亦汇聚于碧流之间""初升的红日照耀梯田层层叠叠变幻出多重色彩"，将中国美贯彻到底。在国潮大热的今天，可谓深深抓住了消费者的心理。目前完美日记在微博发起的话题"完美日记地理眼影"已经获得1.2亿的阅读量。

还有部分企业考虑到产品之间有一定的联系同时又各自差异化独立的情况，则在原有品牌的基础上，推出具有原品牌特色的子品牌，作为背书可以为全新子品牌带来支撑。如喜茶在2020年4月通过社交媒体平台发布了旗下全新子品牌"喜小茶饮料工厂"，引发了广泛的关注。从子品牌的价格定位来看，与原有品牌喜茶的高端定位形成错位，向更广阔的三四线市场下沉，提升了品牌的渗透率，拓展了品牌的流量和知名度。尽管竞争激烈，但借助"喜茶"的品牌优势，"喜小茶"也更容易地进入消费者视线并更快地融入市场。企业应当根据自己的优势，从品牌调性出发，在使用多品牌策略时，要平衡主品牌和子品牌之间的差异度，避免对主品牌产生负面影响和市场分流，或造成内部品牌间激烈竞争。

## 六、品牌案例一：国货品牌完美日记如何突围

2019年，完美日记成立了不到4年的时间，就成为中国化妆品市场的头部品牌，占

据了较大的市场份额。2019年"双十一"活动，完美日记也交出了彩妆榜单第一的成绩，通过介绍完美日记的品牌传播和营销策略，分析21世纪品牌如何实现高效的品牌传播。

1. 大幅度的折扣活动，打开用户市场

完美日记通过微信公众号发布活动推送，同时在朋友圈投放精准的信息流广告，吸引了年轻消费群体的关注。通过新用户免费送、发放优惠券、先试后买、买一送一等较大的折扣力度，打开了许多年轻用户、新手用户市场，特别是"95后"的市场。"95后"的消费群体更加注重个性化，消费方式也不再过分追求奢侈品牌的大声浪，而是更注重体验感，追求极致的性价比。同时根据完美日记提供数据显示，其粉丝群体中大部分都是初学者，而完美日记的产品也是很多粉丝的第一套彩妆。

2. 以用户为核心，产品精准定位

完美日记拥有丰富的产品系列，囊括了唇妆、眼妆、底妆、卸妆产品等，一站式满足了消费者的彩妆需求。严格的品质管理给了消费者大牌的产品体验，同时又以低廉的价格吸引新用户，打造出了"优质性价比"的国产美妆代表。

完美日记也积极采用跨界联名的方式，持续的为品牌营销造势。2019年完美日记与Discovery探索频道合作了探险家十二色眼影盘，这款动物眼影盘一经推出，就在网络上掀起了浪潮，以小猪、大熊猫等形象为封面设计的眼影盘抓住了女性消费者的眼球，并迅速成为当下爆款。除此之外，完美日记携手《权力的游戏》中的大热演员"龙妈"合作并推出了龙焰公主色号的唇膏，吸引了众多美剧粉丝的关注，成功争夺了"爱玩"的年轻潮人这部分群体的注意力市场，再次将完美日记小金钻系列唇膏打造成里程碑新品。

3. 线上线下联动营销，助力品牌突破重围

完美日记作为2016年成立的国货品牌，是有效利用社交媒体实现品牌传播的成功案例。在2019年天猫"双十一"活动开场1小时28分，就成为天猫美妆首个成交额破亿的彩妆品牌。完美日记以小红书作为传播品牌的重点渠道，发布了一系列的美妆"种草"文章并借助小红书KOL的传播进一步裂变，同时覆盖B站、微博、微信朋友圈等社交媒体渠道，实现品牌传播声量最大化，达到人际型和自主型传播更容易获得消费者的信任，因此成功从众多美妆平台中脱颖而出，也被誉为"国货之光"。

同时完美日记也利用线下门店来增加用户的体验，不仅在北京、上海开设了3家快闪店，同时也在广州开设了首家线下体验门店，以高级、个性的装潢展现了各个系列的热门产品，同时门店也有多名彩妆师为消费者进行服务。在完美日记两周年的庆典上，更是请来了迪玛希、汪东城、李佳琦等明星代言人，空降现场与粉丝共同走红毯，实现明星与粉丝互动，联合线上聚划算欢聚日活动，"口红一哥"李佳琦更是现场直播带货，打造了"一呼百应"的线上线下联动品牌大事件。

4. 代言人加持品牌影响，粉丝经济助力营销

在2018年偶像选秀元年中，完美日记选定了偶像团体中人气偶像朱正廷作为唇妆的

代言人，引发粉丝的极大关注和转载，不仅实力宠粉，为其粉丝制定了"珍珠糖色"，同时利用解锁偶像广告大屏等任务充分调动了粉丝的积极性，自主加入到品牌的宣传中。在整个营销周期中，最大化地实现了粉丝触达并进行转化，快速地打开了品牌话题度以及知名度。同时完美日记顺势推出了新品"小黑钻"系列，在天猫品牌大促上，新品小黑钻唇膏一分钟卖出了2万多支，创下了彩妆行业支付金额和买家数第一的战绩，充分展现了粉丝经济的强大影响力。

## 七、品牌案例二：TikTok 的"出海"

随着全球化的发展，企业开始纷纷"出海"，成为新型的贸易发展方式。"Made in China"的口号早已在全世界盛行，但是中国品牌对外推广，在海外市场获得喜人份额，却是鲜有耳闻的事。近年来，随着手机、短视频的不断发展，国内不少品牌都纷纷在各大洲建立了自己的海外市场：2017年抖音海外版 TikTok 上线 Google Play 并于同年11月在日本 App Store 总榜登顶；2018年3月，火山小视频海外版 Vigo Video 登顶巴西 Google Play；2018年快手海外版 Kwai 在俄罗斯获封安卓和 IOS 双榜冠军。随着短视频在国内爆发式的增长，国内竞争的愈发激烈，加之流量红利的锐减使得短视频平台纷纷布局海外寻求突破。而 TikTok 作为较早踏出国门并在海外斩获良好战绩的品牌，其出海的成功经验带动了市场潜力空间的提升。

1. 海外并购加速市场开拓步伐

2017年2月，今日头条全资收购了北美短视频社区 Filpagram，并于同年11月收购了 Musical.ly，并在2018年宣布与 TikTok 合并。众所皆知，Musical.ly 当时在全球的注册用户已经达到了2.4亿，拥有较稳定的大规模用户群体，这是一款与抖音类似，同样在美国有一批年轻受众的软件，通过将两者的内容、功能进行整合，合并后的 TikTok 迅速在北美市场扩张，并在全球市场实现用户的飞速增长。

2. 采用本土化策略，因地制宜

面对陌生的市场和海外各地的文化差异，想要获得用户，就必须缩小产品与当地用户的文化差异，主动迎合当地用户，打破文化隔阂。TikTok 充分利用了当地的热点趋势，例如在进军"潮流圣地"日本时，TikTok 就与当地有影响力的明星、KOL 进行合作，迅速打开了庞大的粉丝群，引导年轻的受众群体下载软件并使用，使之成为一种潮流。

3. 高质量的内容结合精准推送满足用户需求

无论是在国内还是国外，视频的内容永远是打动用户的关键，而 TikTok 的推荐算法和出色的文娱内容，使得用户在好奇心驱动的基础上迅速成为平台的忠实粉丝，而算法恰恰是抓住了用户的切实需求和痛点，因此在海外也能迅速获取用户并实现对品牌的高黏性。TikTok 曾在超过100个国家和地区发起全球旅行挑战"TikTok Travel"，鼓励用户随时捕捉和分享旅途中的精彩时刻，并有机会赢得大奖，同时公司也为 TikTok Travel 开发了新的产品功能，提供了旅行定制的"照片模板"，用户可以通过该工具将静态图片制作成滚动播放的视频，以此吸引了众多用户参与使用和分享。

## 本章小结

　　品牌全球化是企业在进行跨国生产经营的活动中推出全球化的品牌，并占领世界市场的过程。即企业在全球性的营销活动中，树立自己的品牌定位形象，达到一个全球化的目标。企业不仅要利用本国的资源条件和市场，还必须利用国外的资源和市场，进行跨国经营，即在国外投资、生产、组织和策划国际市场营销活动。中国品牌在走出国门的过程中可以充分挖掘适合品牌的中国文化元素，打造特色的品牌形象，建设具有中国特色的全球化品牌。在面临品牌危机的时候，应当用最有效的方式及时处理和化解一切有可能损害品牌的事件或危机，不断地传递品牌良好形象，确保品牌在国内外保持长青。面对新的市场环境，当下的互联网时代正在从红利消退的迷茫期进入到精耕细作的深度发展期。以大数据技术、AI技术、云计算技术、无人驾驶技术为代表的全新发展模式正在引爆后互联网时代的发展风口。而作为经济新动能，5G"新基建"正在迈入起航阶段，未来产业链上的巨头将继续加速前行。人工智能的应用也不再仅仅存在于当前的生产、分发、风控等环节，而是逐步渗透至全流程全环节，推动智能媒体的纵深发展。智能媒体的伦理规范建设也将慢慢成为行业焦点，成为保障其持续稳健发展的通行"绿码"。

## 思考题

1. 阐述你对21世纪品牌传播趋势的看法。
2. 互联网背景下企业应该如何选择品牌传播战略？
3. 常用的公关手段有哪些？以一个具体案例说明公关在品牌传播中发挥的作用。
4. 如何利用人工智能、5G等新技术进行品牌传播？
5. 利用智能化媒体进行品牌传播时应注意哪些问题？

# 参考文献

## 一、著作

[1] 习近平. 赶在实处走在前列——推进浙江新发展的思考与实践［M］. 北京：中共中央党校出版社，2006.

[2] 乔春洋. 品牌论［M］. 广州：中山大学出版社，2005.

[3] 徐莉莉，骆小欢. 品牌战略［M］. 杭州：浙江大学出版社，2007.

[4] 余明阳，杨珊珊. 品牌营销管理［M］. 武汉：武汉大学出版社，2008.

[5] 艾丽丝·M·泰伯特，蒂姆·卡尔金斯. 凯洛格品牌论［M］. 刘凤瑜，译. 北京：人民邮电出版社，2006.

[6] 威廉·阿伦斯. 当代广告学（第七版）［M］. 丁俊杰，程坪，苑菲，等译. 北京：华夏出版社，2001.

[7] 陈刚. 新媒体与广告［M］. 北京：中国轻工业出版社，2002.

[8] 张惠辛. 超广告传播：品牌营销传播的新革命［M］. 上海：东方出版中心，2007.

[9] 舒咏平. 品牌传播策略［M］. 北京：北京大学出版社，2007.

[10] 张树庭. 广告教育定位与品牌塑造［M］. 北京：中国传媒大学出版社，2005.

[11] 张传玺，张仁忠. 中国古代史辅导讲座［M］. 北京：光明日报出版社，1986.

[12]《中华文明史话》编委会. 绘画史话：汉英对照［M］. 北京：中国大百科全书出版社，2009.

[13] 黄金贵. 中国古代文化会要［M］. 杭州：浙江大学出版社，2015.

[14] 吴松弟. 中国古代都城［M］. 北京：中国国际广播出版社，2009.

[15] 刘心莲，李穆南，竭宝峰，等. 中国文化知识大观园·商业贸易卷［M］. 沈阳：辽海出版社，2007.

[16] 张传玺. 简明中国古代史［M］. 北京：北京大学出版社，1993.

[17] 王力，马汉麟. 中国古代文化常识［M］. 南京：江苏教育出版社，2008.

[18] 夏曾佑. 中国古代史［M］. 北京：中华书局，2015.

[19] 何星亮. 中国图腾文化［M］. 北京：中国社会科学出版社，1992.

[20] 后德俊. 楚国科学技术史稿［M］. 武汉：湖北科学技术出版社，1990.

[21] 国家计量总局. 中国古代度量衡图集［M］. 北京：文物出版社，1984.

[22] 祝慈寿. 中国古代工业史［M］. 上海：学林出版社，1988.

[23]（汉）许慎撰. 说文解字［M］. 北京：中华书局，1963.

[24] 翦伯赞，郑天挺. 中国通史参考资料［M］. 北京：中华书局，1962.

[25]（汉）司马迁. 史记［M］. 韩北琦，译注. 北京：中华书局，2010.

[26]（汉）班固. 汉书［M］. 北京：中华书局，1962.

[27] 钱穆，叶龙. 中国经济史［M］. 北京：北京联合出版公司，2014.

[28] 吴晓波. 浩荡两千年. 第2版［M］. 北京：中信出版社，2015.

[29] 鹿军士. 辉煌灿烂的科技成就［M］. 北京：现代出版社，2018.

[30] 寇研. 大唐孔雀：薛涛和文青的中唐［M］. 北京：北京大学出版社，2015.

[31] 吕鸿声. 西域丝绸之路［M］. 上海：上海科学技术出版社，2015.

[32] 中国丝绸博物馆. 中国丝绸博物馆［M］. 杭州：浙江大学出版社，2018.

[33] 刘利生. 丝绸·瓷器［M］. 长春：时代文艺出版社，2009.

[34] 杨海军. 中国古代商业广告史［M］. 郑州：郑州大学出版社，2005.

[35] 人民教育出版社历史室. 中国近代现代史［M］. 北京：人民教育出版社，2001.

[36] 徐中约. 中国近代史：中国的奋斗［M］. 北京：世界图书出版公司北京公司，2008.

[37] 翦伯赞. 中国史纲要［M］. 北京：人民出版社，1995.

[38] 吴晓波. 跌荡一百年［M］. 北京：中信出版社，2009.

[39] 王翔. 老商标的故事［M］. 北京：民主与建设出版社，2004.

[40] 刘海燕. 中国企业史［M］. 北京：企业管理出版社，2002.

[41] 左旭初. 百年上海民族工业品牌［M］. 上海：上海文化出版社，2013.

[42] 杜艳艳. 中国近代广告史研究［M］. 厦门：厦门大学出版社，2013.

[43] 赵琛. 中国近代广告文化［M］. 长春：吉林科学技术出版社，2001.

[44] 许俊基. 中国广告史［M］. 北京：中国传媒大学出版社，2006.

[45] 郭德宏，王海光，韩纲. 中华人民共和国专题史稿［M］. 成都：四川人民出版社，2004.

[46] 国家统计局社会统计司. 中国社会统计资料［M］. 北京：中国统计出版社，1985.

[47] 吴晓波. 浩荡两千年［M］. 北京：中信出版社，2015.

[48] 萧克，姜义华. 中华文化通志. 艺文典. 戏曲志［M］. 上海：上海人民出版社，1998.

[49] 李潇. 明代商人与商业研究［M］. 保定：河北大学出版社，2015.

[50] 复旦大学，上海财经大学. 中国古代经济简史［M］. 上海：上海人民出版社，1982.

[51] 孙丽娟. 清代商业社会的规则与秩序［M］. 武汉：华中师范大学出版社，2003.

[52] 顾湘，顾浩. 小石山房印谱［M］. 北京：北京市中国书店，1985.

[53] 韩天衡. 历代印学论文选［M］. 杭州：西泠印社出版社，1999.

[54] 陈进国. 事生事死：风水与福建社会文化变迁［M］. 厦门：厦门大学出版

社，2002.

[55] 梁嘉彬. 广东十三行考[M]. 广州：广东人民出版社，1999.

[56] 朱培初. 明清陶瓷和世界文化交流[M]. 北京：轻工业出版社，1984.

[57] 广州荔湾区地方志编纂委员会. 广州十三行沧桑[M]. 广州：广东省地图出版社，2001.

[58] 陈旭麓：近代中国社会的新陈代谢[M]. 北京：中国人民大学出版社，2012.

[59] 国民政府实业部国际贸易局. 最近三十四年来中国通商口岸对外贸易统计[M]. 北京；商务印书馆. 1935.

[60] 许正林. 上海广告史[M]. 上海：上海古籍出版社，2018.

[61] 吴慧. 中国商业通史[M]. 北京：中国财政经济出版社，2008.

[62] 戈公振. 中国报学史[M]. 上海：上海书店出版社，2013.

[63] 孙顺华. 中国广告史[M]. 济南：山东大学出版社，2007.

[64] 王相钦，吴太昌. 中国近代商业史论[M]. 北京：中国财政经济出版社，1999.

[65] 华章. 百年沧桑：中国民族工商业史话[M]. 北京：民主与建设出版社，2005.

[66] 杨海军. 中外广告史新编[M]. 上海：复旦大学出版社，2009.

[67] 黄升民，丁俊杰，刘英华. 中国广告图史[M]. 广州：南方日报出版社，2006.

[68] 丁淦林，房厚枢. 20世纪中国学术大典：新闻学传播学出版学[M]. 福州：福建教育出版社，2005.

[69] 刘宝明，戴明超. 当代北京商号史话[M]. 北京：当代中国出版社，2012.

[70] 赵宁. 广告学[M]. 大连：东北财经大学出版社，1996.

[71] 马清梅. 市场营销理论与实务[M]. 北京：北京交通大学出版社，2013.

[72] 黄艳秋，杨栋杰. 中国当代商业广告史[M]. 郑州：河南大学出版社，2006.

[73] 何佳讯，卢泰宏. 中国营销25年[M]. 北京：华夏出版社，2004.

[74] 杨瑞龙. 改革开放的实践与经济学创新[M]. 北京：中国人民大学出版社，2008.

[75] 史雁军. 客户管理：打造忠诚营销价值链的行动指南[M]. 北京：清华大学出版社，2012.

[76] 许正林. 新中国七十年品牌简史[M]. 上海：上海书画出版社，2019.

[77] 商业部商业经济研究所. 新中国商业史稿[M]. 北京：中国财政经济出版社，1984.

[78] 潘新平. 中国经济革命宣言：人与经济发展的组合分析[M]. 北京：中共中央党校出版社，2000.

[79] 蔡昉. 中国经济改革与发展[M]. 北京：社会科学文献出版社，2018.

[80] 黄升民，赵新利，张驰. 中国品牌四十年[M]. 北京：社会科学文献出版

社，2019.

[81] 徐中约. 中国近代史［M］. 香港：香港中文大学出版社，2002.

[82] 王太平，邓宏光. 商标法［M］. 北京：北京大学出版社，2017.

[83] 余阳明，朱纪达，肖俊崧. 品牌传播学［M］. 上海：上海交通大学出版社，2016.

[84] 吴清军. 中国劳动关系学40年［M］. 北京：中国社会科学出版社，2018.

[85] 纪宝成. 社会主义市场经济制度论［M］. 北京：中国人民大学出版社，2014.

[86] 武力，王蕾. 富起来强起来［M］. 北京：北京时代华文书局，2018.

[87] 王薇，刘珊. 中国媒体经营四十年［M］. 北京：社会科学文献出版社，2019.

[88] 苏星. 新中国经济史［M］. 北京：中央党校出版社，2007.

[89] 古世平. 中国发展战略新布局［M］. 北京：中国民主法制出版社，2017.

[90] 王家民. 中国艺术设计概论［M］. 北京：中国文联出版社，2006.

[91] 余伟萍. 品牌管理［M］. 北京：清华大学出版社，2007.

[92] 诺曼. 设计心理学3：情感化设计［M］. 张磊，译. 北京：电子工业出版社，2015.

[93] 皮卡德. 情感计算［M］. 罗森林，译. 北京：北京理工大学出版社，2005.

[94] 游昌乔. 反败为胜——如何建立危机管理体系［M］. 北京：中国水利水电出版社，2007.

[95] 彭兰. 网络传播概论［M］. 北京：中国人民大学出版社，2017.

[96] 戴维·阿克. 创建强势品牌［M］. 李兆丰，译. 北京：机械工业出版社，2012.

[97] 段淳林，戴世富. 品牌传播学［M］. 广州：华南理工大学出版社，2009.

[98] 余明阳，韩红星. 品牌学概论［M］. 广州：华南理工大学出版社，2008.

[99] 郭志民. 宝岛春秋——台湾历史与祖国统一［M］. 西安：陕西人民教育出版社，1991.

[100] 施联朱. 台湾史略［M］. 福州：福建人民出版社，1987.

[101] 刘其伟. 台湾土著文化艺术［M］. 台北：雄狮图书股份有限公司，1981.

[102] 林仁川，黄福才. 台湾社会经济史研究［M］. 厦门：厦门大学出版社，2001.

[103] 李震明. 台湾史［M］. 上海：中华书局，1948.

[104] 黄福才. 台湾商业史［M］. 南昌：江西人民出版社，1990.

[105] 裘锡圭. 文字学概要［M］. 台北：台湾万卷楼图书股份有限公司，1995.

[106] 李泽厚. 美学四讲［M］. 上海：生活·读书·新知三联书店，2008.

[107] 韩清海. 中国企业史［M］. 北京：企业管理出版社，2003.

[108] 黄叔璥. 台海使槎录［M］. 台北：大通书局有限公司，1997.

[109] 王天滨. 台湾新闻传播史［M］. 台北：亚太图书出版社，2002.

[110] 黄智略. 品牌的缔造与经营：台湾制造业中的奇葩［M］. 福州：福建教育出

版社，2009．

[111] 陈飞宝．当代台湾媒体产业［M］．北京：九州出版社，2014．

[112] 戴国良．品牌行销与管理［M］．台北：五南图书股份有限公司，2007．

[113] 林世渊．财神和我——台湾老板发迹揭秘［M］．北京：中国华侨出版社，1993．

[114] 郑自隆．广告与台湾社会变迁［M］．台北：华泰文化事业股份有限公司，2008．

[115] 黄思明，王帆，宫大川．台湾运营管理案例［M］．北京：中国人民大学出版社，2012．

[116] 陈培爱．中外广告史——站在当代视角的全面回顾（第2版）［M］．北京：中国物价出版社，2001．

[117] 弗尔什．香港史［M］．王皖强，黄亚红，译．北京：中央编译出版社，2007．

[118] 张晓辉．近代粤港澳经济史研究［M］．北京：中国社会科学出版社，2018．

[119] 陈丽平．广告法规管理［M］．杭州：浙江大学出版社，2014．

[120] 高添强．香港今昔［M］．香港：三联书店（香港）有限公司，2005．

[121] 万长林．香港平面设计史［M］．贵阳：贵州教育出版社，2012．

[122] 萧国健．简明香港近代史［M］．香港：三联书店（香港）有限公司，2013．

[123] 卢受采，卢冬青．香港经济史［M］．香港：三联书店（香港）有限公司，1992．

[124] 陈家华，陈霓．广告公关新思维与香港业界对谈［M］．香港：香港城市大学出版社，2006．

[125] 张亚丽．动态标志设计［M］．北京：人民邮电出版社，2013．

[126] 尼葛洛庞帝．数字化生存［M］．胡泳，范海燕，译．海口：海南出版社，1996．

[127] 李庄．人民日报风雨四十年［M］．北京：人民日报出版社，1993．

[128] 朱建良，王鹏欣，傅智建．场景革命：万物互联时代的商业新格局［M］．北京：中国铁道出版社，2016．

[129] 石正方．台湾研究新跨越：经济分析［M］．北京：九州出版社，2010．

## 二、期刊

[1] 舒咏平．品牌发展理念与媒体传播责任［J］．新闻战线，2020（13）：41-43．

[2] 袁加俊．中小企业品牌战略研究［J］．市场周刊（理论研究），2010（4）：72-73．

[3] 段淳林，宋成．创造性破坏：人工智能时代广告传播的伦理审视［J］．广告大观（理论版），2019（5）：40-45．

[4] 胡晓云. "品牌"定义新论 [J]. 品牌研究, 2016 (2): 26-32, 78.

[5] 舒咏平. 品牌即信誉主体与信任主体的关系符号 [J]. 品牌研究, 2016 (1): 20-25.

[6] 舒咏平. 品牌传播: 新媒体环境下广告内涵演进的取向 [J]. 中国广告, 2009 (10): 102-106.

[7] 舒咏平. 广告教育中品牌传播的理念导入 [J]. 广告大观 (理论版), 2009 (5): 101-105.

[8] 舒咏平, 肖雅娟. 品牌传播理论建构的主体性、史学观和思维变革 [J]. 现代传播, 2018, 40 (1): 129-130.

[9] 陈晶瑛. 中国古代商品经济直销发展史述要 [J]. 佛山科学技术学院学报: 社会科学版, 2000, 18 (3): 6.

[10] 李冬芹. 中国商业的产生 [J]. 商丘职业技术学院学报, 2015, 14 (3): 2.

[11] 曹睆俊. 浅析中国古代商标标识沿革 [J]. 中国集体经济, 2009, 30: 84-85.

[12] 张彦台. 牙商职能演进与近代业态变迁 [J]. 经济论坛, 2020 (1): 97-105.

[13] 肖东发. 佛教传播与雕版印刷术的发明——中国古代出版印刷史专论之一 [J]. 编辑之友, 1990 (1): 76-80.

[14] 邱瑰华. 论唐代女冠诗人的社会交往与创作的关系 [J]. 淮北煤师院学报 (哲学社会科学版), 2000 (2): 20-22.

[15] 邓剑鸣. 薛涛笺在中唐时期对四川造纸业的影响与贡献 [J]. 中国造纸, 1993 (6): 63-66.

[16] 李平, 卢向前. 略论露布的职能演进——以魏晋南北朝为中心 [J]. 南京理工大学学报 (社会科学版), 2006 (3): 17-19.

[17] 康相坤. 元杂剧观演的商业化模式解析 [J]. 中央民族大学学报 (哲学社会科学版), 2017, 44 (6): 125-130.

[18] 薛平拴. 五代宋元时期古都长安商业的兴衰演变 [J]. 中国历史地理论丛, 2004 (1): 58-69, 158.

[19] 郭英德. 元明的文学传播与文学接受 [J]. 求是学刊, 1999 (2): 74-80.

[20] 刘政. 元代商业繁荣及其原因 [J]. 南京林业大学学报 (人文社会科学版), 2010, 10 (3): 67-72.

[21] 潘蓉. 宋代"坊市合一"制度与工商业行会经济组织 [J]. 兰台世界, 2013 (27): 35-36.

[22] 潘殊闲. 论宋代苏轼文化现象 [J]. 宁夏大学学报: 人文社会科学版, 2010, 032 (2): 118-123.

[23] 及进革. 济南刘家功夫针铺广告版再探 [J]. 科技信息, 2009 (23): 643, 721.

[24] 林枫, 孙杰. 关于明代商业经济史研究的思考 [J]. 厦门大学学报（哲学社会科学版）, 2010 (5): 129-135, 144.

[25] 陈贤春. 试论元代商人的社会地位与历史作用 [J]. 湖北大学学报（哲学社会科学版）, 1993 (3): 69-73.

[26] 范金民. 明清地域商人与江南文化 [J]. 江海学刊, 2002 (1).

[27] 潘建国. 铅石印刷术与明清通俗小说的近代传播——以上海（1874—1911）为考察中心 [J]. 文学遗产, 2006 (6): 96-107, 160.

[28] 杨丽莹. 浅析石印术与传统文化出版事业的发展——以上海地区为例 [J]. 中国出版史研究, 2018 (1): 100-115.

[29] 谢景雯, 山东青. 试论明清之际人格化河神的形成、发展与传播 [J]. 钛学术, 2020 (3).

[30] 刘赵莹, 王军涛. 以文学视野看明清小说的发展 [J]. 魅力中国, 2018 (28).

[31] 邓珍珍. 明清小说传播的成就与启示评《明清小说与历史叙事》[J]. 四川师范大学文学院, 1989 (5)

[32] 袁宣萍. 东方贸易与中国外销丝绸 [J]. 丝绸, 2002 (6): 43-45.

[33] 于卓. 经济基础决定上层建筑——甲午战后民族资本主义经济发展推动社会变迁 [J]. 商业经济, 2021 (5): 118-119.

[34] 陈争平. 试论中国近代企业制度发展史上的"大生"模式 [J]. 中国经济史研究, 2001 (2): 41-52.

[35] 齐大芝. 近代新式商业的产生及与旧式商业的区别 [J]. 首都博物馆丛刊, 2001 ( ): 44-55.

[36] 王敏. 近代"洋货"入侵与洋货消费观念变迁研究 [J]. 云南大学学报（社会科学版）, 2015, 14 (1): 76-80.

[37] 陆建国, 张景云. 善处"义"与"利"——同仁堂近代公共关系案例及评析 [J]. 公关世界, 2021 (3): 49-52.

[38] 杜鹃, 瑞蚨祥. 老字号的百年兴衰 [J]. 现代企业文化（上旬）, 2015 (11): 75-77.

[39] 周建波, 王希. 瑞蚨祥的经营之道 [J]. 企业管理, 2008 (6): 47-50.

[40] 黄玉涛. 民国时期月份牌广告的文化特征探析 [J]. 新闻界, 2009 (1): 165-167.

[41] 楚昆鹏. 浅析国货运动中的"国货标准" [J]. 今日南国（理论创新版）, 2009 (10): 190-19

[42] 马敏, 洪振强. 民国时期国货展览会研究: 1910—1930 [J]. 华中师范大学学报（人文社会科学版）, 2009, 48 (4): 69-83.

[43] 邱志仁. 旷日持久的民国商标诉讼案 [J]. 世纪, 2013, {4} (6): 48-52.

[44] 欧阳敏. 民国时期中华书局的企业管理制度 [J]. 郑州轻工业学院学报（社

会科学版),2012,13(4):54-60.

[45] 蔡焱. 荣氏企业经营理念对现代创新创业者的借鉴研究[J]. 现代商贸工业,2019,40(15):92-94.

[46] 吴健. "九·一八"事变后抵制日货研究——以1931年《申报》为例[J]. 内江师范学院学报,2018,33(5):84-91.

[47] 黄丽,周罗. 抗战货币中的辅币发行——延安光华商店代价券[J]. 湖北钱币专刊,2015.

[48] 李雪,张宁. 国家图书馆藏稀见民国时期抗战题材画报举隅[J]. 图书馆界,2016(4):17-19,24.

[49] 张秋妹. 民国报刊广告面面观[J]. 档案与建设,2002(8):40-42.

[50] 李占才. 抗战期间日本对华中沦陷区经济的掠夺与统制[J]. 民国档案,2005(3):95-101.

[51] 沈世培. 抗战时期日商洋行在安徽的商业垄断经营[J]. 安徽史学,2011(3):110-118.

[52] 徐沛,周丹. 清末民国画报上的战争叙事与国家神话——以中日军事冲突的图像表征为例[J]. 新闻与传播研究,2016,23(10):88-103,128.

[53] 王克祥. 图像叙事——民国画报中的"抗日战争"[J]. 大众文艺,2018(23):78-79.

[54] 陆江艳,张雪娇. 20世纪50—80年代武汉市橱窗展示形式与设计研究[J]. 设计艺术研究,2017,7(1):78-83.

[55] 谢蕊. 橱窗:中国集体主义时代的日常景观[J]. 美术文献,2014(9):84-85.

[56] 崔守东. 新中国七十年商标工作回顾与展望[J]. 中华商标,2019(11):4-16.

[57] 赵泽雄. 人民公社的兴起及其失败的原因探析——集体行动的视角[J]. 中国市场,2020(3):18-19,54.

[58] 陈洁光,黄月圆,严登峰. 中国的品牌命名——十类中国产品品牌名称的语言学分析[J]. 南开管理评论,2003(2):47-54.

[59] 周敏,杨富春. 人民日报建国初广告艺术特色[J]. 新闻前哨,2007(Z1):96-97.

[60] 皑峻. 背篓里承载着山里人的目光——追述当年的"背篓商店"[J]. 工会博览,2011(5):49-51.

[61] 谢沉见. "三转一响":我们那个年代的时尚故事[J]. 民间文化,2000(Z1):28-31.

[62] 苏志平. 建国以来工业品购销形式的演变[J]. 北京工商大学学报:社会科学版,1983.

[63] 国家工商总局商标局. 商标注册与管理工作的恢复和整顿[J]. 中华商标,

2003（4）：15-18.

［64］汪志诚. 中国第一条电视广告诞生记［J］. 电视研究，1999（10）：62-63.

［65］朱钟炎. "永久"自行车设计的演变［J］. 创意设计源，2016（3）：7-11.

［66］胡敏方，史国庆. 永久51型载重车诞生记——"不吃草的小毛驴"之由来［J］. 中国自行车，2018（1）：60-61.

［67］中华老字号——红星二锅头［J］. 时代经贸，2016（7）：70-78.

［68］冯舫女. 北京的名片——红星二锅头［J］. 北京档案，2011（2）：54-55.

［69］陈霞. "聚变与反思"——20世纪70年代末至80年代初"中国风"服饰探究［J］. 南京艺术学院学报（美术与设计），2016（6）：200-203.

［70］康龙. 我国动画艺术应用于广告的历史轨迹［J］. 艺术科技，2013，26（2）：157.

［71］谢薇，陈信凌. 从"告白"到"广告"：中日两国近代广告功能及内涵的演变［J］. 新闻界，2017（9）：37-43.

［72］韩磊. "霞飞"面临厄运时——一场有关八个企业生存的危机公关［J］. 新闻界，1993（2）：33-34，32.

［73］瞿鸿宾，施流鑫，胡辉. 异军突起的广告信函业务［J］. 通信企业管理，1992（3）：21.

［74］王凯. 肯德基给中国餐饮业发展的启示［J］. 商场现代化，2009（8）：98-99.

［75］纪宝成，赵亚平. 我国市场营销发展的阶段性分析［J］. 商业经济与管理，2000（2）：5-8.

［76］刘佳. 中国彩电行业价格战［J］. 现代企业，2004（9）：10-11.

［77］周文顺. 台湾早期原始社会的演进与祖国大陆［J］. 中南民族大学学报：人文社会科学版，1996（4）：47-52.

［78］贾宁. 历史上台湾西部的土著［J］. 中央民族学院学报，1987（1）：22-28.

［79］曾思奇. 高山族的雕绘艺术与原始崇拜［J］. 中国典籍与文化，1996（1）：44-48.

［80］刘军，高山. 排湾人的蛇图腾文化［J］. 中央民族大学学报，2001.

［81］韩起. 台湾省原始社会考古概述［J］. 考古，1979（3）：245-259.

［82］李学勤. 试论余杭南湖良渚文化黑陶罐的刻划符号［J］. 浙江学刊，1992（4）：110-111.

［83］刘爱军，丁振强. 1945年以前台海两岸农业经贸交流回顾［J］. 农业考古，2009，000（1）：80-86，99.

［84］戴忠沛. 17至19世纪台湾西拉雅拉丁文字的创制和演变［J］. 世界民族，2014，000（6）：93-100.

［85］宋锡祥. 论台湾的"公平交易法"［J］. 政治与法律，1993（6）：56-59.

［86］杨文生. 台湾的《公平交易法》介绍［J］. 商业经济文荟，1993（2）：54

-58.

[87] 杨和义. 台湾地区商标专用权制度 [J]. 法学家, 1997 (6): 89-96.

[88] 刘拯华. 20世纪50至70年代台湾市民的日常生活——以民营报纸广告为样本的研究 [J]. 现代台湾研究, 2019, 3.

[89] 赵琨. 整合营销传播的10年 [J]. 安家, 2009 (10): 50-58.

[90] 马驰. 华硕电脑: Win8体验营销 [J]. 新营销, 2013, 000 (3): 78-79.

[91] 马熙逵. 近代中国香港老字号中成药包装设计 [J]. 包装工程, 2021, 42 (2): 7.

[92] 詹荔. 香港影视中的"近代功夫英雄"及其内地传播 [J]. 视听, 2019 (10): 2.

[93] 郭瑾. 《海报师》: 导演许思维献给70后香港人电影回忆的序曲 [J]. 数码影像时代, 2017 (3): 6.

[94] 蔡赤萌. 香港回归20年经济发展: 历程、特点与挑战 [J]. 学术研究, 2017 (5): 155-165, 178.

[95] 余明阳, 舒咏平. 论"品牌传播" [J]. 国际新闻界, 2002 (3): 63-68.

[96] 史云霞. 我国企业品牌定位的现状分析与对策研究 [J]. 商品与质量, 2011 (SC): 18-19.

[97] 张景云. 中国品牌全球化战略: 华为的案例研究 [J]. 品牌研究, 2018 (2): 3-7.

[98] 张平. 新媒体时代企业危机公关应对策略——以云南白药"氨甲环酸"事件应对为例 [J]. 戏剧之家, 2020 (10): 189-192.

[99] 孟慧文, 王忠平. 中国企业志愿服务发展趋势探究 [J]. 企业管理, 2019 (11): 111-114.

[100] 许子明, 田杨锋. 云计算的发展历史及其应用 [J]. 信息记录材料, 2018, 19 (8): 66-67.

[101] 武志军. 新升级引领品牌全球化 [J]. 中国品牌, 2017 (11): 33-35.

[102] 彭兰. 场景: 移动时代媒体的新要素 [J]. 新闻记者, 2015, (3): 20-27.

[103] 王卓慧. 国产美妆品牌的崛起: "完美日记"营销策略分析 [J]. 传媒论坛, 2020, 3 (4): 143, 148.

## 三、博硕论文

[1] 高洁. 唐宋民间手工业的品牌商标与广告——以制墨业, 造纸业为中心 [D]. 石家庄: 河北师范大学, 2020.

[2] 常嘉容. 杂剧在元代的传播研究 [D]. 兰州: 兰州大学, 2018.

[3] 赵雪婷. 两宋时期诗歌广告研究 [D]. 哈尔滨: 黑龙江大学, 2017.

[4] 唐国锋. 唐宋商业信息传播研究 [D]. 昆明: 云南大学, 2016.

［5］谭辉煌．广告形态演进的逻辑与轨迹［D］．武汉：武汉大学，2014．
［6］张立勤．1927—1937年民营报业经营研究——以《申报》《新闻报》为考察中心［D］．上海：复旦大学，2012．
［7］田建平．宋代书籍出版史研究［D］．保定：河北大学，2012．
［8］奚茜．品牌传播发展历程阶段特性研究［D］．武汉：华中科技大学，2012．
［9］秦开凤．宋代文化消费研究［D］．西安：陕西师范大学，2009．
［10］刘方．宋代两京都市文化与文学生产［D］．上海：上海师范大学，2008．
［11］张艳．宋元时期的商业广告［D］．西安：陕西师范大学，2005．
［12］王晓骊．文化冲突与词的演进——唐宋词与商业文化关系研究［D］．苏州：苏州大学，2001．
［13］王泉．历代印刷汉字及相关规范问题［D］．上海：华东师范大学，2013．
［14］庄茵茜．黄州东坡传说的生成与传承研究［D］．武汉：华中师范大学，2017．
［15］郭卓文．宋代城市餐饮业研究［D］．西宁：青海师范大学，2017．
［16］王宁．论汉字对中国古代道符的影响［D］．泉州：华侨大学，2015．
［17］赵洋．明清杭州、湖州书坊与通俗小说研究［D］．延边朝鲜自治州：延边大学，2013．
［18］王丽萍．医药类中华老字号的品牌化发展研究［D］．郑州：郑州大学，2009．
［19］公丽君．近代中国职业经理人阶层研究［D］．南京：南京财经大学，2018．
［20］杜娟．民国时期商标设计研究［D］．南昌：南昌大学，2007．
［21］孙绍君．百年中国品牌视觉形象设计研究［D］．苏州：苏州大学，2013．
［22］吴莹．上海近现代商标设计发展研究［D］．上海：上海大学，2019．
［23］胡国祥．近代传教士出版研究（1807—1911）［D］．武汉：华中师范大学，2008．
［24］张华．1931至1933年抵制日货运动研究［D］．济南：山东师范大学，2006．
［25］李永生．记录时代的侧影［D］．广州：暨南大学，2008．
［26］周石峰．近代商人与民族主义运动（1927—1937）［D］．杭州：浙江大学，2005．
［27］张婷．新中国建立初期国民经济恢复下的社会变迁［D］．天津：天津商业大学，2017．
［28］贺水金．由乱至治［D］．上海：上海社会科学院，2009．
［29］祁英．革命年代图像中的社会［D］．太原：山西大学，2015．
［30］朱进．《人民日报》广告与社会变迁（1949—1959）［D］．合肥：安徽大学，2016．
［31］尤彦荣．"十七年"广告中的社会图景与价值传播［D］．太原：山西大学，2018．
［32］鲁宁．建国十七年宣传画研究［D］．北京：中央美术学院，2017．
［33］朱昶安．1949—1976年中国收音机的设计与演变［D］．北京：北京印刷学

院，2017.

［34］全维宜. 武汉商业橱窗广告研究［D］. 武汉：华中师范大学，2013.

［35］万芸. 新中国品牌发展的历史回顾及思考［D］. 太原：山西大学，2007.

［36］熊丽. 二十世纪六、七十年代图案造型的应用研究［D］. 武汉：湖北工业大学，2013.

［37］陈茉. 文革时期平面设计艺术初探［D］. 北京：首都师范大学，2005.

［38］范海龙. 从《人民日报》广告内容看我国经济生活变迁［D］. 上海：东北师范大学，2016.

［39］刘虹."文革"时期中国另类传播研究［D］. 沈阳：辽宁大学，2015.

［40］朱昶安. 1949—1976年中国收音机的设计与演变［D］. 北京：北京印刷学院，2017.

［41］姜长青. 20世纪70年代末、80年代初中国经济调整研究［D］. 北京：中共中央党校，2006.

［42］沈清. 美化生活与80年代初的日常生活转型［D］. 上海：华东师范大学，2015.

［43］阴雅婷. 中国当代品牌文化传播变迁研究［D］. 上海：华东师范大学，2017.

［44］牛清波. 中国早期刻画符号整理与研究［D］. 合肥：安徽大学，2013.

［45］曹雯. 整合营销传播视角下的品牌传播研究［D］. 南昌：江西财经大学，2010.

［46］欧阳红涛. 品牌定位及其现实运用的研究［D］. 成都：西南交通大学，2005.

［47］徐娜. 近十年品牌传播文献与理论发展研究［D］. 广州：华南理工大学，2015.

［48］王永贞. 多形态标志设计研究［D］. 杭州：浙江农林大学，2015.

［49］戴瑞. 以优化情感体验为核心的品牌网络形象设计研究［D］. 杭州：浙江工业大学，2013.

## 四、网页

［1］财经下午茶. 凉茶市场"凉了"，中国饮料痛失好局. ［EB/OL］.（2019-11-19）［2021-06-25］,https://www.sohu.com/a/354744716_100097967.

［2］Brand Finance：《2021年全球品牌价值500榜单》.［EB/OL］.（2021-06-25）［2021-06-25］,http://www.199it.com/archives/1203263.html.

［3］The faculty of the Department of Advertising, College of Communication, The Unicersity of Texas at Ausin, Austin, Texas, Thonghrs about the Futuse of Advertising – A White Poper, Duc. 1995. http://advertising.Uteas,edu/reseatch/reseatch/papers/WhuteLong.html.

［4］永久自行车的前世今生. http://www.qixingquan.com/article-42855-3.html.

［5］那些年，我们一起追过的广告. https://www.sohu.com/a/232876140_100170731

[6] 中国第一条电视广告,是如何诞生的. https://www.sohu.com/a/314572865_100191018.

[7] 中国经营报. 张扬20年留在记忆中的广告和广告事件. http://finance.sina.com.cn/leadership/jygl/20041231/16011265680.shtml.

[8] 新京报. 改革开放30周年-日志中国专题第286期:恢复老字号. http://news.sina.com.cn/c/2008-12-03/115316775113.shtml.

[9] 人民日报. 也谈"百万雄鸡下江南"(1984年). https://new.zlck.com/rmrb/news/U8UWI507.html.

[10] 农民日报. 江苏:敢为人先勇攀"三农"新高. http://szb.farmer.com.cn/2019/20190828/20190828_001/20190828_001_5.html.

[11] 北京晨报. 北京第一家肯德基1987年落户375万投资一年半回本. http://www.chinanews.com/sh/2017/08-07/8297230.shtml.

[12] 新京报. 京"味觉"体验洋快餐. http://culture.people.com.cn/GB/40483/40487/9830596.html.

[13] 搜狐网. @1987.9.20中国第一封电子邮件的故事. https://www.sohu.com/a/341980776_100027543.

[14] 中国网. 张瑞敏:让海尔走向世界. http://big5.china.com.cn/zhuanti2005/txt/2002-10/19/content_5219777.htm.

[15] 台湾是中国领土不可分割的一部分. http://cpc.people.com.cn/GB/64107/65708/66069/66085/4469077.html.

[16] 百度文库. 台湾文化——高山族文化[OL]. https://wenku.baidu.com/view/b085db951711cc7930b7167a.html,2016-03-30.

[17] 中国经营网. 庄氏家族的百年沉浮:西螺丸庄酱油发展史[OL]. http://www.cb.com.cn/index/show/gd/cv/cv135743241494,2019-08-07.

[18] 中华人民共和国驻莱索托王国大使馆. 台湾的政治与社会[OL]. http://ls.chineseembassy.org/chn/zt/twwt/t167962.htm,2020-06-30.

[19] 品牌台湾. 品牌计画与企业携手累积的成果[OL]. https://www.branding-taiwan.tw/Services/,2020-06-30.

[20] 品牌台湾. 品牌价值调查[OL]. https://www.branding-taiwan.tw/,2020-06-30.

[21] 深圳品牌设计-科慧设计. 台湾CIS发展经历了哪三个时期?[OL]. http://www.kh168.cn/cn/ListInfo.asp?sID=6406254363.&gCateID=5156251160.2020-02-24.

[22] 台湾法规资料库. 商标法[OL]. https://law.moj.gov.tw/LawClass/LawAll.aspx?PCode=J0070001,2020-07-01.

[23] 广发证券. 复盘国内休闲服行业的变迁,展望休闲服行业未来发展

[24] 当代港澳研究. 香港与内地融合进程的反思:兼论"一国两制"的落实

[25] 香港品牌发展局. 历届得奖品牌. https://www.hkbrand.org/tc/menu/17/

awardees?year=2019.

[26] 香港品牌发展局. 香港制造标识设计标准. https://www.hkbrand.org/tc/menu/45.

[27] 2019 年中国互联网信息中心. 第 45 次中国互联网络发展状况统计报告.

[28] 中国传媒大学新媒体研究院 & 新浪 AI 媒体研究院. 中国智能媒体发展报告（2019 – 2020）.

[29] 腾讯控股（00700）转型周年考，腾讯产业互联网进展如何？腾讯控股转型一周年跟踪点评. 光大证券. 2009.10.11.

[30] 肃仁谭. 三年自然灾害·成都民谣中的历史痕迹（5）[J/OL]. – 553 – 880 – 新浪微博

## 五、论文集

[1] 中国商业经济学会，首都经济贸易大学，北京工商大学. 中国商业改革开放 30 年回顾与展望 [C] //中国商业经济学会，首都经济贸易大学，北京工商大学：中国商业经济学会，2008：13.

[2] 曾骐. 论史前时期石器制造场兼谈香港西贡蚝涌的考古发现 [C] //中国史前考古学研究——祝贺石兴邦先生考古半世纪暨八秩华诞文集：陕西省考古研究所，2004：340 – 346.

## 六、报纸文章

[1] 打通明清文学演变的重要环节 [N]. 淮茗. 中国社会科学报. 2010 – 01 – 14 (18)

[2] 王锋. "一化三改"——社会主义制度基本建立 [N]. 宁夏日报，2015 – 01 – 27 (14).

[3] 洪向华，石建国. "一五"计划：新中国工业化的奠基之作 [N]. 北京日报，2019 – 06 – 17 (15).

[4] 郭敏. 谈广告 [N]. 人民日报，1956 – 07 – 16 (7).